Original illisible
NF Z 43-120-10

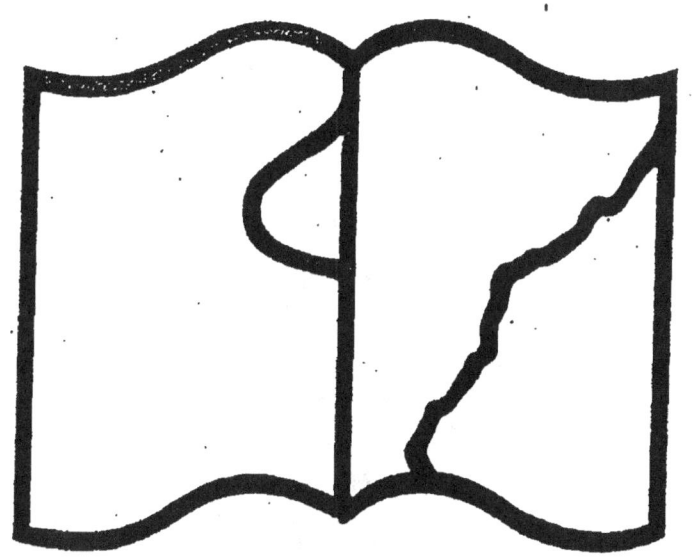

Texte détérioré — reliure défectueuse
NF Z 43-120-11

"VALABLE POUR TOUT OU PARTIE
DU DOCUMENT REPRODUIT".

ŒUVRES
DE
ROBERT BLONDEL

HISTORIEN NORMAND DU XVᵉ SIÈCLE

Publiées d'après les manuscrits originaux

AVEC INTRODUCTION, NOTES, VARIANTES ET GLOSSAIRE

Par A. HÉRON

TOME PREMIER

ROUEN

A. LESTRINGANT, SUCCESSEUR DE MÉTÉRIE

LIBRAIRE DE LA SOCIÉTÉ DE L'HISTOIRE DE NORMANDIE

11, rue Jeanne-Darc, 11

ŒUVRES DE ROBERT BLONDEL

ŒUVRES

DE

ROBERT BLONDEL

HISTORIEN NORMAND DU XVᵉ SIÈCLE

Publiées d'après les manuscrits originaux

AVEC INTRODUCTION, NOTES, VARIANTES ET GLOSSAIRE

Par A. HÉRON

—

TOME PREMIER

ROUEN

A. LESTRINGANT, SUCCESSEUR DE MÉTÉRIE
LIBRAIRE DE LA SOCIÉTÉ DE L'HISTOIRE DE NORMANDIE
11, rue Jeanne-Darc, 11

—

1891

EXTRAIT DU RÈGLEMENT

Art. 16. — Aucun volume ou fascicule ne peut être livré à l'impression qu'en vertu d'une délibération du Conseil, prise au vu de la déclaration du Commissaire délégué, et, lorsqu'il y a lieu, de l'avis du Comité intéressé portant que le travail *est digne d'être publié*. Cette déclaration est imprimée au verso de la feuille du titre du premier volume de chaque ouvrage.

Le Conseil, vu la déclaration de M. F. Bouquet, *Commissaire-délégué, portant que l'édition des* OEuvres de Robert Blondel, *préparée par M. A.* Héron, *lui a paru digne d'être publiée par la* Société de l'Histoire de Normandie, *après en avoir délibéré, décide que cet ouvrage sera livré à l'impression.*

Fait à Rouen, le 4 novembre 1889.

Le Secrétaire de la Société,
A. BLIGNY.

COMPLANCTUS BONORUM GALLICORUM

La Complaincte des bons François

INTRODUCTION

I

On ne saurait douter, depuis les savantes recherches de M. Vallet de Viriville (1), que Robert Blondel appartenait à une famille noble du Cotentin.

La preuve en est moins dans les allusions sommaires qu'il fait lui-même à sa situation et à son origine (2), que dans le don que lui fit le roi Charles VII du fief de Ravenoville (3). « Aussitôt, dit M. Vallet de Viriville, que le Cotentin fut remis sous l'obéissance du roi, c'est-à-dire en 1450, Charles VII récompensa le zèle de Robert Blondel et lui fit don « d'un hostel et heritage tenu par Thomas Craffort à Ravenoville. » Nous avons vu que ce bien était patrimonial dans la famille, et il y a tout lieu de penser que Robert

---

(1) *Notice sur Robert Blondel, poète, historien et moraliste du temps de Charles VII.* (*Mémoires de la Société des Antiquaires de Normandie*, t. XIX, 1851.) — *Nouvelles recherches sur la vie et les écrits de Robert Blondel* (*Notices et Extraits des Mss.*, XVII, II, 406-11). — *Nouvelle Biographie générale*, art. BLONDEL (Robert), 1852.

(2) « Ante bellum ceptum... omnes fama copiisque potentissimi eramus... » *Oratio historialis*, c. III, t. I, p. 162.

(3) Ravenoville est une paroisse du canton de Sainte-Mère-Église, située près de la mer, à peu près à mi-distance de Valognes et de l'embouchure de l'Ouve (Douve). Toutes les autres localités citées dans la généalogie appartiennent aux arrondissements de Valognes et de Cherbourg.

Blondel y avait pris naissance (1). » M. Vallet de Viriville vise ici la généalogie des Blondel qu'il a publiée en appendice à sa première notice (2) ; il en résulte en effet que le fief de Ravenoville appartenait, avant 1332, à Guillaume Blondel, selon toute apparence bisaïeul de l'historien normand ; par la faveur qu'il accordait à ce dernier, Charles VII lui faisait moins un don qu'une restitution.

Mais quel fut, parmi les Blondel qui ont porté le prénom de Robert l'historien de la *Réduction de la Normandie ?* Nous cessons, sur ce point, d'être d'accord avec M. de Viriville, et, sans pouvoir résoudre la question, faute de documents suffisants, nous ne saurions admettre l'identification qu'il a proposée.

Il convient, pour la discuter, de reproduire la généalogie présentée le 10 juillet 1523 au procureur du roi par les représentants d'une des branches de la famille Blondel :

Coppie. C'est la généalogie dont sont sortis, descendus et procréés Jean Blondel, escuier, seigneur de Belle-yssue, à Sydeville, Guillaume Blondel, escuier, sieur des Verdz-bois, à Digoville, Jean Blondel escuier, demeurant à Cantelou, et Jean Blondel, filz aisney de deffunct Thomas Blondel, en son vivant, escuier de Sideville. Et premièrement en l'an mil deux cens saize, Jean Blondel, escuier, espouza damoiselle Perrine d'Escaullequin, fille de messire Hue d'Escaullequin, chevalier, et eult à mariage vingt livres tournois de rente avecques une franche vavassourie assize à Sideville. Desquels mariez yssit Pierre Blondel, escuier. Ledit Pierre espouza une femme d'Angleterre nommée dame Joies, parente de messire Hue de

---

(1) *Nouvelles Recherches, etc.*, p. 409.

(2) *Notice sur Robert Blondel*, etc., p. 65. M. Vallet de Viriville a donné ce document d'après une « Copie authentique appartenant à M. Fafin, de Valognes. » On le trouve aussi dans le ms. Y 3 Martainville de la Bibl. municipale de Rouen, f. 28 verso et 29 recto. Le texte s'arrête après cette date « le dix° jour de juillet l'an mil cinq cens vingt trois. » Nous n'y relèverons que la leçon « dame Jores » au lieu de « dames Joies ».

Carvaley, chevalier. Les d. mariez ont quatre filz : Pierre, Raoul, Andrieu et Guilleaume. Iceluy Pierre mourut sans hoirs, et escheut sa succession aus d. frères. Andrieu fut prebtre curé de Puys (l. Vernys) en l'evesché d'Avrances, chanoine du dit lieu et Coustances. Le dit Raoul eut à partage de père et mère Sainct Germain de Tournebut, Hemesveys et autres terres, et espouza damoiselle Jehenne, fille de Jean d'Anneville, sieur du d. Tournebu et Scifrevast. Et le dit Guillaume eut pour partage le surplus d'icelle succession tant en fiefs nobles qu'autrement et fut marié à damoiselle Jullianne de Fonteney, fille de Robert de Fonteney, sieur de Sothevast ; et tenoient pour lors les dits mariés noblement les fiefz de la Londe à Yvetot, Ravenoville avec les vavassouries du Coudray assize à Flothemanville, la vavassourie des Mottes assize à Tonneville. Et eurent iceux mariez cinq filz : Jean, Robert, Perrin, Guillaume et Andrieu. Le dit Guillaume trespassa en l'an mil trois cens trente deux. Robert, filz des dits mariez, eut par partage la Londe, les Mottes au dit Tonneville et le Val du Fou. Perrin son frère eut Harville et Nouainville, Hayeneville et autres heritages illecques environ. Jehan, leur frère, eut Ravenoville et mourut sans hoirs. Les diz Guillaume et Andrieu eurent pour leur part le Coudrey, Martinvast, Sideville et plusieurs autres rentes à Cherbourg, Esquedreville, Octeville et autres lieux. Le dit Robert eut trois filz : Jean, Georges et Guillaume. Iceluy Jean mourut sans hoirs. Le dit Andrieu Blondel, filz des diz mariez Guillaume et Jullianne de Fonteney dessus nommez, eut un filz nommé Jean et eut pour son partage Martinvast, Sideville, Esqueudreville avecquez plusieurs autres terres et rentes tant à Octeville, Cherbourg, qu'ailleurs, avecques une maison au dit Cherbourg. Duquel Jean et de damoiselle Jehenne de Hayneville yssirent cinq filz : Pierre, Andrieu, ROBERT, Thomas et Guillaume. Et d'iceluy Pierre et damoiselle Philippine Basan, fille de Collin Basan, sieur de Gatheville et de damoiselle Thierrie des Moulins, fille de messire Guillaume des Moulins, chevalier, sieur de Saincte-Colombe, sont yssus six filz ; c'est assavoir : le dit Jean sieur de Belleyssue, premier intitulé, Robert, Gautier, Thomas, Jehan et Guillaume. Et du dit Robert, et de damoiselle Marguerite le Breton, fille de Guillaume le Breton, sieur de Teurteville-au-Boscage et du Plant, sont sortis Jean, Jean François et Thomas, tous decedez sans hoirs.

 Produict par les diz Blondel vers le procureur du roy nostre sire, le dixiesme jour de Juillet, l'an mil cinq cens vingt trois, ainsi signé : du Hamel, Blondel. Collation faicte à la requeste de Jean Blondel, escuier, de la parroisse de Cantelou, filz Robert, sur l'original rendu à Guillaume

Blondel, escuier, de Martinvast, par Jean Guiffard l'aisné et Jean le Valloys, tabellions jurez commis et etablis à Cherbourg pour le roy nostre sire, le huictiesme jour de décembre l'an mil cinq cens quarante quatre.

Signez : Guiffart, Le Valloys, paraffez.

Faict par coppye sur la coppye et deubment collationné sur icelle exibée par Jean Blondel, escuier, sieur de Belle-yssue, de la parroisse de Martinvast, et à luy présentement rendue après la dicte collation ; la quelle a esté faicte [à l'] instance et requeste de Guillaume Blondel, escuier, sieur de la Chesnée de Sydeville ; pour lui servir et valoir [ce] qu'il appartiendra ; par devant nous Nicollas Boevin et Nicollas Eustace, tabellions royaulx en la viconté de Vallongnes, pour le siège des Pieulx, le huictiesme jour de septembre, l'an mil six cens vingt quatre, présence de messire Julien Allix prebtre et Me Jacques Thyerry sr des Fontenelles du dit lieu de Sydeville.

(Signés) Bouevin, J. Blondel, Alix, J. Thyerry, Eustace.

M. Villet de Viriville a résumé cette généalogie dans le tableau synoptique suivant :

1. 1216. Jean I. Il a pour fils :

2. Pierre I. Celui-ci a quatre fils :

3. Pierre II, Raoul, André I, Guillaume I. Ce dernier, mort en 1332, eut cinq fils :

4. Jean II, Robert I, Perrin ou Pierre III, Guillaume II et André II. Celui-ci eut pour fils :

5. Jean III, qui fut père de cinq fils, savoir :

6. Pierre IV, André III, ROBERT II BLONDEL, poëte, historien, moraliste, contemporain de Charles VII, Thomas et Guillaume III.

« Contemporain de Charles VII », nous n'y contredisons pas, et c'est la raison qui donne grande apparence de vérité à l'identification mise en avant par M. Vallet de Viriville ; mais il n'y a là qu'une apparence.

Il faut noter d'abord que le second fils de Pierre IV porta aussi le surnom de Robert, puis relire attentivement cette dernière phrase de l'acte de 1523 : « Et du dit Robert, et de damoiselle Marguerite le Breton, fille de Guillaume le Breton, sieur de Teurteville-au-Boscage et du Plant, sont sortis Jean, Jean François et Thomas, tous decedez sans hoirs. »

Si l'on voit dans le troisième fils de Jean III, l'historien normand, qui, appartenant à l'Église, n'eut pas de descendants, il devient nécessaire d'attribuer à l'autre Robert, second fils de Pierre IV, la paternité de Jean, Jean François et Thomas, morts sans héritiers avant le 10 juillet 1523. Or il est impossible de le faire, ce Robert étant l'auteur d'une branche dont nous allons établir l'existence et qui habitait la paroisse de Canteloup (1).

On a vu qu'un de ceux qui, en 1523, produisirent la généalogie « vers le procureur du roy nostre sire », Jean Blondel « escuier, demeurant à Cantelou » en fit faire une collation le 8 décembre 1544 ; on le désigne alors ainsi : Jean Blondel, escuier de la parroisse de Cantelou, filz Robert. Un manuscrit de la Bibl. municipale de Rouen, collection Martainville, Y, 44, contient le « Procès-verbal de M. d'Aligre faict en l'année 1634, sur la recherche des nobles » pour les élections de Carentan et de Valognes (2). On y lit ce qui suit (2ᵉ partie, f. 59 verso et 60 recto) :

Veu les tiltres presentez par damoiselle Guillaume (sic) Osmont, vefve Jean Blondel, soydisant escuyer, pour elle et Quentin son filz de la parroisse de Canteloup, eslection de Valongnes, ledit Jean, filz Guillaume, filz Jean, filz Robert, filz Pierre Blondel, soydisant escuyer, attendu que la dicte Osmont n'a justiffié, Avons ordonné qu'elle demeurera imposée à cinq sols en lad. parroisse de Canteloup, sans restitution, veu sa pauvreté.

(1) Canteloup, c. du canton de Saint-Pierre-Église, arr. de Cherbourg.
(2) Ce ms. est composé de deux parties dont la pagination est différente. La première a trait aux élections de Coutances, Avranches, Mortain, Vire et Condé.

Que demoiselle Guillaume Osmont ait justifié ou non, voilà bien la chaîne dont la généalogie de 1523 nous donnait les premiers anneaux : Pierre, Robert et Jean. La conclusion c'est que « Jean François et Thomas, tous decedez sans hoirs » avant le 10 juillet 1523, furent les fils de Robert, fils de Jean III, et que par conséquent ce Robert ne peut être le clerc que nous cherchons.

D'ailleurs, le fief de Ravenoville se retrouve en 1629 dans une autre branche de la famille Blondel qui le possédait depuis longtemps, et dont un arrêt de la Cour des Aides de Normandie, rendu le 10 juillet en faveur d'Anthoine Blondel, fait connaître la filiation (1) :

Entre Anthoine Blondel, sieur de la Grenterie, fils aisné et heritier de Pierre Blondel, sieur dudit lieu de la Grenterie, se disant personne noble, impetrant de lettres patentes du Roy en forme de relief et restitucion de desrogeance, et incidamment appellant des commissaires du regalement des tailles de la generalité de Caen d'une part, et les habitants en commun de la parroisse de Catz, ellection de Carenten, adjournés en vertu desdites lettres et incidemment appellez d'aultre part, en la presence du procureur general du Roy d'aultre part..........................

L'escript de genealogie baillé par ledit Blondel suivant ledit arrest par lequel il aurait induit et remonstré qu'en l'année mil quatre centz quatre vingt ung et autres années precedentes et suivantes vivoit Robert Blondel, escuyer, sieur de Ravenoville, fils de Collin Blondel, escuyer, sieur dudit lieu, duquel Robert et de damoiselle Rauline Geuffrey son espouze, fille de noble homme Jehan Geuffrey, sieur d'Arceasserie (?) et de la Heurie, est issu Nicollas Blondel, escuyer, sieur de Ravenoville ; dudit Nicollas et de damoiselle Tassine Osber seroit sorti en loial mariage aultre Robert Blondel, seigneur dudit lieu de la Ravenoville ayant espouzé Jehanne Dagouber, et de leur mariage est descendu Louis Blondel, escuyer, aussi seigneur de Ravenoville ; dudit Louis et de damoiselle Massette Roze est issu ledit Pierre Blondel, sieur de la Grenterie, et dudit Pierre et de damoiselle Catherine Couillard, son espouze, ledit Anthoine Blondel inquietté, sieur de la Grenterie, pour preuve de laquelle filliation,

---

(1) Registre de la Cour des Aides. Archives de la Seine-Inférieure.

descente et quallité noble ledit inquietté qui pretend ledit fief de Ravenoville estre encore de present possedé par Hervé Blondel, escuyer, sieur dudit lieu, son cousin, s'est aidé de plusieurs pieces et contracts.......

La Court, ayant esgard auxdites lettres patentes de relief et restitution de desrogeance et icelles entherinant, a mis et met l'appellacion et ce dont est appelé au neant, et, en refformant conformement ausdites lettres patentes lesquelles seront registrées au greffe, a maintenu et maintient ledit Anthoine Blondel en son privillege et quallité de noblesse ancienne en vivant noblement sans commettre desrogeance, et ordonne qu'il sera rayé et distraict des roolles et controolles a taille de ladite paroisse sans restitution neanmoins des impostz par lui payez. Les parties envoiés sans despens.

(Signé :) DUPRE
DYEL

Il semble possible de rattacher cette branche à quelqu'un des Blondel nommés dans la généalogie publiée par M. Vallet de Viriville :

« Et eurent iceux mariez (Guillaume Blondel, mort en 1332, et Julienne de Fontenay) cinq fils : Jean, Robert, Perrin, Guillaume et Andrieu... Robert, filz des dits mariez, eut par partage la Londe, les Mottes au dit Tonneville et le Val du Fou. Perrin son frère eut Harville et Nouainville, Hayeneville et autres heritages illecques environ. Jehan, leur frere, *eut Ravenoville* et mourut sans hoirs, etc. » Nous connaissons la descendance d'Andrieu (André II) et de Perrin (Pierre III), qui fut la tige des sieurs de Saint-Fromond ; on n'y rencontre pas les sieurs de Ravenoville. A la mort de Jean, fils aîné de Guillaume, le fief de Ravenoville passa, selon toute vraisemblance, à l'un de ses deux autres frères Robert ou Guillaume, et c'est probablement de l'un d'eux que descend ce Colin Blondel placé à la tête de la généalogie dont les éléments nous ont été fournis par l'arrêt de la Cour des Aides.

Robert Blondel, notre historien, appartint sans doute à

cette branche, et l'on pourrait, sans trop de témérité, voir en lui un oncle ou un frère de Colin Blondel, auquel il aurait légué le fief de Ravenoville que lui avait restitué Charles VII, après l'expulsion des Anglais.

L'arrêt de la Cour des Aides décrit en ces termes le blason des Blondel de Ravenoville : « Ecusson en champ d'or, chargé de treize hermines de sable avec une mollette d'éperon et un croissant de gueules. »

La généalogie des Blondel n'est assurée, sans être complète, qu'à partir de 1216, grâce à la pièce communiquée par MM. L. Delisle et Dubosc à M. Vallet de Viriville (1).

Le nom de Blondel se retrouve avant cette époque, mais on ne peut assurer qu'il se rapporte à cette famille d'écuyers du Cotentin.

La liste des compagnons de Guillaume le Conquérant, publiée par Duchesne (2), présente deux fois le nom de Blondel sous ces formes : *Blundell et Blundel* ; on trouve également un *Blundet* dans la liste donnée par Leland (3). Faut-il identifier le personnage ainsi désigné avec le Robert le Blond de la liste des compagnons de Guillaume dressée par M. L. Delisle (4) ? Il est à remarquer que le prénom de Robert a été fréquemment porté dans la famille d'écuyers du Cotentin.

On rencontre encore à plusieurs reprises le nom de Blondel dans les *Grands Rôles de l'Échiquier de Normandie*, sous les ducs de Normandie et rois d'Angleterre Henri II, Richard Cœur de Lion et Jean sans Terre (5).

(1) V. plus haut, p. ij.
(2) V. *Scriptores rerum normannicarum*, p. 1023.
(3) *Collectanea de rebus britannicis*, éd. Hearne, t. I, p. 206.
(4) *Bulletin de la Société des Antiquaires de Normandie*, t. II, 1862, p. 273.

(5) *Mémoires de la Société des Antiquaires de Normandie*, t. XV, 1844. V. l'Index nominum, locorum et rerum.

Un Jean Blondel fut bailli du Cotentin de 1332 à 1338. « Nous ignorons, dit M. L. Delisle (1), si ce personnage appartint à une famille du Cotentin, dont la généalogie, à partir du commencement du xiiie siècle, fut produite au procureur du roi le 10 juillet 1523 par Jean Blondel, écuyer, seigneur de Belle-Issue, à Sideville. — Plusieurs individus du même nom vécurent à l'époque dont nous nous occupons : ainsi un Jean Blondel, avocat, assistait aux échiquiers de 1336 et 1337. Les maîtres de l'échiquier de Pâques, 1345, le donnèrent comme conseil au lieutenant du bailli du Cotentin, remplissant les fonctions de procureur du roi dans le patronage d'Omontville-la-Foliot. C'est peut-être lui qui, en 1342, est qualifié de bailli de Jehan, comte de Harcourt en Cotentin. — Un autre Jean Blondel, mort avant le 15 mars 1343, avait été bailli de Caux. Nous le voyons cité avec ce titre en 1322, 1323, 1324, 1325, 1326, et 1327. C'est sans doute le même que Jean Blondel, lieutenant du bailli d'Amiens en 1319 et que notre bailli du Cotentin... »

M. Vallet de Viriville dit (2) que « la Bibliothèque nationale possède, entre autres titres, sous le nom de Blondel, quatre quittances ou montres scellées, passées à Valognes et à Carentan en 1379 et 1380 par Blondel de Tournebut... qualifié écuyer servant en Basse-Normandie contre les Anglais, avec quatre autres écuyers, sous les ordres de Jean de Vienne, amiral de la mer, ou de France. En 1408, Robert Blondel, probablement le même, était vicomte de Valognes pour le roi, et son fils Georges servait, dès 1388, en qualité d'écuyer aux côtés du père. Enfin, en 1418, Tassin Blondel et douze autres écuyers faisant partie de la réserve du dauphin, furent passés en revue à Belabre en Berry. »

(1) *Mémoire sur les baillis du Cotentin*, p. 97, dans les *Mémoires de la Société des Antiquaires de Normandie*, t. XIX, p. 61-119.

(2) *Notice sur Robert Blondel*, etc., p. 2-3.

Lorsque Henri V eut conquis la Normandie, tous les Blondel ne restèrent pas, comme notre Robert, fidèles à la France. Un Jean Blondel profita des confiscations faites par le roi d'Angleterre. Voici ce que nous lisons en effet dans la *Partie des dons faits par Henri V, roi d'Angleterre lorsqu'il se fut rendu maître de la Normandie* (1) : « Jehan Blondel a eu les terres que furent à la dame Jehane de Chenne de la Compaigne, à la charge d'un espé estre poié à Alençon à la St-Jehan. » C'est sans doute ce même Jean Blondel que nous trouvons dans les *Rotuli Normanniæ*, titulaire d'un sauf-conduit accordé par Henri V (2).

A partir du xive siècle, la famille des Blondel paraît s'être divisée en plusieurs branches habitant les paroisses de Martinvast, Digoville, Canteloup, Flottemanville, Ravenoville, Sideville, Saint-Fromond, etc. Plusieurs Blondel que l'on trouve établis à Rouen et à Caen semblent ne pas appartenir à cette famille (3).

II

Nous ne possédons que peu de renseignements sur la vie de Robert Blondel.

Il vivait encore en 1460, au moment où un autre Normand, qui n'a pas donné son nom, traduisait l'*Oratio historialis*;

(1) *Mémoires de la Société des Antiquaires de Normandie*, t. XXIII, 1858.

(2) *Ibid.*, t. XV, 1846, p. 254, col. 2.

(3) Nous donnons en appendice, à la suite de cette introduction, les renseignements complémentaires que nous avons pu trouver sur la famille Blondel.

nous perdons sa trace à partir de cette année. D'autre part, il avait écrit dès 1420 le *Complanctus bonorum Gallicorum*, et il possédait à cette époque le grade de maître-ès-arts. On peut en conclure avec M. Vallet de Viriville qu'il était probablement né vers la fin du xive siècle, entre les années 1380 et 1400.

Lui-même nous apprend qu'il quitta la Normandie quand les Anglais s'en furent rendus maîtres ; non sans doute dès l'année 1415, car le roi d'Angleterre, Henry V, une fois maître d'Harfleur, ne fit alors que traverser le pays de Caux pour gagner la Picardie, où il écrasa la chevalerie française dans la sanglante journée d'Azincourt. La conquête de toute la Normandie ne fut accomplie par les Anglais qu'en 1417 et 1418 ; c'est alors que le Cotentin passa sous leurs lois et que Robert Blondel dût s'exiler de son pays (1). Se soumit-il volontairement à l'exil, pour ne pas vivre sous la domination étrangère, ou fut-il proscrit par les envahisseurs ? nous ne saurions le dire. Ce qu'il y a de certain, c'est qu'il leur voua une haine implacable, et que ceux-ci confisquèrent le fief de Ravenoville que sa famille possédait. Cette terre était aux mains de l'anglais Thomas Graffort quand Charles VII la rendit à Robert en 1450.

Où passa-t-il les premières années de son exil ? S'il n'a quitté le Cotentin qu'en 1418, ce ne fut sans doute pas à

---

(1) M. Léon Puiseux (*L'émigration normande ou la colonisation anglaise en Normandie au XVe siècle*) a déjà combattu (p. 41-42, note) l'opinion de M. Vallet de Viriville qui date de 1415 l'exil de Robert Blondel, en faisant remarquer que le passage de l'*Oratio historialis* sur lequel il s'appuie, s'applique non pas à l'auteur et à sa famille en particulier, mais aux émigrés normands en général : « Ergo, princeps illustrissime, nos tui fideles, qui ob tue majestatis deffensionem, domibus depulsi et longissima clade — jam tricesimus et prope quintus annus labitur, — afflicti, etc. » T. I, p. 163.

Paris, dont le parti bourguignon se rendit maître en cette même année ; le zèle ardent qu'il montra pour les Armagnacs l'y eut exposé à bien des dangers. M. Vallet de Viriville a conjecturé que ce fut « peut-être à Orléans ou même à Angers qu'il suivit les exercices et subit les épreuves universitaires (1). » Un mandement de Jean V (2), duc de Bretagne, en faveur de Robert Blondel et Robert Regnault (3) » qu'il exempte « de toute traite sur soixante pipes de vin qu'ils font transporter en Bretagne », permet de résoudre la question, et nous n'hésitons pas à adopter la conclusion que l'éditeur de cette pièce, M. J. Lemoine, formule en ces termes : « Le mandement de Jean V, en nous montrant Blondel « demourant à Angiers, » en 1426, et y composant dans une sorte de collaboration avec un futur bedeau de l'Université de cette ville, également qualifié de maître, nous permet d'affirmer que c'est dans cette ville que Blondel prit ses grades et vécut depuis son départ de Normandie ou peu après. Ce long séjour dans une ville essentiellement loyaliste, au milieu d'influences toutes favorables à Charles VII, nous explique d'ailleurs très bien comment il put, dès 1420, adresser à celui-ci sa Complainte des bons Français et comment nous le trouvons plus tard attaché comme précepteur auprès de deux petits-fils de Yolande, François d'Étampes et le duc de Berry (4). »

En 1436, Robert Blondel appartenait à l'hôtel d'Yolande d'Aragon, reine de Sicile et duchesse d'Anjou, ainsi qu'il

---

(1) M. Léon Puiseux, *L'Émigration normande*, etc., p. 4.

(2) Jean VI, si l'on place sous le nom de Jean IV, dans la liste des ducs de Bretagne, Jean de Montfort qui mourut pendant la guerre de succession. C'est le système que nous avons suivi dans les notes de la *Réduction de la Normandie*.

(3) *Bibliothèque de l'École des Chartes*, t. LIV, p. 123-127.

(4) *Ibid.*, p. 124. — Charles de France, duc de Berry, était bien par sa mère, Marie d'Anjou, petit-fils d'Yolande d'Aragon, qui avait épousé

résulte d'un registre des comptes de l'hôtel de cette princesse, signalé par M. Stevenson (1).

Treize ans plus tard, en 1449, au moment où la surprise de Fougères amena le renouvellement de la guerre qui se termina par la conquête de la Normandie sur les Anglais, Robert Blondel était attaché à la cour de Bretagne ; il était chargé de l'éducation de François, comte d'Etampes (2), fils de Richard de Bretagne et de Marguerite d'Orléans, qui devint duc de Bretagne en 1458, après la mort de son oncle, Artus de Richemond. C'est alors qu'il composa son *Oratio historialis*, œuvre éloquente et passionnée dans laquelle il excite le roi Charles VII, à poursuivre sans trêve contre les Anglais cette guerre dont peu de temps après il composa le récit.

Nous le trouvons en 1454 devenu « maistre d'escolle » de Charles de France, duc de Berry, second fils de Charles VII et de Marie d'Anjou. Un compte de l'argenterie de la reine pour l'année 1453, fait mention de livres d'études « delivrez a maistre Robert Blondel, maistre d'escolle de mondit seigneur Charles (3). » Charles VII récompensait ainsi le zèle que l'his-

---

Louis II, duc d'Anjou et qui mourut en 1442 ; mais François, comte d'Etampes, qui fut plus tard François II, duc de Bretagne, était, par son père, Richard d'Etampes, petit-fils de Jeanne de Navarre, fille de Charles le Mauvais, femme de Jean V, duc de Bretagne.

(1) *De Reductione Normanniæ*, p. x.

(2) « Et quia ad instructionem preclarissimi principis domini Stamparum comitis, illustrissimi Aurelianensis domus dilectissimi nepotis, egregios labores agebat... » *Oratio historialis*, t. I, p. 155-156.

(3) *Inventaire de la Bibliothèque du Roi Charles VI*, publié par M. Douët d'Arcq : « A maistre Jehan Majoris, chantre de S. Martin de Tours, la somme de 100 l. t. à lui ordonnée et fait paier comptant par ledit trésorier (de l'argenterie) pour les livres bien escripz en beau parchemin et richement enluminez prinz et achatez de lui pour faire aprendre en iceulx mondit seigneur (Charles de France), esquelz mondit seigneur le daulphin avait apris, à l'escolle ; iceulx livres délivrez à maistre Robert Blondel, maistre d'escolle de mondit seigneur Charles ainsi qu'il s'ensuivent.

torien avait déployé pour sa cause ; la lecture de ses ouvrages prouve d'abondance qu'il ne pouvait choisir pour l'instruction de son fils un homme plus dévoué à la France et à son roi.

Nous avons déjà dit que le traducteur de l'*Oratio historialis* parle en 1460 de Robert Blondel comme existant encore. On ne sait en quelle année il mourut.

III.

Nous possédons quatre ouvrages de Robert Blondel : 1° *Complanctus bonorum Gallicorum*; 2° *Oratio historialis*; 3° *Reductio Normanie*; 4° *Les douze périls d'Enfer*. Un cinquième ne nous est pas parvenu : c'est la « belle epistole composée en latin par ledit Blondel, et depuis translatée en françois », que nous fait connaître le mandement de Jean V, publié par M. J. Lemoine.

Le *Liber de Complanctu bonorum Gallicorum* a été écrit sous l'influence des funestes événements qui s'accomplirent pendant les dernières années du règne de Charles VI : le meurtre de Jean-sans-Peur sur le pont de Montereau (10 septembre 1419) et le traité de Troyes (21 mai 1420) par lequel

---

C'est assavoir ung A B C, ungs sept pseaulmes, ung Donast, ungs Accidens, ung Caton et ung Doctrinal. Pour ce... 100 l. t.

« A Guillaume Lalement, marchant demourant à Bourges, la somme de 100 l. t., à lui semblablement ordonnée estre payée par ledit trésorier, pour ung grant Caton, que fist maistre Guillaume de Pergamo, lequel est escript en beau parchemin, de bien bonne lettre, bien et richement historié et enluminé, et acheté de lui et délivré audit maistre Robert Blondel, pour ladicte cause. Pour ce... 100 l. t. (Arch. nat., *Comptes de l'argenterie de la Reine pour l'année 1454*. Reg. KK. 55, fol. 19.)

la reine Isabeau de Bavière et le nouveau duc de Bourgogne Philippe-le-Bon livraient la France aux Anglais. L'auteur a pour but d'exciter à la haine de l'Anglais et du Bourguignon et d'appeler tous les bons Français à se serrer autour du jeune dauphin Charles qui, maintenant que le roi Charles VI est aux mains des ennemis du pays, demeure l'unique représentant des droits de la couronne de France.

Ecrit en latin, cet ouvrage fut bientôt traduit en vers français, sous ce titre : *La Complainte des bons François*, par un clerc du nom de Robinet qui, de même que Robert Blondel, était né en Normandie et avait mieux aimé s'exiler de son pays que se soumettre à l'étranger.

Ce n'est certes pas la forme de ces ouvrages qui captivera le lecteur ; la latinité et la versification de Blondel sont assez médiocres (1), et la paraphrase du traducteur est d'une étrange banalité. Mais ces faiblesses sont amplement rachetées par l'expression de ce patriotisme ardent qu'on est heureux de rencontrer dans l'auteur et qui éclate partout dans son poème :

> Quid sit enim, patriam quam perdere, durius ulli,
> Cujus amore nichil homini stat dulcius unquam?
> O natalis amor, caro preciosior auro,
> Tu nequis extingui; tuus ardor corda perurens
> Invitos profugos remeare suo jubet igne.   V. 407-410.

C'est sans doute la patrie normande dont il est exilé que Robert Blondel pleure dans ces vers, mais il a des larmes

(1) Et c'est pourquoi nous lui refusons la paternité d'un poème latin, anonyme et contemporain, que M. Vallet de Viriville lui attribue trop facilement, à notre humble avis du moins (*Chronique de Jean Raoulet*, à la suite des *Œuvres de Jean Chartier*, Bibl. elzév., t. III, p. 145-146, note). Ce poème relatif à la Pucelle, a été inséré par M. Quicherat parmi les documents publiés à la suite des deux procès (t. V, p. 24-43). Les vers, de meilleure facture que ceux de Blondel, renferment des réminiscences virgiliennes qu'on ne trouve pas dans le *Complanctus*.

pour la grande patrie et son cœur bat pour la France entière.

M. Vallet de Viriville ayant rendu un compte exact de cet ouvrage, aussi bien que des autres, que le lecteur peut du reste apprécier maintenant par lui-même, nous nous bornerons à dire quelques mots du prologue, dans lequel le traducteur Robinet nous fait connaître son dessein, la façon dont il a procédé et les additions qu'il a faites au texte de l'auteur.

Il a voulu, dit-il, traduire cette œuvre qu'il juge bien faite, afin de la mettre à portée des gens qui ne peuvent entendre le texte latin. Il a écrit cette traduction de sa propre main et a consacré ses veilles matin et soir à ce travail, parce qu'il avait « bien peu de monnoie » pour la faire écrire. Dévoués au roi, au dauphin et à leurs amis, Robert Blondel et lui l'aident de leurs moyens; ils le servent « de teles armeures » qu'ils ont, et ils jouent le rôle de ces chiens qui jappent et excitent les lévriers à courir sus aux loups qui viennent ravir les ouailles.

Il s'est attaché à suivre le texte d'aussi près qu'il a pu, et c'est pour cela qu'il n'a pas fait toujours la rime « correspondant et leonine », bien que partout elle soit « consonant ». Du reste, il a réussi à rendre fidèlement son texte, de l'avis de l'auteur lui-même qui le déclare exposé « si com il l'entend ». Il a ajouté du sien, et cela lui a assez coûté, quelque application qu'il y ait mise, car « son engin est rude » — il indique particulièrement ici un assez long développement donné par lui au chapitre de Fortune. — Il se décharge toutefois sur l'auteur du reproche qu'on lui ferait d'avoir altéré la vérité : il n'a fait que traduire.

Il craint les altérations que les copistes pourraient faire subir à son œuvre et leur adresse la recommandation suivante qui mérite d'être citée :

> Et s'aucun est qui cestui livre
> Veuille copier ou transcripre,
> De bon cuer lui requier et prie,
> Se plus ne scet d'orthographie,
> Qu'ainsi com il est cy le mecte,
> Ou que ja ne s'en entremecte,
> Car mains bons livres sont destruis,
> Si com en plusieurs lieux ge truis,
> Par escripvains qui point n'entendent
> Les fins a quoy les escrips tendent,
> Et, qui pis est, veulent forgier
> Matiere pour les corrigier,
> Mez tant empirent le merrien
> Qu'en moult de lieux ne vault maiz rien.   V. 143-156.

A combien de copistes n'aurait-on pas eu besoin d'adresser ce conseil ?

On ne connaît le second en date des ouvrages de Robert Blondel que par le Mandement de Jean V, récemment publié et que nous reproduisons ici (1) :

Jehan, par la grace de Dieu, duc de Bretaigne, conte de Montfort et de Richemont, a nostre amé et feal Jehan Alcaume, receveur general pour nous de la traicte de vingt solz pour pipe de vin yssant des pais d'Anjou et du Maine a nous ordonnee par monseigneur le Roy, salut. Nous voulons et vous mandons expressement par ces presentes que vous faictes, souffrez et lessiez passer soixante pipes de vin franchement et sans en prendre aucune traicte ne autrement, pour et ou nom de noz bien amez maistres Robert Blondel et Robert Regnault, demourans a Angiers, et laquele traicte, qui est de vingt solz tournois pour chacune desdites soixante pipes, yssans dudit pais d'Anjou et venans en nostredit duchié ou pais de Bretaigne, nous avons donnee et octroiee, donnons et octroions liberalement de nostre certaine science et propre mouvement ausdis Blondel et Regnault pour et en recompensacion du labeur qu'ilz ont pris

---

(1) V. *Bibliothèque de l'Ecole des Chartes*, t. LIV, *Un mandement de Jean V*, etc., p. 123-127.

a faire une certaine et belle epistole composee en latin par ledit Blondel et depuis translatee en françois et a nous apportée et presentee en ceste nostre ville de Redon par ledit Regnault. Et par rapportant ces presentes avec quictances sur ce suffisantes desdits Blondel et Regnault tant seulement, nous voulons ladite traite, montant pour lesdites lx pipes de vin a la somme de soixante livres tournois estre allouee en vos comptes et desduicte de vostre recepte entierement par nos amez et feaulx conseillers les gens de noz comptes ou autres quiconques presens et avenir a qui il appartendra, ausquelz et a chacun d'eulx nous mandons expressement par ces mesmes presentes que ainsi le facent sans aucun contredit ou difficulté y faire, nonobstans quelxconques ordonnances, mandemens ou deffenses faictes ou a faire au contraire. Donné en nostre dicte ville de Redon, le xij° jour de may, l'an de grace mil cccc vingt et six, soubz nostre signet, en l'absence de nos seaulx. Donné comme dessus.

PASQUIER.

Par le duc, de son commandement, presens le sire de Beaumanoir, le seneschal de Rennes, Pierre Suette et autres.

(Au dos :) Le chancelier de Bretaigne, evesque de Nantes, a Jehan Aleaume, salut. Delivrez promptement et sans delay aux nommez au blanc soixante pipes de vin pour traicte franchement ou L francs en monnoie de present courant pour les causes qui y sont contenues dont nous vous repondons du seau, comme ils s'en sont tenus pour contens, et vous promettons qu'ils vous seront allouez en vos comptes et rabatuz de vostre recepte. Donné soubz nostre saing le quint jour d'aoust MCCCCXXVI. — J., evesque de Nantes.

Dans quel but Robert Blondel écrivit-il cette « epistole »? A cet égard, on ne peut formuler que des conjectures. Celle que M. J. Lemoine propose nous paraît très acceptable. Il rappelle qu'en cette même année 1426, Jean V fut plus que jamais sur le point d'abandonner le parti anglais, que mécontent de voir le duc de Bedford s'efforcer d'attirer les Penthièvre dans l'alliance anglaise, il pressa le duc de Bourgogne de se réconcilier avec Charles VII, et convoqua le ban et l'arrière-ban de sa noblesse pour défendre son duché contre les Anglais. « Il n'y a donc rien d'impossible à ce qu'à l'instigation de la reine de Sicile, qui suivait avec intérêt tous ces mouvements, Robert Blondel se soit résolu à tenter auprès du duc de Bretagne un effort analogue à celui qui lui avait inspiré, six ans plus tôt, la Complainte des bons Français (1). »

L'*Oratio historialis* appartient à l'année 1449 ; Robert Blondel la commença après la prise de Fougères et l'acheva d'écrire après la prise de Lisieux et celle de Rouen (2), c'est-à-dire au moment où la guerre était ouvertement et vigoureusement menée contre les Anglais. De longues et inutiles négociations avaient suivi la rupture des trèves ; Charles VII avait enfin franchi la Loire le 6 août à Amboise, et entrepris cette brillante campagne qui se termina, au bout d'un an et six jours, par la capitulation de Cherbourg et la conquête de toute la Normandie. Le Pont-de-l'Arche, Verneuil, Pont-Audemer avaient déjà été enlevés à l'ennemi ; Lisieux avait capitulé le 16 août, mais on pouvait craindre encore que les Anglais, découragés par les succès rapides du roi, ne sollicitassent et n'obtinssent de lui une nouvelle trève. De là l'*Oratio historialis* par laquelle l'auteur engage Charles VII à poursuivre les hostilités sans hésitation et sans relâche.

D'autres œuvres semblables avaient été composées au cours du même siècle, et si les soucis et les fatigues de la campagne laissèrent à Charles VII le loisir de parcourir le factum de Blondel, il put y reconnaître les arguments par lesquels Jean de Monstereul, secrétaire de Charles VI, et Jean Jouvenel des Ursins, évêque de Laon, avaient autrefois démontré que les Anglais ne possédaient aucun droit sur la couronne de France. Et en effet, avant le mois de septembre 1415, cette thèse avait été soutenue dans un traité en

---

(1) V. *Ibid.*, t. I, p. 125.
(2) V. t. I de cette édition, p. 173-174.

langue vulgaire, qu'aucun nom d'auteur n'accompagne, mais que M. A. Thomas (1) n'hésite pas à attribuer à Jean de Monstereul, qui écrivit les deux traités dont nous allons parler et qui appartiennent aux années 1415 et 1416. Le premier, en langue latine, est en quelque sorte, un abrégé du précédent; le second, écrit en français et dédié à Jean, dauphin du Viennois, qui mourut le 5 avril 1416, présente de grands rapports avec les deux compositions antérieures et surtout avec le traité latin.

Pour établir l'analogie qui existe entre ces ouvrages de Monstereul et l'*Oratio historialis* de Robert Blondel, il suffira de reproduire le titre général du traité français et les titres des quatre premiers chapitres.

Cy est contenu l'occasion ou couleur par laquelle feu le roy Edouard d'Angleterre se disoit avoir droit à la couronne de France avecques les responses sur ce et l'injustice des Anglais declairée tant sur le principal comme sur l'accessoire de la guerre qui en est ensuie.

I. Et premierement y est monstré comment le roy Edouart d'Angleterre ne ses successeurs n'eurent oncques droit à la couronne de France et le royaume de France vint au roy Philippe qui avoit esté et estoit conte de Vallois comme au plus prouchain hoir masle de la couronne de France descendant de masle en masle et droicte ligne du roy Saint Louis et de ses devanciers.

II. Comment le roy Edouart feist hommage lige audit roy Philippe en l'appelant roy de France et son seigneur lige et lui promist foy et loyauté porter.

---

(1) *De Joannis de Monsterolio vita et operibus... thesim proponebat.* A. Thomas, Paris, 1883. Tout ce que nous disons de Jean de Monstereul et de ses ouvrages est tiré de cette thèse.

III. Comment icelluy roy Edouart forfist et confisca la duché de Guyenne et la conté de Ponthieu et de Monstereul.

IV. Comment les Anglais ne tindrent point le traité de Calais (1).

En l'an 1445, sur la demande de Charles VII, Jean Jouvenel des Ursins, évêque de Laon, soutint encore la même thèse dans un opuscule écrit en français.

Nous avons, dans les ouvrages de Jean de Monstereul, de Jean Jouvenel et de Robert Blondel, l'expression des sentiments qui dominaient dans les régions officielles ; il convient de mentionner au-dessous d'elles cette poussée populaire qui s'était déjà manifestée en Normandie par des mouvements insurrectionnels (2) et tendait à poursuivre et à terminer l'œuvre commencée par Jeanne d'Arc, en « boutant les Anglais hors de France ». Elle a pour interprètes des auteurs, non pas de savants et éloquents factums, mais de poésies rudes et grossières, dans lesquelles la sincérité du patriotisme éclate à travers la vulgarité de la forme, telles que : la *Complainte des Normans envoyée au roy nostre sire* (3), et la *Complainte*

---

(1) Nous donnons ces sommaires d'après la thèse de M. A. Thomas, qui a reproduit également ceux du traité latin et du premier traité en langue française.

(2) V. *Des insurrections populaires, pendant l'occupation anglaise au XVe siècle*, par M. L. Puiseux, dans les *Mémoires de la Société des Antiquaires de Normandie*, t. XIX, p. 138, et *Les insurrections populaires en Basse-Normandie au XVe siècle pendant l'occupation anglaise et la question d'Olivier Basselin*, par M. Armand Gasté. Caen, 1889.

(3) *Mémoires de la Société des Antiquaires de Normandie*, t. XXVIII, p. 551-558. — M. G. Mancel a publié le texte de cette complainte d'après le ms. fr. de la Bibl. nat. 2861 ; M. Launay l'a fait suivre de *Commentaires*, (ibid. p. 557-567), et M. P. Le Verdier l'a édité de nouveau avec notes dans le *Bulletin de la Société de l'Histoire de Normnadie*, t. V, p. 77-93.

du povre commun ou des povres laboureurs de France (1).

L'*Oratio historialis* de Blondel diffère des traités qui l'ont précédé en ce que l'historien normand ne discute pas seulement la question de droit et ne se borne pas à établir que les Anglais ne peuvent avoir aucune prétention légitime sur la couronne de France ; il cherche encore à raviver les vieilles haines en présentant le tableau des guerres que l'Angleterre a faites à la France depuis le XIIe siècle jusqu'à son temps, et en imputant à sa déloyauté la rupture de toutes les trèves, de tous les traités solennellement conclus. Il en prend texte pour exhorter le roi Charles à n'accueillir aucune proposition des Anglais ; il fait intervenir à l'appui de sa cause Philippe-Auguste et saint Louis dans de véhémentes prosopopées où l'on peut voir un souvenir de celle par laquelle la couronne de France appelle à sa défense les princes et les chevaliers dans un autre ouvrage (2) de Jean de Monstereul ; il termine en adjurant les chefs des maisons d'Orléans et d'Anjou et le roi Charles VII de ne rien négliger pour jeter les Anglais hors du royaume.

L'*Oratio historialis* n'est pas autre chose qu'un éloquent et violent plaidoyer contre les Anglais. Il ne faut lui demander ni impartialité ni mesure ; c'est la passion et non la raison qui parle au cœur du patriote lorsque le sol national est foulé par l'étranger. De là, les cris de haine que Robert Blondel pousse à chaque instant contre les Anglais, les invectives dont il les accable. Ajoutons encore que, dans une œuvre hâtivement composée, car les événements n'attendaient pas, l'auteur ne pouvait guère recourir qu'à sa mémoire, et que celle-ci l'a parfois mal servi en lui faisant intervertir

---

(1) V. *Chroniques de Monstrelet*, édition de la *Société de l'Histoire de France*, t. VI, p. 176-190.

(2) *De gestis et factis memorabilibus Francorum*. V. la thèse de M. A. Thomas, p. 15.

l'ordre de certains faits et en le trompant sur leurs circonstances.

Il est donc juste de voir dans l'*Oratio historialis* non pas une histoire, mais un pamphlet ; on n'y cherchera pas la réalité des faits ; on y trouvera cependant un document historique de la plus haute valeur. Il permet de constater l'état des âmes à cette heure suprême où allaient se décider les destinées de la France.

Cette passion qui emporte Robert Blondel, nous la retrouvons dans la fougue avec laquelle les Dunois, les Brézé, les Floques, les d'Estouteville, les Coëtivy et tant d'autres se ruent sur l'ennemi héréditaire, sous la conduite d'un roi qui racheta les fautes de ses premières années par de rares qualités de constance et de sagesse et mérita de se faire attribuer le titre de *Victorieux*.

On serait curieux de savoir quelle influence le factum de Blondel put avoir sur l'esprit de Charles VII. Retenu par ses fonctions de précepteur auprès de François de Bretagne, comte d'Etampes, il donna à l'un de ses disciples, Henri Anquetil (1), la mission de présenter son discours au roi. Celui-ci avait déjà entrepris la campagne et semblait ne plus devoir s'arrêter. Henri Anquetil hésita à lui remettre une œuvre qui paraissait devenue inutile et qui, par la hardiesse même des objurgations qui lui étaient adressées, pouvait blesser la majesté royale (2). Mais, sur de nouvelles instances, il se décida à la transmettre à Charles VII par une lettre datée d'Orléans, en 1449. Si les conseils de Blondel étaient devenus superflus, le roi n'y vit sans doute rien de téméraire.

---

(1) « Ob hoc eamdem, hujusmodi libro racionum vario splendore tanquam rei publice hinc inde detrimenta afferentes inducias confutante, agitari egre verebar. » T. I, p. 156.

(2) On trouve une famille noble de ce nom, dans le Cotentin, aux XV⁰ et XVI⁰ siècles. Il est probable que Henri Anquetil lui appartenait.

Dès 1450, il le récompensait en lui restituant la terre de Ravenoville ; plus tard, il le choisissait comme précepteur de son second fils.

Le *Reductio Normanie* est l'ouvrage le plus important de Robert Blondel ; l'auteur y présente le récit des événements qui s'accomplirent en Normandie, et même en Guyenne, depuis la surprise de Fougères par François de Surrienne, le 24 mars 1449, jusqu'au 12 août 1450, date de la capitulation de Cherbourg qui mit fin à la possession de la Normandie par les Anglais. Cette histoire est divisée en quatre livres qui contiennent XVI, XIV, XXII et XXVIII chapitres ; le premier livre porte pour titre *De bello insidioso* ; l'auteur y présente la suite des événements qui eurent lieu à partir de la surprise de Fougères par les Anglais jusqu'à celle de Verneuil par les Français ; la guerre n'est pas encore officiellement déclarée ; les représailles exercées par les chefs au service de Charles VII sont mises sous le couvert du duc de Bretagne. Le deuxième livre, *De bello aperto*, traite de la guerre ouvertement faite par la France à l'Angleterre ; les livres troisième et quatrième en présentent la suite.

Le *Complanctus bonorum Gallicorum* et l'*Oratio historialis*, œuvres de circonstances, nous montrent que Blondel écrivait ses ouvrages aussitôt après que les événements venaient de se passer, ou même pendant qu'ils étaient en train de s'accomplir. Cette considération nous autorise, ce semble, à admettre qu'il composa, dès la fin de la guerre, l'histoire du recouvrement de la Normandie.

M. de Bréquigny a consacré à Robert Blondel une Notice sous ce titre : *Conquête de la Normandie par Charles VII* (1).

Il s'y montre, dès le début, d'une sévérité excessive pour l'auteur du *Reductio Normanie*. « Après avoir comparé,

---

(1) *Notices et extraits des Manuscrits de la Bibliothèque nationale*, etc., t. VI, an IX, p. 92-105.

dit-il, ce qu'il rapporte avec ce qu'on lit dans Monstrelet et dans les historiens de Charles VII rassemblés par Godefroy, je n'y ai plus souvent trouvé que les mêmes détails, avec des différences si peu importantes, qu'il y en a peu que j'aie cru pouvoir me permettre de transporter dans cette Notice... Au moins auroi-je pour dédommagement du fatigant examen que j'ai fait de celui-ci, la satisfaction d'épargner à ceux qui espèreroient y faire quelques découvertes le temps et la peine qu'ils y emploiroient en pure perte. Au reste, quand il s'agit d'écrits historiques contemporains, lors même qu'ils n'apprennent rien de nouveau, ils assurent au moins, par un témoignage de plus, la vérité de ce qu'on savoit déjà (1) »; et il conclut en disant : « Ceux qui voudront écrire l'histoire des événements qui font l'objet de cet ouvrage ne doivent pas se dispenser de le consulter; ils en tireront le peu de faits qui ne se trouvent pas ailleurs; mais ceux de ces faits qui peuvent intéresser, me paroissent en trop petit nombre pour que l'ouvrage entier mérite d'être imprimé ou d'être traduit (2). »

M. Vallet de Viriville a protesté le premier (3) contre le jugement rigoureux de l'illustre érudit, et M. Stevenson, qui a donné, en 1863, la première édition de l'ouvrage de Blondel n'a pas hésité à dire : « Cette œuvre *De reductione Normanniæ*, imprimée aujourd'hui pour la première fois, est le récit le plus important que nous possédions sur le sujet auquel il se rapporte. » (4).

La Société de l'Histoire de Normandie en a jugé de même en décidant de publier les œuvres historiques de Robert Blondel.

(1) *Notices et extraits des ms. de la Bibl. nat.*, etc., p. 93.
(2) *Ibid.*, p. 105.
(3) *Notice sur Robert Blondel*, p. 1-2.
(4) *Narratives of the expulsion of the English from Normandy*, préface, p. x.

Il semble d'ailleurs que M. de Bréquigny a pris soin de fournir, contrairement à ses conclusions, des arguments aux futurs éditeurs de Blondel. Il reconnaît que cet auteur complète en maints endroits, particulièrement pour les sièges de Pont-Audemer, de Verneuil et d'Avranches, le récit des autres historiens, qu'il semble avoir eu le souci d'apprendre de gens dignes de foi (p. 96) les circonstances qu'il rapporte. « Peut-être, sur diverses circonstances croyoit-il trop aux bruits publics ; nous avons cependant vu qu'il n'osoit assurer la vérité d'un fait, parce qu'il n'avoit pu le constater par des témoignages certains. » (p. 105).

« Outre les différences, ajoute-t-il encore (p. 105), que j'ai indiquées sur les faits historiques, on y trouveroit un autre genre de secours ; c'est une description détaillée de plusieurs villes de Normandie, telles qu'elles étoient lorsque l'auteur écrivoit, et qui ont bien changé depuis. La connaissance de l'état ancien des lieux est précieuse pour les historiens modernes qui ne se trouvent que trop souvent trompés lorsqu'ils en sont dépourvus. »

Ce qui paraît avoir indisposé M. de Bréquigny contre Robert Blondel, ce sont les allures de son style : « Le ton de déclamation, dit-il, qui règne dans tout l'ouvrage, n'est pas propre à rassurer le lecteur. » (p. 99). Robert Blondel, en effet, est avant tout un orateur ; il prend le ton du discours plus facilement que celui de l'histoire ; non content de placer dans la bouche des personnages du temps des harangues qu'il compose lui-même, à l'imitation des historiens de l'antiquité, il interrompt souvent la suite de son récit pour donner cours à sa haine vigoureuse de l'Anglais par de violentes invectives, tantôt contre Talbot, tantôt contre le roi Henri V, ou pour reprocher aux ennemis des sacrilèges qui les ont perdus en attirant sur eux la vengeance divine.

Car Robert Blondel n'est pas seulement un bon Français,

un zélé patriote ; c'est encore un ardent défenseur des droits et des immunités de l'Eglise. Si l'on ne savait d'ailleurs qu'il était ecclésiastique, on le devinerait rien qu'à voir la sévérité avec laquelle il condamne les atteintes portées aux privilèges du clergé et au respect qui lui est dû : « Qui altaris ministros injuriose tangit, sacratissimum Cristi pupillam attingit, quibus nocumentum Deus illatum nunquam dimittit inultum, et sepius propter unius sacrilegium, si belli princeps ultimo supplicio ferire negligat, universus deperit exercitus (1). »

Si l'on compare, toutefois, son récit à ceux de Berry, de Jean Chartier et de Mathieu d'Escouchy, on reconnaîtra que la passion qui l'anime ne lui a point fait altérer la vérité. Nous n'en prendrons pour témoignage que ces paroles de son éditeur anglais, M. Stevenson : « Si l'on doit reconnaître que l'auteur s'est servi d'expressions dont la dureté est peu pardonnable, nous pouvons néanmoins accepter son récit comme un exposé bien fait et loyal des événements qu'il se propose de rappeler (2). »

Nous ne connaissons aucune traduction du *Reductio Normanie*. S'il n'a pas eu, comme les autres ouvrages de l'auteur, l'honneur d'être de son vivant translaté en français, la raison en est que les chroniques de Berry et de Jean Chartier, écrites en langue vulgaire, parurent suffisantes à la curiosité publique. On peut le regretter, car les contemporains auraient trouvé dans l'ouvrage de Blondel des récits plus circonstanciés, habilement précisés par la description des lieux, ce qui est un avantage que M. de Bréquigny, malgré ses préventions, a dû reconnaître.

(1) V. t. II, p. 217. La même idée, énoncée presque dans les mêmes termes, se retrouve dans l'*Oratio historialis*, t. I, p. 224.

(2) « Due allowances being made for a little pardonable acerbity of expression, we may accept the author's narrative as a fair and honest statement of the incident which he profess to record. » Preface, XI.

Il ne faut pas demander à un latiniste du xve siècle la pureté et l'élégance cicéroniennes que les écrivains de la Renaissance s'attacheront à reproduire. Si ces deux qualités font souvent défaut dans les écrits de Blondel, on doit reconnaître qu'il s'est élevé, dans maints endroits, au ton de l'éloquence, et qu'il se montre toujours excellent narrateur dans l'exposé des faits. Des nombreux exemples que nous pourrions produire, nous citerons seulement le récit si animé, si palpitant du combat engagé dans les gués de Saint-Clément, la veille de la bataille de Formigny. Il paraît d'ailleurs avoir pris pour modèles les historiens latins, et particulièrement Salluste.

Nous ne dirons que peu de mots du dernier ouvrage de Robert Blondel, intitulé *Les douze périls d'enfer*. Ce n'est pas une œuvre originale; c'est la traduction d'un traité latin, avec quelques développements dus au translateur. Robert Blondel, alors précepteur du duc de Berry, entreprit ce travail pour satisfaire au désir de la mère du jeune prince, Marie d'Anjou. Nous n'avons pas cru devoir comprendre dans cette édition un traité qui n'a aucun rapport avec l'histoire, et qui n'est en somme qu'une sorte de sermon prolixe et fastidieux. Le préambule que nous allons transcrire en fera d'ailleurs suffisamment connaître l'esprit et le but (1) :

Cy commence le prologue du livre intitulé les douze perilz d'enfer.

A l'onneur, louenge et gloire de la soveraine trinité, ung vray Dieu seul en trois personnes, principe et fin de toutes choses, et a la reducion des oyans d'erreur de peché par deue penitence a la voye de vertus. Je arbitre et me samble estre congrue chose et decente a la solempnité des roys ceste presente euvre de cuer treshumble, pur et subget avecques toute reverence offrir a la haultesse et excellence de la royne, ma tres redoubtée et souveraine dame, laquelle, combien qu'elle ne soit composee

---

(1) Bibl. nat., fouds français, ms. 448 (ancien 7036).

et tissue en parolles ournées et exquises ne en stille alleguant selon les traditions de rethorique, toutesvoyes de vraye subjection et tresardant desir de obeÿr a sa dame souveraine procede. Si supplie tres humblement a sa bonne grace qu'elle daigne benignement la recepuoir, et tres affectueusement o toute humilité prie tous autres qui l'orront qu'ilz n'ayent pas regard a la rudesse du stille, mais a la bonne intention de l'acteur qui l'a induit et contraint a ce faire, et qu'il leur plaise veoir et parfaictement gouster les sentences auctoritez et exemples inductives a correction de meurs et vraye penitence, et a fuir les perilz d'enfer et a effect deduire le contenu en icelle, car qui voit ou oit doctrine morale, s'il ne met toute cure et diligence a entendre les sentences en les reduisant souventeffois a son memoire et met tant a execucion par envie vertueuse, riens la doctrine des commandemens divins ne luy vault quant au salut et perfection de son ame. Car le royaulme de Dieu et felicité en vie active n'est pas en parolles, ains est en execucion des mandemens divins et operacion de vertus. *Regnum Dei non est in sermone sed in operum virtute. P⁰ ad Corinthios, x⁰.*

Et si j'ay tardé, ma tresredoubtee et souveraine dame, a la translacion de ceste presente euvre, contenans douze perilz conduisans les pecheurs en enfer, lesquelz communement encourt l'omme negligent et remis en prosperite corporelle purger sa conscience de contagion de peché par penitence en l'article de la mort, vostre singuliere benignite et tresreligieuse devocion vueille le pardonner a moy vostre treshumble et tres obeyssant serviteur indigne chapellain. Car continuellement j'ay esté et suis occupé en l'instruction et service de mon tresredoubté seigneur, monseigneur Charles de France, vostre filz, sur tous autres de son aage en don de nature et de grace excellentement doté. Et a l'occasion du chemin que mondit seigneur a souvent fait, j'ay esté contraint moy divertir d'estude et pluseurs fois entrelaisser l'euvre encommencee. Et avecques ce j'ay congneu que l'invencion de l'acteur de ceste euvre procede d'ung bel et clerc entendement a sainte intencion et zele de charite tendant au salut des ames universellement de tous mesmement de riches et puissans seigneurs eslevez en excellence de dignité et fleurissant en prosperité mondaine, desirant par vraye penitence les preserver des perilz d'enfer et les reduire au chemin de la cité de Jerusalem. Pour tant moy considerant qu'il n'est nul estude plus digne de merite ne sacrifice a Dieu plus agreable que par vraye doctrine reduire le pecheur de son erreur en la voye de salut et son ame preserver de la mort et perilz d'enfer, me suis dilaté pour zele du bien des ames en adjoustant aucunes auctoritez et raisons de droit divin et humain et examples servantes a propos, sans vouloir aucun charger ne distraire d'autruy, mais seulement declarer plus amplement que l'acteur ne fait la varieté et multitude des perilz mortelz esquelz l'ame piteusement trebuche a l'issue de ceste miserable vie en deffault de soy sagement pourveoir durant la santé corporelle. Combien sont aveuglez les hommes mortelz qui mettent si grant sollicitude, qui souffrent par mer et terre tant et si divers perilz, griefs labeurs et inquietacions pour acquerir et garder royaulmes, principaultez et seigneuries et choses vaines de peu de durée et de bref a perir. Et touteffois nulz ou peu sont trouvez qui prennent cure, diligence et travail d'acquerir le royaulme celestiel, vrayes richesses toujours a durer, et conserver son ame en estat de grace et la deffendre des invasions du dyable son ennemy mortel; sans ce qu'ilz ayent aucune consideracion aux perilz incertains et infinis de la mort esquelz continuellement nostre vie humaine fragile et doubteuse verse et de l'eure de nostre nativité jusques a l'issue de ce monde de toutes pars est environnée et assiegée. Mais ainçois en seureté comme bestes brutes vivans et ignorans leur condicion et fin, ensuivans voluptez et honneurs charnelles, convoitises de biens mondains, dignitez et honneurs caducques et transitoires jusques a l'extremité de leurs jours, ilz demeurent et sont envelouppez sans premeditacion de leur fin et soy pourveoir de remede salutaire contre les fallaces et decepcions du dyable. Et quant les miserables mondains d'une aveuglée oppinion et folle cuidance cuident longuement en dignité temporelle et prosperité du siecle vivre et regner, alors la mort soubdainement, sans avoir regard aux qualitez et aages des personnes, les fiert, tue et occist, maintenant le pape, maintenant l'empereur, maintenant le sage, maintenant l'ignorant, tantost le viel et aussitost le jeune, et par sa puissance et auctorité leur oste felicitez et seigneuries mondaines. Et ce peril de la mort est commun a tous et ruyne des hommes en toutes aages, et le cogneut par vision saint Jehan l'euvangeliste ainsi qu'il est escript en son *Apocalipse : Vidi mortuos magnos et pusillos stantes in conspectu throni.* Et à ce propos dit Senecque : Certes la mort appelle tous a conflict en bataille. Il n'y a lieu ou nous puissions les cops et invasions d'icelle fuir, car de toutes pars ses dars sont gettez et cheent sur et contre nous et tous sans exempcion de quelconque personne sommes reservez et subgetz à la mort. *Omnes enim vocat mors et non est ubi fugiamus ictus ejus ; undique tela in nos jaciuntur et omnes reservamur ad mortem. Libro secundo, de naturalibus questionibus, capitulo ultimo.* Et puis qu'il est ainsi, ma tresredoubtee et souveraine dame, que tous egallement sommes subgetz et reservez a la mort, soit roy, duc, prince, jeune, viel, fort, foible, sage ou ignorant, et que de necessité fault laisser royaulmes, principaultez et seigneuries, honneurs et vanitez mondaines, combien est la creature beneurée, laquelle voluntairement devant les cops et assaulx de la mort deppose usage et coustume de peché et ambicion de dominer et gette son desir et affection en l'amour du reaulme celestiel et vertueusement laboure pour l'acquerir. Grace de Dieu, ma tressouveraine dame, vous a donné naistre de couronne tres excellente et en mariage estre honnorée et decorée de la plus noble et digne de dessoubz le ciel. Ce consideré, la divine bonté en ce monde tout honneur et preeminence temporelle vous a conferé que dame de treshault estat et noble desir peut appeter et glorieusement avoir. Reste la perfection et consummacion de vostre felicité desirée d'une grant et ardant affection et avec force d'esperit continuel labeur, militer pour vertueusement acquerir la couronne de gloire eternelle, laquelle la vierge Marie dont vous portez le glorieux nom, mere du roy des roys, royne du ciel, par sa sainte intercession vous vueille impetrer et de l'horrible prison infernal preserver. Amen.

IV

Cinq manuscrits, appartenant tous à la Bibliothèque nationale, nous ont conservé le texte du *Complanctus bonorum Gallicorum*, qui comprend 907 vers : ce sont les mss. du fonds latin 13839 (ancien Saint-Germain latin 1634), 6195, 6196 A, 6196 et 6707. Les mss. 13839, 6196 et 6196 A contiennent en outre la traduction en vers français du clerc Robinet.

Le ms. 13839 (parchemin), de 18 centimètres de hauteur sur 13 de largeur, porte, au dos de sa reliure en parchemin, ces mots écrits dans le sens de la longueur : *Poësie latine et françoise intitulée des bons Françoys*. Au premier feuillet recto, on lit en marge N. 1634, et dans le bas est collée une étiquette imprimée portant cette inscription bien connue :

Ex Bibliotheca MSS. COISLINIANA, olim SEGUERIANA, // quam Illust. HENRICVS DV CAMBOVT, DVX DE // COISLIN, Par Franciæ, Episcopus Metensis, &c. Mo // nasterio S. Germani à Pratis legavit. An. M.DCC.XXXII.

Le poème latin commence f° I recto, sous cette rubrique : *Incipit liber de complanctu bonorum Gallicorum*, et finit au recto du folio 22, dont le verso est demeuré blanc ; le poème français occupe les folios 23 recto à 83 verso ; il débute par cette rubrique : *C'est le prologue de la complainte des bons françois.*

La lettre A, par laquelle commence le premier vers de la traduction, est encadrée dans une miniature représentant l'auteur offrant son livre au dauphin Charles.

L'angle supérieur des folios 82 et 83 est légèrement déchiré. Il y a vingt-deux lignes à la page ; l'écriture, facile à lire, ne présente que peu d'abréviations.

Le ms. 6195, de 235 millimètres de haut sur 155 de large, comprend 23 feuillets de parchemin, mais le texte ne va que jusqu'au 20ᵉ ; les autres sont demeurés blancs.

Sur un premier feuillet qui précède le texte, on lit dans le haut du verso : *Desolacio Franciæ dum rex // Carolus VI // fuit captivus in Anglia // versibus latinis*. Le copiste avait d'abord écrit *Ludovicus*, il a biffé ce nom et écrit au-dessus *Carolus*.

Chaque page compte vingt-trois lignes, à de rares exceptions près. Le tout est contenu dans un mauvais cartonnage.

Ce ms. est le seul dans lequel le poème soit précédé d'un préambule en prose et accompagné de gloses et de notes interlinéaires ou marginales expliquant un certain nombre de mots et de locutions, ainsi que de titres placés en marge qui correspondent aux rubriques de la traduction française. Ces gloses et notes sont assez nombreuses du vers 1 au vers 148 et du vers 222 au vers 333 ; elles sont très rares dans le reste de l'ouvrage. Cinq vers (184-187) ont été omis par le copiste de ce manuscrit (1).

Le ms. 6196, renfermé dans une reliure en maroquin qui porte sur ses plats les armes de France et au dos ce titre : *Complain[te] des bons françois*, comprend 91 feuillets de parchemin. Le poème latin occupe les folios 2 à 24, et la traduction les folios 26 à 90 recto. Les titres sont en rubrique ; des blancs ont été réservés pour des lettres ornées qui n'ont pas été faites. Dans la partie française, les rubriques ont été indiquées en caractères très fins dans la marge ou au bas des pages ; le rubricateur en les transcrivant à leur place n'en a pas toujours reproduit exactement la graphie.

Le ms. 6196 A est formé de 64 feuillets de papier. Le poème latin va du folio 1 au folio 15 verso et la traduction du folio 16 recto au folio 64 recto. Le *Complanctus* est incomplet du premier feuillet qui comprenait les vers 1 à 51 et du dernier qui contenait les vers 867 à 907. Toutefois la numération du ms. se continue sans interruption de 1 à 64. Au folio 1er, qui devrait être le 2e et qui commence par ce vers : *Dic quo gloria fugit, Gallia ? quove tuorum*, on lit en marge 6196 A et dans le bas Cod. Colb. 4748 Regius $\frac{8000}{3}$.

Le ms. 6707 comprend 237 feuillets de papier ; au recto du 1er on lit : Cod. Colb. 6234 Regius $\frac{8457}{3}$; au bas une signature : Chaduc.

C'est un recueil d'ouvrages et de pièces tant en latin qu'en français, parmi lesquels le texte latin du traité des *Échecs moralisés* de Jacques de Cessoles, le livre *de Copia verborum* attribué à Sénèque, le *Tractatus de duobus amantibus*

---

(1) Ce fait, et quelques graves bévues, par exemple, au v. 807 *Presens* au lieu de *Perseus*, autorisent à croire, contrairement à l'opinion de M. de Viriville, que nous n'avons pas là le texte original de l'auteur. V. *Notice sur Robert Blondel*, etc., p. 5.

se invicem (c'est le roman d'Euryale et de Lucrèce d'Æneas Sylvius Piccolomini), la *Disputacion de Salomon et Marchou*, les *Dits* et les *Contredits de Franc Gontier* avec la traduction en hexamètres latins (1), etc., etc.

Une partie de cette copie a été faite par Chavillat à Riom, en 1466.

Deux ouvrages de Blondel y sont contenus :

1° Folio 77 recto à folio 121 verso, *Incipit oratio historialis a Roberto Blondelli edita*. Les notes placées en marge du texte ont été coupées par le couteau du relieur. Au recto du folio 122 on lit : *Nomina auctorum quos Robertus Blondelli citat;* puis vient une liste de sept noms.

2° Folio 123 recto à folio 134 recto, texte du *Complanctus bonorum Gallicorum*, sans le titre.

Des cinq mss. que nous venons de décrire, trois contiennent à la fois le texte latin du *Complanctus* et sa traduction : ce sont les mss. 13839, 6196 et 6196ᴬ ; les mss. 6195 et 6707 renferment seulement l'œuvre personnelle de Robert Blondel.

---

(1) La première de ces pièces, due à Philippe de Vitry, évêque de Meaux, porte simplement ce titre *Franc Gontier* et commence par ce vers : *Soubz feuille vert sur l'erbe delitable;* elle est suivie de la traduction en hexamètres latins de Nicolas de Clémengis. Viennent ensuite les *Contredits* de Pierre d'Ailly : *Ung chasteau scay sur roche espoventable*, sous ce titre *Contrarium*, puis la traduction de Nicolas de Clémengis. Ces pièces ont été publiées dans le t. X des *Anciennes poésies françaises* (Bibl. elzév.), p. 193 et suiv., par M. James de Rothschild, qui s'est borné à reproduire le texte donné par Pierre Marchand dans son *Dictionnaire historique*. Ce texte vaut mieux en général que celui du ms. 6707. Cependant nous signalerons au 1ᵉʳ vers du 2ᵉ couplet de *Franc Gontier* la leçon : *Au goumer burent*, meilleure que celle de P. Marchand : *Au groumme burent*, que M. J. de Rothschild explique assez péniblement.

Nous désignerons par A le ms. 13839.
B » 6196.
C » 6196ᴬ.
D » 6195.
E » 6707.

Pour le texte latin, nous avons adopté comme base de cette publication le ms. 13839, mais nous empruntons au ms. 6195 son préambule, ses gloses, que nous plaçons à la suite du poème, ses divisions du texte plus nombreuses et ses rubriques plus explicites que celles du ms. 13839, et, en même temps, plus conformes à celles de la traduction. Nous les avons numérotées en chiffres romains pour permettre au lecteur de retrouver plus facilement dans un texte les passages correspondants de l'autre.

Voici du reste les rubriques du ms. A ; nous indiquons après quels vers ou dans quels vers elle se trouvent (1) : 157 *Alia questio ;* 270 *Argumentum a simili de Jherusalem;* 278 *Aliud argumentum a simili de Troja;* 297 *Questio de domino Delphino ;* 299 *Responsio de eodem ;* 318 *Sequitur fictio ;* 343 *Sequitur alia fictio ;* 439 *Questio ad populum seductum per ducem Burgundie ;* 457 *Exemplum de civitate Rothomagensi ;* 505 *Questio ad jurisperitos ;* 509 *Responsio ;* 531 *Questio;* 534 *Responsio ;* 536 *Exemplum poete ;* 557 *Questio ad dominum regem Francie ;* 558 *Item questio ad ipsummet ;* 559 *Similitudo quedam ;* 561 *Alia similitudo ;* 619 *Questio ... Responsio ;* 626 *Questio ;* 628 *Responsio ;* 677 *Questio ;* 679 *Item questio ;* 684 *Responsio ;* 689 *Questio... Responsio ;* 721 *Questio ;* 722 *Responsio ... Item questio ;* 723 *Responsio ;* 796 *Persuasio per exemplum ;* 799 *Alia persuasio per exemplum ;* 805 *Alia persuasio per exemplum ;*

---

(1) Il n'y en a pas, sauf celle du titre, avant le v. 157.

872 *Persuasio ad Gallos;* 881 *Oratio ad dominum Jhesum Christum;* 877 *Excusatio ad dominum Delphinum.*

Le ms. B ne diffère d'A que par quelques variantes; le ms. C est plus incorrect, mais les variantes qu'il présente sont d'assez minime importance pour que nous ayons pu les négliger presque toutes. Nous ne donnons également des mss. D et E, ce dernier assez incorrect, que les variantes qui présentent quelque intérêt.

Voici les raisons qui nous ont fait préférer le texte du ms. 13839 : 1° il est contenu dans le ms. d'après lequel nous donnons la traduction de Robinet; 2°, et c'est notre principal motif, il nous paraît être le texte même de Robert Blondel. Sans doute, les leçons divergentes du ms. 6195 n'ont pas, pour le fond, une telle importance que la traduction faite, pour ainsi dire, sous les yeux de l'auteur, puisse nous permettre de choisir à coup sûr entre les deux mss. Mais, à notre sens, il y a dans le ms. 6195 quelques corrections qui indiquent une autre main que celle de l'auteur. Robert Blondel est, comme nous l'avons dit, un assez médiocre latiniste et un versificateur plus médiocre encore; son latin est souvent obscur et ses vers sont pauvrement faits. Il lui arrive quelquefois de terminer un vers par un mot de quatre syllabes et de placer ainsi une césure après le quatrième pied : il semble ne pas sentir le vice de cette forme défectueuse. Or, dans le ms. 6195, quelques-uns de ces vers fautifs ont reçu une forme plus régulière. En voici des exemples :

Ms. 13839 : Nobilibus strenuus propria villa fugitivus (v. 239).
Ense cadunt quidam, fiunt alii fugitivi (v. 402).
A patria multos agitat propria fugitivus (v. 452).
Karolei campi quam summa mali tueatur (v. 719).

Ms. 6195 : Nobilibus propria dejectus strenuus urbe (v. 239).
Ense cadunt, alii profugi arva paterna relinquunt (v. 402).

Et profugos multos propriis exigit ab oris (v. 452).
Karol[e]i campi, pateat quam summa malorum (v. 719).

Dans le ms. 13839, le vers suivant est terminé par un mot de cinq syllabes :

Quid sua pacta valent sciret bene testificari.

Le correcteur lui a donné une meilleure forme dans le ms. 6195 :

Quid sua pacta valent sciret delusa referre.

Les deux vers suivants du ms. 13839 pèchent contre la quantité, *a* étant long et non bref dans *ater* :

O Flandrensis ater laceras leo funeris auctor
Semper atri flores tua qui fomenta dedere. (475-476).

Ils sont ainsi corrigés dans le ms. 6195 :

O ater Flandrensis, cur carpis funeris auctor
Invisi flores quibus inclita fluxit origo.

Le bas latin *macere* du v. 518 est remplacé par un mot de la bonne latinité *stragi*; enfin, pour ne pas citer d'autres exemples, le verbe *protervit* (1), bien placé à cet endroit où il faut le temps présent, a été sacrifié au parfait *protrivit* du verbe *proterere*.

Nous croyons que les particularités que nous venons de signaler autorisent à regarder comme le plus authentique le texte du ms. 13839.

La traduction, faite par le clerc Robinet, du poème de Robert Blondel, comprend 2,516 vers, elle a pour titre : *La Complainte des bons Françoiz*, et se trouve comme nous l'avons dit plus haut, dans les trois mss. 13839, 6196 et

---

(1) *Protervire* est un mot de la basse latinité que l'on trouve dans du Cange : PROTERVIRE, *proterve, superbe agere.*

6196 A que nous avons déjà désignés par les lettres A B C. Nous donnons le texte du ms. 13839 (A), et seulement quelques-unes des variantes que présentent les ms. 6196 (B) et 6196 A (C). Ces variantes ne sont, en effet, le plus souvent, que des différences de graphie qui n'ont aucune importance. Contentons-nous d'indiquer ici que les mss. B et C font un plus grand emploi d'*y* et de *z* que le ms. A ; que C place *z* même à la fin des mots après un *e* muet comme dans *faictez* pour *faictes* ; que *seignieur*, *meillieur* du ms. A sont écrits *seigneur*, *meilleur*, en B et C ; que *prisiée*, *delessiée* deviennent, en B et C, *prisée* et *delaissée*. Les variantes que nous nous bornons à reproduire donneront, à notre avis, des mss. auxquels nous les empruntons, une connaissance qu'on trouvera peut être plus que suffisante.

Quelques corrections ont été postérieurement apportées au ms. dont nous reproduisons le texte ; ainsi, au vers 420, on trouve, d'une écriture plus récente, *di* écrit au-dessus de *mecine* ; dans plusieurs endroits *je* est écrit au-dessus de *ge* ; de même (v. 678), *jeux* est suscrit à *gieux* (v. 741), *faictes* à *fetes*; au v. 736, *r* a été écrit au-dessus de *s* de *despisant* et v. 1060 au-dessus de *navie*. Nous n'avons pas cru utile de mentionner ces corrections, postérieures au manuscrit.

L'*Oratio historialis* écrit dans le courant de l'année 1449, après la prise de Lisieux et avant celle de Rouen, afin d'engager le roi Charles VII à poursuivre sans trêve la guerre contre les Anglais, nous a été conservé par quatre mss., dont trois appartiennent au fonds latin de la Bibliothèque nationale : ce sont les mss. 13838, 6707 et 5964, et dont le quatrième fait partie de la bibliothèque du Vatican, fonds de la reine de Suède.

Le ms. 13838, dont nous donnons le texte, est l'ancien 1420 Saint-Germain latin. Il comprend 100 feuillets de parchemin, dont les deux derniers sont demeurés blancs, de

227 millimètres de hauteur sur 154 de largeur. Au dessous de l'étiquette imprimée indiquant que le ms. a fait partie de la bibliothèque du duc de Coislin (1), on lit : N. Fabri D kt jan. м. ɪɔ.xcɪɪ. Au bas du 1ᵉʳ folio à droite se trouve l'ancienne cote 1420. En tête de l'ouvrage, est une lettre d'un disciple de Robert Blondel, Henri Anquetil, adressant l'*Oratio historialis* au roi Charles VII au nom de l'auteur. Une miniature, accompagnant la première lettre, représente Robert Blondel offrant au roi le traité qu'il a composé pour lui. De nombreuses notes marginales expliquent certains passages du texte ou sont destinées à appeler sur eux l'attention du lecteur. Au folio 56 verso se trouve la généalogie en couleur dont nous avons donné la reproduction en noir (V. t. 1ᵉʳ de cette édition, p. 234). Six lignes ont été grattées, folio 41, à la fin d'une note marginale qui concerne le roi Louis VIII (V. t. 1ᵉʳ, p. 214). Il y a vingt-cinq lignes à la page.

Nous avons donné plus haut la description du ms. 6707 en parlant du *Complanctus* qu'il contient (1).

Le ms. 5964, papier, relié en parchemin, est un in-f° de 31 centimètres de hauteur sur 21 de largeur. Au recto du 1ᵉʳ folio, après le long sommaire qui précède l'*exordium*, on lit les cotes suivantes : Cod. Bal. 428. Reg. 9632³. Le ms. contient 114 feuillets, plus le feuillet 160 *bis* ; le premier feuillet a été remonté, la première ligne manque au recto et au verso.

Il renferme deux ouvrages de Blondel : 1° L'*Oratio historialis*, du folio 1 recto au folio 25 recto ; 2° le *Reductio Normaniæ*, du folio 26 recto au folio 114 verso. L'écriture du premier de ces deux ouvrages est plus fine et plus compacte que celle du second ; il y a pour le premier ouvrage 40 à 44 lignes à la page, et 32 à 34 pour le second.

(1) V. plus haut, p. xxxiij-xxxiv.

« Ce ms. dit M. Vallet de Viriville (1), est fait de main de maître ; car il est de l'écriture autographe d'André Duchesne, qui, probablement, le donna, ainsi que beaucoup d'autres, à l'illustre Baluze. Malheureusement il n'est que la reproduction de la copie de Chavillat (ms. 6707), et participe de ses imperfections ».

Nous désignons par A le ms. 13838, par B le ms. 6707, par C le ms. 5964. C'est le texte du ms. A que nous donnons ; non-seulement il est le meilleur, mais encore le plus complet ; la lettre d'Henri Anquetil, le paragraphe 92 et le chapitre XLVII manquent en B et C.

M. l'abbé Batiffol, alors chapelain de Saint-Louis-des-Français, à Rome, a bien voulu, en 1891, collationner quelques passages de l'*Oratio historialis* sur le ms. de la Vaticane *Reginens. 877*. Cette collation, pour laquelle nous le remercions vivement, nous a permis de reconnaître que ce ms. présente beaucoup d'analogie avec les mss. 6707 et 5964, et que les variantes qu'il pouvait fournir à notre texte étaient à peu près les mêmes. Nous avons d'ailleurs cru pouvoir nous borner à n'emprunter aux mss. B et C qu'un petit nombre de leurs variantes.

Deux mss. du fonds français de la Bibliothèque nationale, cotés 4916 et 17516 contiennent la traduction française de l'*Oratio historialis*.

Le ms. 4916, écrit sur papier et relié en parchemin, est un in-folio de 325 millimètres de haut sur 215 de large. On lit au dos de la reliure : *Droits de la France* ; il n'y a pas de titre en tête de l'ouvrage.

Il comprend 71 feuillets, dont les quatre premiers sont mutilés dans la marge. Dans le haut et à droite du premier feuil-

---

(1) *Notice sur Robert Blondel*, etc., p. 25, note 2.

let, on lit les cotes suivantes : $\underline{Codex\ Colbertin}\atop 1800$, et au-dessous, *Regius* 9608. 5. 5.

C'est le texte de ce ms. que nous avons reproduit.

Le ms. 17516, appartenant à l'ancien fonds Saint-Germain français, où il portait le n° 1341, est un in-folio de papier, mesurant 272 millimètres de hauteur sur 204 de largeur. On lit au haut du premier feuillet, recto : *volume cinquante septième*, et au-dessous, à droite S. G. 1341, puis le titre : *Traité // des droits de la Couronne // de France* ; au bas l'étiquette imprimée de la Bibliothèque du duc de Coislin, et à droite de cette étiquette, n° 1974. Les feuillets 2 et 3 présentent la *Table des pièces contenuës en ce volume;* elle n'est point ici complète : un feuillet placé à la suite du texte en donne la fin.

La pagination recommence avec le début du traité : *Ensuyt ung petit livre*, etc., le texte comprend les folios 1 recto à 103 recto ; viennent ensuite un feuillet contenant la fin de la table, puis un feuillet blanc.

Voici la rubrique placée en tête du manuscrit dans ce traité :

Ensuyt ung petit livre des droitz de la couronne de France, fait premierement en latin, dont l'effect a depuis esté mis en francoys pour l'instruction des François presens et aduenir qui point ne entendent le latin et qui ne scevent pas aucuns gestes passees dont cedit livret fait mencian d'entre les Françoys ei des Angloys des paravant l'an que l'en disoit mil iiij^{cc} xlix, afiin qu'ilz congnessent par les faictz passés que jamais ilz ne se doivent fier en quelconques traictié, sermens ne promesses d'Angloys s'ilz ne veulent estre trompés ou en peril, ainsi que ont esté leurs peres françoys en leur temps.

Nous avions pris la peine de relever les variantes de ce ms. ; elles consistent toutes en des graphies sans intérêt ; nous avons cru pouvoir nous dispenser de les reproduire.

Les notes marginales du ms. latin 13838 et du ms. français 4916, par lesquelles l'auteur appelle spécialement sur certains passages l'attention du royal lecteur auquel l'ouvrage était destiné, ont été placées au bas des pages de cette édition. Elles sont guillemetées et précédées d'une ou de plusieurs étoiles.

Comme pour le *Complanctus*, nous avons placé nos notes au bas des pages de la partie française. La division en paragraphes du texte latin et de la traduction française nous appartient ; elle permettra au lecteur de se reporter plus facilement de l'un à l'autre.

L'ouvrage le plus important de Robert Blondel, *Reductio Normanie*, nous a été conservé par trois mss. du fonds latin de la Bibliothèque nationale, portant les cotes 6198, 6197 et 5964.

Le ms. 6198, sur papier, mesure 205 millimètres de haut sur 148 de large. Il comprend 111 feuillets, plus les feuillets 86 *bis* et 104 *bis* ; le feuillet 70 est demeuré blanc. Le 104 *bis* est un demi feuillet écrit seulement au recto. Tout au haut du premier feuillet on lit ce titre d'une écriture plus récente : *Assertio Northmanie*, et à droite $\frac{1814}{\text{CIƆIƆCLXIIII}}$; au bas est la cote actuelle 6198.

Sur le plat de la reliure aux armes de Henri II, est répété ce titre :

*Assertio Northma
nniæ.*

C'est le texte de ce ms., de beaucoup le meilleur des trois, que nous avons reproduit.

Le ms. 6497, sur papier, de 215 millimètres de haut sur 145 de large, comprend 143 feuillets ; il y a une interversion entre les feuillets 125 et 136. Il faut lire dans l'ordre suivant :

125 — 131, 132, 133, 134, 135, 126, 127, 128, 129, 130 — 136, etc.

Cette copie a été mal exécutée ; les méprises les plus graves y abondent, elle ne nous a fourni qu'un petit nombre de variantes utiles.

Nous avons décrit plus haut le ms. 5964, qui contient également l'*Oratio historialis.* Le texte de cette copie paraît avoir été revisé en vue d'une publication ; il a reçu en maints endroits des corrections dont nous n'avons pas dû tenir compte ; nous lui avons emprunté quelques variantes.

Le ms. 6198 est désigné dans cette édition par la lettre A, le ms. 6197 par la lettre B, le ms. 5964 par la lettre C.

M. J. Stevenson a déjà publié, à Londres, en 1863, le *Robertus Blondelli de Reductione Normanniæ*, avec *Le Recouvrement de Normandie, par Berry, hérault du roy*, et *Les Négociations entre les ambassadeurs de France et d'Angleterre*, sous ce titre général : *Narratives of the expulsion of the English from Normandy M.CCCC.XLIX. — M.CCCC.L.*, dans la collection des *Rerum britannicarum medii ævi scriptores, or Chronicles and Memorials of Great Britain and Ireland during the Middle Ages.*

Une étude attentive du ms. 6198 dont M. J. Stevenson avait également adopté le texte pour sa publication, nous a permis de rectifier son édition sur un certain nombre de points. Nous nous sommes d'ailleurs attaché à reproduire le ms. A avec la plus grande exactitude ; nous avons donné au bas des pages, peut être avec trop de scrupule, ses leçons même les plus fautives, dans les cas, d'ailleurs rares, où nous leur avons préféré celles des mss. B et C.; certaines leçons données par M. Stevenson, comme appartenant au ms. A, ne se rencontrent pas dans notre édition ; c'est qu'en réalité ce ms. ne les contient pas.

M. Stevenson a divisé le *Reductio Normanie* en 259 paragraphes ; nous avons adopté la même division pour faciliter les références à l'une ou à l'autre édition de cet ouvrage.

Nous avons placé à la suite du texte latin de Blondel un sommaire analytique français très développé, et c'est à ce sommaire que nous avons appliqué nos notes comme nous l'avons fait pour les traductions du *Complanctus bonorum Gallicorum* et pour l'*Oratio historialis*.

Enfin, il nous a semblé qu'il valait mieux conserver aux textes de Blondel la physionomie du temps en respectant les graphies des mss., que rétablir l'orthographe usuelle des publications latines.

APPENDICE

LES BLONDEL

Comme suite aux généalogies placées dans la première partie de l'Introduction, nous donnons les documents suivants extraits des mss. du fonds Martainville de la Bibliothèque municipale de Rouen, Y 88, *Ensuyvent les généalogies produites par les personnes eulx disans nobles, etc. (1523)*; Y 17, *Registre des personnes reconnues nobles sur le vu de leurs titres par MM. Jacques de Mesmes, Michel de Repichon et Jacques de Croixmare, commissaires de S. M. en 1598 et 1599*; Y 44, *Procès-verbal de M. d'Aligre faict en 1634 sur la recherche des nobles*; Y 29, *Recherche des nobles en 1664 dans la Basse-Normandie*; Y 38, *Recherche de noblesse de M. Chamillard, faite en 1666 et années suivantes* (1).

Pierre Blondel, fils Louis, de la paroisse de Ratte (*sic*), sergenterie dud. lieu (Carentan), et Hervé, fils mineur de Macé, vivant frère dud. Pierre, veu leurs titres, jouïront. (Y 17, p. 91.)

Veu les tiltres de noblesse de Hervé Blondel de Ravenoville, parroisse de Cetz (l. Catz); jugement des commissaires des francs-fiefs du 24 janvier 1558, par lequel Blondel auroit esté deschargé comme noble; autre jugement par lequel Macé, fils de Louis, auroit esté deschargé de ladite taxe comme noble, du 5 juin 1576; contract de mariage de Hervé Blondel, fils dudit Macé avec damoiselle Jeanne de la Lande, du 21 juin 1621, par lequel lesdits

---

(1) La recherche de la noblesse, faite par Montfault, en 1463, mentionne seulement, et sans plus ample désignation, pour les nobles, André Blondel, de Flothemanville, Pierre Blondel, de Martinvast, Robert Blondel, de Sideville, Jean Blondel, d'Yvetot, et, parmi ceux qui n'ont pas été reconnus nobles, Guillaume Blondel, de St Fromond.

Blondels sont qualifiez escuyers, ordonne que ledit Blondel jouira. (Y 44, 2e partie, f. 2, ro et vo.)

Veu les tiltres de Charlotte de Millieres, veufve d'Anthoine Blondel, sr de la Grenterie, parroisse de Catre, eslection de Carentan, arrest de la cour des Aydes du 10 juillet 1629, par lequel, ayant esgard aux lettres obtenues par luy Blondel, auroit esté ordonné qu'il seroit rayé des roolles de la taille sans restitution de ses imposts, jouira elle et ses enfants. (Y 44, 2e partie, f. 9, ro.)

Martin Blondel, fils Jean, fils Thomas qui [a] obtenu arrest contradictoire aux Aydes contre les paroissiens de Sideville, ellection de Vallongne, auquel led. Jean est nommé demeurant à St Vast, sergenterie de Villers, ellection de Caen, a de fils Gabriel et Gilles; Marin, frère dud. Martin, demeurant à Caen, veu leurs titres, jouiront (Y 17, p. 233.)

Veu les tiltres presentés par Henry Blondel, escuyer, de la paroisse de Flottemanville, fils Jean, fils Thomas, et pour Robert Blondel, escuyer, pour Jean, Pierre, Jacques et Robert ses enfans, de la parroisse de Sydeville, ledit Robert fils Pierre, fils dud. Thomas, et pour François, pour luy, Tanneguy, Thomas et Jacques, ses enfans, de la parroisse de Martinvast, led. François, fils Jacques, fils Richard, et lesds. Thomas et Richard freres, enfans d'autre Thomas Blondel, ordonnance des commissaires du regalement du vie novembre 1624, jouiront (Y 44, 2e partie, f. 109 ro et vo.)

Veu les tiltres presentez par Mres Nicolas et Pierre Blondel, presbtres, pour eux et Pierre Blondel leur frere de la parroisse d'Igouville, eslection de Valongnes, enfans de Simon, fils Gilles, fils Jean, fils Guillaume, arrest de la Cour des Aydes du ixe mars 1613, entre led. Simon et Jean Chardin particulier de la parroisse de Tourlaville, par lequel led. Simon est maintenu en la qualité de noble, jouiront (Y 44, 2e partie, f. 65 ro et vo.)

Veu les tiltres presentés par Jean Blondel, de la parroisse d'Igoville, pour luy et Simon son frere, demeurans à Sideville, enfans de Gilles, fils Jean, fils Guillaume Blondel, escuyer, jouiront. (Y 44, 2e partie, f. 72 vo.)

Jullian Blondel, demeurant sergenterie Tollevast, fils Pierre, l'un de ceux qui a obtenu arrest aux Aydes le 8 avril 1559 jouira, cottant par luy ses collateraux qui ne sont de la même tige suivant ledit arrest. (Y 17, p. 15.)

Veu les tiltres présentés par Julien, Ouen et François Blondel, escuyers de la paroisse de Sideville, enfans de Jullien, fils Pierre, fils Jean et pour damoiselle Anne Blondel, vefve de Jean Blondel, tuteur de François et Hervieu ses enfans dudit Jean Blondel de la parroisse de Martinvast, led. Jean fils François, fils Guillaume, et lesd. Jean et Guillaume freres, enfans de Pierre Blondel, escuyer, acte des Commissaires du xxxe octobre 1624, jouiront. (Y 44, 2e partie, f. 124 r°.)

Veu les tiltres presentés par Henry Blondel, escuyer, s^r d'Orville, de la parroisse de St Sauveur-le-Vicomte, fils Jacques, et pour Jean, son oncle, de la parroisse de Catteville, lesd. Jean et Jacques freres, enfans de Jean, procureur du roi à Sainct-Sauveur ; arrest du privé Conseil du viie décembre 1577 par lequel led. Jean et Michel son frere, sont maintenus en leur qualité de noblesse ; arrest de la cour des Aydes du xxvie mars 1628 par lequel ledit Henry presentant est maintenu en sa qualité de noble ; acte des commissaires du xvie nov. 1624, jouiront. (Y 44, 2e partie, f. 128 v° et 129 r°.)

BLONDEL. — Porte d'argent à la face d'azur, chargée d'un croissant d'or acosté d'une boule et demie accompagnée de neuf hermines de sable quatre en chef et cinq en bas, 4 et une.

Richard
|
Jacques
|
François
|
Jacques

Jacques Blondel, Es^{er}, s^r de Martinvast, demeurant en la paroisse dudit lieu, serg. de Tollevast, élection de Vallongnes, âgé de 40 ans, de la R. C. A. et R.

Jacques 1er épousa dem^{elle} Françoise Divelot en 1572.

François, dem^{elle} Marie Gardin en 1610.

Jacques 2e, Guillemette le Poirier en 1652.

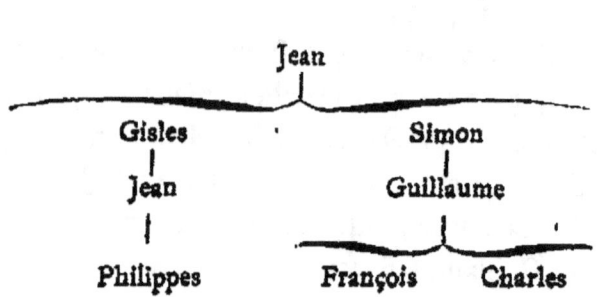

Philippes Blondel, Escer, sr du Castel, de la parroisse d'Ygouville, serg. du Val de Sere, eslection de Vallongnes, âgé de 50 ans.

François et Charles Blondel, le premier âgé de 31 ans et l'autre mineur, tous deux d'Ygouville, de la R. C. A. et R.

Jean épousa Marie le Fèvre en 1539.

Gisles, demelle Marie Blondel en 1570.

Jean, fils de Gisles, demelle Jacqueline le Fort.

Simon, épousa demelle Anne de la Fontaine en 1594 en 1res noces, et la deuxme, demelle Barbe Marie.

Guillaume, fils de Simon, demelle Marie Daguer en 1636.

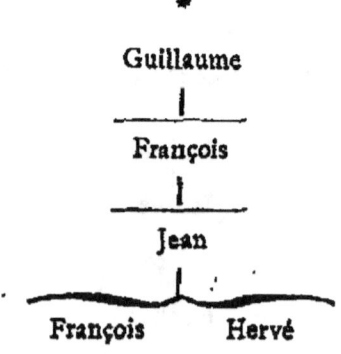

François et Hervé Blondel, Escers, ledit François demeurant en la paroisse de Rosel, serg. de Briquebec, élection de Vallognes, âgé de 42 ans; ledit Hervé, demeurant à Martinvast, âgé de 40 ans, de la R. C. A. et R.

François épousa demelle Perrette le Tellier.

François 2e, demelle Marie Vittot.

xlix

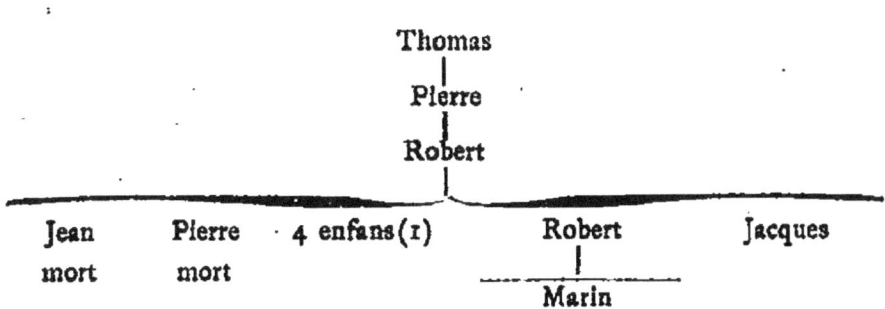

Marin Blondel, Esc^{er}, âgé de 22 ans, demeurant en la paroisse de Nonainville (2), serg. de Tollevast, élection de Valognes.

Jacques Blondel, Esc^{er}, âgé de 45 ans, de la paroisse de Sideville, même serg.

Thomas épousa dem^{elle} Madelaine Dusaussey en 1509.

Robert, fils Pierre, dem^{elle} Margueritte Fleury en 1597.

Jacques, fils Robert, dem^{elle} Jeanne le Prevost en 1646.

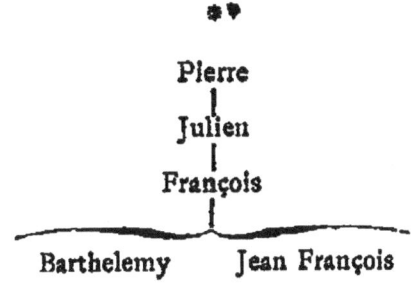

Barthelemy et Jean-François Blondel, Esc^{ers}, de la paroisse de Hardinvast, serg. de Tollevast, et ledit Barthelemy âgé de 16 ans, et led. Jean-François de 14, de la R. C. A. et R.

(1) Nous pensons que ces deux mots « 4 enfans » se rapportent, non à d'autres dont on n'aurait pas les noms, mais aux quatre ici désignés.

(2) L. Nouainville. — Aux États de Normandie tenus en décembre 1597 figure au nombre des délégués pour le port du cahier, « Me Charles Blondel, s^r de Neuville, pour la vic. de Coustances. » *Cahiers des États de Normandie sous le règne de Henri IV*, publiés par M. Ch. de Beaurepaire, t. I, p. 251. — Aux États de novembre 1608 « Me Robert Blondel, archidiacre en l'église cathédral N.-D. de Rouen, déllégué pour les gens d'église du bailliage de Rouen » fait partie de la commission pour le port du cahier. *Ibid.*, t. II, p. 317 et 319.

D

Pierre épousa de m^{elle} Jeanne Bazon en 1411.
Julien, Rollande le Pesqueur.
François, Jeanne Bristel.
(Y 38, p. 25 et suiv.)

C'est la genealogie dont est yessu et descendu noble homme Jehan Blondel seigneur de sainct Fromond laquelle il baille par declaration a Messieurs les esleus de Constances eu siege de sainct Lo en ensuivant [le] bon plaisir du Roy nostre souverain et naturel seigneur.

Premierement

Dit que deffunct noble homme Pierres Blondel en son vivant s^r dud. lieu de sainct Fromond estoit son bisaieul duquel Pierres sortit en loyal mariage Jehan Blondel esc^r lors de son vivant seigneur de lad. s^{rie} de sainct Fromond ayeul dud. present s^r, et d'icelluy Jehan ayeul descendy et fut procree en loyal mariage Jehan Blondel en son vivant escr, s^r de lad. terre et s^{rie} de sainct Fromond, et dud. second Jehan Blondel est descendu et yessu a loyal mariage led. Jehan Blondel present bailleur et jouyssant a cause de la succession de sesd. predecesseurs de lad. terre et s^{rie} de Sainct Fromond, lesquelz Blondel et leurs predecesseurs ont tousjours vescu noblement sans desroguer aucunement a l'estat de noblesse passé sont deux cens ans et autre plus long temps immemorable, servy les Roys de France comme les aultres nobles du pays tant aux guerres de Bourgongne, Picardie, Bretaigne, Engleterre que ailleurs ou lesd. Roys ont eu afaire avecques les aultres nobles du pays et duché de Normendie, comme de toultes ses choses il atend tous les nobles et aultres nobles de quelque estat qu'ilz soient, et offre veriffier, si mestier est, et pour monstrer les choses dessusd. veritables monstre par lettres passees devant Jannyn Ribelot tabellion au Hommet le xve jour de may l'an mil troys cens quatre vingtz et dix sept comme led. Pierres Blondel eult acquis led. fief, terre et s^{rie} de Sainct Fromond de maistre Jehan Bloville escr et Allez sa femme par lesquelles lettres est notamment mis et intitullé led. Pierres Blondel escr selon que lesd. lettres le portent et contiennent lesquelles ont esté rendues aud. s^r de St Fromond.

JHAN BLOND (sic).

Ceste presente declaration baillee a Messieurs les esleux de Constances au greffe du siege de Sainct Lo par led. Jehan Blondel present s^r de lad. terre de Sainct Fromond en ensuivant le voulloir du Roy nostre s^{re} et lettres de Messieurs les generaulx, le xviij jour d'aoust l'an mil v^{cc} xxiiij.

JHAN BLONDEL (*sic*).

(Y 88, f. 15 r° et v^o, original).

André Blondel, demeurant à St Fremont, sergenterie du Hommet, veu ses titres, jouïra. (Y 17, p. 85.)

Veu les pieces presentées par André Blondel, escuyer, sieur de Fremond et y demeurant, eslection de Carentan, fils Jean, fils Christofle, fils Pierre Blondel, escuyer, ordonnances des francs fiefs du 6 mars 1565 par laquelle ledit Jean pere auroit esté renvoyé comme noble; autre ordonnance du xvie may 1566, par laquelle ledict Jean auroit encore esté renvoyé comme noble, jouira. (Y 44, 2e partie, f. 23 r°.)

BLONDEL. — Porte de gueules au sautoir d'argent chargé de cinq   (1) de sable.

Jean
|
Christophe
|
Jean
|
André
|
Joachim

Joachim Blondel, Esc^r, seigneur de St Fromond, demeurant audit lieu, serg. de Hommet, election de Carentan, âgé de 55 ans, de la R. C. A. et R.

Jean épousa dem^{elle} Catherine d'Auxais.
Jean, fils Christophe, dem^{elle} Anastat le Peinteur en 1572.
André, dem^{elle} Claude le Mennicier en 1589.
Joachim, dem^{elle} Marie de la Mariouse en 1648.)
(Y 38, p. 24.)

(1) Le mot manque dans le ms.

De même que tous les noms qui dérivent de particularités physiques, le nom de Blondel n'a pas manqué d'être assez commun. En dehors des Blondel du Cotentin, nous le trouvons porté en Normandie par plusieurs familles.

Le *Nobiliaire de la Province de Normandie dressé par Chamillart, Intendant de cette province en 1666* (Bibl. de Rouen, ms. Y 41 Mart.) contient les mentions suivantes :

BLONDEL. — D'azur à un lion naissant d'or, armé et lampassé de gueules, semé de treffles d'or.

Charles Blondel, escuier, sieur de Manvieu, fils de Gaspard, fils de Jacques, aagé de trente quatre ans, de la religion catholique, apostolique et romaine, demeurant en la ville de Rouen,

Jean Blondel, escuier, s^r de Tilly, fils de Jacques, fils du dit Jacques, aagé de quarante cinq ans, de mesme religion, demeurant en la paroisse de Saint-Sauveur de Caen.

Ont veriffié par devant nous commissaire soubzsigné estre nobles par chartre de l'an mil cinq cent quatre vingt quatorze, jouiront. (Inventaire produit le 1er juin 1666.)

L'ancêtre anobli en 1594 était Jacques Blondel, ainsi mentionné dans une pièce relative aux États de Normandie de 1622 : « Jacques Blondel, écuyer, conseiller du roi, lieutenant particulier, civil et criminel de M. le Bailly de Caen (1). »

Son petit-fils Charles Blondel, écuyer, s^r de Saint-Manvieu, devint, en 1657, conseiller au Parlement de Normandie.

Le ms. Y 38, déjà cité, fait connaître, p. 245, un « Jacques Blondel, esc^{er}, s^r de Rye, demeurant à St Sauveur de Bayeux. » Sa famille portait : « d'azur à la face d'argent accompagnée de deux glands en chef et une hermine soutenuë d'un croissant en pointe du même métal. » Elle prétendait descendre d'un « Jehan Blondel, annobly 1578 en septembre, thresorier de France 1417 (2). »

---

(1) *Cahiers des États de Normandie, sous les règnes de Louis XIII et de Louis XIV*, etc., publiés par M. Ch. de Beaurepaire, t. II, p. 256.

(2) Bib. de Rouen, ms. Y 16 Mart., *Table des nobles de Bayeux cy après mentionnez de la commission de Me du Perron, s^r de Benesville*, 2e partie, f. 8.

Nous devons à l'obligeance de M. Ch. de Beaurepaire la note suivante, relative à un Blondel, contemporain de notre Robert : « Blondel (Jean), docteur en théologie, pénitencier du diocèse de Rouen, S. Michel 1451, 8 fév. 1453 (v. s.), 6 sept. 1454; chanoine et curé de Tracy au diocèse de Baïeux, avait pour frère Jean Blondel, pour neveu Pierre Blondel, 12 février 1473. Visite pour l'archevêque, de S. Michel 1456 à S. Michel 1457, les abbayes de S. Wandrille, Jumièges, Corneville, Bec-Hellouin, St Georges de Boscherville et le prieuré de Bourgachard. »

Un Pierre Blondel, archidiacre du Petit-Caux, fut conseiller-clerc au Parlement de Normandie en 1612. On le trouve prince des Palinods en 1623. D'après Farin (*Histoire de Rouen*, éd. de 1738, in-12, t. II, p. 195), il « portoit d'azur à 4 soleils d'or. » Nous ne savons s'il appartenait à la famille des Blondel du Cotentin, ou s'il était apparenté à d'autres Blondel que nous trouvons à Rouen à la même époque parmi les conseillers de la ville et les conseillers aux siège de l'Amirauté.

ERRATA

Tome I

P.	l.	au lieu de	lisez
13	31	*voluntaten*	*voluntatem*
42	10	*complancu*	*complanctu*
70	24, 29 et 30	*Gallia christiania*	*Gallia christiana*
156	9	racionem	racionum
160	8 et 10	*supprimez les tirets*	
161	24	exhauserunt ad,	exhauserunt, ad
163	15	tricessimum	tricesimum
174	20	Prefecto	Profecto
185	22	eum	cum
207	1	protegend a	protegenda
211	20	(c) *atque*	(c) B C *atque*
213	14	55	53
213	20	pontifici sobedienciam	pontificis obedienciam
217	17	qualite rei	qualiter ei
226	12	65	66
271	26	repetire	repetere
272	20	transquilate	transquillitate
278	19-20	principabus	principatus
280	3	fuaditus	funditus
284	32	Note... opportare	Nota... opportere
285	25	inordinatius quequo	inordinati usquequo
286	22	immanes	immanes
287	6	sabacte	subacte
291	20	christiannissimum	christianissimum
292	15	redibitus	reditibus
296	32	devant	devint
332	28	Châlons	Chalon
333	22	*minoris*	*minori*
333	31	Graçayi	Graçay
341	21	51	31
343	25	Saint-Pierre	saint Pierre

P.	l.	au lieu de	lisez
344	20-21	Saint Cyr, du Vaudreuil	Saint Cyr du Vaudreuil
350	34	Purmor	*ajoutez* : maintenant Port-Mort.
357	30	Mirabeau	Mirebeau
360	30	1283	1233
370	20-21	souvraineré	souveraineté
388	3	52	62
414	19	Et d'ilecques	81. Et d'ilecques
419	21	Et combien	*alinéa* : 85. Et combien
428		les lignes 28-30 et 31-33 ont été interverties.	
435	22	campagnes	compagnies
442	6	ravit	ravit
447	32	enffans	enffans
450	24	184	104
481	15	Jhesusalem	Jherusalem
493	2	harons	hurons
498	2	*assurée*	*essuie*

INCIPIT LIBER

DE

Complanctu bonorum Gallicorum

ROBERTI BLONDELLI

Hoc volumen composuit magister Robertus Blondelli de Northmannia oriundus, ad honorem Dei, justicie et regis Francie, Karoli sexti, ejusdemque filii unici, Karoli dalphini Viennensis regnum regentis, quia dictus rex fuit captivus in manibus Anglicorum, et fuit eis traditus, non solum ipse, sed suum regnum et tota successio, per manus Johannis, filii Philipi ducis Burgundie, et suorum complicum Parisiensium et multarum aliarum communitatum et aliarum personarum. In quo continetur desolatio regni Francie, et que est causa illius desolationis. Et ponuntur pulcra remedia, que fulciuntur et probantur tam racionibus naturalibus quam divinis. Et sic incipit :

Variantes : Titre B *Incipit* omis, A *Roberti Blondelli* omis.

I. *Hic militum Francie ignavia reprehenditur de amissione regni graviter conquerendo.*

Gallum Musa statum tam nostra videns laceratum
Est nimio tacta clamare dolore coacta :
Galli! quid facitis? Proprium perit atque peritis.
Somnia vitetis; hostis vigilat, vigiletis!
5 Hic non lentescit, nec nocte dieque quiescit.
Si sitis pueri, fas constat ab hoste doceri
Qui vos hortatur bello; somnusque negatur.
Turpis jactura fit segnicies nocitura
Quam dat : dormire fecit bona multa perire.
10 Vos, patrie postes, gressus vertatis in hostes.
Simplicibusque bonis non prelia danda colonis
Sunt; danti dico pugnam vobis inimico.
Namque relinquendus bos est, hostis feriendus.

II. *De officio militum.*

Militis est patriam deffendere, castra subire,
15 Linquere desidiam, ludos, hostemque ferire,
Nonque timere mori patria bello truciori,
Non desertorem pugne, si servet honorem,
Hastam torquere, strenuos actusque tenere,
Quemque suis gestis precellere semper honestis,
20 Ecclesie, cleri jus juxta posse tueri,
Plectere predones, populatoresque latrones.

Var. : v. 18 D E *claros actusque;* 20 B *Ecclesie clerici,* E *justa.*

III. *Incitatio militum ad pugnam ad modum
predecessorum suorum.*

Non sitis tardi plus; pellite vim leopardi.
Galli, forte mora prebebit deteriora
Vobis. Credatis : nocuit mora sepe paratis.
25 Lilicole, flores sitis servando parati.
Este, precor, memores qua sitis stirpe creati,
Quantum vestrorum fuit ingens nomen avorum.
Discite quam plura superarunt prelia dura.
Non natale solum fuit hiis deffendere solum :
30 Fortes, audaces, animosi, nonque rapaces,
Armis experti, disciplineque diserti,
Moribus imbuti, justum verumque sequuti,
Innumeras gentes vestri vicere parentes;
Auctores vere fidei legisque fuere.
35 Prevaluit marte tunc Francia, floruit arte,
Milicie flore, viguitque sagace lepore.
Francia, milicie flos, fons et origo sophie
Te decoravere, tibi nomina magna dedere;
Sed simul ambo fere solam te deseruere.
40 Proth dolor! adversa sunt omnia nunc vice versa.
Ha, probitas! dic quo latitas, vel qua stacione
Nunc habitas. Quare fugitas franca regione?

IV. *Querimonia actoris de amissione probitatis
et aliarum virtutum.*

Proth dolor! illimis et aquis argenteus imis
Manans ex venis mira dulcedine plenis

Var. : 39 A B *fere* omis; 43 A *illimis est et aquis.*

45 Fons sinit irriguum fluxum dare more decenti.
Laus, honor, imperium, nomen, virtus abiere;
Dedecus, opprobrium, vicium, facinus subiere.
Pressa gravaris, serva ligaris, Francia terra;
Dedecoraris, deppopularis saucia guerra.
50 Non bene Francia, sed modo patria serva voceris.
Quare carmine tanto nomine tu spolieris?
Dic, quo gloria fugit, Gallia? quove tuorum
Nomen? Vilia sunt convicia quelibet horum.
Destruitur lex, lux moritur, jus adnichilatur.
55 Plebs patitur. Sed quid sequitur? demon dominatur.

V. *Exhortacio ad Gallicos blasphemando vicia.*

Omne dabant Marti patres vel Palladis arti
Tempus, non Bacho, superatur turpiter a quo
Miles, nec Veneri voluere vacare videri.
Extirpans, pulcrum racionis vile sepulcrum,
60 Bachus deliram mentem facit; incitat iram;
Furta, necem, lusum, raptum, lites et abusum
Nutrit, et incestum, sodomiam; frangit honestum;
Diviciis plenum spoliat, cito reddit egenum;
Infami more tironem privat honore.
65 Si sequeris vota Veneris, das pectora tota
Bacho, pauper eris, servus miser efficieris.
Quamvis rex fueris, tu sub juga serva teneris.
Ista duo vita, ne sit turpissima vita.
Lilia cum cura recta semper coluere;
70 Tali cultura magnos fructus meruere.

Var. : 45 E *irriguum florem dare;* 51 E *spoliaris;* 58-59 E transposés; 58 E *vel Veneri;* 65 D *dans.*

Magnificum morem patrum servetis honorem.
Surgite ; liligerum lapsum deffendite florem
Hoste fero lacerum, vestrum monstrando valorem.
Ha ! doleo dum sic video male nunc laceratum
75 Liligerum florem tenerumque pati cruciatum.
Concutitur dire, teritur flos valle doloris
Sub pedibus, sed nobilibus relevetur in oris,
Utque probi veri curetis vestra tueri.
Omne procul vicium date ; forcia gesta videte ;
80 Patrum nobilium vestigia recta tenete.
Infames fieri vos absit degenerando ;
Arma manu celeri sitis prompti capiendo ;
Pro patria ferre placeat certamina guerre.
O numquid nostis, leopardus perfidus hostis
85 Lilia destruxit injustaque prelia duxit ?
Vidistis nonne quod castrum subjugat omne ?
Nescio quo marte ; pugnat tamen hic sine parte.

VI. *Exhortantur Galli deffendere patriam persuasionibus naturalibus.*

O genus actonitum, mentes advertite vestras !
Pro patria licitum vestra deducite bellum ;
90 Liligerum florem servetis ab ungue ferino.
Jus natale solum deffendere provocat omnes.
Cornibus illatis taurus presepe tuetur ;
Nam canis et domini tutor solet esse fidelis ;
Protegit et nidum cornix milvo volitante.
95 Arvis queque gerunt propriis animalia pugnam.
Hujus ad arma citat saltem solercia juris.
Os celeste tenens, imbutus rore superno,
Lex tua non pejor fiat ratione carentis.

Var. : 85 E *Ducet;* 86 A *nunne;* 95 E *Armis.*

Ergo modo, Galli, sunt vires experiende,
100 Antiquum licite dando certamen in hostem
Quem nec hyems revocat, nec nix, nec grando, nec
Nec glacies trite, nec longe tempora noctis, [ymber,
Dulce nec oblectat nec dat sua membra quieti;
Aut tormenta parat jaculans in menia glandes,
105 Subjugat aut urbes aut villas, castra subintrat,
Oppugnante suis conatibus obice nullo.
Heu, heu! pigricie se vobis culpa maritat.
Hostis equo nec equus occurrere vester hanelat;
Navigat ille suo vento sine turbine semper,
110 Nec Boreas umquam sua flavit vela superba.
Sic sors illiciens illum deducet in altum
In quo nemo solet stabilem sedem reperire.
Hic quis stare nequit? subvertunt ardua venti.
Hicque suis ceptis sceleratis pervigil instat.
115 Non racione rudi cur quis concludere posset:
Armis oppositis expellere congruit hostem,
Velque suo gremio vos turpe reddere victos;
Quod generi reprobum desit tante probitatis!
Pro nutrice solo devinci sanctius esset
120 Hostili gladio, reprobe quam cedere bello,
Hostis ut antiquus Gallis dominetur in evum.
Dedecus hoc absit; laus, nomen, honor relevetur.
Detis opem morbo, dum sit medicabile vulnus,
Nonque magis vobis differre licet medicinam:
125 Dum cerpsit cancer, est incurabile membrum;
Sic vix hostis erit castris victis superandus,
Neglectaque mora modo surget quisque fidelis.
Est opus ut cuncti capiant nunc arma viriles,
Ut servile jugum sua libera jura tueri

Var.: 119 A B C *Proque nutrice*; 125 E *serpsit.*

130 Vitantes valeant; dolor est servire tiranno.
Ut decet, o Franci, sint nomina consona rebus.
Francia sublimis torvo non serviat hosti
Quam furiosa gravat divisio pace sepulta.

QUESTIO

Si petis unde fluit Gallorum causa ruine,

RESPONSIO

135 Est promptu racio, quod desolabitur omne
In se divisum regnum; destructio solum
Est furia limphans tibi, Gallia, scisma tuorum,
Concussitque fores hosti nos ingredienti.
Hic si natus homo nunquam de ventre fuisset
140 Scismatis inventor, fortasse beatior esset,
Ac illesa foret modo saucia Francia plagis.
Vos odium fugiat; rancoris pellite sordes;
Vos in amore ligans subeat pax pectoris aulam.
Vivat pacis amor; tumulo discordia detur
145 Gallos dilanians, simul aurea lilia carpens.
Quod non jungit amor, cito fit regnum periturum.

VII.   ALIA QUESTIO

Quid, Galli strenui, sensum fuscat racionis?

RESPONSIO

Nescio quid, cives, nisi murmur sedicionis,
Cujus edax livor est mater dira noverca

Var.: 135 E *prompta*; 138 A *Concussit fores*; 140 D E *forte*; 141 E *Ast illesa*; 147 C *strenuum*; D E *Galli proceres*; 149 B *Cujus livor edax*.

150 Pacis, cladiferi divulgans semina morbi.
Peste nichil gravius, nichil est truculentius ista.
Urbis Parisius, si fas est dicere verum,
Horrida sedicio fons est et origo dolorum.

O dic, Parisius! quantis, quibus es viduata !
155 Unica prospicua que prosperitate sedebas,
Sceptro, justicia, censu, studioque sophia,
Felix pace, bonis summis fere nunc spoliaris.

ALIA QUESTIO

Tantaque quis rapuit, vel predo quis fuit ille?

RESPONSIO

Insidiosa tibi crudelis latro fuisti,
160 Impatiensque boni nocuit tibi copia multi.
Morte, furore, fame cruciaris, conscia culpe.
Funificam vetulam nutristi sedicionem;
Te merita rabie pomposam diruit urbem
Incrassata nimis fallax opulencia; luxus
165 Te tumidam fecit inopem sentire dolorem;
Sublimisque domus Gallorum deppopulatrix
Morum predo rapax et prodicionis amica,
Hostis nobilium, subvertrix justicieque,
Perfida sedicio (1), diris sociata tirannis,
170 Claustra domus reserans regalis, nocte subintrat.
Ecce furit Nero, sceleris cedisque magister;
Impius ecce necans pueros subit alter Herodes.
Plebs ruit in facinus, juris libramine spreto;

Var. : 157 D E *bonisque fere summis spoliaris;* 158 E *Vel* omis;
173 E *liberamine.*

(1) En marge de ce vers on lit (ms. D) ces mots « la tuerie ».

Sanguinis humani sua frena vorago relaxat;
175 Regia mesta fremit; resonat clangoribus ether,
Qui superare Jovis data dextra fulmina possent;
Justiciamque furor subvertere vult popularis;
Verum consilium lacerat, reprobatque trucidat,
Vultque pares omnes fieri demencior horror ;
180 Inque caput surgit; sine principe vult dominari;
Marte necat cives mutuo; carpit generosos,
Obruit insontes ac justos veredicosque,
Sublevat infames, perversos, flagiciosos,
Carnificumque manus tractant nece regia membra.
185 Hec sternuntur humi, dantur canibus laceranda.
Non ibi Thobias est qui daret illa sepulcro;
Purpureusque cruor tunc unde more fluentis
Dicitur effusus vicos tinxisse cruentos.
Carnificum feritas! o detestabilis ausus!
190 In te Iesus apex proclamat regis Olimpi.
Prelatos, ut oves, tua Christi clava cecidit.
Conqueritur, culmen de te dolet imperiale.
Patricius regis, o! milicieque magister,
Justicie plures rabie cecedere ministri,
195 Qui pars noscuntur regalis corporis esse.
O superi lesi, si ultores criminis estis,
O vos, stelliferis descendite sedibus altis!
Funeris auctores castiget dextera vestra!
O regale genus, maculatos sanguine vestro
200 Carnifices juste scelerosos torqueat ensis.
Non timuere domum sublimem ledere vestram;
Nec timeat fieri majestas criminis ultrix.
Vindex pena reos commissi terreat omnes.

Var.: 181 D E *necat diro;* 182 D E *veridicosque;* 184-189 manquent dans D ; 201 E *Ne timuere.*

Gens scelerata dedit fini sua pessima vota;
205 Actam vexat adhuc rabie demencia plebem,
Continuusque furor vesanis ossibus heret.
Asperius semper crassatur iniqua voluntas.

VIII. *Alia questio. — Responsio in qua ostenditur qualiter notabiles viri litterati et studentes fuerunt exulati et fugati a Parisius, et etiam quod dominus Dalphinus ab hinc festine recessit.*

Quis medicus posset huic morbo ferre medelam
Lepre pestifere nullis curabilis herbis?
210 Nullus in orbe manet, nisi forsan sola Minerva.
Suscipe, tu, curam, nunc regis filia prima,
Velque salubre dabis, vel erunt ferro viciosi
Curandi medico; nec sic pars munda trahatur.
Surge, Minerva; juva fratrem, morbisque medere
215 Linphati populi; tu sensibus ingere lumen;
Abjectis tenebris noscatur Gallicus herox,
Et virtute tua vetule semper furibunde,
Quam livor genuit, conatus obrue torvos.
Hec horrenda nimis virtutes inficit omnes,
220 Insultusque tulit sevos tibi clara Minerva,
Dispersitque vagos septemplicis artis alumnos;
Surripuit solium quod debes jure tenere.
Expulit ista tuum germanum turribus altis,
Illustri domino detento plebe parenti,
225 Cui decus, imperium, virtus et laurea detur.
Filius insignis fugiens certamina cruda
Limphantis populi sua jura paterna relinquit.
Nobilis innocuus fugit agnus ab ore luporum;

Var.: 210 A B *nisi* omis; 211 A B C *cura*; 216 E *heros*; 222 C *solum*; 228 E *Nobilis immotus.*

Agnum persequitur rapiens fera turba rebellis;
230 Protegit hunc clipeo Pallas et servat Apollo.
Civibus, heu! domino preponitur advena vero;
Burgi conveniunt Burgundo jure sodali;
Nobilis ingenium querit, tortorque tirannum.

IX. *Pariseorum reprehensio de malis que commiserunt.*

O cives, cives, regali sede relicta,
235 Flebilis ecce dolor, quod solus nobilis heres
Liligeri floris, cui Gallia tota tenetur
Cum genibus flexis humili cura famulari,
Dalphinus fugiat, cum paucis associatus
Nobilibus, strenuus propria villa fugitivus,
240 Plebeios paciens simul hostis barbarioris
Afflictus. Audes multum, temeraria virtus,
Que furis in dominum vecors ignara salutis.
Heu! tenero nimium flori, dea, scabra fuisti.
Igne scatet furie plebs, vipereus tumet hostis
245 Atque rosam stimulis sentosis undique pungunt.
O sors cuncta premens, cesset tuus impetus asper
Ac averte feros visus vertendo secundos!

X. *Loquitur Parisiensibus eis recitando mala per eos perpetrata.*

Plebs decepta suo sensu caligine mentem
Delapsam releva; tu respice quid facis amens
250 In proprium dominum. Tua legans spicula pugnas;
Nam virus sequeris letale fugisque salutem.

Var.: 235 E *Flebilis Ecclesie;* 236 E *cui Gallica;* 239 D E *Nobilibus propria dejectus strenuus urbe;* 241 D E *Conflictus.*

Proth dolor! o misera, quod amas est causa dolorum
Nobis, quos patimur, devastans nobile regnum.
Terge tuos oculos nebuloso scismate tectos,
255 Nosce tuum dominum, convertere, linque furorem
Sanguineamque manum. Generant tua facta ruinam.
In prelustre caput proprium tua pila retorques;
Facta tuis pateris feralia vulnera telis;
Ferrum mentis inops in propria viscera condis.
260 Predita diviciis urbs nuper palma fuisti
Justicie stillans omni justum sicienti,
Nam fuit occiduas tua limpida fama per urbes.
Lucens, stella, dabas radios per climata mundi.
Venit ad occasum lux; fert modo nomen eclipsim.
265 Exilium paciens Astrea sedile relinquit,
Successitque loco scelus omne, furorque procella
Veri judicii; torrens violentus inundat
Urbem magnificam te subjungens resupinam.

XI. *Ostenditur destructio civitatis Parisiensis arguendo a simili de civitate Jherusalem et magne Troje.*

Ve tibi Parisius! nobis mala cuncta ministrans;
270 Et tibi dampna paris contempnens nomina fame.
Dira sacerdotes necuit sanctosque prophetas
Jherusalem; doluit post crimen, nam fuit inde
Delapidata, suis replens sua viscera natis,
Hoc cogente fame. Prelatos tu necuisti,
275 Urbs homicida, Dei; maduisti sanguine regum
Atque furore tuo pueri cecidere tenelli
Et cum ventre suo periit sine crismate fetus,
Nundum lege novem pariendi mensibus actis.

Var.: 263 A B D *Lucem;* 268 D E *subvertens.*

       Crimine, credo, canes Jeremie lugubre carmen.
280 Troja perusta jacet, Helenam Paridi rapiente,
       Famose sobolis scutis Priami clipeata ;
       Parisiusque vide ne fias altera Troja.
       Non solum maculant te raptus flagiciosam,
       Sed quoque mille tue sunt cause perdicionis.
285 Facta videre dabunt cineres temeraria forsan ;
       Pollicitis animos delusos corrige falsis.
       Karoleam prolem, que te deffendere certat,
       Ausu destituis sceptro furiosa nephando ;
       Queris amicicias damnato federe pacto
290 Letali veteri qui lilia devorat hosti.
       Te lupus ipse lupo tradit tutore repulso,
       Teque vorare leo dominum vult et leopardus.
       Ambo feri socii sunt, sanguinis ambo rapaces.
       Custodem renuis ponisque lupos in ovile ;
295 Evellis roseum florem ; sentes seris arvo.
       Semen fine tuum letaliter ulcere punget,
       Ni tamen ipsa tuis factis male cepta releges.

XII. *Questio popularibus de domino Delphino.* — *Hic actor laudat eum et quasi respondet ad quesitum.*

       Inclitus iste Clito quid commisit, populares,
       Quem mala sedicio Delphinum carpit acerbe,
300 Cujus gesta nitent ut sydus et alta voluntas,
       Quamque sagax pectus regit ac animi moderamen ?
       Nobilitant morum gravitas et cana juventus
       Precelsum juvenem ; strenuum genus actibus equat.
       Hostiles, patrie protectio, sustinet ictus.
305 Karolus egregius princeps timeatur, ametur.

    Var. : 303 D E *juvenem fortis genus*, C *strenus genus*.
    Glose : 301 Quamque « voluntaten ».

Delphinum, populi, dominum cognoscite vestrum :
Est sua nostra salus; est damnum nostra ruina,
Atque suos casus sic Francia tota sequetur.

Regia progenies est nobilitatis origo,
310 Est juvenum speculum, virtutum fulgida gemma,
Flos florum redolens, fera quem gliscit lacerare,
Visque ferina cadat celesti flore virente
Numine. Lilicole, nimia dulcedine rapti,
Surgite ; sit florem cum stipite cura tuendi.
315 Hii duo sunt et idem; simul ambo colantur ut unus.
Flos botrum genuit servantem floris odorem.
Corporis illustris capiti succurrite membra ;
Vos prelustre caput solum deffendite vestrum.

XIII. *Fictio ostendens fatuitatem populi adherentis leoni, scilicet duci Burgundie, et leopardo, scilicet Anglie regi.*

Nec furor, o Galli, teneat per devia ducens,
320 Limite nec vero seducat pessimus error.
Nec vos scisma nocens agat ad dispendia montis.
Sunt scopuli, vepres, sentes, latebreque, caverne,
Ursi, pestiferique lupi, rapidique leones,
Hic habitant tigres ; leopardi cedis avari
325 Agnellos rapiunt et alunt sua viscera raptis
Exhaustoque sitim cupiunt placare cruore,
Depositaque siti, semper sitis altera crescit,
Cui nec sufficerent fluviales, nec maris unde.
Hos rabies agitat, furit inclemencia semper ;
330 Nullà tamen ducunt inter se prelia pugne.

Var. : 315 A B C *duo sunt idem.*

Contraxere simul socii sua federa sevi,
Innocuos sceleris feralis perdere gliscit
Sanguinis ingluvies, tacitosque ligurit inermes.
Igne micant oculi, spumeque fluunt et ab ore;
335 Perterrent homines audaces sanguine fuso.
Nocte necans placidos hic Lichaon manet hospes,
Hospiciumque tenens blanditur proditor iste;
Sed non mellifluis est tutum credere dictis;
Exicium tandem stragis parat hospitis omnis.
340 Hoc fugiatur iter, Galli, declive, sinistrum
Supplicium mortis; hic eminet omne periclum.
Ite via recta, precor; est iter omnibus unum
Tucius in media vobis regione tenendum.

XIV. *Hic est causa ruine quam patimur tam per Burgundos quam per Anglos.*

Hic situs est pulcher campus, condam spaciosus.
345 In medio nascens fons arida temperat arva;
Hic animi vacui celesti rore replentur.
Francia nomen habet, cunctis exempta tributis,
Terra repleta bonis debet quampluribus esse.
Condidit ingenio Pallas celeberrima turrim
350 Omnibus instructam gemmis, quam struxit Athenis.
Virtutes studio florenti turre triumphant;
Creditur in vasto fore nullus amenior orbe,
Frugibus uberior, nullus fecundior uvis.
Flora suos varios seruit flores redolentes.
355 Tempe vocant homines; non est ager aptior ullus.
Elegit genitrix radio trino radientis
Illum sacra coli solemnia voce sonora.

Var.: 335 D E *Preterrent;* 339 D E *stragis latet;* 341 A C D *Suplicium;* 344 E *quondam;* 356 E *radiantem.*

Lilia ceruleo sparsit sua semina campo;
Gallorum scapulis incumbit onus peragendi
360 Ejus agri cultus, operas prestare patrone.
Hos debere liquet, reor, ut nos afficit illud
Ascindens merito caput execrabile crimen,
Ac simul ingratos in vincula prisca retrudens.
Suspicor incultas aras sine thure fuisse,
365 Etherei regni domine lente coluisse,
Indignata feram transmisit forte scelesti
Funerei culpa nos magna virago prementem.

XV. *Ostenditur Gallicis qualiter justo Dei judicio corripiuntur, exhortando eos ad emendam.*

Vertitur in vicium nostrum, Galli, status omnis;
Nemo carens macula sub Phebo purus habetur,
370 Labitur in facinus modo quisquis nascitur Eva.
Legatum revocat merito divina voluntas,
Namque mali pacis non fiunt jure capaces.
Criminis excessu celestis ferbuit ira;
Pena minor merita culpa fastigia nostri
375 Funesti reprimit flagris ingencia fastus.
Nos manus Excelsi tangit commissa refrenans
Fustantis puerum dilectum more parentis.
Torquemur merito; patimur mala singula juste.
Grata firma manu mens infortunia sumat;
380 Amputet omne nephas confessio corde dolenti;
Peniteat sceleris. Solis moderator equorum
Effusis precibus rogitetur temperet iram,
In terris iterum pacem transmittat ab alto.

Var.: 368 E *noster;* 372 E *malis;* 379 C *mens* omis.

Stella maris, placa mare, facque videre petitos
385 Portus, naufragium remove, moderare Caribdim.

XVI. *Qualiter prodicio fuit causa adventus regis Anglie in Francia, et qualiter ipse acquisivit Normanniam.*

Gramina sunt campi nutriencia pascua cervi
Aligeri, rudibusque feris rapidisque negata,
Ne feritas flores harum teneros laceraret.
Actamen insurgit rapiens genus omne ferarum
390 Extirpare loco celestia semina certans;
Hostica barbaries frangens racionis habenas,
Ecce furore citat, floralem fulminat agrum,
Cujus dux onager est sanguineusque tirannus.
Horrenda veniens acie de vallibus anglis,
395 Classe vetus furia motus mare transfretat hostis.
Nereis ecce favet velis; patet exitus illi.
Jam fruitur voto; jam vi sibi vendicat arva;
Concludit gladio Normannos morte sagittans;
Captivat patriam; servilia jam juga sentit.
400 Compedibus quidam dantur, vinclisque tenentur;
Tormentis alii sua claudunt ultima vite;
Ense cadunt quidam; fiunt alii fugitivi;
Exanimes animas alii sub pondere reddunt.
Nec via, nec campi, nec iter tunc sufficit illis
405 A patria profugis. Qui non mala tanta videre
Lugeret? Lacrimas vix saxea corda tenerent.

Var. : 385 A *nauffragium;* 390 D E *certat;* 402 D E *Ense cadunt alii profugi arva paterna relinquunt;* 406 D E *ferrea corda.*

XVII. *Declaratio malorum que commisit rex Anglie in Francia, et quam durum est esse fugitivum a propria patria.*

Quid sit enim, patriam quam perdere, durius ulli,
Cujus amore nichil homini stat dulcius unquam ?
O natalis amor, caro preciosior auro,
410 Tu nequis extingui; tuus ardor corda perurens
Invitos profugos remeare suo jubet igne.
Non vallata juvant ex fossis menia villas;
Forcia marte pari devinci castra videres.
Jam ditata suis spoliis est turma canina,
415 Factis barbarior quam nomine; demetit omnes
Virgineos flores francumque protervit in agrum;
Nam loca depilat sublimia floris amena;
Strangulat ossifragus debachans scurra colonos;
Conculcat segetes, vulgusque fameque furore.
420 Gallia nec vallum galeato culmine prestat,
Nec valet; aggreditur non horrendus minus hostis
Alter, dilanians hanc, eque stragis amicus.

XVIII. *Declaratio malorum et prodicionum que commisit dux Burgundie Johannes, filius Philipi.*

Exivitque leo niger ex flandrensibus antris,
Seductor populi, Gallis mala cuncta propinans,
425 Urbes invidie madefactas labe veneni
Inficiens. Plures agitavit ad impia cives.
Proclamat miserum vulgus plaga veniente :
« Dux Burgundorum venit : ecce redempcio nostra.
Plebis amator adest qui nos tutabitur hoste. »

Var. : 414 C *Nam ditata;* 416 D E *protrivit;* 423 E *Flandrantibus;* 425 C *Invidie madestans.*

430 Ignorat quod amat, latitat sub pectore virus;
Fallitur indoctum vulgus, cruciatur amore.
Intimus hostis erat sevus, linguosus amicus;
Prodicione sua rapit urbes subdolus hostis,
Eiciendo suum dominum de jure paterno.
435 In foribus cives pingunt vexilla leonis
Credentes miseri picturam posse valere :
Nil nisi picturam tandem cives habuere.
Fustibus agrestes surgunt sua damna sequentes
Dimissoque statu subeunt incommoda multa.

XIX. *Questio ad populum seductum per dictum ducem Burgundie.*

440 Dic cur sis, populus, bachatus amore leonis;
Solum pande bonum nobis quod contulit unquam.

RESPONSIO

Nostri causa mali est, cives, si vera loquamur,
Ejus amor turbans multis racionis acumen;
Falsum judicium dare fecit jure peritis :
445 Ejus amor fedus fraterni solvit amoris;
Sustulit in dominum vassallos fronte rebelli.
Ejus amor plures natis matres viduavit;
Martirio justos tormenta subire coegit.
Ejus amor reddit populos villasque rebelles;
450 In patrem genitum mollitur bella parare.
Ejus amor plures opulentos reddit egenos;
A patria multos agitat propria fugitivos.

Var. : 432 D E *lingosus;* 444 D E *dare multos compulit atrox;* 447 E *amor plures reddit;* 452 D E *Et profugos multos propriis exegit ab oris.*

Ejus amor peperit incendia, furta, rapinas,
Insidias, raptus, homicidia, prodiciones.
455 Tandem scisma dedit quo regnum delirat omne.
Multa dolo pepigit folio leviora caduco:
Pollicitis nunquam sua consona facta fuere.

XX. *Exemplum in factis dicti ducis de civitate Rothomagensi.*

Urbs captiva fero leopardo Rothomagensis
Quid sua pacta valent sciret bene testificari.
460 Cui promisit opem, nascente necesse, daturum.
Est opus: hanc hostis vetus obsidet undique cingens
Muros, presidiumque petunt civesque precantur
Ut daret auxilium. Dare fingit dupplice corde;
Verba dedit ventis; promissa fide caruere.
465 Expectando fidem vanam, sex mensibus actis,
Millia fama refert triginta fame periisse.
Exhausto redimit animas urbs ere superstes.
Exemplo simili vestro speremus amico!
Hic sub amicicie fuit umbra callidus hostis;
470 Finis sæpe solet spe firma testis haberi;
Verus amor ficti populo patet urbis amici.
Dissimulata diu probat exitus intima cordis.

Var. : 459 D E *sciret delusa referre;* 460 D n*e*ccesse; 461 D E *hanc vetus hostis;* 466 D E *fame cecidisse;* 469 E *umbra* omis; 470 E *tristis haberi.*

XXI. *Qualiter dux Burgundie fecit occidi per insidias et tempore nocturno pium et sagacem Ludovicum Aurelianensem ducem, regis Francie unicum fratrem, filium condam regis Karoli quinti.*

    Lilia versantur in quantis summa periclis!
    Undique subversor fera vulnera floribus infert.
475 O Flandrensis ater, laceras leo, funeris auctor
    Semper atri, flores tua qui fomenta dedere.
    Flandria, multociens mala Gallis damna tulisti.
    Non lapsis miseris est pena ferenda molesta.
    Nam livore tuo flos lilifer Aureliensis
480 Decidit occisus inoppina nocte tirannis.
    Florens in roseo regali jure secundus,
    De te non dubitans, fidum credebat amicum;
    Vulpinaque fide pepigisti non nociturum
    Te, maculans animam diviso corpore Christi
485 Federis in signum vestri; rixam posuisti
    Verbis non gladiis; odium stat corde maligno.
    Oniger exequiis floris leo vestibus atris
    Fictus tristis eras, sed letus mente profunda.
    Diceris in pacto, nece, funere proditor ingens,
490 Floreque deciso marcescunt lilia campo.

XXII.

    Teque nephas temere confesso sponte superbo
    Tam facinus voluit sua vincere clara propago,

Var.: 473 C *versentur*; 475-476 D E *O ater Flandrensis, cur carpis funeris auctor Invisi flores quibus inclita fluxit origo*; 479 D *Aurelianus*, E *Aurelianis*; 481 A D *Flores*; 488 D E *mente profana*.

Poscens justicie gladio feriatur iniquus.
Sevius impietas obstat lese pietati;
495 Dupplicitate sua versutus inebriat aures
Multorum patulas leo replens lacte veneni.
Limphati titubant; sub vero crimen obumbrant,
Angelicaque Sathan multis fallax patet umbra,
Et vicium tegitur virtutis sepe colore.
500 Prevaricans legum culturam turbo malorum
Perdit justicie nec cernit curia rectum
Que celat vicium; floris censor sedet hostis;
In causa propria se absolvit labe reatus.
Fleumate mel gustus infectus censet amarum,
505 Nec judex odio madefactus judicat equum.

XXIII. *Hic fit questio juristis et judicibus.*

Lege querellarum rectores jure periti,
Norma justicie, censores criminis omnis,
An multa veniat homicida ferus cruciandus
Regalis generis sua quem confessio damnat?

SOLUCIO PER MODUM CONFIRMATIONIS

510 Pena sancta reos jubet omnis sanctio legum
Multandos apicis lesi sceleris capitali.
Legibus effrenis reprimenda libido malorum est,
Ut nocuis vivant illesi pace quieti.
Scandala tum generat mala crudum crimen inultum,
515 Multiplicat vicium; mala gignit abyssus abyssum,
Justicie virtus cessat; vicium dominatur,
Surgunt carnifices taurorum cede cruenti;
Hii cedunt ovium macere, non sanguinis alti

Var.: 502 A E *censor omis*; 504 C *censet omis*; 506 D E *jure referti*; 508 D E *An gladio*; 514 D *cum*; 518 D E *ovium stragi*.

Complicibus coeunt scissor, sutorque, putator,
520 Cedentes operi plures de plebe creati.
Hii dant sacra fere ; fiunt feritate leones ;
Nobilium cupiunt effundere cede cruorem,
Lustrantesque feram patricidam comitantur.
Horrisona : « Vivat leo ; » voce silencia rumpunt,
525 « Aureliense genus simul et moriantur amici ;
Adversos dominum tutando ruamus in omnes. »
Inque bonos multos vocat inclemencia sevos ;
Crudeli domino servire tirannia gaudet ;
Nimirum famulos crudos habuisse tirannum.
530 « Hic gerat imperium leo, clamant ; demus honorem »
Hic Deus efficitur a seductis veneratus.

XXIV. *Hic fit questio Parisiensibus et eis adherentibus.*

Que racio dictat, Galli, regimen fore dandum
Illi qui proprii germani regis inique
Et regis geniti vitam mucrone resolvit ?

CONFIRMATIO PRO SOLUCIONE

535 Legis teste malus semper suspectus habetur.

XXV. *Exemplum poeticum. Antheon fuit per Dianam deam nemorum mutatus in cervum et postea fuit laceratus per proprios servos quos in canes ipsa mutaverat, et hoc Dea fecit ne eam accusaret. Ita iste dux mutavit regem nostrum in servum et destituitur et depponitur per proprios subjectos, et hoc fecit ne umquam fiat justicia de eo.*

Karolus Antheon fit et ejus clara propago,
In cervos propriis versi canibus lacerantur ;

Var. : 519 B *tutorque;* 523 E *concomitantur;* 524 D *Horrisonant;* 525 D *Aurelianse;* 530 A *clamat;* 536 E *Atheon.*

       Nec parcunt dominis; dentes in corpora mergunt.
       Regia progenies est preda petita malignis,
540 Nec moderamen habet populi furor impetuosus.
       Nulla timenda magis est pestis turbine plebis
       Ista lues agrum Francum fedat lutuosa;
       Vix unus superest hac mundus tabe reatus.

XXVI. *Hic demonstratur regi quomodo ex deffectu justicie sub eo minus bene custodite regnum suum est in via perdicionis.*

       Inclite Gallorum rex, cui est sublime tribunal
545 Justicie, cujus Argi sunt lumina visus,
       Omni parte suos prospectus figere debent,
       Sollicite vigiles justis succurrere lesis;
       Si seges in campo mala crescat scindere falce,
       Flectere nec generi nec amori jure tenentur.
550 Fistula Mercurii dulcis si mulceat intus,
       Pectora mellifluo si Tantalus ebriat auro,
       Tum capiunt somnum, tenebrescit visus acumen;
       Tum sectatur iter distortum curia ceca.
       In facinus ruitur, pastoris luce sopita,
555 Et lupus inveritus custodem sevit in agnos.
       Sic malus insontes ledit, cui virga pepercit
       Justicie, temeros hominum que corrigit ausus.

XXVII.   QUESTIO REGI FRANCIE KAROLO

       Quidque tuum regnum destruxit?

Var. : 538 C *in corpore;* 548 A B C D E *false;* 549 D E *teneris;* C *tenetur;* 558 E *tuum regem.*

RESPONSIO

Crimen inultum.

ALIA QUESTIO EIDEM

Quidque tuum populum seduxit?

RESPONSIO

Crimen inultum.

XXVIII.   SIMILITUDO QUEDAM

560 Longius arbor agit mala, planta fructificante,
Radices et agrum pungentibus obserit omnem.

ALIA SIMILITUDO

Morbida labe pecus ovis inficit unica totum;
Pervertunt populi mores regnante tiranno.
Est urtica manu celeri campo resecanda;
565 Acrius herba nocens pungit si crescat in altum.
Luxuriavit agro regali crimen inultum;
Pungit et ungue fero redolencia lilia carpit.

XXIX. *Qualiter studium Parisiense fuit dissipatum per ducem Burgundie et rex Francie, pater domini Dalphini, per populum dicti ducis jussu.*

O Deus! errores quam plures Palladis arci
Ista querella dedit, sorbente furore colentes

Var. : 559 E *seducit;* 565 A *Accrius;* 568 B C D *arti;* 569 B *querela.*

570 Pretextam studio gemmis vernante Minervam.
Dulcisona cythara moderando carmina David,
Limite concordi discordia cuncta ligabant.
Hanc fugere novem Muse turrim decorantes
Arripuitque fugam Moïses hac legifer arce;
575 Cessit Aristotiles; celum qui sustinet Athlas
Territus expavit, et correctrix viciorum
Cum Cathone timens sedes Astrea reliquit.
Si timuere Dee nimio terrore sorores,
Quis dubitat? Superi fuit instans causa timoris
580 Justi : sedicio monstro crudelior omni
Palladis invasit turrim comitata ministris
Mortiferis. Jussum gaudent implere tiranni;
Carnificant natos saliente cruore Minerve,
Membrorumque rubet regis de cede macellum,
585 Palladis augustum feritate patrem rapuerunt,
Athletam fidei regis cui competit omne
Quo trabeata nitet tam principe Francia summo.
Unctus rex oleo celesti filius orbe
Celsior ecclesie deffendens pabula Christi,
590 Zelus justicie, custosque paterque Minerve,
Cui sceptro voluit dare lilia virgo Maria,
Proditur, heu! regum princeps a sediciosis.
Hic nequit auxilium dare regno, prepediente
Sedicione. Truci veteri conjungitur hosti,
595 Sedicioque suis dominatur in urbe tirannis.

Var.: 570 D *Preterrens*, E *Perterrens*; 590 C *Custos paterque.*

XXX. *Qualiter dux Burgundie, juvenis filius ejus qui fecit occidi ducem Aurelianensem priorem, exequendo cepta et populus Parisiensis tradiderunt regem Francie, patrem domini Dalphini, regi Anglorum quem statuerunt regentem regnum Francie et heredem regni, eiciendo proprium filium regis Karoli regis Francie, dominum Dalphinum; ymo eciam dictus dux Burgundie, quantum potuit, renunciavit ei juri quod in futurum ei accidere posset in dicto regno Francie, etiam si illi qui sunt propinquiores ipso de corona decederent; et translatavit ipse cum suis complicibus regnum Francie regi Anglie et suis heredibus etiam si sua uxor, videlicet uxor regis Anglie, decederet sine liberis, quod est mirabile et horrendum.*

Fama dolens loquitur, immensi preco doloris,
Veris Francigenis quod regem tradidit hosti
Anglo prodicio Gallorum; extinguere semen
Karolee prolis vult; Delphino dyadema
600 Aufferi domino strenuo qui est unicus heres
Sceptri liliferi, spes regis nostra futuri,
Heredis tribuens Anglo nomenque regentis,
Ejus agri Franci generosa prole repulsa
Jure suo. Damnabilis ecce regencia, Galli,
605 Qua princeps noster captivus subditur hosti
Libertate carens, qua Francia serva ligatur,
Qua sua nobilitas est depopulanda, quod absit!
Nobile Gallorum mutandum nomen in Anglum;
Lilia qua gliscit dirus resecare tirannus;
610 Qua rabiem querit in oves lupus acrius anglus

Var. : 600 D E *Domino justo*; 610 A *accrius*.

Excercere suam, laxis feritatis habenis;
Qua jugulare ferus nos omnes hostis hanelat.

XXXI. *Qualiter dux Burgundie et Parisienses ligaverunt se regi Anglie, antiquo hosti Francie, ad destruendum nobilem Dalphinum.*

Sanguinei socii nutriti sanguine toti
Ecce simul juncti leo, sedicio, leopardus;
615 Ecce ferum monstrum damnabile fedus inivit,
Dalphini siciens effundere cede cruorem.

XXXII. *Exhortatio ad milites Francie ut aquitent fidem quam tenent regi et ejus filio.*

O quid agis, miles? quod opus que cuncta moratur?
An domine tenere teneant ludique nocivi?
Absit.

QUESTIO

620 Si rogites quod bellum nunc sit agendum,

RESPONSIO

Demus opem flori quam tradere jure tenemur;
Hunc florem tenerum servemus ab ore ferino.
Pro domino nostro captivo bella geramus;
Vera probata fides sit nostra necesse jubenti.

XXXIII. *Declaratio quod ratio hominis fidelis et legalis non posset consentire in amorem et subjectionem sui antiqui hostis, ut est rex Anglie Francis.*

Quod nos ille rogat leopardus barbarus hostis,
625 Qui nostros necuit fratres, propriosque parentes

Var. : 617 C *que cunta*; 623 A D *neccesse*.

Glose : 617 Cuncta « mora ».

Et nos morte petit, regimen racio negat istud.

QUESTIO

Quisnam danda rudi fore lilia certat onagro
Tam validos flores ?

RESPONSIO

Nullus, nisi sediciosi,
Aut leo, quos ruditas coit in flores inimicos.

XXXIV. *Hic culpantur rex Burgundie et Parisienses quia renunciaverunt suo naturali domino, recipiendo ipsius et eorum capitalem inimicum.*

630 Ve vobis dominum mutantibus in leopardum !
Pro pastore lupum, vestro pro rege tirannum
Queritis, o miseri, quibus auffert sedicionis
Liligeri floris fragrantis reuma saporem.
Flos sapit et redolet; flos vernat fructificatque;
635 Devorat et lacerat leopardus vester amicus.
Noscere vos faciet, seducti Parisienses,
Quam male rexistis regem sub lege furoris,
Henricique jugo floris sapietis odorem.
Non decet ut populi reges et regna gubernent
640 Qui subdi dominisque regi debentque juvari.
Virga regens vulgus si parcat, tunc furit illud
In dominum; patitur res publica, depperit omnis.
Exemplum doceat reges hoc mente tenendum.

Var. : 627 E *Qui sua danda;* 628 D *Responsio omis;* 631 C *pro pastore tirannum;* 637 E *Quod mala;* 641 E *tum.*

XXXV. *Admiracio plangens regem Francie eo quod regatur per Anglicos.*

    Proth dolor! O Galli, quis nostrum non lacrimatur
645 Dum prelustre suum caput oppressum videt hosti,
    Prodicione genus nitente repellere Francum?
    Hinc natura dolet; temerata fides stupet; aures
    Hoc audire pias offendit; lingua silescit
    Velle referre scelus, racio quod credere certat
650 Indignum facinus; mare, tellus, ether abhorret
    Quod nunquam gravius commisit traditor ullus.

XXXVI. *Reprehensio ducis Burgundie juvenis ex eo quod tradidit regem Francie regi Anglie se eidem confederando.*

    Restaura dominum; funestam reprime mentem;
    Desine; liberto pia lilia dona Marie,
    Perfide, non sevo sunt attribuenda tiranno.
655 Dedecus hoc fieri sibi virgo non paciatur
    Quod mala prodicio liberto dona retondat.
    Tu revoca factum ne in te cadat ulcio digna;
    Sanctio te legum sat non multare valeret
    Perque tuum patrem contractum cum leopardo
660 Fedus inhumanum prodis, leo proditor effrons.
    Filius, exequeris sevissima vota parentis
    Que trux proposuit, dum perfidus Aureliensem
    Excelsum dominum nece percussit. Ludovicum.
    Non miretur homo si filius ipse patrizat;
665 More sui genitus sequitur vestigia patris.

Var.: 644 D E *Quis vestrum*; 649 D *refferre*; 655 D *pacietur*, E *patitur*; 656 C *recondat*, E *retundet*; 658 E *sic non multare*; 662 D E *Aureliansem*; 664 E *patrissat*.

XXXVII. *Sequitur reprehensio eorum qui favore ducis Burgundie peccaverunt et populi qui tradidit in eum non obstantibus malis que per eum perpetrari videbat, eos exortando ut fatuum amorem revocent et peniteant.*

    O murmur, retice, populi; detractio, cessa
    Morbi verba mali mala divulgare dolose;
    Sedicio, placa, frenesis furibunda, furorem.
    Cerpsistis vetule vos lilia tres maledicte,
670 Burgundique latus comites semper sociastis.
    Errores pudeat pseudo fovisse tiranni;
    Cujus prodicio mala prodidit intima cordis.
    Consonat inicio letalis cauda leonis
    Que genus omne vorat regale; malum fuit ejus
675 Principium, pejus medium stat, pessima finis;
    Damnificavit agrum Gallum, sed perdere totum
    Evellendo cupit suaves cum stipite flores.

QUESTIO

    Quid damnabilius hosti quam prodere regem,
    Usurpare suum regnum, qui trans mare venit?

QUESTIO

680 Quid scelerosius est prolem quam velle repelli
    Majestate sua? Galli, quid cetera dicam?

RESPONSIO

    Obnubilans mentes hominum princeps tenebrarum
    Que tenebrosa tenet Acherontis regna relinquit.

Var. : 669 E *Serpsistis;* 682 D E *Involvens.*

Plutho juvando, puto, seductos nititur agro
685 Restaurare suos buffones signa gehenne.
Sternere missa manu tria lilia virginis alme
Aurea preclare certat vexilla salutis.
Supplantare fidem vult, prisca reducere noctis
Tempora.

QUESTIO

Quid generat scelus istud?

RESPONSIO

Crimen inultum.
690 O frenesis rabies, necnon maledicta querella,
Nobile qua teritur gallum dyadema periclis,
Qua lex Christicolis cessat divina doceri,
Qua studium mundi lux parisiense facescit,
Qua patitur diram modo Francia tota ruinam!
695 Huic morbo celerem Galli prestate medelam;
Scismatice vetule conatibus obdite ferrum;
Ingentis sceleris ultores sitis adulti,
Quod regem sobolemque suam glutire laborat.
Ne teneatis iter Galli flores lacerantum.

XXXVIII. *Hic inducitur populus Francie seductus per ducem Burgundie ut non irascatur de morte ipsius ducis, quia sic mori meruerat et redditur racio quare allegando suam tirannidem...*

700 Non, vulgus, doleas veterati morte leonis,
Cujus vita nimis multis patefacta videtur.

Var. : 685 D *gehanne*; 693 E *fatescit*; 697 A B C *sceleris victores*, D *scelleris*.

Innumere gentes factis cecidere tiranni
Continuoque cadunt. Est solus causa dolorum
Quos mundus patitur. Nunquam fuit editus ullus
705 Qui mala tanta daret, sicut dedit iste tirannus
Sanguine repletus. Si tempus sanguine finit,
Conveniens vite non est mors ulla dolenda,
Mentitaque fide deceptum dissimulando
Irretit populum. Ruit in sua retia tendens;
710 Juste pena suum solet in caput ipsa reverti;
Incidit in foveam meritam quam fodit iniquus.

XXXIX. *Qualiter rex Anglie multos ex nobilibus Francie interemit in multis locis et in maledicta die que fuit a Agincourt in Picardia, que fuit anno Domini millesimo CCCC° decimo quinto, mensis octobris die.*

Lilia cladificus leopardus dissecat hostis,
Maxima quo cecedit pars gallica nobilitatis,
Cur viduata suis flet Francia mesta peremptis.

715 O maledicta dies, quam Francia devovet omnis,
Toto milicie qua flore fuit spoliata,
Gaudia plena jocis, cantus, citharamque relegas
Et lacrimas, gemitus et luctus omnibus affers.
Karolei campi quam summa mali tueatur
720 Belcia quas nutrit cicius numerabis aristas,
Impete vel bibulas Ligeris quas versat arenas.

XL.   QUESTIO

Quis gemitu luctuque caret?

Var. : 710 E *ipsa* omis; 711 A *fecit*; 719 D *Karoli,* D E *campi pateat quam summa malorum;* 720 D E *Belsia;* 721 A B C *Impetu.*

RESPONSIO

Est dolor omnibus unus.

ALIA QUESTIO

Quis locus est fati jam lamentabilis expers?

RESPONSIO

    Arvo plaga locum nova vix reperire valeret,
725 Lilicolasque vagos fera bellua terruit omnes.
    Scalet ager vacuus, stratis timidisque colonis.
    Dum zephiri flores mulcebant nobilis orti,
    Campus quando suos fructus dabat ubere pleno,
    Quisquis in orbe manet cultus prestare parabat.
730 Ecce sonans sparsit cultores ymbrifer auster;
    Aura procellosa fictos monstravit amicos.

XLI. *Ostenditur aquisicio ducatus Northmannie per regem Anglicum, ubi non fuit succursus et qualiter illi de illa patria...*

    Heu! viridem partem fera diruit uberiorem,
    Subjuga perstringens reddentem fenora messis,
    Aligero cervo dejecto rure paterno.
735 Flumina perturbans fontes obstruxit aquarum.
    Jam quater octava renovavit cornua Phebe
    Quod captivus ager monstri patuit feritati.
    Nec feriente fera clipeus pugil obicit ullus,
    Gressibus atroces nec morsus mucro retondit,

Var. : 722 A B *Quis gemitu luctu caret,* E *Quis gemituque caret;* 726 D E *profugisque colonis;* 727 D *mulcebat;* 733 E *prestingens;* 734 D A *liligero;* 739 E *recondit.*

740 Nec gerit auxilium patrie manus ulla ruine.
Condolet atque pati queritur miserabile fatum,
Nam floris remanet immobilis ignis amoris
Liligeneque rose fert semper corde saporem.
Et si posse daret fas velle feram jugulare
745 Esset, nec satira debet captiva notari,
Nec jussum patitur nutu, sed vique tiranni.
Limphatumque canem sibi carum nemo teneret,
Cujus letificum sentiret corpore vulnus;
Nec sibi quis fidum spoliantem diceret umquam.
750 Nil gravius fertur quam servitute teneri.

XLII. *Qualiter Henricus se dicens Anglie regem in illo regno non habet jus nec titulum propter patris scelestum et prodiciosum facinus.*

O quid agis, secors onager ! te querere pastum
Per floreta tuum nature lege repugnat.
Eminus absenta; tu per spineta vageris.
Facta tui sequeris, Henrice, feri genitoris,
755 Qui dominum regno vitaque suum spoliavit.
Majestatis erat scelerosus crimine lese,
Legeque Pompeia patricidis hic feriendus.
Occidit dominum, regemque suumque parentem,
Et privandus eras, Henrice, bonis et honore.
760 Anglica non debes sic pabula jure tenere
Et tamen es vicii feritatis nominis heres.
Non contentus eo quod dat pater ipse tirannus,
Cum ruditate tua male partis gallica regna
Accumulare cupis. Henrice, nimis petis alta,
765 Elatique cadunt plus justo summa petentes.

Var.: 741 E *factum;* 750 D *sub juga serva,* E *sub juga serva tiranni;* 757 A B C *hic* omis.

Parta parum prosunt que convenit ense tueri,
Nam solet ante dies tempus finire tirannus.
I retro, vade procul, animal stolidum fuge. Gallo
Gramine te pasci racioni dissonat omni.
770 Non tibi conveniunt flores, nec convenis ipsis,
Liligene; sentes, tribuli tibi sunt rudis esca,
Lilia nec tante debentur nobilitatis,
Offenduntque grave superos malefacta proterve.
Alterius rapiens animal tibi jura negata,
775 Disce : tirannorum deppendent omnia filo
Et fracto tenui descendit ad infima raptor,
Nec stabilire diu possessa valent violenta.
Ergo time casus vi usurpans jus alienum.

XLIII. *Incitatio ad Gallicos ut sint audaces adversus regem Anglorum racione juste querelle quam habent.*

Lilia qui colitis, Galli, celeretis onagrum
780 Oppugnare trucem, ne totum devoret agrum.
Surgat milicie flos, vassallique fideles
Subveniant domino quem tradidit opprobriose
Hosti prodicio; testetur opus probitatem
Nobilium, dominus qua Karolus indiget ample;
785 Vosque juvat titulus justus, vos justa querella,
Et caret assiliens licito bello titulatus
Quo pugil insanit audacior omnis in hostes.
Stricta fides regi data, vos hirsuta sagittis
Patria vestra monet racione valencior omni.
790 Occisi patria censentur luce perhenni
Vivere, nec desunt vassalis premia fidis.

Var. : 768 E *Et retro*, D E *solidum;* 775 E *Dependent.*

XLIV. *Exhortatio ad dominum Dalphinum ut habeat animum virilem et audacem debellandi suos inimicos recitando exempla aliqua ad propositum.*

Magnanimisque jacens redimas, Clito, nomen avorum,
Karole, prelustris princeps, spes nostra salutis;
Solve jugum miserum; te Francia pressa resumat
795 Vires; nec dubites bellum crescentibus annis
Ducere : multociens juvenili Mars favet evo.

PERSUASIO PER EXEMPLUM

Dicitur Alchides binos jugulasse drachones,
Cunis; suntque tibi plures angues inimici :
Factis esto tuis Alchides durior evo.

ALIA PERSUASIO PER EXEMPLUM

800 Vicit Alexander, armis surgens duodenis,
Gum Porro Darium patris arva Pelasga prementem.
Materiam similis tituli tibi jura propinant
Ut tuteris agrum patrium frangendo superbum.
Etas major inest tibi, nec minus equa querella,
805 Promictuntque pares ortus diadema futurum.

ALIA PERSUASIO PER EXEMPLUM

Gorgoneique caput monstri scidit ense Meduse
Perseus; namque trium capitum sorbere laborat
Monoculum monstrum solum in te lumina jactans,
Te, Delphine, tener flos, Perseus ut probus alter,
810 Contere; te pereat onager, leo, sedicioque.

Var. : 792 E *Magnanimusque;* 797 et 799 E *Alcides;* 803 E *patrum;* 807 D *Presens.*

XLV. *Sequitur declaracio qualiter dominus Dalphinus mirari non debet si rex Anglie et dux Burgundie sint simul confederati, ostendendo quod hoc contigit quia justicia non fuit facta de suis patribus traditoribus crudelibus et homicidis.*

  Et si prodicio Burgundum junxit et Anglum
  Federe damnato, tu, Karole, non stupefias.
  Quod fecere patres istorum crimen inultum
  Federat hos conans cultus expellere Gallo
815 Justicie campo celebrate. Nam pater Angli
  Occidit dominum regemque suumque parentem;
  Burgundi genitor fratrem regis genitumque
  Atque tuum patruum; cur debebant capitali
  Supplicio plecti, necnon nati spoliari
820 Omni jure bonis regali culmine summo,
  Si juris genitis jus ordo suum tribuisset.
  Opposuit feritas que dat regnare tirannis.
  Hostes justicie, pugnant in Gallica regna
  Complicitate feri socii, Delphine, sed insta;
825 Te, pugil ut fortis, sceleratos confer in hostes,
  Quis jus omne negat regalia jura patere;
  Nec timeas istos, nam vinces jure; superbi
  Injustique cadent, nec tempora dimidiabunt.
  Sanguis iniquorum patrum semenque peribit.
830 Nam simul effundi petit omnis pessimus iste
  Sanguis, justicie meritum quod libra negavit
  Querens. Da meritum; viciosum funde cruorem;
  Karole, tu reseca vicium, vepres tribulosque.
  Te revocetur amor, pax, justicieque tribunal;
835 Nobilitate tua Gallorum fulgeat ortus.

Var.: 812 C *Tu, Karole, tu*; 821 E *juris gentis*; 826 E *Qui jus*.

Res virtutis inest tibi, per te detur in actum;
Ascribi numero fac post cineres merearis
Quorum fama loquax non est peritura per evum.

XLVI. *Exhortatio ad bonos Gallicos ut corde et corpore juvent dominum Dalphinum ad deffendendum Francie patriam.*

Vos Francum soliti per agrum deserpere fructum,
840 Surgite, veraces vos omnes floris amici!
Hostis monstriferi gressusque, ferique cruenti
Sternite. Jus proprium, juvenem servando, juvetis,
Liligene floris quo stirps includitur omnis.

XLVII. *Demonstratur Gallicis qualiter non debeant mirari si fortuna fuit eis adversa et contraria, reddendo rationem quare.*

Si sors instabilis, si Mars anceps truculento
845 Hosti principium letum, vobisque dedere
Lugubre, nec mestos vos, Galli, terreat istud.
Ut captum veniat, blanditur, decipit omnes,
Applaudensque nocet; nullum cognoscit amicum.
Luctus intus habet, surrisus dulce venenum;
850 Regnat in humanis sors summa jacentibus equans;
Ceca novercatur; mansuescere nescit alumnum;
Degradat elatum sibi culmen honoris adeptum;
Asperior Borea, certa sine lege movetur.

XLVIII. *Declaratur qualiter fortuna non semper se tenet in eodem statu.*

Si stabili cursu sors responderet eodem,
855 Non bene deberet merito Fortuna vocari.

Var.: 838 C *nocitura per.*

Quod dedit una, cito retrahit manus altera munus;
Victoresque cadunt subito, victique resurgunt,
Tempore quos ullo non surgere posse negares.

EXEMPLUM DE CELO ET MARI

Nubes post nimias celum solet esse serenum,
860 Et mare transquillum post turgida verbera venti.
Hostem mellifluo sors vos potavit amaro;
Fel racione bibet; dulces calices bibituri
Estis; cur timidis animis audacia detur.
Solvite corde metum vanum; spes det bona vires,
865 Propicioque deo lusum belli vice versa
Spero triumphalis vobis dabit alea Martis.

EXEMPLUM DE TEMPORE HYEMALI

Non durabit hyems semper, sed tempora veris
Post venient, silve quo nude fronde tegentur,
Quo genus herbarum, quo lilia summa virescent,
870 Que servare velis dea florum magna patrona!
Hactenus, o, flores collati Virgo pudoris,
Servasti teneros; clipeo, tu, protege semper!

EXEMPLUM DE VINEA

Estque colenda manu brumali tempore docta
Vitis, ut uva tumens antomno vina propinet.
875 Sic labor insudet flores deffendere, Galli,
Vester in adversis, ut justum tempore messis
A domino precium mercedis quisque reportet.

Var.: 860 E *tranquillum*; 861 C *portavit*.

Nonque legendo rosas bene vere probatur amoris
Firma fides floris, sed hiems numerabit amicos.
880 Galli, tempus adest quo cognoscuntur amici,
Exteriusque modo cordis secreta loquentur.

XLIX. *Oratio ad dominum Jhesum Christum.*

Editus humano sine semine flore pudoris,
Si valuere preces unquam, si flecteris ullis
Summe pater, lacrimis, tu nostros suscipe luctus.
885 Delphinum pugilem rege, deffende cohortem
Nobilium, justa qui sumunt arma querella,
Lilia qui lacerant inimicos vincere possint.

L. *Excusatio actoris ad dominum Delphinum.*

O Delphine, manu grata, mitissime princeps,
Suscipe metra; tui nimiis ignosce Roberti
890 Ausis. Non animos tollit temeraria virtus,
Sed dolor hunc vehemens jussit deducere versus,
Tanta malis crebro mala multiplicata videndo
Et tantos homines orbatos, quod fere lucem
Turpiter amisit pars ejus maxima regni.
895 Queque suum dominum te non cognoscit habendum.
Cui jus omne jubet nos Gallos esse fideles
Atque tuum corpus, ut viscera nostra, tueri
Et tantos homines seductos tramite justo
Quod locus humanis tutus non est habitandus.

Var. : 886 E *que;* 893 D *ut quasi;* E *et quasi;* 899 A B C D *humanus.*

900 Quem sitio, potum fons det, Delphine, triumphi,
Federe Burgundi strato simul hostis et Angli.

Anno milleno fuit editus iste libellus
Centenoque quater decimo bis. Laus quoque Christo.

Amen

Annum si scire delectat vel reperire,
905 Burgundus (1) quando fallax cecidit, tibi mando :
M. cape. Cque nota quater. V. ter, bis, duo iota.
Lege sua mense septembris corruit ense.

Explicit liber de Complancu bonorum Gallicorum compositum per magistrum Robertum Blondelli de Northmannia oriundi (2).

Var. : 905 A B *fallax* omis.

(1) « Hic erat ille dux Burgundie Johannes qui fecit occidi Ludovicum ducem Aurelianensem. »

(2) Le ms. A porte « oriunds. »

GLOSES DU MS. 6195

Vers 1, Gallum « Gallorum »; Musa « Sciencia »; laceratum « tormentis agitatum ». — 3, Proprium « patrimonium »; peritis « in personis vestris ». — 4, Sompnia « pigriciam ». — 5, Lentescit « tardat ». — 6, Pueri « armis non instructi »; ab hoste « per regis Anglie facta ». — 10, postes « deffensores »; Simplicibusque bonis non prelia danda colonis « mercatoribus et agricolis et viris ecclesiasticis non sunt prelia danda ». — 13, bos « bona rustica ». — 14, subire « subjugare ». — 15, Linquere « dimictere »; desidiam « pigritiam »; ferire « invadere ». — 16, patria « pro deffensione patrie », truciori « crudeliori eminente ». — 17, Non desertorem pugne, si servet honorem, « militis, inquit, est esse, alias infamis est et in pugna occidi potest ». — 18, Hastam « lanceam »; claros « virtuosos ». — 19, Quemque « quemlibet ».

21, Plectere « pugnire »; populatoresque « depopulatores dicti publice ». — 22, leopardi « regis Anglie ». — 23, Galli « o »; deteriora « tocius regni amissionem ». — 24, Vobis « Gallicis ». — 25, Lilicole « colentes lilia »; flores « coronam Francie ». — 26, nobilitate « stirpe ». — 27, avorum « predecessorum ». — 28, Discite « In memoriam reducite ». — 29, solum « terram »; solum « tantum ». — 30, nonque rapaces « rapinam non sequentes ». — 33, Innumeras gentes « extraneas ». — 35, marte « milicia »; arte « sciencia ». — 36, sagace lepore « sapiente eloquencia ». — 37, Francia « o »; flos « vigor »; sophie « sapiencie ». — 39, ambo « vigor militum et sapiencia »; solam « sine militie et sapiencie instructione ». — 40, adversa « milicie et sapiencie ».

42, Franca regione « ab armis Francorum militum ». — 43, illimis

« sine veritatis et fidei errore »; aquis « rationibus »; argenteus « eloquens. »; imis « profundis et subtilibus ». — 44, manans « defffluens »; venis « sapiencie divine ». — 45, — Fons « Universitas litteratorum »; fluxum « doctrinam »; more decenti « excercicio bene ordinato ». *A la suite de ce vers se trouve cette remarque non justifiée :* « Hic deest metrum ». — 46-47, Laus... subiere « Ista ex milicie et sapiencie doctrina quondam procedebant et ob horum defectum hec ». — 48-49, Pressa... guerra « effectus viciorum ». — 49, guerra « propter guerram ».. — 50, Non bene Francia « Nota quod propter viciorum superhabundanciam et virtutum deffectum Francia nomen suum amisit ». — 52, Gallia « o ». — 53, nomen « fama »; horum « glorie et fame ». — 56, Marti « milicie »; Palladis arti « sapiencie ». — 57, Tempus « studium »; Bacho « vino inebriante »; a quo « Bacho ». — 58, voluere « patres ». — 59, Pulcrum « usum »; racionis vile sepulcrum « existens rationis ».

60, Bachus « ebrietas vini ». — 61, Furta... « effectus ebrietatis ». — 63, Diviciis plenum spoliat « ebrietas supple ». — 64, tironem « militem ». — 65, vota Veneris « concupiscenciam carnalem ». — 66, Bacho « ebrietati ». — 68, Ista duo « ebrietatem et luxuriam ». — 69, cura recta « recta intencione »; coluere « patres vestri ». — 71, Magnificum morem « virtutum consuetudinem magna facientem ». — 72, liligerum « regem Francie ». — 73, lacerum « laceratum varie ». — 75, Liligerum « regem Francie »; florem tenerumque « Dalphinum ejus filium ». — 76, Concutitur « invaditur »; flos « corone Francie »; valle doloris « pressa ». — 77, relevetur in oris « restituatur in regione Francie ». — 78, vestra « bona et personas ». — 79, videte « considerate mente ». — 80, vestigia recta tenete « in hostes recta intencione pugnando ». — 81, degenerando « a priscis parentum virtutibus ». — 83, ferre « gerere ». — 84, O numquid « Exclamacio per modum admirantis de nece et captivatione dominorum »; leopardus « rex Anglie ». — 85, Lilia destruxit « dominos Francie occidit et captivavit ». — 86, Vidistis nonne... « Alia exclamacio ad milites de amissione regni ob defensionis deffectum ». — 87, Nescio quo marte « sive sui virtute, sive ignavia Gallorum ». — 88, actonitum « cecum mente »; mentes « memorias ». — 90, ab ungue ferino « hoste crudeli ». — 91, Jus... omnes « maxima silogismi »; Jus natale » instinctus naturalis »; solum « patriam ». — 92-94, Cornibus.,. volitante « probacio maxime ». — 95, Arvis... pugnam « racio generalis »; arvis... propriis « pro patria propria ». —

96, Hujus... juris « minor silogismi »; solercia « pericia »; juris « naturalis ». — 96-97, Hujus... superno « si ita sit quod quoque bruta pro patria pugnant, a forciori homo tenetur ». — 97, Os celeste « ymaginem divinam », rore « racione » superno « divino ». — 98, Lex « condicio ». — 99, Ergo... « conclusio silogismi ». — 100, in « pro contra ». — 101, Quem... « Nota de pertinacia regis Anglie in usurpacione regni Francie ». — 103, trite « congelate »; longe « yemalis ».

104, in menia « in muros »; glandes « lapides ». — 106, Obice « resistancia ». — 107, Heu, heu « Exclamacio contra pigriciam Gallorum » — 108, Hostis equo « potestati hostili »; equs « miles equestris ». — 109, ille « hostis »; vento « prosperitatis »; turbine « adversitatis ». — 110, Boreas « adversitas », flavit « turbavit »; vela superba « bella incepta per superbiam ». — 111, sors illiciens « prospera fortuna decipiens »; in altum « in cacumen honorum ». — 111-112, Sic... reperire « actor hic predicit conquestus incepti belli, sublimacionem regis Anglie et ejus deinceps subitam ruinam ». — 112, stabilem « firmam ». — 113, Hic « in dominio sublimi tirannide usurpato ». — 114, Hicque « hostis »; instat « perseverat ». — 115, Cur « attenta pervigilis hostis instancia »; quis « aliquis ». — 116, congruit « expedit ». — 117, victos « superatos ». — 118, generi « posteritati ». — 119-120, Pro nutrice... bello « Nota pro morte militis honesta vel inhonesta vel turpi dedicione hosti facta ». — 119, Pro nutrice solo « pro nutriente patria »; sanctius « sustantive assumitur ». — 121, in evum « in perpetuum ». — 123, opem morbo « auxilium patrie invase »; dum sit medicabile vulnus « dum invasio regis Anglie occidi potest ». — 125, Dum cerpsit... membrum « Probacio a simili, quod neccesse est conferre auxilium patrie invase; alias est in periculo subversionis ». — 125, cerpsit « occupavit ». — 126, superandus « repellendus ». — 128, opus « neccesse »; cuncti « nobiles et ignobiles ». — 129-130, Ut servile... valeant « Concludit a neccessario ». — 130, dolor est... « nota ». — 131, Ut decet « conveniens ». — 132, sublimis « noblimis (*l.* nobilis) »; torvo « crudeli ». — 133, sepulta « remota per divisionem ». — 134, fluit « oritur ». — 137, limphans « maligno spiritu rabidum ». — 138, Concussitque fores « tale scisma occasionem dedit »; nos « Gallos »; ingredienti « invadenti ». — 141, plagis « belli publici et civilis ». — 142, sordes « scismatis ». — 143, aulam « consciencie ». — 144, tumulo « fini ». — 145, aurea lilia « majestatem regiam »; carpens « discordia inquit ». — 146, Quod... « nota ». — 148, cives « o ». — 149, edax « mordax fame alterius »; noverca « inimica ». — 162, funificam « mortalem ».

322, scopuli... « diverse secte, convencio sediciosorum insimul conjuratorum »; sentes « sediciosi ling[u]a detractionis et gladio furoris pungentes »; latebre « perfidi proditores mente secreta insidias machinantes ». — 323-324, Ursi... avari « Actor hic declarat diversas sectas tirannorum ». — 323, Ursi « sediciosi pelle infamie induti et pedes curvos, i. intencionem perversam et terribilem vocem : Interfice, interfice, habentes ». — 324, tigres, leopardi cedis avari « tiranni velocissimi ad rapinam et ad effundendum sanguinem ». — 325, Agnellos « innocentes »; sua viscera « se et suam familiam ». — 326, sitim « affectum inordinatum tiranni inquit ». — 327, sitis altera « libido dominandi ». — 328, Cui « siti »; fluviales nec maris unde « habundantes dominaciones tam terre quam maris ». — 329, rabies « vindicte et dominandi ». — 330, inter se « quia fere feris applaudunt, i. crudeles crudelibus ». — 333, ligurit « devorat »; inermes « colonos, mercatores et ecclesiasticos ».

430, Ignorat quid amat « Nota ». — 558 et 559, inultum « impunitum ». — 654, sevo « crudeli ». — 734, liligero « rege Francie ». — 751, secors « rudis »; onager « onus gerens, et capitur hic pro asino ». — 766, Parta « aquisita ». — 881, Natus « editus ». — 907, septembris « X^a die ».

LA COMPLAINCTE

DES BONS FRANÇOIS

C'est le prologue de la Complaincte des bons François

    A son droit souverain seignieur,
    Redoubté comme le greignieur,
    Prince treshault et excellent
    Et sur tous noble et precellent,
5 Charles, dalphin de Viennois,
    Duc de Berry, des Guyennois
    Et de Touraine et aussi conte
    De Poictou, qui bien chiet en compte,
    Treschrestian de tout le monde
10 Tant com il dure en la roonde,
    Filz unique et droit successeur
    De ton pere et predecesseur,
    Charles le noble roy de France
    Que l'en persequute a oultrance,
15 Robinet ton clerc subgitif,
    De Normendie fugitif,

Variantes : V. 1 B *seign*^{r}, C *seigneur;* partout quand le mot est écrit sans abréviation l'*i* du ms. A est supprimé, il en est de même dans *seigneurie, greigneur* et mots analogues; 14 B *persecute.*

        Povre, humble et loyal serviteur,
        A toy et a ton geniteur,
        Qui t'ay suyvy par mainte sente
20   Et cestuy traictié te presente;
        Honneur, seignieurie, haultesse,
        Auctorité, valour, proesce,
        Service, cremour, reverence,
        Avecques toute obedience,
25   Humilité et bien veuillance
        Deubz á prince de tel puissance,
        Subjection, amour, victoire
        Et en la fin de Dieu la gloire!

        Mon chier seignieur tres redoubté,
30   Pource que tu es debouté (1)
        De Paris, ta maison royal,
        Par fait de peuple desloyal
        Qui a fait par forsenerie
        De tes amis tel boucherie

Var. : 22 B C *valeur*; 23 C *tremour*; 27 B *subjeccion*; la graphie *ccion* pour *ction* est fréquente dans B; 29 C *cher*.

(1) Paris était depuis 1413 au pouvoir de la faction des Armagnacs quand, dans la nuit du 29 au 30 mai 1418, le sire de l'Ile-Adam, capitaine bourguignon de Pontoise, introduit dans la capitale par Perrinet le Clerc, s'empara de la personne du roi et des principaux personnages du parti des Armagnacs. Le prévôt de Paris, Tannegui du Châtel, courut à l'hôtel du dauphin Charles, l'éveilla brusquement, et, l'enveloppant dans les draps de son lit, l'emporta à la Bastille, d'où il le fit passer sur le champ à Melun. Peu de jours après, la populace, excitée par la corporation des bouchers, qui était dans Paris à la tête du parti bourguignon, se porta aux prisons et y égorgea tous les Armagnacs qui s'y trouvaient renfermés. Quinze cents personnes environ périrent dans ce premier massacre. Les mêmes violences recommencèrent le 21 août : deux à trois cents prisonniers furent égorgés au grand et au petit Châtelet.

35 Qu'onques veu d'oeil n'oüy d'oreille
Ne fut, ce croy ge, la pareille;
Puis, comme plain de tirannie
A mainte personne bannie
De son pais en ton despit,
40 Et qui pourchace sans respit
A toy destruire en toute guise
Et ceulz qui t'ayment sans faintise
Et qui veulent ton fez porter,
Ay voulu, pour toy deporter,
45 Ceulx aussi a qui ton fez poise,
Translater en rime françoise
Un assez beau petit traictié
Que pour toy a fait et traictié
En beau latin metrifié,
50 Si com il m'est notifié,
Un tien servant de Normendie,
Dont mainte personne mendie,
Maistre Robert Blondel nommé,
De bonne vie renommé.
55 Et ce qui m'a a ce meü,
Si est ce que je l'ay veü
A mon avis estre bien fet.
Considerant que son effet
N'entendoit pas, dont me pesoit,
60 Un chascun, si com il gesoit,
Tant fust a l'entendre beant,
A qui il seroit bien seant,
Veu la matiere qu'on y treuve,
La quele est occurrent et neuve;

Var. : 45 C *Ceulx a qui aussi;* 57 B C *advis;* 63 B *com y treuve,*
C *com il trouve.*

65 Si te suppli par ta noblesce
Que me pardoignes ma rudesce
Et ma sote presumpcion
Causée de bonne intencion,
Et tel com l'ay peu concevoir
70 Le deignes en gré recevoir.
Escript l'ay de ma propre main
Et y ay veillié soir et main,
Pource que bien peu de monnoie,
Pour l'avoir fait escripre, avoie;
75 Car li acteur et je aussi,
Et ou latin et en cecy,
Par subjecte amour te servons
De teles armeures qu'avons,
Desirans, dont Dieux est tesmoings,
80 Toy secourir a tous besoings
Et servir de cuer voluntaire,
Se mieulz savions dire ou faire.
Pource, si com chiennez qui jappent,
De paour que les loupx eschappent,
85 Qui de venir sont coustumiers
Ravir proie sur leurs fumiers,
Esmeuuent les levriers a courre,
Pour les ouailles leur rescourre,
Car a ce est leur habitude;
90 Aussi, par tel similitude,
Nous qui sentons les loupx catir,
Ne pouons sans plus que glatir,
Pour ceulz mouuoir et esveillier
Qui pour toy doivent bateillier

Var. : 66 B *pardonnes;* 84 B C *loups;* 86 C *praye;* 87 C *livriers;* 88 B C *oailles;* 94 B *bataillier.*

>   95 Et rescourre a tes ennemis
>   Ton pere et tes aultres amis,
>   Et leur livrer l'assault et chace,
>   Dont cy aprez monstrons la trace.
>   Aussi pri ceulz qui le verront
> 100   Et mieulz exposer le saront,
>   Qu'ilz le facent sans demourance,
>   Suppleans a mon ignorance.
>   Car de faire toute ma rime
>   Correspondent et leonime (1),
> 105   Combien qu'en voix bien intonant
>   Soit elle toute consonant,
>   En plusieurs lieux me suis restraint
>   Pour le texte qui m'a contraint,
>   Lequel i'ay tousiours pourseü
> 110   Tout le plus prez que i'ay sceü,
>   En declairant l'escript glosé
>   Du maistre qui l'a composé,
>   Qui dit qu'il est, sans moy vantant,
>   Exposé si com il l'entent.

Var. : 100 B *sauront.*

(1) L'auteur du *Grant et vray art de pleine Rhétorique*, dont nous avons donné une édition nouvelle pour la *Société des Bibliophiles normands*, Pierre Fabri, normand comme Robinet, définit ainsi la rime léonine dans son second livre, *l'Art de rithmer* (t. II, p. 16 de la réimpression) : « Et premierement de rithme et termineson leonine, qui est la plus noble des rithmes, ainsi que le lion qui est le plus noble des bestes, et de laquelle nous avons tousiours parlé cy deuant, quant nous auons dict que rithme en fin de ligne doibt auoir la derniere syllabe, et, de la penultime depuis le vocal, semblable orthographie, accentuation et pronunciation.... »

115 Exemples y ay adiousté (1)
Aucuns qui m'ont assez cousté,
Tant y aie ge bien mis m'estude,
Pource que mon engin est rude ;
Lesquelx g'y allegue et propos
120 Quand ilz eschieent a propos ;
Et ou chapitre de Fortune (2),
Qui longuement ne se tient une,
Est un peu plus ample men dit
Que ce que li acteur en dit.
125 Et ne me voit aucun blasmant,
Ne par derriere diffamant,
Se g'y ay mis aucune chose
Que pour mensonge tenir ose,
Ou mot aucun, tant soit petit,
130 Qui soit contre son appetit ;
Ains me descharge du tatin
Sus cellui qui fist le latin,
S'il lui semble que ce soit bien,
Car il n'y a gueres du mien.
135 Et qui croirre ne m'en vourroit,
Ou latin savoir le pourroit
Que je n'ay fait que translater
Sans envie et sans riens flater.

Var. : 135 B *vouldroit*.

(1) Robinet a en effet ajouté au texte de Robert Blondel, les exemples de Néron et d'Holopherne (v. 2029-2036), de Nabuchodonosor (v. 2069-2084), de Moïse (v. 2117-2132), d'Hector (v. 2133-2140) et de Du Guesclin (2141-2148).

(2) Il s'agit de la *description de Fortune* qui comprend les vers 2309-2384 classés sous le nº XLVII B et précédés de cette rubrique du traducteur : « La description qui s'ensuit de Fortune jusques au prochain paragraphe est oultre ce qui est ou latin de l'acteur. »

Et si scevent grans et menuz,
140 Voians les meschiefz avenuz
Qui aprez seront recité,
Que tout est pure verité.
Et s'aucun est qui cestui livre
Veuille copier ou transcripre,
145 De bon cuer lui requier et prie,
Se plus ne scet d'orthographie,
Qu'ainsi com il est cy le mecte,
Ou que ja ne s'en entremecte.
Car mains bons liures sont destruis,
150 Si com en plusieurs lieux ge truis,
Par escripvains qui point n'emtendent
Les fins a quoy les escrips tendent,
Et, qui pis est, veulent forgier
Matiere pour les corrigier,
155 Mez tant empirent le merrien
Qu'en moult de lieux ne vault maiz rien.
Et se personne me demande
Comment l'acteur veult et commande
Que cest liuret soit appellé,
160 Point ne veuil qu'il lui soit celé :
C'est *des bons François la complaincte*
Qui cy aprez est mise et paincte.
Qui vouldra escouter s'approuche,
A qui ceste matiere touche
165 Qu'en françoiz ge veuil rommancier
Et presentement commencier.
Ou nom du pere de la sus
Et de son filz le doulz Jhesus

Var. : 147 B *si le*, 167 C *lassus.*

>   Et du benoict saint Esperit
> 170 En qui garde rien ne perit,
>   Un seul vray Dieu en trinité,
>   Trois personnes en unité,
>   Et de la Vierge glorieuse,
>   Mere de Dieu tres precieuse
> 175 Par qui fusmes sauvez jadis,
>   Et de la court de paradis.
>
>   Amen.

Var. : 173 C *Virge.*

LA COMPLAINCTE

DES BONS FRANÇOIS

I. *S'ensuit la Complaincte des bons François.*
    La nostre Science (1) voiant
    L'estat françoiz tant tormenté
    Est contrainte, non pour noiant,
180 A crier par grant orfenté :
    Françoiz, Françoiz, que faictes tous?
    Tout se pert et vous perilliez;
    Ne dormez plus, resveilliez vous ;
    Vostre ennemi veille, veilliez !
185 Icil ne tarde nullement,
    Ne repose ne nuis ne iours.
    Se enfans estes, aucunement
    Vous deussent enseignier ses tours,
    Dont il vous incite a bataille,
190 Pourquoy repos vous est nyez.
    La peresce est trop grief, sans faille,
    Qui vous tient en ses las liez.
    Vous, deffenseurs du pais françoiz,
    Alez vos ennemis ferir
195 Et ne soiez plus ainsi coiz.

Var. : 191 B C *paresce.*
(1) Le mot *Science* est ici la traduction du latin *Musa.*

Dormir fait moult de biens perir.
Bataille ne doit l'en donner
A marchans n'a gens de labour,
Mez promptement l'abandonner
200 A ses ennemis nuit et iour.

II. *De l'office des chevalliers.*

Pais (2) deffendre et chasteaulx gaignier
A tout chevallier appartient,
Gieux et peresce delessier,
Ferir son ennemi s'il vient,
205 Et ne doit point craindre a mourir
En bataillant pour son païs,
Ne de bataille s'en fuyr,
Dont seroit blasmez et haïs;
Mez ainçoiz doit brandir la lance

Var.: 201 B *Pays*, partout ainsi dans B.

(1) L'auteur de cette traduction donne tantôt une, tantôt deux syllabes au mot *païs* (pays), suivant les besoins de la mesure.
Une syllabe :

Pais deffendre et chasteaulx gaignier	(v. 201)
Pour vos païs soiez prompts a prendre	(v. 333)
Pour vos païs licite meslée	(v. 347)

Deux syllabes :

En bataillant pour son païs	(v. 206)
Pourquoi fuys le païs batu	(v. 259)
Puissiez deffendre vos païs	(v. 430)
Et de leur païs, c'est la somme	(v. 1199)
Un païs qui est chose honneste	
Ceux qui meurent pour leur païs	(v. 2112-2113)
Pour son païs en bataillant	(v. 2136)
Qui du païs son pere les champs	(v. 2171)
Par ainsi ton païs deffendre	(v. 2179)

210 Et en armes nobles fais faire,
En monstrant de fait sa valance.
Par tous les lieux ou il repaire,
L'eglise et le clergié deffendre
A son pouoir contre chascun,
215 Murtriers et larrons faire pendre
Et deffendre le bien commun.

III. *Comment les anciens Françoiz furent preux.*

O Françoiz, com preux et hardiz,
Ostez la force du leopart (1)
Et ne soiez plus sy tardiz :
220 La longüe demeure vous pert.
Gardez, comme bien conseilliez,
Les lis, tant com il en est heure ;
Mains en tel cas appareilliez
Sont destruis par longue demeure.
225 Remembrez vous, Françoiz nommez,
De quel ligniée estes issus
Et com furent bien renommez
Vos parens pour leurs grans vertus.
Apprenez com, pour honneur querre,
230 Plusieurs batailles seurmonterent,
Non pas seulement pour leur terre,
Mez pour proesce qu'ilz amerent.

Var. : 211 B *vaillance;* 230 B C *surmonterent.*

(1) L'auteur désigne l'Angleterre par le léopard, qui figure dans ses armes et qu'il appelle aussi *onager* (c'est *l'asne raié* du traducteur), la Bourgogne par le lion, qui appartient au blason de Flandre. Les lis désignent la France ; le cerf volant, *aliger cervus,* c'est le dauphin Charles.

Fors et hardiz et courageux
Et non mie gens ravissables,
235 Mez en armes expers et preux
Furent et en foy doctrinables.
Vos parens sans iniquité,
En bonnes meurs bien introduis,
Suyuans iustice et equité,
240 Innombrables gens ont conquis.
Acteurs furent par leur noblesce
De foy et de loy par credence.
Lors prevalut France en proesce
Et flourit en toute science.
245 France, fleur de chevallerie,
Fontaine de science munde,
Grant vigour euz en vaillantie
Et en sapience facunde,
Qui grandement lors te honnourerent,
250 Tant que par tout fuz moult prisiée,
Et tres grant renom te donnerent;
Mez or t'ont seule delessiée,
Dont c'est pitié et grief doulour
A regarder comme tu verses;
255 Peu ont pitié de ta tristour;
Toutes choses te sont adverses.
Ha ! proesce ou te muces tu
Et ou fais ore stacion ?
Pourquoys fuys le païs batu
260 De la françoise region ?

Var. : 235 B *expres.* 249 B C *honnorerent;* 250 B *prisée;* 251 B *delaissée;* 254 C *comment.*

IV. *Regrez piteux des biens qu'a perduz France.*

  Halas! fontaine non limeuse
  De science clere et profonde,
  Courant par doulceur merveilleuse
  Des plus amples veines du monde,
265 Ton flux se cesse de courir
  En la maniere acoustumée;
  Ton nom, ton honneur veult fenir
  Et ta vertu s'en est alée;
  Mez vice, opprobre et deshonnour
270 Sont qui te tiennent opprimée
  Et lient serve par rigour.
  Qui France fuz jadis nommée,
  Quant si vilment es diffamée
  Et deppopulée par guerre,
275 Mal es ore France clamée (1),
  Car devenue es serve terre.
  Dy, France, ou est fuye la gloire
  Et le nom que souloies avoir?
  Moult vil reprouche te sont ore,
280 Si com l'en puet appercevoir.
  Loy est destruicte et clarté morte
  Et tout bon droit adnichilé;
  Le peuple oppreint se desconforte
  Pour l'ennemi qui l'a guilé.

Var.: 280 B *le*, B C *apparcevoir*.

(1) On voit que l'auteur est partisan de l'étymologie qui dérive le mot *Franc* du gothique *freis*, d'où vient dans l'allemand moderne le mot *frei*, libre.

V. *Cy exhorte les Françoiz en blasmant les vices.*

285 Françoiz, vos parens tout donnoient
Leur temps a science ou proesce,
De bon vin point tant ne buvoient
Qu'ilz en cheüssent en yvresce;
Point ne voulurent estre veuz
290 Vacquer par trop boire a luxure.
Yvre est de raison despourveuz;
Vin beu est vile sepulture,
Car il incite les pensées
A furtz, a mort, a gieux, a ire,
295 A raptz et tençons appensées,
Et nourrit abus, bien l'os dire;
Il cause incest et sodomie
Et maint riche a desherité;
Par lui est fraincte honneste vie
300 Et maint cheu en mendicité.
La coustume d'excès infames
Prive tout chevalier d'onnour.
Se pour luxure ensuis les femmes,
Et trop vin boire, c'est folour.
305 Car poure en seras, or m'en croy,
Et serfz et chetifz homs clamez,
Et fussez ore duc ou roy,
Si en seras tu diffamez.
François, je vous lo eschiver
310 Ces deux et mener bonne vie.
Vos parens, par bien cultiver
Les lis, ont honneur deservie;

Var. : 309 B C *eschever*; 311 C *pour.*

Gardez dont l'onneur de vos peres,
En suyvant leurs nobles coustumes;
315 Levez le lis, com bons comperes,
Qu'onq mez tant opprimé ne sceusmes
De son tres cruel ennemy.
Monstrez icy vostre valeur;
Pitié est se n'estes amy
320 A lui estant en tel douleur
Et au Dalphin qui tel tourment
Seuffre, voiant dessoubz les piez
Estre opprimé si cruelment
Son pere de par ses subgiez.
325 Si soit dont par vous comme preux
Relevé et mis en ses terres,
Et ne soiez pas peresceux
De deffendre vos lieux par guerres.
Chascun de vice vertu face
330 Et faictes fais chevalereux,
En ensuyuant la noble trace
De vos parens nobles et preux.
Pour vos pais soiez promptz a prendre
O main armes en combatant,
335 Que l'en ne vous puisse reprendre
D'infamie en degenerant.
O n'avous pas le leopart sceu
Votre ennemi forment pener
De destruire les lis, esmeu
340 A injuste guerre mener?
N'avez vous veu que tout fort
Chastel subjugue par maistrie?

Var.: 321 B *Dauphin.*

Je ne sçay pas bien par quel sort,
Mez il se combat sans partie.

VI. *Comment les Françoiz doivent deffendre leur pais.*

345 O genre aveugle de pensée,
Vos memoires advertissiez.
Pour vos pais licite meslée
En bataillant acomplissiez.
Gardez le tresnoble Dalphin
350 Des ungles de beste sauvage.
Droit vous provoque a ce chemin,
Que deffendez vostre heritage.

PERSUASIONS NATURELES.

Un toreau sa creiche et son estre
O ses cornes garde et deffent,
355 Et un chien seult garder son mestre
Et le deffendre loyalment;
La corneille a de son ny cure,
Quant escouffles entour s'esbatent.
Bestes brutes de leur nature
360 Pour leurs champs garder se combatent.
Tu qui as le vis hault et droit
Et entendement de raison,
Industrie de naturel droit
Te cite aux armes, puisque es hom.
365 Françoiz, temps est ore d'eslire
A vous esprouver en la lucte;
Ne faictes pas vostre loy pire

Var. : 349 B C *Daulphin;* 356 B *loyaument;* 358 C *escoffles.*

          Que celle d'une beste mute.
          Monstrez vos vertuz maintenant ;
370   Sans actendre jour ne demy,
          Licitement en combatant
          Le vostre ancien ennemy,
          Qui pour yver ne se revoque,
          Pour noif, pour grelles, ne pour pluies,
375   Pour glace qui poissons suffoque,
          Ne pour temps de longues nuities,
          Pour doulce chose ne s'arreste,
          Ne ne se donne grant repos,
          Ains divers tourmens vous appreste,
380   Froissant murs o ses canons gros.
          Tousjours a subjugué citez,
          Entré villes ou prins chasteaulx,
          Sans avoir, c'est bien veritez,
          Par vous sentu gueres de maulx.
385   Françoiz, la coulpe de peresce
          Se marie a vous, las he my !
          Nul de vous son cheval n'adresce
          A courir vers vostre ennemy.
          Cellui naage de son vent
390   Sans estourbeillon perilleux,
          N'onq Boreas, ge vous couvent,
          N'a soufflé son voile orgueilleuz ;
          Mez Fortune la decevant
          En hault lieu merra ses esbas,
395   Ou nulz homs n'est appercevant
          Seurté qu'il ne chiée au bas.

Var. : 380 C *ou*, partout de même ; 381 B *subjuguez* ; 390 B *estourbillon* ; 394 B *menra*, C *mesra* ; 396 B C *chée*.

  En hault ne puet orgueil ester,
  Que hault vent tost ne l'umilie,
  Et hault lieu vault l'asne (1) acquester
400 Perseverant en sa folie.
  Pourquoy, Françoiz, non sans raison
  Chascun savant conclurre puet :
  Par armes en toute saison
  Vostre ennemi combatre estuet,
405 Ou vous rendre emmy son geron
  Vilment vaincuz sans coup ferir,
  Laquel reprouche et mesprison
  Jamez ne vous puist avenir !
  Car ce seroit chose plus saincte
410 Estre vaincuz pour vostre terre,
  Que par quouardie lasche et faincte
  Perdre corps et biens, craignans guerre.
  Que vostre ancien ennemy
  Vous gouverne, ja ce n'avienge !
415 Louenge, honnour et nom d'amy
  Chascun de vous ait et maintienge.
  Donnez ayde a la maladie (2),
  Tandiz que curable est la plaie ;
  Differer ne loist, quoy qu'on die,
420 Mecine qui le mal soupploie.
  Quant chancre si a tout mengié

Var. : 406 C *cop;* 415 B C *honneur;* 420 B C *medicine.*

(1) L'*asne*, ou, comme il est dit plus loin (v. 1050), l'*asne raié* d'Angleterre, traduit le mot *onager* que Robert Blondel emploie souvent à la place de *leopardus.*

(2) Ceci est un souvenir d'Ovide :

  Principiis obsta : sero medicina paratur,
  Cum mala per longas invaluere moras.

Le membre, chose est incurable ;
Aussi, quant tout aroit gaigné,
L'ennemy seroit indomptable.
425 Pour ce, toute demeure ostée,
S'eslieve ore chascun loyal
Au besoing, et garde o l'espée
Et par armes l'estat royal,
Si qu'en servitute eschivant
430 Puissiez deffendre vos païs,
Car tout service, ge me vant,
De tirant doit estre haïs.
O Françoiz, consonez vos noms
Aux choses, si com il affiert :
435 La France serve ne tenons
D'ennemi cruel qui la fiert,
Par forsenée division
Qui sa paix a mué en hayne.
Et se tu me fais question
440 Qui cause des Françoiz la ruine,
La raison est clere et apperte :
Car tout regne en soy divisé
Si vient a dommage et a perte,
Com l'euvangile a devisé.
445 Destruction, dont dommagiée
Es France, te vient seulement
De forsenerie erragiée
Et par le scisme de ta gent,
Qui a par son mauvaiz outrage
450 Au Bourgoignon ouvert tes portes (1),

Var. : 424 C *indoubtable;* 429 B C *eschevant;* 436 C *annemi;* 447 C *enragiée.*

(1) C'est dans la nuit du 29 au 30 mai 1418 que Perrinet le Clerc ouvrit aux Bourguignons les portes de Paris.

>
> Entrant com leon (1) plain de rage
> Par les meillieurs et les plus fortes.
> Cellui plain de douleur amere,
> Inventeur de division,
> 455 Se onques ne fust nasqui de mere,
> Eust espoir moins damnacion,
> Et si ne fust pas ore France
> De plaies morteles navrée.
> Pource aiez hayne en desplaisance,
> 460 De vous soit rancune sevrée,
> Et soit paix en vostre pensée
> Liant vos cuers en vraie amour,
> Vive amour de paix appensée ;
> Discorde enterrez sans clamour,
> 465 Qui est destruisant les Françoiz
> Et les nobles lis descirant,
> Car le regne ou amour et foiz.
> N'ont lieu, vendra tost au neant.

VII. *Exemple comment les maulx sont venus en France.*

> Qu'est ce, Françoiz plains de noblesce,
> 470 Qui empesche sens de raison ?
> Ne sçay, bourgois, qui tant nous blesce,
> Fors murmure est sedicion,
> De qui rungent envie est mere
> Et de paix marrastre patente,

Var. : 452 B C *meilleurs ;* 454 B *Inventur ;* 455 B C *Sonques.*

(1) La comparaison est d'autant plus à sa place que le lion figure dans les armes de Flandre, dont Philippe-le-Bon, duc de Bourgogne, était comte.

475 Divulgant la semence amére
De division pestilente.
Nulle rien si n'est plus greveuse
De la sedicion qu'escry,
Ne chose qui soit tant crueuse
480 Com ceste cy dont ge vous cry;
Et se de voir dire ay licence,
La sedicion de Paris
Cause est des maulx que ge recense
Doulereux, dont suis esmaris.

COMMENT PAR PARIS SONT LES MAUX VENUS

485 O dy, Paris ! seule tresclere,
Quant en prosperité seoies,
De quans biens es or vefve mere
Que tous en toy avoir souloies !
De sceptre royal, de justice,
490 De tresors, d'estude et science,
Par paix de tous biens fuz nourrice,
Qu'as perduz par impacience.

QUESTION

Mez qui fut le rapteur felon
Qui t'a tant de grans biens ravis ?

RESPONSE

495 Larronnesse en fuz tu, selon
Que j'en scay et m'en est avis,
Com ingrate et impatiente

Var.: 499 B furer, de même v. 537.

D'abondans biens ou faisoies souppe;
Mort, fain et fureur, par m'entente,
500 Si te tourmentent pour ta coulpe.
Par la vieille sedicion
Mortele que tu as nourrie,
As tu fait grant occision
De gens, dont la chair est pourrie.
505 L'abondance des mondains biens
Decevans, dont estoies remplie,
Te destruira, comme ge tiens,
Pour la fureur qu'as acomplie,
Qui t'a fait douleur souffreteuse
510 Sentir, orgueilleuse cité,
Par orgueil enflée et pompeuse,
Si com il sera recité.
O tressublime mansion
De Françoiz deppopulerresse,
515 Amie de prodicion
Et de bons meurs ravisserresse!
O sedicion tricherresse,
Compaigne de cruelz tirans,
De nobles gens subverterresse
520 Toute justice detirans!
Tu plaine des maulx precedens
As ouvert la maison royal
Et mis par nuit cellui dedens
Qui tant t'a esté desloyal.
525 Herode et Neron revenuz
Sont plains d'occision et vice,
Occians les enfans menuz,
Purs, innocens et sans malice.
Le peuple courant en pechié
530 Et despisant droit et justice,

>Pour sang expandre, relaschié
A ses frains de male police,
Dont l'aule royale fremit
Et de clamours resone l'er,
535 Qui pourroient seurmonter, ce cuit,
Les tonnerres de Jupiter.
Car fureur populaire veult
Toute justice subvertir
Et vray conseil reprouver seult,
540 Tourmenter, grever et occir;
Et veult toutes gens faire onnis,
Qui est grant herreur sans mesure;
Par elle est son bon roy honnis;
Regner veult, de prince n'a cure.
545 Les nobles et citoiens
Sont par elle bannis et mors;
Opprimé a les innocens
Et les justes en la foy fors;
Eslevé a gens infamez,
550 Faulx traistours et desloiaulx;
Les mains de bouchiers (1) diffamez
Ont tué les membres royaulx (2).

Var. : 533 C *reale;* 535 P C *surmonter;* 550 B *trahitours.*

(1) Sur ces massacres, à l'égard desquels Robert Blondel et son traducteur Robinet concordent avec les chroniqueurs contemporains, voir Monstrelet, ch. CXCI (édition donnée par la *Société de l'Histoire de France*, t. III, p. 269-271); Le Fèvre de Saint-Remy, ch. XCIV (édition donnée par la *Société de l'Histoire de France*, t. I, p. 331); et Juvénal des Ursins, *Histoire de Charles VI,* p. 543 (collection du *Panthéon littéraire*).

(2) On entend ici par *membres royaulx,* ou, comme il est dit plus loin, par ceux :

>Qui sont congneuz estre partie
Representant le corps du roi (v. 573-574)

les ministres et officiers royaux.

Et les ont mis, c'est tout prouvez,
Ez champs aux chiens pour lacerer.
555 Homs tant charitables trouvez
N'est qui les feist enterrer,
Dont le sang couroit par les rues
Vermeil, expandu par grant rage,
Si com fait eaue quant les nues
560 S'escrievent par force d'orage.
O cruaulté insaciée
Et de bouchiers fol hardement !
La majesté par toy bleciée
Crie a Dieu de toy vengement.
565 Ton mail com pourceaulx a mort maint
Prelat (1) de Christ par murtrerie,
Dont chrestienté se complaint
Et dont se deult la seignieurie.
Le chancellier du roy (2), patrice

(1) Les prélats qui périrent dans le massacre du 12 juin furent Jean de Marle, évêque de Coutances, fils de Henri de Marle, chancelier de France, Jean Langret, évêque de Bayeux, Guillaume de Cantiers, évêque d'Evreux, et Jean Dachery, évêque de Senlis. Monstrelet et Le Fèvre de Saint-Remy ajoutent aux victimes les évêques de Bayeux et de Saintes. Mais le *Gallia christania* établit que ni Guillaume de Langret, évêque de Bayeux, ni Gautier de Péruse, évêque de Saintes, ne périrent dans ce massacre. Le premier, qui d'ailleurs était conseiller du duc de Bourgogne, mourut le 14 juillet 1419, ainsi que le constatait l'épitaphe gravée sur son tombeau dans l'église de Poligny. (V. *Gallia christania*, t. XI, col. 378.) Quant à l'évêque de Saintes, il vivait encore, d'après le *Gallia christania* (t. II, col. 1079), sous le règne de Charles VII : « Hic præsul erat Carolo VII, regi ab intimis consiliis; et in camera computorum Paris. fit mentio pecuniæ eidem erogatæ ob varia magni momenti negotia, Regem, regnumque spectantia. »

(2) Henri de Marle, seigneur de Versigni, nommé chancelier de France le 8 août 1413, était depuis 1403 premier président du Parlement de Paris.

570 Et maistre de chevallerie (1),
Et mains ministres de justice (2)
As mors par ta forsenerie,
Qui sont congneuz estre partie
Representant le corps du roy.
575 Mal est pension departie
Par telz murtriers plains de derroy.
O benois esperis bleciez !
Se vous estes vengeurs du crime,
Descendez jus et nous vengiez
580 Des murtriers que bouchiers je exprime.
O tresnoble genre royaulx !
Soient par justice corrigiez
Les felons bouchiers desloyaulx
De vostre noble sang soilliez.
585 Si com point n'ont craint a blecier
Vostre estat, ains l'ont tempesté,
Ne craigne aussi les justicier
Pour leurs maulx vostre majesté.
Soient de la peine expoventez
590 Tous les coulpables du meffait,
Qu'en soufferront les tourmentez
Qui seront puniz pour le fait.

(1) Bernard, comte d'Armagnac, fils de Jean II et de Jeanne de Périgord, avait marié à Charles d'Orléans, fils de Louis d'Orléans et de Valentine Visconti, sa fille Bonne, qu'il avait eue de Bonne de Berry, fille de Jean de Valois, duc de Berry, et de Jeanne d'Armagnac. Le comte Bernard devint ainsi le chef du parti d'Orléans, qui prit le nom de parti d'Armagnac ; il fut fait connétable de France en 1415 et périt en 1418 dans le massacre des prisons, laissant une mémoire justement exécrée.

(2) Quelques membres des cours souveraines, parlement, chambre des comptes, périrent dans ce massacre.

>   La male gent a mis a fin
>   Les maulx qu'elle aloit concevant,
>   595   Et encor a le cuer enclin
>   A mal faire comme devant ;
>   Car continuele fureur,
>   Qui en gens furieux habite,
>   Croist tousjours plus aspre en l'erreur
>   600   D'inique volenté maudicte.

VIII. *Comment les bons clercs et estudians ont esté bannis et chassez de Paris, et comment monseigneur le Dalphin s'en fuist hastivement.*

>   Quel mire pourrait garison
>   Donner a mal qu'est tant grevable
>   Com mortele sedicion
>   Qui par herbes est incurable ?
>   605   Nul en cest monde n'en demeure,
>   Si non espoir seule Science (1).
>   Pren donques la cure et labeure

Var. : VIII B C *chaciez;* 605 C *ce.*

(1) Le mot *Science* est ici la traduction du latin *Minerva,* dont Robert Blondel fait la personnification de l'Université de Paris. Ce grand corps s'était laissé entraîner par les passions du temps, et avait pris aux luttes des factions qui déchiraient la France une part trop importante. Un grand nombre de ses membres tenaient pour les Bourguignons et n'étaient sans doute guère disposés à écouter les conseils de Robert Blondel. En 1418, les membres de l'Université, favorables aux Armagnacs, avaient été chassés de Paris, et c'est ainsi que, comme notre auteur le dit plus loin (v. 630-631), les *estudians eг sept ars* étaient *fuitifг parmy li mondes.* Il semblerait, à lire Robert Blondel, que l'Université n'eut qu'un rôle passif dans ces évènements, et qu'elle en souffrit les conséquences sans y avoir participé. C'est, sans doute, qu'il tenait à elle par des liens étroits, et que l'affection qu'il lui portait lui fermait les yeux sur ses fautes.

A ce, Clergie, en audience.
Ou les mauvaiz croirront conseil,
610 Ou par fer seront a ferir.
Ne souffrons pas que le mesteil
Infect face le bon perir.
Lieve toy, Science, ayde donne
Au Dalphin et gary les maulx
615 Du peuple erragié, et sermonne
Tant qu'ilz congnoissent leurs deffaulx,
Et, leurs tenebres mises hors,
Tiengnent a seigneur l'er de France,
Et destruy les cruelz effors,
620 Selon ta vertu et puissance,
De la vieille sedicion,
Qui d'envie est conceue et née,
Tousjours meue a occision,
Com erragiée et forsenée.
625 Par celle horrible et ses vassaulx
Sont trop toutes vertuz infectes.
Fais te sont mains cruelz assaulx,
Science, par ceulx de ses sectes.
Elle a dispergiez vagabondes
630 Les estudians ez sept ars (1),

Var. : 615 C *enragié;* 623 C *née a occision;* 624 C *enragiée.*

(1) Les sept arts libéraux composèrent pendant la plus grande partie du moyen âge tout l'enseignement que l'on donnait dans les écoles. La Grammaire, la Rhétorique et la Dialectique étaient réunies sous le nom de *Trivium;* la Géométrie, l'Arithmétique, la Musique et l'Astronomie formaient le *Quadrivium.* On commençait par le *Trivium* qui était la partie littéraire de l'enseignement; le *Quadrivium,* qu'on peut considérer comme un cours de sciences, en était le couronnement. A partir du XIIIe siècle, l'enseignement de la théologie, et celle du droit romain et du droit canon, prirent une grande importance, et l'antique division des études en sept arts libéraux eut beau être maintenue par la tradition, elle s'effaça graduellement.

>Qui sont fuitifz parmy li mondes.
>Et exilliez de toutes pars.
>Ravy a la chaiere et le siege
>Ou par droit doiz tenir tes cours,
>635 Et mis hors contre privilege
>Ton germain (1) Dalphin de ses tours,
>En detenant son treschier pere
>Cui vertu, couronne et honneur
>Soient donnez de Dieu, si qu'il pere
>640 Estre comme devant seignieur.
>Son tresnoble filz, le Dalphin,
>Fuiant les cruelz acharnez
>Du felon peuple leonin,
>A lessié ses drois paternez.
>645 Le noble et innocent se cute,
>Com l'aignel de la gueule aux loupx,
>Que male fere persecute,
>Tourbe rebelle en plusieurs lieux.
>Helas! a cestui que Science
>650 O son escu garde et deffent
>Et que gouverne sapience,
>Sont devant mis estrange gent :
>Ce sont Bourgoignons qui se fierent
>O leur duc en France tirant.
>655 Nobles volontiers engin quierent ;
>Aussi fait torteur le tirant.

Var.: 642 B C *acharnelz;* 644 C *paternelz.*

(3) Le Dauphin peut être appelé légitimement germain, c'est-à-dire frère de l'Université, puisqu'on donnait à celle-ci le titre de fille aînée des rois de France.

IX. *Cy reprent ceulx de Paris de ce qu'ilz ont fait.*

  O citoiens plains de folour
  Deppredans le siege loyal !
  Vecy lamentable doulour
660 Que le seul her noble et loyal
  Dalphin et du roy le seul filz,
  A qui toute France est tenue
  Humblement, o genoulz flechiz,
  Servir ou que soit sa venue,
665 Comment homme a besoing hastif
  S'en doie fuir o peu de gent
  Du pais ou il fut natif
  Et de sa ville proprement,
  Souffrant maint douloureux tourment
670 De son ennemy estrangier,
  Et de son peuple mesmement
  Qui seigneur a voulu changier.
  O tressote et fole vertu
  De salut ignare et sans cuer,
675 Merveilliez suy comme oses tu
  Courir sus a ton droit seigneur !

COMPLAINCTE DE FORTUNE

  Las ! Fortune de douleur mere,
  Qui mains gieux as muez en pleur,
  Trop es deesse aspre et amere
680 Au jenne lis si tendre fleur !
  Le peuple chault boult par fureur,

Var. : 660 B *hoir;* 680 C *jeune.*

Et l'ennemi enfler se seult,
Poignans le lis plain de doulceur
D'aguillons fiers, dont il se deult.
685 O Fortune tout opprimant,
Cesse ton cours aspre et felons
Et ne nous va plus regardant
De tes cruelz yeulx, mez des bons !

X. *Cy parle a Paris en racontant les maulx qu'elle a faiz et perpetrez.*

O peuple deceü de sens
690 · Par sedicion aveuglée,
Regarde que fais, et entens
A muer ta fole pensée !
Contre ton seignieur naturel
Te combas en gectant tes dardes ;
695 · Tu ensuyvant venim mortel
A ton salut point ne regardes.
Halas ! peuple tresmiserable,
Ce que aymes est cause des maulx
·· Doulereux, que souffrons sans fable,
700 Gastans le regne noble et haulx.
Tert tes yeux de pechié couvers
Par sedicion tricherresse,
Congnoiz ton seignieur, soies convers
Et ta mortel fureur delesse.
705 Au noble Dalphin par hayne
Retorques tes propres deffaux ;
Tes fais si engendrent ruine
Et mains irreparables maulx.
O peuple poure de pensée,
710 Tu te mez le glaive ez entrailles ;

Mortel plaie te sera donnée
Par les dars mesmes que tu bailles.
O tu, Paris, n'a gueres plaine
Et luisant de richesces toutes,
715 A tous estoies de droit fontaine
Stillant de justice les goutes.
Estoile reluisant nommée
As esté par tout occident,
Et par tous climas renommée
720 Du monde, tant com il s'estent.
Or est ta lumiere absconsée
Et ton grant renon eclipsé.
En exil est justice alée (1)
Qui t'a son siege delessé ;
725 A qui succedent tous pechiez,
Destructeurs de vray jugement,
Et fureur par qui mains bleciez
Sont, qui bien scevent se ge ment.
Parmy toy passe le torrent
730 De sedicion violente
A tout bon cuer trop abhorrent,
Qui te naie, lasse dolente.

XI. *Cy fait argumens contre Paris de la destruction de Jherusalem et de Troie la grant.*

O Paris qui nous administres
Tous maulx, douleur te soit donnée,

Var. : 713 B C *nagaires*; 724 C *ton.*

(1) Le parlement de Paris s'était partagé entre les deux factions, comme les autres grands corps de l'État. Les conseillers partisans du Dauphin s'étaient retirés à Poitiers et avaient été constitués en parlement.

735 Et qui fais dommage a tes tiltres,
　　　Despisant bonne renommée !
　　　Jherusalem, qui com cruele
　　　Occit prestres et sains prophetes,
　　　Se repentit aprez, dont elle
740 Avoit telz malefaçons fetes,
　　　Car elle en fut puis affamée
　　　Tant qu'elle menga ses enfans,
　　　Et, icelle delapidée,
　　　Venduz furent ses habitans.
745 Aussi, Paris, tu homicide,
　　　Murtrissant les prelas (1) de Dieu,
　　　Enyvrée t'es, dont c'est grant hide,
　　　De sang royal, qui n'est pas gieu.
　　　Et avec ce, a grant douleur
750 As occiz les enfans (2) pour voir

(1) V. la note du v. 565.
(2) Ce tableau des fureurs de la populace de Paris n'est pas un fruit de l'imagination de Robert Blondel; il concorde entièrement avec les récits des chroniqueurs. Il suffira de citer le passage suivant de Jean Juvénal des Ursins, *Histoire de Charles VI* (collection du *Panthéon littéraire*, p. 543) : « Or ne tuoit-on pas seulement les hommes, mais les femmes et les enfans : mesme il y eut une femme grosse qui fut tuée, et voyoit-on bien bouger, ou remuer son enfant en son ventre, sur quoy aucuns inhumains disoient : « Regardez ce petit chien qui se remue. » Que si aucune femme grosse se delivroit de son enfant, à peine trouvoit-on femme qui l'ozast accompagner, ne aider, ainsi qu'il est accoustumé en tel cas de ce faire : et quand la pauvre petite créature estoit née, et hors du ventre de la mere, il la falloit secretement porter aux fonds, ou baptiser par une femme en l'hostel, ce qui est appellé ondoyer. Mesme il y avoit des prestres, ou curés si passionnés et affectés à maudite inclination, que aucuns les refusoient de baptiser : et advenoit aussi aucunes fois que par faute de secours et aide, la femme seule se délivroit, et baptisoit mesme son enfant et que tous deux après mouroient. »

Et les femmes grosses, dont leur
Fruict est peri sans cresme avoir.
Dont ge cuide et croy fermement
Qu'encor plourras comme marrie,
755 Criant le dit piteusement
Que nous lisons en Jeremie (1).
Troie la grant, qui deffendue
Fut fort de Priame et ses filz,
Pourtant fut destruicte rendue,
760 Que ot Helene ravie Paris (2),
Laquele estoit fille de roy
Dont les Grecz firent la poursuite.
Pource, Paris, avise toy
Que ne soies ainsi destruicte.
765 Car pas n'es seulement coulpables
Du ravissement d'une femme,
Mez mil causes sont raisonnables
De toy destruire pour ton blasme.
Espoir que tes fais folz et nices
770 Te destruiront, se tu ne cesses ;
Corrige toy dont de tes vices ;
Deceue es par faulses promesses.
Tu, furieuse et sans raison,
Destitues, com fole et chetive,
775 Le filz du roy de sa maison
Lequel pour toy deffendre estrive.

Var. : 756 C *Jheremie;* 758 C *par Priame;* 770 B *se ne te cesses.*

(1) Les lamentations de Jérémie, dans l'Ancien Testament.
(2) Il est probable que l'auteur a été heureux de ce rapprochement que la similitude de nom lui a permis d'établir entre la ville de Paris et le troyen Pâris, fils de Priam, qui ravit Hélène, fille du roi Tyndare et femme de Ménélas, d'où la guerre de Troie.

>
> Tu quiers par dampnable aliance (1)
> Avoir amitié et faveur
> Au mortel ennemi de France
> 780 Qui les lis devore a douleur.
> Le leon au leopart te baille,
> Quant ton pastour veulz ignorer;
> Chascun d'eulz a toy mengier baille
> Et a ton seignieur devorer.

(1) Il faut voir dans ce vers une allusion au traité de Troyes, signé le 21 mai 1420, par lequel le duc de Bourgogne et Isabeau de Bavière sacrifiaient la France à l'Angleterre. Toutefois, l'alliance du Bourguignon et de l'Anglais était déjà depuis longtemps assez marquée pour que Robert Blondel eût pu tenir ce langage avant la conclusion du fatal traité. Il nous dit qu'au moment où il composa son poème, quatre fois huit lunes se sont écoulées depuis le débarquement des Anglais en Normandie. Or, ce débarquement eut lieu le 1er août 1417, et les trente-deux mois conduisent jusqu'au 31 mars 1420. En prenant ces indications à la lettre, le poème aurait été écrit avant la conclusion du traité de Troyes. Nous pensons qu'il faut interpréter plus largement le texte de Blondel, comme l'a fait Robinet (v. 1955). D'ailleurs, il dit expressément à la fin du poème que son œuvre fut composée en 1420. Or, d'après l'ancien style, l'année 1420 a commencé le jour de Pâques, 7 avril. On serait donc déjà autorisé à croire que Robert Blondel a écrit après la conclusion du traité de Troyes, sous le coup de l'indignation que lui faisait éprouver la trahison de Philippe-le-Bon et d'Isabeau de Bavière.

On n'hésitera plus à l'admettre si l'on considère que Henri V fut, par le traité de Troyes, investi de la régence, par suite de l'incapacité de Charles VI, et que Robert Blondel s'exprime ainsi en parlant du duc de Bourgogne, allié des Anglais :

> .... Extinguere semen
> Karolee prolis vult; Dalphino dyadema
> Aufferri domino strenuo qui est unicus heres
> Sceptri liliferi, spes regis nostra futuri,
> Heredis tribuens Anglo nomenque *regentis*,
> Ejus agri Franci generosa prole repulsa. (v. 598-603)

785 Iceulx deux cruelz compaignons,
Naturelement decevables,
Se verité dire en daignons,
Sont de sang humain ravissables.
Tu refuses ton bon pastour,
790 Ly loupx en ton tropel s'elance;
Tu erraches la doulce flour,
Ronces semes ou champ de France.
La semence que tu as fait
Te poindra de plaie mortelment,
795 Se tu ne revoques de fait
Tes maulx commenciez folement.

XII. *Question au peuple seduit.*

Qu'a pechié le noble Dalphin,
Filz du roy, o gent populaire!
Que cruelment mectre a fin
800 Veult sedicion deputaire?

RESPONSE

Sa volenté, sa hardiesce,
Ses fais com estoile reluisent,
Et se gouverne par sagesce :
Droit et raison a ce le duisent.
805 De bons meurs est, savoir vous fais,
Moderé et plain de vertuz;
Il demonstre bien par ses fais
De quel ligniée il est venuz.
C'est cellui qui pour la province
810 Soustient des ennemis les coupx.

Var. : 790 C *se lance;* XII B *pueple;* 808 B *lignée.*

        Soit doncques cellui noble prince,
        Françoiz, craint et amé de vous.
        O peuples ! congnoissiez pour vostre
        Seignieur, le Dalphin noble et sage,
815 Car son salut si est le nostre
        Et sa ruine est nostre dommage.
        Toute France si ensuyvra
        Les fortunes de sa querelle,
        S'il a du bien, elle en aura ;
820 Si du mal, aussi aura elle.

OROISON

        La ligniée royal, qui (1) naisçance
        Est de noblesce gracieuse,
        Mirouer des jennes par vaillance,
        De vertuz gemme precieuse,
825 Et fleur des fleurs lis redolent,
        Que le leopart tent a destruire,
        De par Dieu victoire ait briefurent,
        Qui au dit leopart veuille nuire !
        O Françoiz ! en amour ravis
830 Soiez tous prestz et eslevez
        A deffendre par bon avis
        Les lis, si comme vous devez.
        Le pere et le filz sont tout un.
        Soient dont com tout un honnourez.
835 La flour engendra le bouton
        Qui garde l'odeur que odourez.

Var. : 823 B C *jennes*; 835 B *fleur*; 836 B *oudeur que oudorez*.

(1) On trouve ici un exemple de l'ancienne tournure si fréquente chez nos vieux poëtes : *Qui* (ou *cui*) *naisçance = dont la naissance*.

Membres, mectez vous en arroy
Pour secourir a vostre chief;
Deffendez vostre noble roy
840 Qui est en si tresgrant meschief.

XIII. *S'ensuit fiction en parlant des males bestes.*

Par fureur ne vous esgarez
En delessant le droit chemin,
Ne par erreur vous separez
Du bon vray prince le Dalphin ;
845 Ne ne vous maint division
A la perilleuse montaigne
En la quele on a vision
Des maulx que cy aprez j'enseigne.
Premierement y sont rochiers,
850 Ronces, espines et buissons,
Lieux que ont males bestes trop chiers,
Com nous dirons mez que puissons.
En aprez habitacions
Y sont en terribles cavernes,
855 Ou feres font leurs mansions
Durans les froidures yvernes.
Et premier leons ravissables,
Ours tirans et loupx homicides :
Ce sont Bourgoignons decevables
860 Traystres, pervers et patricides ;
Aussi sont tigres scismatiques,
Semans par tout division ;

Var.: 848 B *apres enseigne;* 860 B *trahistres parvers.*

   Et leopars qui sont heretiques (1)
   Anglois, peres d'occision,
865 Les poures innocens ravissent,
   Pour leurs corps paistre que ont tant chier,
   Et le sang transgloutans havissent
   Dont leur soif ne peuent estanchier.
   Et quant grant mutilacion
870 Font par estrangler ou ruer,
   De tant plus grant affection
   Ont ilz encore de tuer;
   Car a leur grant soif sacier
   Ne suffiroient de mer les undes,
875 Ne des fleuves, qui spacier
   Seulent leurs cours parmy li mondes.
   Celles bestes plaines de rage,
   Que impitié fait si forsener,
   N'ont point appliqué leur courage
880 A par entr'eulx guerre mener;
   Ains yceulx compaignons crueulx
   Ont fait ensemble une aliance,
   Qui garde treves par entr'eulx
   Sans matiere de deffiance.
885 Desquelz de sang la gloutonnie,

Var. : 881 B C *cruelz*; 883 B *triefves*.

(1) Au début du grand schisme d'Occident, l'Angleterre s'était soumise à l'obédience d'Urbain VI, tandis que la France avait reconnu pour pape légitime Clément VII. De là l'accusation d'hérésie lancée par les Français contre les Anglais. On verra encore l'Angleterre traitée d'hérétique dans l'*Oratio historialis* de Robert Blondel. Quant au mot de schismatique appliqué aux Bourguignons, il ne vise point leurs croyances religieuses; ce sont des schismatiques politiques semant la division en France, révoltés qu'ils sont contre le roi, leur *droit seigneur*.

Remplie de mortelz pechiez,
Veult destruire par felonnie
Les innocens non entechiez,
Et tous paisibles devourer,
890 Lesquelz n'ont point de resistence ;
Brief rien ne pourra demourer
Devant eulx, si non par deffense.
Les yeulx de ceulx que ge cy touche
Felons luisent comme mauffé,
895 Et sault escume de leur bouche
Com a senglier qu'est eschauffé,
Tant que pour leur terrible face
Sont expoventez tous hardiz,
Car ilz ne sont en toute place
900 A sang expandre point tardiz.

SIMILITUDE POETIQUE

Le roy d'Engleterre leur maistre
Est com Lichaon (1) decevant,
Lequel souloit ses hostes paistre
De ceulz qu'avoit tuez devant.
905 A trestous faisoit bonne chiere
Logeans en son hostel forment ;
Mez chose leur estoit trop chiere,
Car il les tuoit en dormant.
Aussy ce roy que ge vous pose
910 Blandit et deçoit les gens foles,

Var. : 906 C *Longeans.*

(1) Lycaon est, dans la mythologie grecque, un roi d'Arcadie qui donnait la mort à ses hôtes. Jupiter, auquel il avait voulu faire subir le même sort, détruisit son palais et le changea lui-même en loup. V. Ovide, *Métamorphoses*, l. I, v. 196-239.

  Mez ce n'est pas seure chose
  De le croirre pour ses paroles;
  Car il pense, soit droit ou tort,
  Quant soubz lui les verra dormans,
915 Qu'il les fera mourir de mort
  Ou souffrir doulereux tourmens.
  Pource, Françoiz, n'adreciez pas
  Vostre chemin par cieux tel hoste,
  Car ceulx emploient mal leurs pas
920 A qui les corps et les biens oste ;
  Mez suyvez tous le droit chemin
  Seur et moien a tous commun,
  Aprez monseignieur le Dalphin
  Que doit suyvre de vous chascun.

XIV. *Aultre fiction faisant mencion du Champ de France et de l'Estude* (1) *de Paris.*

925 Je pose que cy fut jadis
  Un champ assiz moult spacieux :
  C'est ce royaume, dont ja dis
  Vous seront mains moz gracieux,
  Ou my lieu du quel sourt publique
930 Fontaine, qui les champs secz trempe,
  C'est a dire foy catholique,
  Semant plus clere que n'est lampe;
  Ou quel de science celestre

Var. : 922 C a tout.

(1) Le mot *Etude*, *Studium*, était employé souvent pour désigner l'Université de Paris. On lit au début des thèses impossibles de Siger : « Convocatis sapientibus *Studii Parisiensis*, proposuit Sophista quedam impossibilia multa probare et defendere... »

Sont ignorans duiz et imbuz :
935 France a nom, laquele doit estre
Exemptée de tous tribuz,
En laquele, par grant leesce,
Com aiant de tous biens la flour,
Pallas, de science deesse,
940 Situa sa treshaulte tour (1)
Qu'avoit edifiée Athenes,
De toutes pierres precieuses
Ournée doulces et amenes,
Par ses sciences gracieuses.
945 De celle noble tour acroissent
Toutes vertuz par bonne estude,
Qu'engins ne quassent ne ne froissent,
Tant soient lours, aspre ne rude.
Et tient l'en qu'en trestout le monde
950 N'est champ de lui plus delectable,
Ne qui en tant de biens habonde,
Ne pour vivre plus couvenable.
Flora jadiz flours y sema
De maintes diverses couleurs,
955 Dont maint homme et mainte femme a
Sentues les doulces oleurs.

Var. : 941 C edifié; 943 B Aournée; 945 C court.

(1) La *treshaulte tour qu'avoit édifiée Athènes* et que Pallas *situa* au royaume de France, c'est l'Université de Paris. Bien que les lettres et les arts de la Grèce soient alors peu étudiés et peu connus, on se rend parfaitement compte qu'Athènes a été l'éducatrice du genre humain. D'autres l'ont dit avant Blondel :

>Clergie regne à Paris
>Ensi comme elle fit jadis
>A Athenes qui sied en Grèce
>Une citeiz de grande noblesse, etc.

(*Hist. litt. de la France*, t. XVIII, p. 304.)

Les hommes les lieux delectables
Appetent en toutes saisons,
Et nul champ n'est plus couvenables
960 Que cestui dont sermon faisons.
Car jadis la mere de Dieu
Eslut ce champ delicieux
Pour avoir en ycellui lieu
Beau service et melodieux,
965 Et en cellui champ azuré.
Sema les trois fleurs de lis d'or,
Tant bel et si bien mesuré
Qu'en cest mont n'a pareil tresor.
De ce champ deffendre appartient
970 Aux Françoiz le fez soustenir,
Qui en doivent, bien m'en souvient,
Marie devotement servir.
Mez ge croy que pour le pechié
Excecrable d'ingratitude,
975 Permect elle qu'il soit blecié
Et tourné a tel servitude,
Et que les ingratz d'icelluy,
A Dieu tant inobediens,
Soient puniz et reduiz par luy
980 Ez servitutes anciens.
Et pource que le sacrifice
Deu a Dieu a esté obmis,
Et de sa mere le service
En grant negligence trop mis,
985 Espoir que ycelle grant Marie,
Pour la coulpe du mortel crime,
Nous a transmis, comme marrie,
La beste qui si nous opprime.

XV. *Cy monstre aux François comment ilz ont a souffrir a juste cause, en les exhortant que ils s'amendent.*

   Nostre vieil estat approuvé,
990 Françoiz, est tout mué en vice;
   Nul de nous soubz le ciel trouvé
   N'est innocent et sans malice.
   Pource que ceulx du parenté
   D'Eve, pechent plus que oncques maiz
995 A la divine volenté,
   A bon droit revoque sa paix
   Pour nos excès l'ire divine,
   Nous bat et punit orendroit,
   Car li pecheur ne sont pas digne
1000 Ne capable de paix par droit.
   Et combien que selon la coulpe
   De nos pechiez n'aions pas peine,
   Neantmoins elle reprime et coupe
   Nostre orgueil que effacier se peine.
1005 La main de Dieu haulte et pleniere
   Nos pechiez refraint et deffent
   Et nous chastie en tel maniere,
   Com bon pere fait son enfant.
   Se pour nos maulx sommes punis
1010 A droit, selon ma conscience,
   En ferme foy soions unis
   Et les prenons en pacience.
   Mectons hors par confession
   Tout pechié et nous repentons
1015 En faisant satisfaction,

Var. : 998 B *Nous combat;* 1001 B *que la coulpe;* 1005 B C *planiere;* 1015 B *satiffacion.*

Et plus ne nous y consentons ;
Ains, comme gens bien repentans,
Prions Dieu, le souverain sire,
A lui crians et lamentans,
1020 Que sus nous veuille appaisier s'ire.
En nous ostant le grant meschief
Ou nous sommes par ceste guerre,
Et qu'il nous veuille de rechief
Paix envoier du ciel en terre.
1025 O estoile de mer, Marie,
Appaise nostre adversité
Et nostre nef qui tant varie
Maine a port de prosperité.
Veuilles nous garder du nauffrage
1030 De Syrena (1) le perilleux,
Et moderer contre l'outrage
De Caribdis le semilleux.

XVI. *Cy parle comment le roy d'Angleterre est venu en France par trayson et violence et pris Normendie.*

Les graines du champ sont pascues
Appartenans au cerf volant (2),
1035 A rudes bestes deffendues
Qu'ilz ne les voisent defoulant,

---

(1) Sur ce nom de Syrena, le traducteur, car Robert Blondel n'a point ce mot, a été trompé par ses souvenirs mythologiques. Il a confondu les Sirènes qui cherchèrent à attirer Ulysse sur leurs roches (Odyssée, ch. XII) avec le rocher de Scylla situé en face du gouffre de Charybde, dans le détroit qui sépare la Sicile de l'Italie.

(2) Ainsi que nous l'avons dit plus haut, le *cerf volant, aliger cervus*, est la personnification du Dauphin.

>   Et que par leur cruel morsure
>   Les fleurs, qui sont nobles et tendres,
>   Ne facent mourir de mort sure,
> 1040   Autant les greignieurs que les mendres.
>   Touteffoiz des ravissans feres
>   Toute la generacion
>   S'est eslevée puis nagueres
>   En grant multiplicacion,
> 1045   Voulant de tous poins extirper
>   Les lis, celestiel semence,
>   Du champ françoiz noble sans per
>   Que donna Dieu par sa clemence.
>   Generacion estrangiere
> 1050   Sans raison s'esmeut a outrance,
>   Pour destruire, com losengiere,
>   Cil noble champ floury de France,
>   De la quele l'asne raié
>   Est meneur, com mortel tirant,
> 1055   O son horrible ost effraié
>   D'Angleterre en France tirant.
>   Cellui vieil ennemi sauvages,
>   Meu en fureur toute sa vie,
>   A passé de mer les rivages (1)
> 1060   O grant quantité de navie.
>   Nereis, de mer la deesse,

Var. : 1040 B C *greigneurs;* 1043 B C *nagaires.*

(1) Il s'agit ici de la seconde expédition de Henri V en Normandie. Débarqué à Touques le 1er août 1417, le roi d'Angleterre s'empara d'abord de la Basse-Normandie, 1417-1418, puis de Rouen, 1418-1419, après un siège de six mois, et se rendit ainsi maître de toute la province qui resta aux Anglais jusqu'en 1450.

           Lui a bonne toile tissue
           Pour vent avoir plain de leesce
           Qui si tost lui bailla yssue (1).
1065   De son desir a tost jouy ;
           Car gaignié a villes et champs
           Des Normans, dont nul esjouy
           N'est, si non fol, traistre et meschans.
           Cellui tirant de Dieu hais
1070   A mains Normans occiz et mors
           Et captivé tout leur pais
           De jougx que pas n'avoient amors.
           Les uns d'eulx sont ez cepz boutez,
           Aucuns en fors liens tenuz,
1075   Et les aultres, point n'en doubtez,
           Par tourmens a la mort venuz.
           Les uns d'eulx ont l'ame rendue,
           Qui demourerent demy vifz ;
           Aucuns par glaive ont vie perdue
1080   Et les aultres si sont fuitifz,
           Lesquelz n'ont tenu champ ne voie
           Ne chemin pour eulx en fuyr,
           Car vraie amour si les avoie
           A leur droit seignieur ensuyr.
1085   Qui est cellui qui tel laidure
           Verroit et n'en aroit pitié ?

Var. : 1068 B *trahistre;* 1070 C *occist;* 1086 B *auroit.*

(1) Ce vers est la traduction du latin de Blondel : *Patet exitus illi.* Dans une des notes qui accompagnent son excellente notice sur cet historien, M. Vallet de Viriville a exprimé la pensée que ces mots latins avaient trait à la possibilité pour le roi anglais de sortir de la France par Calais. Le traducteur a compris, et, selon nous, a eu raison de comprendre qu'il s'agit de la sortie de Henri V du port d'Angleterre pour venir en France.

A peine cuers de pierre dure
Seroient de plorer respitié.

XVII. *Cy parle des maulx que fait le roy anglois en France et comme il n'est si dure chose come d'estre fuitif.*

  Quele chose est tant dure comme
1090 De perdre son propre pais
  De qui l'amour plus doulce a homme
  Est que rien, s'il n'est fol nais ?
  O naturele amour non faincte,
  Qui d'or fin est plus precieuse,
1095 Tu ne pourroies pas estre extaincte,
  Tant par es vive et gracieuse !
  L'ardeur d'amour, qui les cuers art
  De tes fuitifz en mainte guise,
  Les feist retourner celle part
1100 Se refuses en ta franchise.
  Grans fossez et murs batailliez
  N'ont gueres gardé mainte ville
  Et mains chasteaulx d'estre bailliez
  A peu de gent tant orde et vile.
1105 Des despoilles de Normendie
  Est la cruel tourbe canine
  Enrichie, dont maint mendie
  Que pourvoit la grace divine.
  L'asne raié dessus nommé,
1110 Qui plus est cruel moult de foiz
  Qu'il n'est encore renommé,
  Ravit les lis ou champ françoiz.

Var.: 1088 B *plourer.*

Il destruit, defoule et depile
Les haulx lieux de la fleur amenes
1115 Et en son ventre les empile
A compaignie de ses advenes.
Ycellui grief mortel pechierre,
Froissant les os des poures gens,
Furieux et de sang lechierre,
1120 Les Françoiz estrangle o ses dens.
Il conculque le bien publique
Dont le peuple affamez estuet,
A qui France trop poy s'applique
Secourir, car elle ne puet,
1125 Pour un autre ennemy horrible,
Aussi mortel ou plus forment,
Qui ne lui est pas mains nuisible,
Ains lui livre pareil tourment.

XVIII. *Cy parle des maulx et traysons que a fais le feu duc de Bourgoigne en France.*

C'est le noir leon (1) qu'est yssu
1130 Des desers Flandrois murmurant,

Var. : 1116 C *avenes ;* 1122 B *affamer ;* XVIII B *Bourgongne.*

(1) Les anciennes armes de Flandre étaient gironnées d'or et d'azur de douze pièces, à un écusson de gueules. Philippe d'Alsace, comte de Flandre, qui mourut de la peste au siège de St-Jean-d'Acre en 1191, les changea et prit le lion de sable armé et lampassé de gueules au fond d'or.

Le comté de Flandre était venu à la maison de Bourgogne par le mariage de Marguerite, fille et héritière de Louis de Male, dernier comte, mort en janvier 1384, avec Philippe-le-Hardi, duc de Bourgogne. Marguerite, née en avril 1350, avait été mariée une première fois au dernier duc de la première maison de Bourgogne, Philippe du Rouvre, mort en 1361; c'est le 19 juin 1369 qu'elle épousa Philippe-le-Hardi; elle mourut le 20 mars 1404.

Seducteur de peuple deceu,
Aux Françoiz tous maulx procurant,
Qui les gens a envenymez
Ez citez ou regnoit envie,
1135 Et les habitans animez
A soustenir sa male vie.
Quant le roy anglois approuchoit
Quant et quant lui, bien m'en souvient,
Le peuple si s'entrepreschoit :
1140 « N'aiez paour, le Bourgoignon vient
Pour la nostre redempcion,
Car du bien publique est amy,
Et vient par bonne entencion
Pour combattre nostre ennemy. »
1145 Le peuple ignore ce qu'il ayme,
Le venim se met soubz le pis,
Quant tant cellui son amy clayme
Qui de tous maulx a fait le pis.
Le poure peuple a deceu
1150 Et tourmenté pour son amour
L'amy verbal non pas sceu
En cuer ennemy sans clamour.
Cil cuvert, plain de trayson,
Les citez a lui approprie,
1155 En gectant par grant mesprison
Son roy hors de sa seigneurie.
Mains citoiens deceptifz,
Craignans que l'en les assaillist,
Ont peinct ses armes, les chetifz,
1160 Creans que cela leur vaillist,

Var. : 1140 B *Bourguignon*; 1146 C *venin se boute*; 1150 C *par son*; 1160 B *craingnans... vaulsist*.

                    Et mectoient un leon dedens
                    Hault jouchié sus chascune porte,
                    Affin d'expoventer les gens
                    Qui estoient mesmes de sa sorte,
1165   Cuidans que cil tant leur affin
                    Rompist des sieges les ceintures,
                    Mez de lui n'ont en la parfin
                    Eu seulement que les peinctures.
                    Paysans o piques et maces
1170   S'eslievent suyvans leur dommage
                    Et hors leur estat vont les traces
                    Du vorateur leon ramage.

XIX. *Question au peuple de Paris.*

                    Dy pourquoy, peuple chrestien,
                    Aymes le leon plain d'envie ;
1175   Monstre nous seulement un bien
                    Qu'il feist oncques en sa vie.

RESPONSE QUELZ BIENS IL A FAIZ

                    Bourgoiz, notez bien ceste clause
                    Que cy en escript vous present :
                    Le leon est de nos maulx cause,
1180   Comme ge diray en present.
                    Son amour, qui l'entendement
                    De raison a troublé a maint,
                    A fait faire faulx jugement
                    Aux juristes en qui droit maint.

Var. : 1170 C *dommaige*; 1172 C *ramaige*.

|1185| Son amour souvent l'aliance
A rompu d'amour fraternelle,
Et fait contre le roy de France
Maint son vassal estre rebelle.
Son amour a fait maintes meres
|1190| Estre vefves de leurs enfans,
Et mains bons par douleurs ameres
Mourir ains le cours de leurs ans.
S'amour a fait par vitupere
Peuples et villes rebeller,
|1195| Et maint filz encontre le pere
A mort combatre et debeller.
Son amour si a maint riche homme
Renduz poures et souffreteux,
Et de leur païs, c'est la somme,
|1200| Chaciez esbahiz et honteux.
S'amour a fait embrasemens,
Rapines et prodicions,
Larrecins et ravissemens,
Assaulx et mutilacions,
|1205| Et a semé le mortel scisme
Qui le royaume a discordé,
Proposé a mauvaiz sophisme,
Qui a peine iert ja accordé.
Moult promist matines et messes
|1210| Dont ja puis les sains ne sonnerent;
Oncques encor a ses promesses
Ses faiz de rien ne consonerent.

Var. : 1193 C *fait main vitupere;* 1216 B *tesmoingner*.

XX. *Exemple de la ville de Rouen.*

La cité de Rouen, pour vroy,
Que le leopart vint assegier (1),
1215 Com ses promesses valent poy
Sauroit bien dire et tesmoignier,
A qui promist donner secours
Quant mestier seroit par grant soing,
Mez, quant les bourgois a recours
1220 Alerent a lui au besoing (2),

(1) V. sur le siège de Rouen, qui dura du 29 juillet 1418 au 19 janvier 1419, les chroniques de Monstrelet, Le Fèvre de Saint-Remy, l'*Histoire de Charles VI*, de Juvénal des Ursins, et surtout la chronique rimée de John Page, qui assistait à ce siège avec son *seigneur* Henri V. Cette relation a été publiée une première fois en 1827 et 1829, dans les XXIe et XXIIe volumes de l'*Archæologia*; une édition améliorée a été donnée d'après d'autres manuscrits pour la *Camden Society*, par M. James Gairdner.

Parmi les ouvrages modernes, consulter surtout : Chéruel, *Histoire de Rouen sous la domination anglaise au XVe siècle*, in-8°, Rouen, 1840, et L. Puiseux, *Siège et prise de Rouen par les Anglais (1418-1419)*, in-8°, Caen, 1867.

(2) Pendant la durée du siège, les Rouennais firent deux fois appel au duc de Bourgogne, entre les mains duquel se trouvait alors le roi Charles VI. Vers la fin d'octobre 1418, un vieux prêtre fut envoyé à Paris pour réclamer du secours; le duc de Bourgogne promit « qu'on y pourvoiroit au plus bref que faire se pourroit », mais rien ne vint. Cependant, en novembre, il se transporta avec le roi à Pontoise, où était le rendez-vous de l'armée, et de là à Beauvais. Une nouvelle députation des Rouennais vint l'y trouver; il lui promit de se rendre sous les murs de Rouen le quatrième jour après Noël. Les assiégés conçurent quelque espoir lors de la diversion tentée par deux seigneurs normands, les sires d'Harcourt et de Moreuil, qui furent repoussés par les Anglais. Quant à Jean-sans-Peur, au lieu d'exécuter sa promesse, il licencia son armée et l'emmena à Provins, après avoir fait dire aux Rouennais : « Qu'ils eussent à traiter pour leur salvation avec le roi d'Angleterre au mieux qu'ilz pourroient ».

En lui suppliant : « Tres chier sire,
Pour Dieu, veuilliez lever le siege
Du roy anglois qui par grant ire
Nous tient serrez com en un piege. »
1225 Lors dist : « Point ne vous veuilliez rendre,
Car de moy sera assailly. »
Mez encor pevent cellui actendre
Qui de secours leur a failly.
Durant l'espace de six mois
1230 Ont ilz sa promesse actendue,
Et puis ont, dont point ne m'esmois,
La ville a l'ennemy rendue,
Ou la gent fut tant affamée,
A qui vivres ne secoururent,
1235 Que, comme dit la renommée,
Trente mil (1) de fain y moururent;
Et de ceulz qui demourer pourent
Racheta la cité la vie (2)
De tant d'argent com finer sourent,

Var. : 1222 et 1225 B *vueilliez*, C *vueillez*; 1237 B *porent*; 1239 B *sorent*.

(1) Cette évaluation est une des plus modérées. Otterbourne porte le nombre des morts pendant le siège de Rouen à 70,000, dont 30,000 auraient péri par la famine. D'après Thomas Basin, plus de 60,000 personnes auraient été enlevées par la faim et par la peste. V. sur ce point une note de M. L. Puiseux, *Siège et prise de Rouen par les Anglais (1418-1419)*, Caen, 1867, in-8º, p. 159.

(2) Les Rouennais s'étaient engagés dans la capitulation à payer au roi d'Angleterre 300,000 écus d'or, en deux termes par moitié, le 22 janvier et le 24 février 1419. Rouen ne put s'acquitter définitivement qu'en 1430. Voir sur ce point et sur la valeur relative de cette rançon, M. L. Puiseux, *Siège et prise de Rouen par les Anglais*, p. 209-212.

1240 Aprez ce qu'elle fu ravie (1).
Si prenons pour nous cest exemple
De nous fier en tel amy ;
Mieulz nous vauldroit dedens le temple
Prier Dieu que s'actendre a luy.
1245 Cellui ennemy decevant
Faignoit nous amer de cuer fin,
Dont il a esté recevant
De male vie male fin.
Au peuple d'icelle cité
1250 Appert bien, comme d'amour saincte
Le traystre qu'ay recité
L'amoit, qui tant par estoit faincte.
La fin descoeuvre les secrez
Que cuer longuement dissimule,
1255 Soient dampnables ou sacrez,
Par les faiz que l'omme accumule.

XXI. *Comment le duc de Bourgoigne fist mourir le feu duc d'Orleans qui estoit frere du roy.*

En quanz perilz sont demenez
Les haulx lis, souveraines fleurs,
Par deux faulx tirans forsenez
1260 Qui tant leur font de griefz douleurs!
O traystre noir leon de Flandres,
Tousjours acteur de mort cruele,
Aux lis as fait plusieurs escandres
Qui t'ont nourry dessoubz leur ele!

Var. : 1253 B C *descueuvre*; 1263 et 1265 B C *pluseurs*.

(1) Les vers 1213-1240 ont été publiés par M. L. Puiseux parmi les pièces justificatives du *Siège et prise de Rouen par les Anglais (1418-1419)*, Caen, 1867, in-8o, p. 273-274.

1265 O Flandres! tu, par plusieurs foiz,
As griefs dommages conceü
Au noble royaume françoiz
Dont aultresfoix t'est mescheu.
Pense, beste desraisonnée,
1270 Qu'a gens souffrans aucun meschief
Ne deust pas estre donnée
Peine ne tourment de rechief.
Le noble duc, estant en vie,
D'Orleans, qui portoit les lis,
1275 Feis tu mourir par ton envie,
Clandestinement assaillis.
Ycellui second filz de roy,
Flourissant ou vergier royal,
Ne se doubtoit en rien de toy,
1280 Ains te cuidoit amy loyal;
Car lui promeis de foy volpine
Que jamez tu ne lui nuyroies,
Mez par ta nature lupine
Sa mort en ton cuer desiroies;
1285 Et pour la confirmacion
De vostre acort (1), ce dit l'escript,
Preistes chascun sa porcion
Du propre corps de Jhesu Crist;

Var. : 1281 C *vulpine.*

(1) La réconciliation de Louis, duc d'Orléans, et de Jean-sans-Peur, duc de Bourgogne, avait eu lieu le dimanche 20 novembre; ils avaient entendu la messe et communié ensemble, et, trois jours après, le mercredi 23 novembre, le duc d'Orléans était assassiné dans la vieille rue du Temple, près la porte Barbette, par les gens du duc de Bourgogne. V. les récits de Monstrelet, de Le Fèvre de Saint-Remy, de P. de Fenin, du Religieux de Saint-Denis, de Berri et de Juvénal des Ursins.

Puis le feis ferir par gens foles
1290 Obtemperans a ta hayne,
De glaives, non pas de paroles,
Qui furent traiz hors de gayne.
O noir leon, qui ez exeques
D'icellui mort fuz noir vestu (2),
1295 Par faulx triste et avecques
Joieux en cuer estoies tu !
Tu fuz bien traystre parfait
De faindre pour lui souspirer.
Oncques depuis que ce fut fait
1300 Les lis ne firent qu'empirer.

XXII. *Comme par deffaulcte que justice ne fut faicte du feu duc de Bourgoigne après ce qu'il ot confessé avoir fait le cas dessus dit, sont les maulx avenus.*

Sa noble ligne a pourchassé
Vengier le crime merveilleux (1)
Par toy folement confessé
De ton seul vouloir orgueilleux,

---

(1) « Et si fut à l'enterrement vestu de noir, faisant deuil bien grand, comme il sembloit. » Juvénal des Ursins, *Histoire de Charles VI*, p. 437 (collection du *Panthéon littéraire*).

(2) La veuve du duc d'Orléans, Valentine Visconti, s'efforça vainement d'obtenir justice du meurtre de son mari. Jean-sans-Peur eut l'audace de faire présenter dans l'assemblée du 8 mars 1408, par le cordelier Jean Petit, l'apologie de son crime. Charles VI lui accorda des lettres de pardon qui furent annulées à la suite de l'assemblée du 11 septembre, dans laquelle le bénédictin Serisi réfuta les étranges théories de Jean Petit. Le duc de Bourgogne, cité à comparaître devant le Parlement, gagna sur ces entrefaites, 23 septembre, la victoire de Hasbain sur les Liégeois révoltés. Toutes les poursuites s'arrêtèrent devant sa puissance, et Valentine Visconti mourut de douleur le 4 décembre 1408.

1305 Et requeroit a la justice
De toy faire punicion,
Dont plus cruelment ta malice
A augmenté sa lesion.
Le leon traystre a merveille,
1310 Tousjours double en entencion,
A envenymé mainte oreille
Du venim de detraction,
Dont les deceuz qui en usent,
Tournans le vers pour le felon,
1315 Soubz le vray son pechié excusent
Qui est pire que Guennelon (1).
De Sathan ont pris la figure
Qui les a fait ainsi detraire
Et de leur vice couverture
1320 Prendre de la vertu contraire.
La prevaricable murmure
De lois que ont faicte a leur propos
A destruit la noble culture
De justice et de ses suppos.
1325 La cour selon droit pas ne juge,
Qui cele du leon le tort
Lequel s'est fait partie et juge
De la fleur qu'il a mise a mort.
Cellui leon, murtrier coulpable,
1330 S'absolt de son mesmes pechié
Et onq ne fut veu repentable
Des maulx dont il ert entechié.
Le goust infect d'omme malade

Var. : 1317 C *prins*; 1330 C *il yert*.

(1) Le nom de Ganelon, le traître de la *Chanson de Roland*, était demeuré le synonyme de félonie.

De fleume ou d'aultre maladie,
1335 Juge le miel amer et fade
Pour sa saveur qu'est affadie.
Aussi (1), par juge corrumpu
Soit par hayne ou par faveur,
Est souvent bon droit derompu,
1340 Quant de droit ne sent la saveur.

XXIII. *Question aux juges des crimes.*

O vous tous, en droit expers mestres,
Recteurs par la loy des quereles,
Regle de justice en tous estres
Et jugeans causes crimineles,
1345 Je vous demande en question
Se le traytour desloyal,
Dont en paroles estion,
Homicide du sang royal,
Que dampne sa confession,
1350 Ce ne me devroit nul noier,
Vient or querir punicion
De ses meffaiz et son louyer.

RESPONSE

Toute loy saincte et decretale
Veult que pour majesté bleciée
1355 Muyrent de peine capitale
Ceulx qui la loy aront froissiée.

Var. : 1341 B *expres*; 1350 B *nyer*.

(1) On lit, en marge, ce mot dans les mss. A B : *comparaison*.

Par les lois dures et terribles
Sont de fait les maulx a refraindre,
Afin que puissent les paisibles
1360 Vivre o les mauvez sans les craindre.
Nos maulx dont engendre et atroque
Du fier leon l'impuny crime.
L'un vice les aultres provoque;
Si fait profont lieu aultre abisme.
1365 Quant vertuz de justice cessent,
Vice domine de tous lez :
Bouchiers homicides s'esdrescent
Qui d'umain sang sont maculez.
Iceulx renoncent au massacre
1370 De leur mestier de boucherie,
Mez non pas a faire de sacre
Et noble gent grant murtrerie.
Avec eulx mainent savatiers
Et cousturiers et vignerons,
1375 Et d'aultres lessans leurs mestiers,
Plus que nommer n'en daignerons.
Sacrifice au leon vont rendre;
Par cruaulté leons sont faiz,
Couvoitans des nobles expandre
1380 Le sang que par mort ont deffaiz.
Autour du leon patricide
S'assemblent et si le compaignent;
Point a crier cest mot horride :
« Vive le leon, » ne se faignent.
1385 « Et aussi muyrent li enfant
D'Orleans et tous leurs amis.

Var. : 1375 B *daignerions*; 1379 B *de*.

   Courons leur sus en deffendant
   Monseignieur d'eulx ses ennemis. »
   Cruaulté les fait desirans
1390 A faire des maulx le greignieur;
   Moult s'esjouyssent les tirans
   De servir a cruel seignieur.
   Se le leon cruelz serjans
   A euz, ce n'est pas grant merveille,
1395 « Vive le Bourgoignon, » crians
   Maugré qui que veoir le veuille.
   Car c'est œuvre dyabolique,
   Quant est comme Dieu honnouré
   Homs, qui a par son fait oblique
1400 Tant de sang humain devouré.

XXIV. *Question a ceulx de Paris et leurs complices.*

   O Françoiz, par quele raison
   Bailliez vous le gouvernement
   Au Bourgoignon, puis la saison
   Qu'il se forfist tant folement,
1405 Que par glaive la vie osta,
   Combien que par estrange main,
   Au feu duc d'Orleans, moult a,
   Filz de roy et du roy germain?

RESPONSE

   Par droit, selon le tesmoignage
1410 De la loy, doit estre suspect
   A chascuns cil qui par outrage
   Est de si grant pechié infect.

Var. : 1404 C *forfeist*; 1409 B *tesmoingnage*.

XXV. *Exemple de Antheon.*

Le roy de France et sa ligniée,
Par le faulx traystre leon
1415 Qui tant a chiere rechigniée,
Sont fais semblans a Antheon (1)
Que mua Dyane en un cerfz,
Qu'il n'accusast elle et les siens,
Puis furent sa char et ses nerfz
1420 Tous mengiez de ses propres chiens.
Aussi cellui leon, craignant
Avoir ce qu'il a deservy,
Sert ainsi le roy maintenant,
Com Dyane Antheon servy,
1425 Et fait par ses propres subgiez
A lui et aux siens courir sus,
Dont ilz seront trestous mengiez
Se briefment ne sont secourus.
La noble ligniée royale
1430 Est bailliée a tirans pour proie
Par gent de peuple desloyale,
Qui contre raison tant l'asproie.

---

(1) Ovide nous raconte, dans le livre III de ses *Métamorphoses*, v. 138-252, qu'Actéon, changé en cerf par Diane, fut dévoré par ses propres chiens. Robert Blondel, ou plutôt, sans doute, l'auteur de la rubrique latine, établit entre lui et le roi Charles VI une comparaison fondée sur un jeu de mots indiqué clairement dans cette rubrique. Actéon, dit-il, a été changé en cerf, *in cervum*, par Diane, et déchiré par ses propres serviteurs qu'elle avait métamorphosés en chiens, afin qu'il ne pût pas se faire son accusateur. De même, le duc de Bourgogne (qui s'était rendu maître de la personne du malheureux Charles VI) a changé en serf, *in servum*, notre roi déposé par ses propres sujets, afin qu'il ne pût pas tirer justice de son crime. Ce rapprochement d'un goût contestable ne se trouve point dans la traduction de Robinet.

Nulle peste n'est tant doubteuse
Com de peuple commocion,
1435 Qui toute France a fait boeuse
Et par tout mis sedicion.

XXVI. *Cy monstre au roy de France comme par deffaulcte que Justice n'a esté soubz lui bien gardée, est son royaume en peril d'estre perdu.*

O Roy, des Françoiz souverains,
Soubz qui est le hault tribunal
De justice, tant aux loingtains
1440 Comme a tous prouchains communal,
Ou doivent cent conseilliers estre
Representans les yeulx d'Argus,
Visans a dextre et a senestre
Pour droit faire de tous argus,
1445 Tousjours veillans a tous bleciez
Doivent justement secourir
Et tous criminables pechiez
O l'espée faire mourir;
Qui pour amour ne pour lignie
1450 Ne sont tenuz flechir par droit,
Aultrement toute policie
De bien publique se perdroit.

EXEMPLE DU POETE D'UN NOMMÉ ARGUS QUI AVOIT CENT YEULX EN SA TESTE

Jupiter, jadis souverain
Des Dieux, Yo (1) o soy coucha,

Var. : 1439 C *longtains;* 1451 B (rubrique) *d'un poete nommé.*
(1) Sur la légende d'Io et d'Argus, V. Ovide, *Métamorphoses,* I, v. 588-747.

1455 Dont sa suer et femme Junain
Horriblement se courouça,
Tant qu'en vache blanche mua
Yo, com faire le savoit,
Et puis a garder la bailla
1460 A Argus qui cent yeulx avoit,
Auquel Jupiter envoia
Mercure, le dieu d'eloquence,
Qui tant de sa fleuste fleusta
Qu'il l'endormy en sa presence,
1465 Et, quant endormy l'aperçut,
Si lui a lors couppé la teste.
Ainsi cellui qui le deçut
A Jupiter rendit la beste,
Qui en sa fourme la remist
1470 Que par avant avoit eu,
Ce que ja faire ne pouyst
Se Argus n'eust esté deceü.
Aussi se tes yeulx conseilliers
Si sont deceuz de Mercure,
1475 Par qui j'entens tous losengiers
Flateurs dont nul preudons n'a cure,
Ou sont aveuglez de chevance
Par Tantalus li couvoiteux,
Lors s'endorment en ta grevance
1480 Et pers ton royaume par eulx.
Adoncques la court aveuglée,
Suyvant chemin qui n'est pas droit,
N'est pas de droit jugier reglée,
Quant le juge goute n'y voit :

Var. : 1465 B C *apperceut;* 1467 B C *deceut.*

1485 Par le leon qu'a espargnié
Elle qui deûst punir les vices,
Sont maint innocent mehaignié,
Quant plus rien ne craint Justices.

XXVII. *Question au roy de France.*

Qui a ton royaume destruit?

RESPONSE

1490 Du Bourgoignon l'impuny crime.

ITEM QUESTION A LUI MESMES

Et qui a ton peuple seduit?

RESPONSE

C'a fait celle chose meisme.

XXVIII. *Exemple familiaire.*

De quant plus mauvaise arbre croit
En multipliant ses racines,
1495 De tant plus le bon champ descroit
Et le peuple de ses espines.

AUTRE EXEMPLE FAMILIAIRE

Une ouaille infecte d'umeurs
Remplit les aultres de sa roigne;
Aussi a du peuple les meurs
1500 Pervertis le duc de Bourgoigne.

Var. : 1492 B (rubrique) *Autre question;* 1497 B C *oaille.*

Pechié doit on, comme l'urtique,
Promptement du champ errachier;
Male herbe plus aigrement pique
Par croistre en hault que par fauchier.
1505 Du leon le crime impuny
Croist trop en France la dolens,
Qui s'est o le leopart uny
Pour tuer les lis redolens.

XXIX. *Comment l'estude de Paris a esté dissipée et le roy de France detenu serf par son peuple.*

O Dieu, tout puissant creatour,
1510 Tant ceste querelle a de blasmes
Et d'erreurs mises en la tour
De Pallas dont dessus parlasmes,
Les estudians escoliers
En la science de Minerve,
1515 Militans com bons chevaliers
Que nostre foy si ne fust serve,
Qui par leurs estudians cures
Discordans escrips concordoient,
Et de David les escriptures
1520 Par leur science moderoient,
Et mains aultres estudians
Ez neuf sciences s'en fouyrent (1)
D'icelle tour, eulz deffians
De la sedicion qu'ouyrent.

Var.: 1501 doit l'on; 1506 A las; 1512, 1517 et 1521 C *estudiens*.

(1) V. sur l'expulsion de Paris d'un certain nombre de membres de l'Université, la note du vers 607, et sur les sept sciences ou plus exactement les sept arts, la note du v. 630.

1525 Moïses la fuite entreprist
De celle tour que ge vous nomme,
Qui preschoit la loy Jhesu Crist
A toute femme et a tout homme.
Li philozophe et arcien
1530 D'Aristotes s'en sont party,
Avec maint astrologien
Qui ont a la paour party.
Ton amée, fille dame Astrée,
Laquelé doit punir les vices,
1535 O son conseil (1) s'en est alée,
Lessant les sieges de ses lices.
O Sciences, tres nobles seurs,
Qui doubte se eustes terrour ?
O sains angels, cy a pluseurs
1540 Justes causes d'avoir paour.
Sedicion de gens traystres,
Plus cruele que monstres nulz,
Compaigne de mortels ministres,
A cele tour a couru sus.
1545 Ceulz ministres, s'esjouyssans
D'acomplir du leon les grez,
Ont murtry mains estudians
En Minerve et aultres degrez,
Du sang des conseilliers du Roy
1550 Taint et rougist la boucherie.
Je ne voy en si grant derroy
Matiere dont ma bouche rie.

Var. : 1531-32 omis dans C; 1536 B *sueurs*.

(1) En opposition au Parlement de Paris, on avait établi à Poitiers un Parlement que le parti du Dauphin regardait comme le seul légitime.

   Iceulz, mectans tout leur avis
   A augmenter adversité,
1555 Ont ly tresnoble Roy ravis,
   Pere de l'université,
   Qui est champion de la foy
   De Dieu a qui tout appartient,
   Par le quel tant noble de soy
1560 Est cil prince qui France tient.
   Halas ! cil noble Roy de France,
   Qu'est oingt d'oyle de paradis,
   Le tres chrestian sans doubtance
   De cest monde et le plus gentilz,
1565 Le plus hault prince terrien
   Deffendant la foy Jhesu Crist,
   Estant amour et gardien
   De justice et de droit escript,
   Et pere de toute science
1570 A qui sceptre voulut donner
   La mere Dieu sans deffiance,
   Les nobles lis pour les porter,
   Comme au prince des roys sur terre,
   Est tray des sedicieux
1575 Qui faignent pour luy mener guerre,
   Et ilz sont ses prodicieux.
   A son royaume que on destruit
   Ne puet aydier, c'est verité,
   Pour sedicion qui lui nuit
1580 Et l'a mis en captivité,
   La quele est, dont suy esmaris,
   O son ennemy aliée,

Var. : 1561 B *oille*; 1581 B *suys*.

Et domine dedens Paris
Par tirannie desliée.

XXX. *Comment le duc de Bourgoigne et le peuple de Paris ont livré le roy de France au roy anglois qu'ilz ont establie regent le royaume et heritier d'icelluy, en gectant hors le noble Dalphin, fils de France.*

1585 La courant dolent Renommée
Qui piteusement pleure et plaint,
Message douleur nommée,
A tous vrais Françoiz se complaint,
De ce que le bon roy françoiz
1590 Est par sa gent livré de fait
A son ennemy roy angloiz
Qui trop de maulx souffrir lui fait.
El veut suffoquer la semence
Des lis qu'est tant noble tenue;
1595 A la cuidier muer commence
En figure de beste mue;
Et veult usurper la couronne
Au Dalphin, qui seul en est her,
Et que nostre esperance donne
1600 Roy futur encores ester,
En actribuant au leopart
Non d'er et aussi de regent
Et chassant hors de toute part
Cellui Dalphin tant noble et gent
1605 De France qu'on lui deust garder
De droit, c'est la juste sentence.
Bons Françoiz, veuilliez regarder

Var.: XXX C *fils* omis; 1586 C *ploure*; 1598 C *vrois*; 1598 B *hoir*; 1602 B C *Nom.*

    Com vecy dampnable regence,
    Par la quele nostre bon roy
1610 De toute liberté carent
    Est captivé par grant derroy
    De son ennemy apparent;
    Par laquele France est liée
    Comme serve, cela maintien ge,
1615 Et par qui sa noble ligniée
    Est ou peril, que ja n'avienge!
    De muer le nom de Françoiz
    Qui pour nient ne fut pas nommé
    Ou nom d'un asne roy angloiz
1620 Qui de tout mal est renommé;
    Par laquele cil tirant mesme
    Les nobles lis veult demolir,
    Du quel le cuer felon et pesme
    Veult a aultry son droit tollir;
1625 Par qui cellui roy d'Angleterre,
    Loup ravissable et plain d'outrage,
    Quiert aux ouailles faire guerre
    Et sus eulx excercer sa rage;
    Et par la quel mesme regence
1630 Cil cruel ennemy entent
    Nous tous destruire, et ainsi pense
    Venir a la fin ou il tent.

XXXI. *Comment le duc de Bourgoigne et ceulx de Paris se sont aliez au roy anglois, qui est leur mortel et ancien ennemy, pour destruire le noble Dalphin et ses bien veuillans.*

    Trois compaignons faisans contens,
    Qui trestous sont nourris de sang

Var. : XXXI C *et ancien omis.*

¹⁶³⁵ Et ne seroient pas contens
D'en humer tout plain un estang,
C'est assavoir le fier leon,
Sedicion et le leopart
Se sont joings, comme nous veon,
¹⁶⁴⁰ Et aliez tous d'une part.
Vecy aliance dampnable
Qui acoutrait un cruel monstre
Voulant par mort boire sans fable
Le sang du Dalphin, com ge monstre.

XXXII. *Cy monstre aux chevaliers de France que ilz s'acquittent de la foy qu'ilz doivent au roy.*

¹⁶⁴⁵ O que fais tu? Di, chevalier;
Quel besoing a l'ostel te tient?
Pourquoy ne vas tu bataillier?
Quele occasion te detient?
Lesse amour de femme et de terre
¹⁶⁵⁰ Et de folz gieux, com j'escripray,
Et se tu demandes quel guerre
A faire est, je le te diray.
Donnons ayde au noble Dalphin
Que par droit donner lui devons,
¹⁶⁵⁵ En le deffendant de cuer fin
Contre ses ennemis felons.
Pour nostre roy faisons bataille,
Lequel est en captivité
La foy que lui devons lui vaille,
¹⁶⁶⁰ Quant il en est necessité.

Var. : 1642 C acontrait.

XXXIII. *Comme raison d'omme loyal ne se pourroit consentir a amer estre subjugué de son ennemy.*

  Que leopart nous puist seigniourir,
  Qu'est nostre ennemy estrangier,
  Qui nos parens a fait mourir
  Et nos freres, com losengier,
1665 Et qui pour nous livrer a mort
  Voulant regenter tant s'aprime,
  Ja ne soit; raison nous amort
  A devoir nyer son regime.

QUESTION

  Qui est ce qui a livrer tire
1670 Les lis a l'asne a la grant teste
  Que tant nobles ne puet nul dire
  Estre deubz a si rude beste?

RESPONSE

  Je n'en sçay nulz en verité,
  Se ne sont gens sedicieux
1675 Et le leon que rudité
  Fait ennemis prodicieux.

XXXIV. *Cy reprent le duc de Bourgoigne et les gens de Paris de ce qu'ilz ont renoncié a leur naturel seignieur pour recevoir son ennemy.*

  Douleur soit a vous qui muez
  Vostre seignieur en un leopart!

Var. : XXXIII B *Comment;* 1661 C *nous omis; seignorir.*

                    Pour pastour le loup ensuez,
1680   Et pour roy tirant qui vous pert,
            Le reume de sedicion,
            Que tant avez en grant faveur
            Qu'il vous maine a perdicion,
            Vous toult des doulz lis la saveur,
1685   De qui la fleur sent et redole
            Et resplendit et fructifie,
            Et le faulx leopart, vostre ydole,
            Devoure tout, et fol si fie.
            Congnoistre vous fera, je croy,
1690   Seduiz de Paris a douleur,
            Com avez gouverné le Roy
            Soubz la loy de vostre fureur.
            Par Henry, qui soubz servitude
            Muera vostre joie en pleur,
1695   Sentirez vous com il est rude,
            Au regart de la doulce fleur.
            Pas n'affiert que gent populaire
            Les roys et les regnes gouverne,
            Qui aux seignieurs doit tribus faire
1700   Et aydier son Roy sans esperne.
            Quant la regent verge du prince
            Espargne trop a peuple ingrat,
            Lors vers lui la retorque et pince
            Et encontre lui se combat,
1705   Dont le bien publique fenir
            Convient aprez, comme il est ore;
            Bien doivent tous princes tenir
            Cestui exemple en leur memoire.

Var. : 1684 B tolt, C tost; 1693 C qui par; 1698 roys ne les.

XXXV. *Cy fait admiracion en complaignant de ce que le roy de France est gouverné par le roy anglois.*

   Helas! Françoiz, plains de meschief,
1710 Qui est cil de nous qui ne pleure
   Quant voit oppreint son noble chief
   Et son ennemy au desseure
   Par trayson qui moult se peine
   D'exillier la ligne de France
1715 En lui livrant doulour et peine
   Qui la persecute a oultrance?
   Dont bonne nature se deult
   Et simple foy s'en esbahist;
   Aux ouyes plaire ne peut
1720 Ouyr le cas tel comme il gist;
   Et lengue se taist et eschive
   A raconter les maulx sceuz,
   Que toute raison d'omme estrive
   Croirre qui ne les a veuz.
1725 L'er, la terre et la mer aussi
   Ont de tant grant pechié horrour
   Que, excepté Judas, onques si
   Grief ne commist nul traytour.

XXXVI. *Cy reprent et blasme le duc de Bourgoigne d'avoir livré le roy de France au roy angloiz et s'estre alié a luy.*

   O faulx jenne (1) duc de Bourgoigne,
1730 Remect ton seignieur en franchise

Var. : 1721 B *eschieve.*

(1) Né le 30 juin 1396, Philippe-le-Bon était âgé de vingt-quatre ans à peine, lorsque Robert Blondel écrivit son poème.

Et n'aies honte ne vergoigne
De reprimer ta male guise.
Traystre, lesse au roy et son filz
Les lis que leur donna Marie,
1735 Car pas estre ne doivent ilz
Actribuez a tirannie.
Jamez a la Vierge ne plaise
Souffrir une tele grevance,
Que trayson faulse et mauvaise
1740 Oste ses dons au roy de France.
Se ton fait n'amendes, ainçois
Que vengence en puisse venir,
La sanction de toutes lois
Ne te pourroit assez punir.
1745 Tu, traystre leon effronté,
Manifestes de toute part
Le contract dessus raconté
Que fist ton pere o le leopart :
Ce fut aliance inhumaine
1750 Que tu, son filz, or executes;
Nature a acomplir te maine
Les traysons qu'il avoit conçuptes
Et les maulx qu'avoit proposé,
Quant le duc d'Orleans Louys
1755 Faire mourir fut si osé,
Dont mains maulx se sont ensuys.
Ne s'esmerveille creature
Se le filz fait comme le pere;
Communement autel nature
1760 En l'un comme en l'autre repere.

XXXVII. *Cy reprent ceulx qui ont preschié pour le duc de Bourgoigne et le peuple qui a creu a lui non obstans les maulx qu'il veoit qu'il avoit faiz, en les exhortant qu'ilz se revoquent et repentent.*

  O peuple, acoise ta murmure
  Et ta detraction delesse,
  Divulgant paroles d'injure
  Causans le mal qui tous nous blesce.
1765 Appaise toy, sedicion
  Furieuse et plaine de rage.
  Tu, murmure et detraccion,
  Par estes trop plaines d'oultrage.
  Vous trois, faulses vieilles maudictes,
1770 Avez les nobles lis destruiz ;
  Bien estes les compaignes dictes
  Du Bourgoignon, comme je truis.
  O faulx prophetes, aiez honte
  D'avoir nourry soubz le tirant
1775 Erreurs, dont nul ne scet le compte,
  Tant soit a les compter tirant,
  Et du quel la prodicion
  Qu'est par son filz manifestée,
  A descouvert l'entencion
1780 Et les secrez de sa pensée.
  La quoue du leon venymeuse
  Se consone assez a sa goule,
  Qui comme mortele et crueuse
  Tout genre devore et engoule.
1785 Mauvaiz fut son commencement,
  Quant Orleans a mort mis a
  Et son moien pire griefment,
  Quand le royaume divisa,

   Et sa quoue par est trop pesme,
1790 Ce scevent tuit logicien,
   Quant son filz baille son roy mesme
   A son ennemy ancien.
   Le champ françoiz moult dommaga
   Quant le duc d'Orleans mort out,
1795 Puis par fureur tant s'erraga
   Qu'il le veult destruire du tout,
   En errachant la noble souche
   Des lis, et en couppant leurs branches.
   Oncques mez si vilain reprouche
1800 Ne fut oüy d'oreilles franches.

QUESTION

   Qui est la chose plus dampnable
   Qu'a l'ennemy son roy baillier,
   Venant com beste expoventable
   D'oultre mer pour le bataillier ?

ITEM QUESTION

1805 Et quel chose est plus desloyale
   Que le filz du roy repeller
   De sa majesté royale,
   Et contre lui se rebeller ?

RESPONSE

   Françoiz, plus que dire n'en scé,
1810 Mez marry en suy et plain d'ire ;
   Briefment, quand g'y ay bien pensé,
   C'est plus grand mal que ne puis dire.

Var. : 1789 C *coue*; 1795 C *s'enraga*; 1805 C (rubrique) *Item aultre*.

OPPINION

  ·Et croy que le grant roy d'enfer
  Plutho, prince de tenebrour,
1815 Troublant des hommes le penser
  Afin de lès mectre en errour,
  A lessié les lieux tenebreux
  Qui sont en enfer le profont,
  Pour venir a l'ayde de ceulx
1820 Qui du leopart aliez sont,
  Voulant les nobles lis demectre
  Qui sont les armes chrestiennes
  Du champ françoiz pour y remectre
  Ses trois crappaux armes paiennes.
1825 Destruire voulsist le tresor
  Que la Vierge y donna jadis,
  Qui sont les trois fleurs de lis d'or,
  Des bannieres de paradis.
  Oster nous veult foy par deux feres
1830 Et faire paiens de rechief.
  Les maulx impuniz de leurs peres
  Nous ont engendré ce meschief.
  O tant rage de peuple fraelle
  Qui ne congnoist le vray du faulx,
1835 Et la tresmaudicte querelle
  Du Bourgoignon ont fait de maulx;
  Par laquele querelle que on ne
  Voit pas encor estre passée,
  De France la noble couronne
1840 Est en peril d'estre quassée;

Var.: 1824 A Ses crappaux.

           Par laquel rage dessus dicte
           On cesse la divine loy
           A enseignier, qui tant proufite
           Aux chrestiens de bonne foy;
           Par qui la lumiere du monde
1845   Fault en l'estude de Paris,
           De qui fontaine clere et munde
           Sont les conduis mors et taris,
           Et par laquel rage rebelle,
           Plaine de deul et de hayne,
1850   Est maintenant France la belle
           Trestoute tournée en ruine.
           O Françoiz, donnez medecine
           Tantost a ceste maladie;
1855   O l'espée couppez la racine
           De sedicion enlaidie.
           Assemblez vous en compaignie
           Et punissiez le grief pechié
           Qui pour le roy et sa lignie
1860   Deglutir s'est tant empeschié.
           Nul de vous n'adresce sa voie
           O ceulz qui destruisent les lis,
           Mez chascun au Dalphin s'avoie
           Qui tant est nobles et eslis.

XXXVIII. *Cy monstre au peuple seduit par le feu duc de Bourgoigne, qu'il ne se doit point courroucier de la mort d'icelluy qui l'avoit bien deservie, en disant raison pourquoy et en allegant sa tirannie.*

1865   Peuple, ne fay deul ne moleste
           Pour la mort du cruel leon,

Var. : 1850 B *deuil*; 1853 B C *medicine*.

>
> Dont la malice manifeste
> Est a tous comme nous veon.
> Par ses fais sont genz innombrables
> 1870 Mors, et muyrent par chascun jour;
> Seul est cause des maulx sans fables
> Qui nous tiennent en tel doulour.
> Oncques mez par paix ne par guerre
> Ne fut homme de mere né
> 1875 Qui tant de maulx donnast sus terre
> Comme cil tirant a donné.
> Quant tirant d'autry sang remply
> Puet on murtrir et acourer (1),
> Ce qu'on lui doit est acomply;
> 1880 Ne on ne doit point sa mort plourer.
> Cil leon sans foy devorant
> A qui sont ses louyers renduz,
> Seducteur de peuple ignorant,
> S'est priz ez laz qu'avoit tenduz.
> 1885 Cheu est en sa mesmes profonde
> Fosse qu'il avoit demerie.
> C'est juste chose quant redonde
> Au trompeur sa tromperie.

Var. : 1870 C *morent*; 1872 B *douleur*.

(1) Robert Blondel est ici l'interprète de l'opinion du temps, qui vit dans le meurtre de Jean-sans-Peur les justes représailles de l'assassinat du duc d'Orléans. Mais on voit déjà dans cet endroit, et on verra mieux encore dans son *Oratio historialis*, qu'il est partisan de cette dangereuse et fausse doctrine des anciens, qu'il est permis de tuer un tyran. C'est d'ailleurs ce que Jean Petit avait soutenu en 1408, dans sa justification du crime de Jean-sans-Peur.

XXXIXᴬ. *Comme le roy d'Angleterre a tué grant partie de la noblesce de France.*

  Le leopart, ennemy felon
1890 De France, destruit les beaulx lis,
  Par qui tresgrant part, ce scet on,
  Des nobles Françoiz sont occis.
  Pourquoy, France la viduée,
  En qui grieve doulour assiste,
1895 De ses bons amis desnuée
  Leur mort pleure dolente et triste.

XXXIXᴮ. *Cy parle de la male journée que les Françoiz perdirent en Piquardie, depuis laquele France n'a eu nulz amis.*

  O journée (1) plaine de pleur
  Que maudit France l'exilliée,
  Qui en toy fut de toute fleur
1900 De chevalerie espilliée,
  A qui gieux et esbatemens
  Doulz chant et science as tollu,
  Et lermes et gemissemens
  A tous donner as tu voulu,
1905 Saches qui lis, soies clerc ou prestre,
  Et n'aies pas de ce despis;
  Tu nombreroies, qui ne puet estre,

Var. : 1891 B C *Par qui grand part ce bien scet on*; 1894 B C *griefve*, B *douleur*; XXXIXᵃ B C *Picardie*.

(1) La bataille d'Azincourt (Pas-de-Calais) fut livrée le vendredi 25 octobre 1415. Dans cette funeste journée, les Français comptèrent dix mille morts, parmi lesquels plus de huit mille gentilshommes, dont quelques-uns appartenaient à la plus haute noblesse. C'est ce qui fait dire ici que la France fut « de toute fleur de chevalerie espilliée ».

Plus tost de Beaulce les espis,
Et de toute Loire les goutes
1910 Sauroies tu raconter et dire,
Avecques ses gravelles toutes
Que par force tourne et revire,
Et aroies ainçoiz reparé
Toutes ruines sans chevance,
1915 Que tu eüsses declaré
Les meschiefz avenuz en France.

XL. QUESTION

Qui est cil qui doulour n'y truisse
Qui a trestous y est commune?

ITEM QUESTION

Et quel lieu est seur ou l'en puisse
1920 Dire qu'il n'y ait eu rancune?

RESPONSE

En France n'a chemin ne sente,
Ville ne bourg, tant soit cuitifz,
Qui de la plaie ne se sente
Et ou il n'ait aucuns fuitifz
1925 Qui ont esté expoventez
Pource que nul n'en demourast
D'amer les lis entalentez
Que la fere ne devourast.
Le champ de France est aspre et vuit,

Var. : 1919 C *l'om;* 1922 C *cuitif;* 1924 C *aucun fuitif.*

1930　Ce que l'en n'avoit pas amors,
　　　　Car les bons Françoiz en sont tuit
　　　　Les unz fuitifz, les aultres mors.
　　　　Quant ou noble vergier de France
　　　　Souloient fleurs de lis prosperer,
1935　Et en donnant grant habondance
　　　　De fruict a tous perseverer,
　　　　Tout homme vivant en cest monde
　　　　A luy donner ayde pensoit,
　　　　Mez, quant adversité l'affonde,
1940　Ne croy que de nul un en soit.
　　　　Le doulx vent de prosperité
　　　　Lui monstroit moult d'amis verbaulx,
　　　　Mez or le vent d'adversité
　　　　Peu lui en monstre de feaulx.

XLI. *Comment le roy angloiz a subjugué Normendie, laquele n'a point eu de secours, et comment ceulx du pais ayment les fleurs de lis.*

1945　Helas! la fere leopartie
　　　　A destruit de France la lée
　　　　La plus grace et riche partie
　　　　Qui Normendie est appellée.
　　　　Sur le pais a son croq gecté,
1950　Rendant tous biens en habundance,
　　　　Et en a le roy degecté
　　　　Dehors par son oultrecuidance.
　　　　Il a perturbé les rivieres
　　　　Et les fontaines estouppées ;
1955　Ja sont trois ans que les bannieres,

Var. : 1930 C *l'on*; XLI C *a destruit et subjugué Normendie;* 1947 C *grasse.*

Des Normans sont par lui couppées,
Ausquelz soustenans ses estours
N'est homme a l'ayde couru
Par grans chemins ne par destours
1960 Qui de rien leur ait secouru.
Oncques chevalier au leopart
N'a retrenchié ses cruelz mors,
En secourant a celle part
Ou trop a lessié de gens mors.
1965 Cellui pais moult se complaint
Dont au leopart est suffragant,
Car l'ardeur d'amour leur remaint
Du Dalphin, fleur de lis fragrant ;
Et moult sont enclins par faveur
1970 Au roy de France, son bon pere,
Dont tousjours la doulce saveur
Fait dedens leurs cueurs son repere ;
Et que au Dalphin Dieu doint puissance
Subjuguer le leopart plain d'ire
1975 De Normandie est l'esperance
Et la chose que plus desire.
Ne ne lui doit nul reprouchier
Sa servitude ne sa perte,
Car point n'ayme le leopart chier,
1980 Ains lui est violence apperte.

RAISON POURQUOY

A dire que homme peust amer
Chien erragié plus vifz que mors,
Trop lui seroit ce fait amer
Quant mortelement l'aroit mors.

Var. : 1972 B *au Daulphin Dieux*, C *dont;* 1982 C *enragié;*
1983 et 1986 C *auroit.*

1985 Ne nul son amy ne diroit
Cellui qui l'aroit despoillié;
Rien plus grief estre ne pourroit
Que d'estre serf et exillié.

XLII. *Cy monstre comme le roy d'Angleterre pour le pechié de son pere ne deüst pas estre roy.*

O que fais, rude asne vieillis ?
1990 Car a toy lessier la pasture
Que quiers ou champ ou sont les lis,
Repugne la loy de nature.
Tu y es venu sans besoing
Et de guile le monde sers ;
1995 Va querir ton pourchaz plus loing
En lieux espineux et desers.
De ton feu pere ensuys la part
Plain d'envie qui tousjours regne,
Qui son seigneur le roy Richart
2000 Fist mourir et perdre son regne (1).

Var.: 1985 C (rubrique) *item* omis.

(1) Le père de Henri V, Henri duc de Lancastre, révolté contre le roi Richard II, avait fait déposer, 30 septembre 1399, puis mettre à mort ce prince. Il se fit proclamer roi sous le nom de Henri IV; avec lui commença la branche de Lancastre qui régna jusqu'en 1461. Richard II n'était pas l'oncle de Henri IV, comme le croit Robert Blondel; tous deux étaient petits-fils d'Edouard III, et par conséquent cousins-germains. L'erreur de Blondel vient peut-être de ce que Richard II, fils du Prince noir, mort avant Edouard III, ayant succédé immédiatement à son grand-père, il le prend non pas pour le petit-fils, mais pour le fils d'Edouard III, ce qui le ferait oncle de Henri IV.

La royal majesté trompée
Fut par lui, cruel homicide,
Dont devoit par la loy Pompée
Estre puny com patricide.
2005 A mort fist son propre roy mectre
Qui estoit son oncle sans doubte,
Dont tu, Henry, deüsses estre
Privé de succession toute;
D'onneur aussi et de tous biens
2010 Deüsses estre forbenny.
Le royaume angloiz que tu tiens
Te vient il de bon droit? nenny.
Et toutesfoiz tu, qui l'occupes
Com successeur de sa malice,
2015 N'es pas content des biens que suppes
Qu'il t'acquist par son mortel vice;
Ains veulz de France la haultesce,
Avecques tes biens mal acquiz,
Accumuler par ta rudesce.
2020 Maudit soies quant onques nasquis!
Tu bées a choses trop haultes
Qui a toy de rien n'appartiennent;
Mains orgueilleux chieent bien en fautes
D'ou plus grant droit avoir maintiennent.
2025 Choses acquises valent poy
Que o l'espée fault tousjours deffendre,
Et si seult la mort, bien le sçay,
Tirant devant ses jours seurprendre.

Var. : 2010 C *forbanni*; 2012 C *nennil*; 2023 B C *cheent*; 2024 A B *De ou*.

EXEMPLES DE NERON ET DE HOLOFERNES

  Neron (1), dont encor est memoire,
2030 Tout le monde seignieurissans
  Se fist tuer, ce dit l'ystoire,
  Ains qu'il eüst regné quinze ans.
  Aussi le grant Holofernes
  Qui a mal faire s'arrudist,
2035 Du quel, ge croy, pas meillieur n'es
  Fut tué jenne par Judith.
  Mains exemples d'autel nature
  Trouveroie, s'en avoie eu erres,
  Escrips en la saincte escripture
2040 Encontre laquele tu erres,
  Ausquelz vilainement meschut,
  Que Dieu permist punir de fait,
  De qui l'ire dessus eulz chut
  Pour les maulx qu'ils avoient fait.

ITEM AU ROY ANGLOIS

2045 Tourne arriere, beste desvée,
  Et t'en va loing, fol estourdi;
  Raison a toy paistre devée
  Du grain qui en France sourdi.
  Lis sont fleurs pour toy trop friandes;
2050 Vivre ne doiz de tel pasture,
  Mez ronces et chardons, viandes
  Sont propices a ta nature.

Var. : 2045 C (rubrique) *Item question.*

(1) Les exemples de Néron et d'Holopherne sont de l'invention du traducteur Robinet.

        Avoir fleurs de tant grans noblesces
        Com les lis ne doiz nullement.
2055 Tu obstiné en tes maulx blesces
        Les bons esperis grievement.
        Tu aultry drois a toy tirans
        Que droit et raison te deffendent,
        Appren comme de tous tirans
2060 Toutes choses a un fil pendent,
        Auquel ne se puet asseurer
        Aucun rapteur en nulles guises,
        Car longuement ne peuent durer
        Choses par violence acquises.
2065 Pource tu, qui l'autry ravis
        Par ta force et contre droicture,
        Deüsses craindre, ce m'est avis,
        Les fortuneux cas d'aventure.

EXEMPLE DU ROY NABUGODONOSOR

        Nabugodonosor le roy (1),
2070 Qui jadis des biens s'enyvra,
        Comme fol et plain de derroy,
        Que fortune si lui livra,
        En son estat tant se fia
        Qu'il fist aourer son ymage
2075 Et son creatour oublia,
        Qui fut folie et grant oultrage.
        Et, car de Dieu ne lui souvint
        Qui tant de biens lui ot presté,
        Pour ce pechié lui escouvint
2080 Cheir en extreme poureté,

Var. : 2062 C *Aucum*; 2075 B *createur*; 2080 C *Chair*.

(1) Cet exemple de Nabuchodonosor ne se trouve pas dans le texte latin de Robert Blondel, il a été ajouté par Robinet.

Tant que o les bestes fut mis pestre,
Parmy les champs, tout nu de fait,
Ou bien sept ans lui couvint estre,
Tant qu'il recongnut son meffait.

XLIII. *Cy monstre comme les Françoiz doivent estre hardiz, pour la bonne querelle qu'ilz ont a l'encontre du roy d'Angleterre et des siens.*

2085 O bons Françoiz, nobles et sages,
A combatre chascun labeure
Le trescruel asne sauvages
Que toute France ne deveure.
Toute fleur de chevalerie,
2090 Et vous trestous loyaulx vassaulx,
Secourez a la seigneurie
De France, qui tant a d'assaulx
Et a esté honteusement
A son vieil ennemy livrée
2095 Par gent qui s'est traytreusement
De sedicion enyvrée.
Prouvez par proesce a oultrance
Vostre noblesce et bonne foiz,
Dont Charles, le bon roy de France,
2100 A grant besoing a ceste foiz.
La juste querelle qu'avez
Vous doit aidier, sachiez de voir,
Et le tiltre que bon savez
A bien faire vostre devoir ;
2105 Car le leopart nous debatant
N'a tiltre de nous assaillir,

Var. : XLIII C *comment;* 2095 B *trahyteusement.;* 2102 B *sàichiez.*

Pour lequel doit tout combatant
Plus hardi estre sans faillir.
La foy que vous devez au roy,
2110 Et raison si vous amonneste
De deffendre par bon arroy
Vos pais, qui est chose honneste.
Ceulz qui meurent pour leur païs
Sont jugiez en paradis vivre.
2115 Bons vassaulx ne sont point haïs
De Dieu, ains bon louyer leur livre

EXEMPLE DE MOÏSE

Et qu'il soit vray assez le preuve
En plusieurs lieux saincte Escripture,
Entre lesquelz escript je treuve,
2120 Soubz correction sans murmure,
Que Moïses (1), duc d'Israël,
Voiant que Dieu, com couroucié,
Persecutoit o son flael
Son peuple qui avoit pechié,
2125 Si lui requist en tel sentence
Ou que son nom il effaçast
Du livre de vie en presence,
Ou qu'a son peuple pardonnast.
Ainsi appert qu'il ama mieulx
2130 Perir avecques tout son ost
Que seul estre sauvé, mez Dieux
Appaisa son ire tantost.

(1) L'exemple de Moïse et ceux qui suivent, d'Hector et de Du Guesclin, sont de l'invention de Robinet.

AULTRE EXEMPLE DE HECTOR DE TROIE LE PREUX

Je treuve aussi en aultre livre
Que Hectoir le preux et le vaillant
2135 Ama plus chier mourir que vivre
Pour son païs en bataillant.
Et pource de lui la memoire
Ne sera jamez oubliée,
Ains est descripte en mainte hystoire,
2140 Afin que ne soit effaciée.

AULTRE EXEMPLE DU BON BERTRAN DU GUEASQUIN

Le bon Bertran pareillement
Du Gueasquin, plain de vaillance,
Se disposa assez souvent
A mourir pour deffendre France,
2145 Lequel pour les beaulx faiz qu'il fist
Si est en la table des preux (1)
Le dizieme mis en escript
Et preux renommé aprez eux.

Var.: 2141 C (rubrique) *Exemple aultre.*

(1) « Il est souvent question, dans les poèmes et chroniques du moyen âge, des *neuf preux* ou des neuf plus vaillants chevaliers de l'antiquité et du moyen âge. Alexandre, Hector, César, Pompée, Judas Machabée, Artus ou Arthur de Bretagne, Ogier, Renaud, Rolland, sont quelquefois cités comme les *neuf preux* (Sainte-Palaye, v° *Preux*). Ils figuraient dans les cérémonies publiques. Monstrelet raconte que les *neuf preux* à cheval accompagnaient le roi d'Angleterre Henri VI, lorsqu'il fit son entrée à Paris, en 1431. On les représentait avec des barbes d'or et avec des robes à manches de satin, tailladées et ornées de paillettes d'or... (Chéruel, *Dictionnaire historique des institutions, mœurs et coutumes de la France*, 1855, v° *Preux*).

XLIV. *Cy enhorte monseignieur le Dalphin a avoir bon et hardy courage de combatre ses ennemis, en lui racontant exemples plusieurs a propos.*

  O noble et courageux Dalphin,
2150 Du royaume droit successeurs,
  Veuilles relever de cuer fin
  Le nom de tes predecesseurs.
  Tu, Charles, tresexcellent prince,
  De nostre sauvement l'estude,
2155 Pour qui honneur j'ay entreprins ce,
  Delivre nous de servitude.
  En ton jenne aage que Dieu croisse
  Par toy Françoiz forces resument,
  Et ne craignes donner angoisse
2160 A tous ceulx qui France consument.

EXEMPLE DE HERCULES

  Moult souvent a jennesce on voit
  Mars estre favorable et bons.
  Hercules (1) quant ou bers estoit
  Tua bien deux cruelz dragons.
2165 Soies donc Hercules par faiz,
  Qui plus scez d'ans qu'il ne savoit,
  Car serpens ennemis parfaiz
  As tu plusieurs, comme il avoit.

AULTRE EXEMPLE D'ALEXANDRE LE GRANT

  Alexandre, aagié de douze ans (2),
2170 Debella Dares et Porrus

Var. : XLIV B C *exhorte*; 2156 B *servitute*.

(1) Sur la légende d'Hercule au berceau étouffant de chaque main les deux serpents envoyés par la jalousie de Junon, voir la 24e idylle de Théocrite.

(2) Alexandre, né en 356, avait non pas douze, mais vingt-deux ans,

Qui du païs son pere les champs
Gastans avoient fort couruz.
Matiere de tiltre semblable
Te donnent les droiz que deffendes
2175 Les champs de ton pere sans fable
Et au leopart chacer entendes ;
Car plus aagié es d'Alexandre (1)
Et n'as pas mains juste querelle.
Par ainsi ton païs deffendre
2180 Roy seras de France la belle.

EXEMPLE D'UNE BESTE MERVEILLEUSE NOMMÉE LA GORGONE QUI AVOIT III TESTES ET UN SEUL OEIL

De la Gorgone parler vueil,
La plus monstrueuse des bestes,
Qui n'avoit seulement qu'un oeil
Et sus corps portoit trois testes,

Var. : 2178 B *moins;* 2180 C (rubrique) *ueil.*

quand il vainquit en 334, sur les bords du Granique, les Satrapes d'Asie-Mineure, lieutenants de Darius. Les victoires d'Issus et d'Arbèle, remportées sur Darius lui-même, appartiennent aux années 333 et 331. Quant à Porus, ce fut en 327 qu'Alexandre le vainquit. Je crois que la mémoire de Blondel l'a mal servi. On avait remarqué avant lui qu'Alexandre avait fondé douze cités en douze ans de règne, fait que Wace avait déjà altéré en lui faisant conquérir douze royaumes en douze ans. Blondel a appliqué par erreur le chiffre douze à son âge au moment de ses conquêtes.

(1) Le dauphin Charles, né le 14 février 1403, était âgé de dix-sept ans quand Robert Blondel écrivit son poème.

2185 Dont celle qui ou mylieu sist
Et Meduse estoit nuncupée,
Portant l'oeil que ge vous ay dit,
Si fut par Perseus couppée,
Pource que d'umaine nature
2190 Elle estoit mortele ennemie,
Tant que ne trouvoit creature
Qui par elle ne fut honnie.
Aussi, chier Dalphin, ge te monstre,
Afin que tu t'en doignes garde,
2195 Devant toy un horrible monstre
Qui n'a que un oeil dont te regarde
Et trois testes tout en un corps
Contraict de trois bestes a part :
C'est le leon, bien m'en recors,
2200 Sedicion et le leopart,
Dont le leopart est la Meduse
Qui porte l'oeil executoire
De la fin a quoy chascun muse
D'iceulx trois que ge nomme ore.
2205 A toy destruire sont meus,
Dont Dieu te gart et te conforte !
Et pource, comme Perseus,
Couppe la teste qui l'oeil porte.
Car, se la puez avoir premiere,
2210 Les aultres aveugles seront,
Dont cheviras en tel maniere
Que jamez mal ne te feront.

Var. : 2206 B *Dont Dieux*.

XLV. *Cy monstre a Monseigneur le Dalphin comment il ne s'esbahisse point se le duc de Bourgoigne et le roy angloiz se sont aliez, en monstrant que c'est par deffaucte que l'en ne fist point justice de leurs peres qui furent traystres et meurtriers.*

  Et se trayson forsenée
  A l'Anglois et Bourgoigne joint
2215 En une aliance dampnée,
  Charles, ne t'en esbahis point.
  De leurs peres l'impuny crime
  Qui les a ensemble aliez,
  De France la justice opprime
2220 Qui les deust avoir liez.
  Car le pere du roy anglois
  Fist mourir, c'est tout apparent,
  Feu Richart d'Angleterre roys
  Son droit seignieur, oncle et parent.
2225 Et le pere du Bourgoignon
  Fist mourir le frere du roy,
  Filz du bon feu roy, ce scet on,
  Qui estoit ton oncle pour vroy;
  Pourquoy de peine capitale
2230 Devoient par droit estre punis
  Et leurs filz de toute regale
  Et de tous biens estre bannis.
  Ainsi justice les deüst
  Avoir paiez aprez leur serte,
2235 Se ordre de droit les eüst
  Satisfaiz selon leur deserte.

Var. : 2215 C *pere au*; 2234 C *paié.*

Crudelité s'est opposée
Donnant regne a yceulz tirans
Qui justice dessus posée
2240 Sont a destruire tous tirans.
Iceulx plains de duplicité,
Plus cruelz que nous ne peignons,
Par leur faulse complicité
Sont faiz ensemble compaignons.
2245 Mez tu Dalphin, chiere levée,
Frappe dessus tes ennemis
Auxquelz droit et raison devée
Estre tout royaume submis.
Et n'ayes point de paour d'eulx,
2250 Ains leur maine guerre et contens,
Car selon droit les orgueilleux
Ne regneront gueres long temps.
Le sang de leurs peres iniques
Et leur semence perira,
2255 Qui or vient pour leurs faiz obliques
Querir droit qui les punira.
Ilz viennent querir leur salaire
Que justice leur denya,
Et pource leur veuilles droit faire
2260 Ou point de remede n'y a.
Soient par toy couppez tous pechiez
Et paix et amour revoquée,
Ronces et chardons errachiez
Et justice recolloquée.
2265 Par ta noblesce resplendisse
Le royaume françoiz deffait,

Var. : 2266 C *de fait.*

Et pren de grant vertu l'office
Qui par toy soit mise a effet.
Fay que ta personne nommée
2270 Soit du nombre des preuz amez,
Dont la publique renommée
Ne se devroit perir jamez.

XLVI. *Cy exhorte tous bons François a aydier monseigneur le Dalphin a deffendre le pais de France.*

O vous, Françoiz, acoustumez
Cueillir le fruict ou champ de France,
2275 De l'amour du lis alumez,
Levez sus sans plus de souffrance,
Et destruisez les aliances
Du roy angloiz tant monstrueuses
Qui tient de nostre pot ly ances (1)
2280 Et vous maine guerres crueuses.
A garder de France le cloz
Aydez le Dalphin jenne et tenre,
Ou quel demeure tout encloz
Le franc royal masculin genre.

XLVII A. *Cy monstre aux Françoiz comment ilz ne se doivent point esbahir se Fortune a esté contre eulz, et dit cause pourquoy.*

2285 Se Fortune la variable
Et Mars, qui est doubteux sonné,

Var.: XLVI C *le Daulphin de;* 2274 B *cuillir* 2277 A *Qui tient de bon pot li ances.*

(1) Nous ne connaissons pas d'autre exemple de ce dicton dont le sens n'a, d'ailleurs, rien d'obscur.

>   Au leopart entrée favorable
>   Et a vous contraire ont donné,
>   Ja de riens ne s'en esbahisse,
> 2290   Françoiz, nul de vous pour cest fait,
>   Car a la fin que le traysse
>   Fortune a ce venir le fait.
>   Fortune toutes gens deçoit
>   Et nuit a ceulx que plus applaude;
> 2295   Nul par fait amy ne reçoit,
>   Venim gist soubz sa face baude.
>   Fortune regnant ez humains
>   Qui hault eslevez met au bas,
>   En les menant du plus au mains,
>   Fait de paix guerres et debas.
> 2300   Marrastre aveugle est sans doulceur,
>   Ensuyvant chemin retrograde,
>   Et ceulx qui appetent honneur
>   Orgueilleux eslevez de grade.
>   Plus aspre est que le vent de bise
>   Ou temps d'yver, emmy la plaine,
>   Qui plus est froit que pierre bise
>   Et se change sans loy certaine.

XLVII B. *La description qui s'ensuit de Fortune* (1) *jusques au prochain paragraphe est oultre ce qui est ou latin de l'acteur.*

>   Son ris est lacrimable pleur,
> 2310   Et sa joie, amere tristesce;
>   Son chant, vehemente douleur,
>   Et povreté est sa richesce.

Var. : 2292 C *ad ce*; XLVII^a B *esbahir* omis; 2300 A *guerre*.

(1) Cette *description de Fortune* est une addition de Robinet à

Sa chanson est plainct et clamour ;
Son amour, ire hayneuse ;
2315 Son repos, incessant labour,
Et son lict, place ruineuse.
Son miel est fiel dessavouré,
Et sa doulçour est chose amere ;
Son bel est let deshonnouré,
2320 Et nourrice est de tristour mere.
Sa paix est noise murmureuse,
Et sa seurté est grand paour ;
Son honneur, honte injurieuse,
Et sa clarté est tenebrour.
2325 Son los est blasme reprouvé,
Et son delict est doulour triste ;
Son plaisir plait, c'est tout prouvé,
Et en son sens est folour mixte.
Sa vie est mort expoventable ;
2330 Son sejour, sollicitans cures ;
Son fruict est abort lamentable,
Et son jour, tenebres obscures.

Var. : 2314 C *hannieuse* ; 2328 A *Et son sens.*

l'œuvre de Robert Blondel. C'est un exemple assez bien suivi d'un jeu d'esprit qui présente une grande analogie avec ce que J. Quicherat appelle *vers par contradiction* (*Traité de Versification française*, 1838, 13ᵉ note, p. 358-359). Dans Robinet, la contradiction se fait presque toujours par l'antithèse de deux substantifs ; dans les vers par contradiction, tels que Quicherat en donne des exemples, la contradiction résulte de l'antithèse du substantif et de son épithète ; c'est ce que P. Fabri dans son *Grand et vray art de pleine Rhétorique*, 2ᵉ partie, *l'Art de Rithmer* (t. II, p. 124 de la réimpression), appelle « predicatz contraires… ; comme l'on pourroit dire ce qui est au *Rommant de la Rose* « desloyaulté la loyaulx et loyaulté la desloyaulx ».

Son gieu est exil dommageux ;
Sa beauté, terrible laidure ;
2335 Son assez, excés oultrageux ;
Sa plaisance, horrible faicture.
Son humilité est orgueil,
Et sa charité envieuse ;
Trayson est son bel acueil,
2340 Et sa melodie ennuyeuse.
Sa confiance est impacience ;
Sa largesce avaricieuse.
Ignorance est sa science,
Et sa richesce souffreteuse ;
2345 Son trop est poy, son mol est dur,
Et sa raison desmesurée ;
Son bien est mal, son doulz est sur,
Et sa coulour deffigurée.
Sa fertilité est famine,
2350 Et sa planté, faucte de biens ;
Sa loyauté, forçant rapine,
Et sa preciosité, fiens.
Sa mesure rest prodigale ;
Sa prodigalité, souffrete ;
2355 Chanson miserable, sa gale,
Et sa façon, chose contraicte.
Son ayse est persecucion ;
Son vivre, contrainte abstinence ;
Final meschief, sa pension,
2360 Et larrecin sa confidence.
Ses treves sont murtrissement,
Et ses traictiez insidieux ;
Ses rappeaulx, forbannissement,

Var. : 2345 C *peu*; 2355 B *sa regale*.

        Et ses sermons sedicieux.
2365 Son haulcier est abessement;
        Son oignement, grieve poincture;
        Sa medecine, aggravement,
        Et son baisier, cruel morsure.
        Trebuchement est sa haultesce;
2370 Discort hergneux, sa consonance;
        Vilenie, sa gentillesce.
        Et sa stabilité, muance.
        Sa bonté est malicieuse;
        Sa suffisance insaciable;
2375 Sa prudence ignominieuse,
        Et sa feaulté decevable.
        Sa pitié est iniquité;
        Sa debonnaireté felonne;
        Tirannie, son equité,
2380 Et incertain terme, sa bonne.
        Et sa santé est maladie;
        Son hait, courout et marrisson;
        Sa saveur est bouche affadie,
        Et son garir, mortel frisson.

XLVIII. *Cy monstre aux Françoiz comment Fortune ne se tient point longuement en un estat.*

2385 Se Fortune en toute saison
        Se maintenoit en ses faiz une,
        Elle ne devroit par raison
        Pas estre appellée Fortune.
        Ce qu'elle donne a une main,
2390 De l'autre a soy tost le retrait,
        Et cil qui est victeur au main,

Var.: 2367 B *medicine*; 2382 B *courroux*.

Au soir vaincu a la mort trait.
Et se resourdent mains vaincuz
En aucun temps que tu nyeroies
2395 Povoir jamais avoir vertuz,
Dont aprez moult t'esbahiroies.

EXEMPLE FAMILIAIRE DU CIEL ET DE LA MER

Le ciel seult cler et sery estre
Aprez grant nublesce de nues,
Et les mers en paix se remectre
2400 Aprez que vens les ont batues ;
Et se fortune a abevré
Vostre ennemy de son doulz miel,
Duquel elle vous a sevré
En vous donnant a boire fiel,
2405 Par droit de fiel l'abevrera
Et bevrez le miel vostre fois,
Duquel elle le sevrera
Et lui fera sentir ses lois.
Pourquoy, se vous avez cremour,
2410 Hardiesce aiez sans doubtance,
Et ostez la vaine paour ;
Forces vous doint bonne esperance.
Car j'espere et pense que Dieu,
Qui fourma toute creature,
2415 Et Mars si vous dourront du gieu
Bonne et triunphal aventure.

Var. : 2394 C *aucum*; 2397 C *serin*; 2405 C *fel*; 2409 C *tremour*; 2415 C *donront*.

AULTRE EXEMPLE FAMILIAIRE DU TEMPS D'YVER

Yver ne durra pas toujours,
Mez les temps de ver revendront
Que les forestz feuilles et flours
2420 Et fruict habundant nous rendront :
C'est a dire que ceulz de France
Qui de present sont sans victoire,
De tous ceulz qui leur font grevance
Revendront au dessuz encore.
2425 Et ou quel temps de ver les lis
Haulx verdiront en toute place,
Que veuilles garder de perilz,
Vierge Marie, par ta grace!
Tu, mere de virginité,
2430 Deffend les lis de tout contraire
Et les tien en prosperité,
Com aultresfoix as voulu faire.

AULTRE EXEMPLE FAMILIAIRE DE LA VIGNE

La vigne doit estre beschiee
Et duicte par temps yvernage,
2435 Afin qu'en antompne chargiée
De raisins, doint vin pour bevrage.
Aussi, Françoiz, tous vos labours,
Soient en cest temps d'adversité
A deffendre des lis les flours
2440 Si com j'ay souvent recité,
Afin, quant temps et lieu vendra
Que vous doint vos louyers en paix
Vostre prince a qui souvendra,
Des biens que vous lui aurez faiz.

Var. : 2428 C *virge*; 2429 C *virginité*; 2436 B *buvrage*, C *beuvrage*.

2445 Car en ver ou mains sont trouvez
Cueillans fleurs sans adverse encontre,
Ne sont pas bien amis prouvez,
Mez adversité les demonstre.
Le temps est ore que du prince
2450 Seront les amis congneuz
Et d'une chascune province
Les secrez en cest cas sceuz.

XLIX. *Cy fait oroison devote a nostre seignieur Jhesu Crist pour monseignieur le Dalphin et pour tous ceulz qui bien lui veulent.*

O Dieu, qui sans semence humaine
Vouluz naistre de vierge pure,
2455 Pour nous racheter de la peine
D'enfer qui tant est grieve et dure,
Se tu flechiz oncques a lermes
Et prieres d'aucuns valurent,
Tu, souverain pere, en ces termes
2460 Reçoy nos pleurs qui tant nous durent.
Gouverne le noble Dalphin
Et deffent toute sa sequele
Et tous ceulz qui de bon cuer fin
Veulent deffendre sa querelle,
2465 Si qu'ilz puissent avoir victoire
Briefment de tous ses ennemis
Et en la fin estre en la gloire
Du royaume de paradis.

Amen.

Var. : 2454 C *virge*; 2456 B C *griefve*.

L. *Humble supplication a monseignieur le Dalphin.*

  O Dalphin, prince debonnaire,
2470 Ces presens vers en gré recueilles
  Et a ton Robert pardon faire
  De ses trop grans hardemens vueilles,
  Car vertu sote et arrogante
  Ne l'a pas fait de ce pener,
2475 Mez doulour qu'il a vehemente
  Lui a fait ces vers demener,
  Voiant tant de maulx apparestre
  Accroissans en tant de manieres,
  Et tant de gens aveuglez estre
2480 Aians pensées trop legieres,
  Que prez que la plus grant partie
  Du royaume goute n'y voit,
  Qui d'avec toy s'est departie
  Et pour seignieur te descongnoist
2485 A qui tout droit veult sans offendre
  Tous nous Françoiz estre loyaulx
  Et ton corps garder et deffendre
  Si comme nos propres bouyaux;
  Et tant d'ommes seduiz prouvez
2490 Qui ne vont pas la droicte voie
  Que lieu humain n'est pas trouvez
  Seur pour habiter que ge voie.
  Treschier Dalphin, souverain sire,
  Dieu te doint victoire briefment,
2495 Ainsi comme ge le desire
  Et paradis au finement;
  Si que, selon que j'ay fiance
  Que biens viengnent de ta besoigne,

Puisses destruire l'aliance
2500 Du roy angloiz et de Bourgoigne.

Amen.

POUR SAVOIR LE TEMPS DE LA MORT DU FEU FAULX TRAYSTRE
DUC DE BOURGOIGNE.

Se de savoir es desirant
Quant mourut le duc bourgoignon
Qui fut si trescruel tirant,
Com en cest livret tesmoignon,
2505 M. prise une seule fois,
C. quatre. V. trois o quatre soit;
Ou disain jour mourut du mois
De septembre, comme il devoit;
Et en l'an ensuyvant de traict
2510 Fut cest livret fait et dicté,
Ouquel j'ay escript et retraict
A mon povoir la verité.

Deo gracias.

Explicit le livre appellez
La *Complaincte des bons François*,
2515 Qui de leurs pais expellez
Sont par Bourgoignons et Angloiz.

Var. : 2501 et 2507 C *morut*; 2508 C *comme*; 2514 C (rubrique) *Deo gracias* omis ; *Ci finist le livre*. — Le mot *Explicit* est dan C à la fin du poème.

ORATIO HISTORIALIS

—

Des Droiz de la Couronne de France

ORATIO HISTORIALIS

A

ROBERTO BLONDELLI

EDITA

Ad clementissimum principem Karolum, Dei gracia Francorum regem christianissimum, Henrici Anquetil epistola incipit feliciter.

Clementissimo principi Karolo, Dei gracia Francorum regi christianissimo suoque superiori domino, Henricus Anquetil, post felices victorias de regno momentaneo migrare feliciter ad eternum !

Gesta regum ceterorumque principum ideo transcripta conspiciuntur, ut posteris, qui rem publicam habent dirigere, sint eadem in exemplum, ut etiam sui principatus titulum futuri successores penitus agnoscere valeant. Duplici ea de re, clementissime Princeps, venerabilis et circumspectus vir meusque reverendus preceptor, magister Robertus Blondelli, nacione Northmannus, in hoc tuo regno nunc fulgens facundissimus orator, ad sequens elegantissimum opus paulo ante quam tua regia majestas in anglicam tirannidem Northmanniam vendicando irrueret faciendum, eidem tue regie majestati offerendum, suum appulit ingenium. Et quia ad in-

-structionem preclarissimi principis domini Stamparum comitis, illustrissime Aurelianensis domus dilectissimi nepotis, egregios labores agebat, michi, suo obsequentissimo discipulo, strictis mandatis precepit, ut illud pretactum opus mea propria manu scriptum eidem tue regie majestati presentare citius conarer. Quod peragere hactenus distuli. Nempe tuam eximiam strenuitatem, Rex christianissime, fictis Anglorum treugis postea minime irretitam fore publica experiencia comperi. Ob hoc eamdem, hujusmodi libro racionem vario splendore tamquam rei publice hinc inde detrimenta afferentes inducias confutante, agitari egre verebar. Sed recenti ejusdem actoris prestantissimi mandato pulsus, et quia, suo presenti opere, jura corone, Anglorum bella in regnum Francie exactis diebus injusta fuisse necnon quam plura jugi memoria digna tua prefata regia majestas poterit inspicere, ad eamdem cum omni humilitate et reverencia, nomine ipsius mei reverendi preceptoris, illud transmittere decrevi. Hoc ergo munus, clementissime Princeps, itaque oblatum, tua sepedicta regia majestas suspicere dignetur. Quam feliciter et longeve conservet Altissimus !

Ex Aurelianis, anno Domini millesimo quadringentesimo quadragesimo nono.

INCIPIT ORACIO HISTORIALIS
A ROBERTO BLONDELLI EDITA

1 *Ad Karolum septimum Francorum regem christianissimum et illustrissimos Francie domus principes libellus incipit per Robertum Blondelli in figura oracionis editus, exhortativus ad pestem Anglice tyrannidis a regno* (A) *penitus extirpandam et ad consanguineis et terre sancte salutare subsidium prestandum* *. *In quo, a prima belli Anglici origine in hodiernum, omnes Anglorum, corone Francie condam vassallorum, fidelitatis fraudulente denegaciones et in dominum* (B) *fracciones et rem ob istam sentencia Curie Parium Francie in Johannem Anglie regem infidelem vassallum et paricidam more civili lata, omnium suorum dominiorum in regno confiscationis declarativa, et deinceps per Philippum Augustum, Francorum regem illustrissimum* (C), *manu militari executorem ad corone patrimonium Northmannie ab integro et fere totius Acqui-*

Var. : (A) B *a regni finibus;* (B) B C *in dominum superiorem;* (C) B C *Francorum regem illustrissimum* omis.

* « *Nota in isto rubro summarium totius materie hujus presentis libelli seu orationis historialis.* »

tanie reunio*, atque inter reges Francie et Anglie super discidiis excitatis pactiones, pacisque reformaciones, earumque extimplo (A) *inopinate rupciones Anglica fraude sequte, et ob hoc** bella undecies orta inseruntur, quibus jure divino et humano reges Anglie, in regno Francie vel in aliqua sui parte, aliquem titulum verum vel coloratum non posse pretendere, luculentius demonstratur.*

Var. : (A) B *extimplo* omis.

* « *Nota quod preter Northmanniam et Acquitaniam iste Philippus Augustus quam plures alios principatus armorum strenuitate juste acquisivit qui in hoc rubro causa brevitatis non inseruntur; satis etenim in sequentibus patent.* »

** « *Ob hoc, scilicet propter predictas denegationes fidelitatis et pacis fractiones Anglica fraude sequtas, undecies orta bella in hoc libello inseruntur, sub quorum numero bellum non continetur ob fractionem generalium treugarum per predictos Anglos in captione et destructione Fulgeris sequtum, quod quidem bellum est duodecimum et ob illud seu prosequtionem illius pro parte editus fuit libellus iste.* »

CAPITULUM I

Exordium materiam totius orationis et conclusionem causasque continens quibus actor regem et principes ad bellum exhortari impellitur.

2. Quanquam ferro, uti strenuum militem, in vite terminum, pro patria justa belli certamina me non liceat aggredi, tamen incredibilis afflicte patrie desolacio et impendens universi regni periculum me compellunt, que mentes cunctorum saltem pietatis amantum (A) excitare debent, ut tuam et tuorum prestantissimam virtutem, Karole illustrissime princeps, scriptis attentius exhorter, ut a miserrima servitute oppressam patriam liberes, et ab intrusione nedum presenti sed futura tuum regnum securum (B) reddas. Nulla enim alia (C) re, nisi exactissima bellorum diligencia, tuum imperium credas relevandum, nec nisi propria et effeminata principum desidia estimes periturum. Non enim infinita hostium potencia, sed Romanorum * resupina ignavia, qui inherti se dederunt voluptati, eorum corruit imperium, quod antea, licet esset parva natio, diligenti armorum exercitio solertique militari disciplina orbem universum subegit, terre (D) marique dominabatur. Ergo, pro (E) parte regni ab hostibus exurpati (F) recuperanda et alterius conservatione, voluntarios belli labores maturius assume et tuorum calamitati omnibus aliis in pari miserearis.

Var. : (A) C *amantium;* (B) C *securum* omis; (C) B C *alia* omis; (D) C *terræque;* (E) C *pro* omis; (F) B *usurpati.*

« Nota quod Romani diligenti armorum exercicio universum orbem subegerunt et per eorum ignaviam suum amiserunt imperium ».

CAPITULUM II

Ad regem belli exhortatio longissimi exilii profugorumque calamitatis et servitutis subactorum commiserativa.

3. Cum indignissimum profugorum (A) ob fidem duris spectatam exilium et adversis inveterata fratrum captivitas quam sepissime in mentem veniunt; et nos exules, vite subsidii penitus extorres, ludibrio (B) despectos,—illos enim in patria sub acerrimo jugo pressos languere videmus, — acerbissimo merore et anxietate intolleranda confecti ingemiscimus, nec est etiam quibus armis presidio (C) fuimus, ut non nostri infortunii participes fierint, qui nostre calamitati miserande condoleat, ut beneficiis obnoxius nobis bene merentibus opituletur, vos patres, vos propinqui, vos affines, quos pro re publica contigit gloriosius cecidisse*, apud nostras erumpnas incredibiles beatiores censemini (D) quam nos superstites, qui in fuga, in exilio (E) perpetuo et invisa captivitate miserrimam omnium vitam agimus. Vos enim omnes istas, quas indignissime oppressi patimur, inauditas egestates cum anima simul feliciter amisistis. Utinam pro patria cum ferro vendicanda, sanctissimo mortis genere, vobiscum cedi liceret, ne infortunatissimi vivere despecti et captivi conspiceremur. Ceterum ita res agitur, ut nunc absque dedecore ingenti nec vivere nec mori treugarum ignavia

Var. : (A) B *profugorum* omis ; (B) C manque la première ligne du f° 1 v° *captivitas quam sepissime in mentem veniunt et nos exules vite subsidii penitus extorres ludi......;* (C) B C *in presidio;* (D) B C *beatiores censemus;* (E) C *qui in exilio.*

* « Nota quod pro patria et deffensione rei publice beatius est mori, quam in fuga et exilio vitam agere. »

permittat. Nos enim (A) a laribus rebusque paternis ejecti, alienas domos et ab exteris, non absque obprobrio confusi, necessarium vite suffragium tristes mendicamus*; hostes vero capitales nostris edibus et patrimoniis amplissimis lautissime (B) jocundi fruuntur.

4. Si nichil caritate majus quam liberali animo parentum indigencie succursum iri, si (c) nichil delectabilius quam in natali loco cum dilectissimis fratribus tute et lete suscepturum iri, actamen si treugarum ductu a[d] sanguine junctos propriosque penates, ut internus amor persuadet, proficisci libeat, barbaries hostium impia ultimi formidine supplicii neccessariorum manus intercludit, ne pietas parenti erumpnoso audeat elargiri quod (D) extraneo vix denegaret. Et si optatissimi fratres in laribus propriis tecum fratre amantissimo paulisper hilares congratulentur, hii, ut fautores hostium, tu, ut explorator sui secreti, in carceres detruderis, et hii vix necem, vel saltem fortunarum depredationem evadent. Quid calamitate miserabilius ista? Ubivis nos variis coopertos erumpnis puta tutiores esse, quam in patria propria cum caris amicis et dulcissimis fratribus conversari. Quid magis viro forti indignum, quam infestis animis conspicere hostes, nostra cede cruentos, propria occupare, nostrisque reditibus opulentissimis, qui parentum cruorem exhauserunt ad, libitum uti, et nos summa miseria respersos esse, nec ferro, nec judicio treugis obstantibus usurpata ab hoste posse repeti? Quid cetera dicam, Karole princeps illustrissime? Non crimen in tuam majestatem perpetratum,

---

Var. : (A) C *nos autem*; (B) *collautissime*; (C) B *succursum iri, actamen si*; (D) C *quæ.*

* « Nota de summa miseria profugorum. »

sed fides ob ipsius et tui regni deffensionem duris servata a cunctis rebus proscriptos et exules nos effecit miserrimos.

CAPITULUM III

Hic in hoc genere dicendi, si a rege profugis non subveniatur, ab exemplo pernicioso concluditur, maxime ostensa eorum calamitate tanta commiseratione digna, quod ante inceptum bellum sors regis sanguine superillustris aliorum baronum et militum genere clarissima ceterorum fama et copiis opulenta, et nunc ob fidelitatem summis erumpnis defformata, nedum ex debito officii (A) *regem, verum omnes exteros* (B) *strenuos principes ad ipsos ejectos in suas fortunas restituendos animi generositate commoveri debet.*

5. Et si ad impetrandum etiam ab exteris principibus auxilium nostra calamitas nichil pietatis haberet preter sortem miserandam*, quod ante bellum ceptum quidam profugi ex tua stirpe regia superillustres et quam plurimi ex (c) sanguine baronum clarissimi, infinitique militari genere procreati, magnifico statu vivebant, ceterique omnes fama copiisque potentissimi eramus, et nunc, incredibili deformati egestate, neccessarium vite subsidium mendicamus, et langore treugarum gravissimo afflicti, ludibrio habemur, et quidam ex nostris sanguine generosi vilissimis officiis, ut arti sutorie, alterique cauponibus inservire cogimur (D), et ex fortunarum spoliis nostrarum bu-

Var. : (A) B C *officii* omis ; (B) *exteros* omis ; (c) B C *pro*; (D) B C *coguntur.*

* « Nota quanto profugorum fortuna clarior erat, eo magis infortunium ipsorum commiseracione dignum existit. »

bulci villanique Anglici ex plebea sorte nati, ducum, comitum, baronum, militumque titulis insigniti, in patria nostra prefulgent. Estne Philippi Augusti magnanimitas in nepotibus extincta ? Estne pietas in posteritate (A) sancti Ludovici conversa in crudelitatem ? Pacieturne (B) ex nostra substancia truculentissimos hostes jugiter ali, et nos ob ejus majestatem profugos in summa egestate semper degere et mori ? Nonne fuit diebus antiquis piissime Francie regum majestati nobilitatem nedum Galicam sed exteram a suis laribus injuste ejectam, et viros egregios in pristinam dignitatem restituere, nec pati cujuslibet federati seu amici principatum per tirannidem occupari.

6. Ergo, Princeps (c) illustrissime, nos, tui fideles, qui obtue majestatis deffensionem a propriis domibus depulsi* et longissima clade, — jam tricessimus et prope quintus annus labitur, — afflicti, tuum auxilium velut debitum obsecramus, postulamus et instanter requirimus, ut armorum strenuitate tuam majestatem dejectam et nos exules in tuam nostramque patriam restaures, velut tue majestati juramento et nobis fidelibus astrictus jure divino et humano teneris. Et si nos derelictos habeas et a tirannis nostra patrimonia non repetas, perniciosissimum exemplum cave **. Haud dubium ab hostibus invaderis, et in pari tempestate, ut tu nos, nobiles te (D) derelictum habebunt, et nostra prodicione territi, nullus tua in adversis (E) vestigia sequetur (F). Ut igitur omnibus cedat

---

Var. : (A) B C *estne posteritas;* (B) C *Patiemurne;* (c) B C *Princeps* omis; (D) B C *te* omis; (E) B C *nullis in adversis ;* (F) B C *sequentur.*

* « Nota quod Northmanni ob deffensionem regie majestatis voluntarium et longissimum passi sunt exilium. »

** « Nota malum exemplum fore cavendum. »

exemplo, tue majestati inherentes a tuo presidio nunquam fraudari, nobis miserrimis omnium subvenias, et nostra bona ob tuam majestatem deperdita, per tuam virtutem recuperata, te sequi in posterum vulgo omnibus persuadeant.

CAPITULUM IV

Ad regem belli ex[h]ortatio contra treugas invectiva.

7. Vota enim nostra in arma succenduntur et ne nostros impetus in hostes feramus concursuros invictos gressus treuge immorantur. Quibus enim celestis influencia et bellorum adversa fortuna videtur inimicari, treugarum vero hostibus inhercia non parum aspirat. Nam quos martius Gallorum vigor urgebat protinus expirare, ipsis Anglicis in rei publice perniciem respirandi oportunitatem concesserunt; et, uti tempore vindemiarum multas fruges, multa vina diligens agricola in [h]orreis recundit, non aliter treugarum spacio census infinitos *, infinitum aurum subdolus hostis a subactis extorsit, multa quod affert hostibus stipendia, ut a tirannis exteris in tuam majestatem et in nos multum exercitum conducant, Anglicaque astucia ** omni annone specie castra presidiaque habunde munivit. Hec munitissima tam regno inimicabuntur, quamdiu victualium copia suppetat. Igitur in te treugarum inducie non facile superanda preparaverunt arma. Non Cesarisburgum, non Rothomagum, non cetera prevalida castra ferrum, sed fames ***

---

* « Nota de incommoditate treugarum quantum ad erarium regie majestatis et profugorum utilitatem. »

** « Nota astuciam Anglorum. »

*** « Nota famem ferro acriorem hostem esse. »

acrior hostis et omni prestantior telo domabit. Quas autem crebra Gallorum militum infestacio alimentis destituerat, treugarum subsidium vires hostium lapsas restauravit.

CAPITULUM V

Ad regem ex[h]ortacio, ut precaveat ne in posterum Anglica fraude decipiatur. Nam astucia eorum cum rege pacem componere non querit, sed longuo treugarum occio miliciam armis exercitatam dissipare et dissipata, in quam ferro non potest, arte dolosa triumphare mollitur.

8. Summo igitur studio cave, Princeps (A) illustrissime, ne in posterum dolis Anglorum et perjuriis temere fallaris. Profecto versucia * hostium majus nocumentum quam arma credulis afferre solet. Non treugarum astu, sub quo prodicionis venenum et acrius guerre tegitur incendium, tecum pacem componere, sed tuorum fortunis majestatique tue hostes insidiari molliuntur, ut, oportunitate captata, federe rupto, ceteram regni partem exurpent (B), et te auxilio destitutum a tua majestate, quod Deus avertat, deicient. Non enim fraus Anglica ignorat tuos milites et numero et armorum probitate ipsis Anglis esse superiores, in quos arte dolosa, non ferro, triumphare nituntur. Nam intermissa bellandi consuetudo militum animos effeminat ** et treugarum occio vires

Var. : (A) B C *Princeps* omis ; (B) B *usurpat*, C *usurpent*.

* « Nota versuciam hostium plus principibus credulis nocere quam arma. »

** « Nota quod intermissa bellandi consuetudo milites effeminat et continuata auget et confert audaciam. »

corporum enervat, et armis continuata robur auget et pugnandi inflammat audaciam. Hinc sepius evenit, ut, quos arma bellica non possunt, longua quies et delicata voluptas, velut treugarum occium Hanibalem belli principem acerrimum devinxerunt (A) quem nequaquam Martis asperitas superare valuit. Quidam tuorum militum nature mortis tributum evo confecti solvunt; alii vero, maxima pars, treugarum tedio affecti, ducunt uxores et ad officia domestica vertunt ingenium. Et quis arbitraretur ut dulcissimas et molles lecti consortes dimittant, ut ferri duriciem jamque (B) exosam reassument? Nec dubium quidem : in rei publice perniciem treugarum protelatione tuorum militum validorum decrescit numerus et armorum exercicio nulla nobilium milicia (C) strenua, sed effeminata juventus propagatur. Mollis enim nutricum educacio corporis nervos et animi frangit. Gallica quidem juventus in occio natura petulans et nutrimento effeminata a cunis (D) se dat voluptati. Hinc, propter enervationem animi, in exordio bellorum, cum gente Anglica rusticano alimento nutrita et deliciarum nescia sepe a Gallis ignave pugnatum est, donec longo et continuato belli exercicio industriam et pugnandi audaciam assumpserint (E). Tum armis exercitata, pusillinimitate exuta et labori assueta, nulla prestantior armis, et in occio et deliciis nutrita nulla juventus imbecillior habetur*. Nam triginta Galli sub Julio Cesare militantes duo milia Maurorum virili animo fuderunt, miraque audacia fugarunt.

Var. : (A) C *devicerunt;* (B) B C *jamque* omis; (C) C *familia;* (D) B C *citius* remplace *a cunis;* (E) C *assumpserunt.*

* « Nota quod nulla gente Gallica in deliciis a juventute nutrita armis imbecillior, et bellorum labori assueta nulla prestancior. »

Hac enim tempestate, ista blanda et muliebris educacio graviori plaga salutem et regni incolumitatem, quam tela hostium, vulneravit. Non enim magnanimitas Henrici, non probitas Anglorum, sed ignavia nostre juventutis, tenera educacione profecta et armis insueta, in Picardia nostras acies debellavit. Ergo tui regni deffensio ob treugarem langorem extinguitur.

CAPITULUM VI

A necessario concluditur : dum moderne milicie strenuitas armis viget, a regni finibus Anglicam pestem dolo absconso majestati regie et omnium fortunis insidiantem expelli convenit, vel totum regnum subversionis periculo in posterum subjacere ; et condolenda Fulgeris direptio pro exemplo introducitur.

9. Nam cum hec militum paucitas armis exercitata dampnosa treugarum mora consumpta fuerit, cujus nunc egregia virtute nec solum in istos, sed in omnes hostes strenue triumphare potes, Anglica barbaries omni federe posthabito, tue majestatis inimicissima, te leopardo ferocior invadet. Quid ages invasus et experta milicia destitutus ? Cum tiranno crudelissimo dimicare bello campestri audebis ? Vide : rudis vero et indigesta multitudo tuorum, velut tui genitoris in Picardia ab Henrico facile devicta fuit, si prelium ingrediaris, ad stragem inopinatam, non ad victoriam, exposita erit, et uti pecora misere trucidabitur. Ergo, Princeps illustrissime, dum tua animosa et armis instructa milicia (A) viget, nedum a Northmannia, verum ab omnibus regni finibus, illam pestem

Var. : (A) *milicia* omis.

Anglicam fraudis amantem radicitus extirpa, et tuum regnum non solum ab impendentibus hostium, sed a (A) posteris tutum facies.

10. Profecto, quamdiu alique Anglorum reliquie in regno manebunt, nunquam urbes, nunquam principatus, nunquam tua majestas momento securitatem habebunt. Ceterum fraus Anglica tuorum fortunis, tueque corone compositas excogitabit insidias et inopinato exitu in tuos inque tuam majestatem — nec ante cognosces — exiciales te experiri continget. Nec enim aliud, licet quam (B) plurima vetera possem, nisi condolende Fulgeris direptionis in medium producamus exemplum. Perjura infidelitas arte proditoria nocturnis insidiis omnes quascumque fortunas amplissimas, vilatensium Fulgeris * industria varioque labore ab antiquo juste quesitas, Anglica una (C) rapina funditus exarsit, et immoderatus ardor rapiendi, uti ingluvies Anglica semper didiscit (D), subactis viris potentissimis nichil relinqui (E) fecit. O sceleratam rapacitatem !** Nedum res prophanas, sed sacras, cruces, calices et ecclesiarum donaria ibi reposita sacrilega expilasti, et, postquam omnia bona exhausisti, potenciorum corpora captiva vinclis duris astringis et carceris asperitate vis cogere aurum evomere, quod intus non habent. O ferocitatem perditam ab omni humanitate derelictam! Si fide violata per Anglicam fraudem rapina et captivi-

Var.: (A) C *verum a*; (B) C *quamvis*; (C) B C *una omis*; (D) C *dedicit*; (E) B C *reliqui*.

* « Nota in dolosa captione Fulgeris in Britannia generalium treugarum fractionem per Anglos, que quidem ab ortu bellorum Anglicorum generalium federum pacis reformacionum et treugarum undecima fractio et duodecimi belli inicium existit. »

** « Nota exclamationem contra Anglorum sacrilegam rapacitatem et inhumanam crudelitatem. »

tate homines ledere non timuisti, saltem tuo cur sacrilegio divinam majestatem offendere (A) non formidasti? Deus, cum possit, dum (B) volet, tirannos rerum alienarum invasores severius punit et nunquam sacrilegium in Dei contemptum et ecclesiam perpetratum derelinquit (C) inultum, et, quod in Britones preparas, in tuum caput senties exicium.

CAPITULUM VII

Ad Galliarum principes et urbes belli ex[h]ortacio, ut ad hostes expugnandum Britannie ducem et injuriam sibi latam ulciscendum celeritate armorum adjuvent, vel eamdem cladem in suos principatus progressuram expectent.

11. Igitur, Galliarum principes, et vos omnes urbes opulente, in unius principis invasione et unius ville calamitate, vestram proximam ruinam agnoscite et Anglicum furorem in omnes civitates principatusque insidiose progressurum. Et michi credite: si hec uni illata injuria et tam facinus execrandum remaneant (D) inulte, cunctorum letaliter vulnerabit incolumitatem et impune ad omnium perniciem convalescet. Quas igitur hostis infidus (E) more predatorio violavit, corporum rerumque vestrarum insidias, frangite treugas, et Britonum duci invaso celerem ferte opem. Proinde si in vindictam unius principis injuriarum et periculi vobis minantis depulsione, salutem

Var.: (A) *offendere* omis; (B) B C *cum;* (C) B C *dereliquit;* (D) C *remaneant* omis; (E) B *insidias,* C *Quæ igitur hostes inducias more prædatorio violant corporum rerumque vestrarum frangite treugas.*

integram communem procurate aut in vestris fortunis hoc idem discrimen mortiferum rei publice subruende expectate. Ergo cladi pestifere, nedum instanti sed future, vestras res ingressure, non pigre obviam ite, et, impenso fratri vestro armorum subsidio *, vestros lares, vestras uxores, vestros liberos, vestras personas integras ab Anglica peste preservate.

CAPITULUM VIII

Ad Galliarum principes et urbes inductio, quod nichil utilius, nichil tucius principibus et finitimis (A) civitatibus quam supra vulnus duci Britannie illatum Anglici drachonis caput abscindere et supra edes vicinas belli ignibus accensas guerre incendium extinguere.

12. Vos omnes Galliarum principes et urbes alloquor. Si serpens venenosus alterius socium mordeat, quid salubrius alteri socio, quam supra vulnus, antequam dente mortifero hunc actingat, colubrem occidere? Et si incendium proximas comburat edes, quid vicino tucius quam in ede accensa, antequam ad tuas evadat (B) flamma exacto studio ignem suffocare? Nichil caucius isto quam pericula in rem publicam ventura **, previsa cognoscere, et, priusquam invalescant, summa diligencia ipsis obviam ire. Anglicus pestifer iste dracho ducis Britonum fratris

---

Var. : (A) B C *finitimis* omis; (B) B C *vadat.*

* « Nota quod quis succurrendo fratri et vicino per hostem invaso sibi providet et suo futuro obviat periculo. »

** « Nota quod pericula in rem publicam ventura a principibus et urbibus previdenda sunt et summa diligencia ipsis obviam ire opportet. »

vestri populum sauciatum letaliter insecat. Supra plagam igitur drachonis erectum caput abscindite, vel afflatu venenato mortale virus in vestros omnes principatus effundet. Hunc enim morsu aperto necabit; alterum cauda mortifera, ut Fulgeris, lacerum punget. Ignes equidem guerre, diu (A) sub treugarum fraude obtecti, vicinas edes ducis vestri fratris concremant. Incendium igitur belli in domo proximi accensum occius extinguite, vel flamme accense, dum propinquas consumpserint, in cunctas vestras regias lacius serpet, nec serpentem quidem pestiferum, sub treugarum dolis, in gremio vestro, nec incendium guerre sub venenoso treugarum cinere coopertum servate.

CAPITULUM IX

Hic ostendit raciones et causas quibus infidelitas Anglica, pacis et federum suo more violatrix, quidquid promictat, regi Karolo pacto Northmanniam non sit restitura. Concludit ergo ferro Anglos expellendos vel eorum immanitatem in alteram naturam fore mutandam.

13. Si enim hostium perfidia miserande unius ville depredacionis exitu notorie comprobetur, cur nos, Galli nimis creduli, in astutorum promissis Anglorum de cetero confidenciam habeamus? Semel enim ab hoste deludi fatua simplicitas est*; verum secundo decipi summa turpitudo et demencia existit; circumventum enim intel-

---

Var. : (A) C *diu* omis.

* « Nota quod fatuum est semel ab hoste decipi et bis turpissimum est. »

lectu, resupinum et ignarum ostendit. Quicquid promictant hostes, nunquam pacto, nisi ferro, Northmanniam subactam sunt restituri, tum (a) maximo valore publici erarii censuum et tributorum proventus regni Anglie multo excedentum, tum amplitudine patrimoniorum absencium, quorum elargicione regis Henrici Anglie sui (b) stipendiarii vivunt opulente. Hic barbarus in Northmannia baronatus dignitate prefulget, qui in Anglia bubulcus abjectus vilesceret; hic vilanus in occio deliciisque voluptatur, qui vili arte anxioque labore in Anglia pastum querere cogeretur. Potissime hac de causa Northmanniam omnium opulentissimam Anglici non dimictent. Nempe Anglie consuetudo solum primogenitis nobilium omnia feuda principatusque concedit. Hinc secundo nati in patria generosi in decenti artificio vel armis extra vivere compelluntur (c). Potius autem militarem artem quam vilem mechanicam eligunt generosi. Hoc ipsis materiam prestat ut nobiscum guerram, nunquam pacem affectent.

14. Propterea, Karole (d) illustrissime princeps (e), vel Anglorum immanitatem muta, qui predonicam ex raptu, non ex artificio vitam contentam agere volunt, vel ab eorum tirannide Northmanniam Vasconiamque, patrimonia corone (f), ceterosque portus cismarinos prevalidis armis eripe, ne de cetero ad Franciam diripiendam Anglice rapacitati pateant accessus.

Var. : (a) B C *cum;* (b) C *sui* omis; (c) C *coguntur;* (d) B C *Karole* omis; (e) D C *princeps* omis; (f) B C placent *patrimonia corone* entre *prevalidis* et *armis.*

CAPITULUM X

Qualiter nunc congrua opportunitas ad Northmanniam recuperandam (A) *facile regi adest.*

15. Nunc diebus hodiernis, ad recuperandum tue majestatis dominium et tuum populum a crudelitate (B) redimendum, tutum accessum et congruam opportunitatem felicissima Pontisarche et Lexoviarum reductio tibi militanti facile confert, et ad hoc faciendum maxime ex[h]ortatur, humanissimaque eorum reductionis forma*, qua piisimimi lites tui corpora et res Normannorum non actigerunt, in tuam dicionem incredibili amore velle reduci totam Northmanniam eciam officiarios hostium inflammavit. Non auderem, nec vellem, mitissime Princeps. tibi falsa commentari. Actestor divinam tuamque sacratissimam majestatem, solerti indagine non unius, sed infinitorum compatriotarum corda scrutatum fuisse, et quotquot ex Northmannis interrogavi, in hac sentencia firmatos repperi quod preter corpora et terram ipsis nullas res remanere vellent et quod a captivitate hostium forent erepti, ut sub tua dicione reversi, naturali libertate fruerentur.

16. Nempe si tua majestas vel tui liberi Ludovici, pretiosissimi pignoris tui amoris, strenuitas hostes invadere conaretur, tota patria pro tua majestate bella gerere niteretur. Considera quod urbs Rothomagensis (c) amplissi-

---

Var. : (A) C *recipiendam;* (B) B C *captivitate;* (c) B C *Rothomagus urbs.*

* « Nota de piissima et humanissima Pontisarche et Lexoviarum reductione per Francos. »

ma, infinita plebe multoque populo referta, Northmannie suppremum caput (A), pocius victualium penuria et sagaci ingenio, quam militum fortitudine, venit recuperanda. Et nunc oportunitas, id quod summum est in bello, se tibi offert, ut facile fame exinanita tibi dedatur. Municio enim militum Pontisarche per flumen transvehendi victualia in urbem penitus auffert facultatem, et majori in parte Locoveris, necnon urbs Ebroica, cum ceteris tuis castris, annone vecturam a Burgi Novi (B) campania impedit. Et si presidii unius arcem loco debito collocares, omnia urbi subtraheres alimenta.

17. Ergo, Karole, nunc age, quod tibi permaxime leve et non onerosum et rei publice saluberrimum existit. Si Rothomagi et deinceps totius Northmannie reductionem cupias, tuos exercitus impigre ad bellum prepares, et solum tua diligencia et solerti ingenio plus quam vi armorum impedi, ne victualia de cetero Rothomagum transducantur, et, non dubito, tam populosa urbs, si fame, hoste plebi acerbissima, modicum affligatur, tuos insultus diu sustinere non valebit. Prefecto hoc certissimum habetur quod hujus urbis genus humile lanificum in [h]orreis nullas anni, ymo mensis provisiones recolligunt, sed ex pane et carne aliunde venientibus cibis cotidie comparatis vivunt. Si horum alimentorum vectura profluens ab extra cesset ad urbem, neccessaria defficiet annona; qua deffecta, famis anxietas vicem militum agens * tibi plebeam, absque sanguinis effusione et longua mora, urbem subjugabit.

Var. : (A) B *caput* omis; (B) B C *Novi* omis.

* « Nota quod in bello gerendo fames militum vicem agit. »

CAPITULUM XI

Ad regem dissuasio, si hostes treugam vel fedus secum inire postulent, ad eorum requestam non concedantur, quia ipsum regem, ut suos predecessores, treugarum vel federum fractione fallere molliuntur.

18. Hec Anglorum intime novit astucia quod hec fames et angustia ferocius quam arma in ipsos est pugnatura (A). Novit etiam tuorum militum strenuitatem* suis armorum probitate esse prestantiorem, et si mutuo ambe potestates essent concursure, sua tibi succumberet triumphanti. Hec simultas eorum tecum treugas longissimas, seu fedus perpetuum inire, ut opinor, forsan est oblatura; has fraudes exquisitas cave. Tecum non pacem querunt, sed ut tuorum militum insultus, quos sustinere non possunt, pace composita dolis evadant (B), et patriam subactam, quam armis deffendere non valent, pace simulata retineant. Et ut rei militaris experti doctores tradunt, nunquam ad hostis arbitrium seu requestam** aliquid facere aut dissimulare debemus, sed id solum agere quod nobis utile et ipsis nocuum (c) arbitramur, et quicquid nobis persuadent, dolis et fraudibus existimandum est.

19. Ergo ad persuasionem hostium treugas renovare noli, vel bellorum exequtionem dissimules. Non ignorat tua Majestas, Rex illustrissime, quod, quicquid fide media tibi promiserint hostes, nichil exequtum fuit. Tuo-

---

Var. : (A) B *impugnatura;* (B) A *evadent;* (c) C *nocivum.*

* « Nota strenuitatem moderne milicie Francorum. »

** « Nota quod nunquam princeps ad hostium persuasionem aliquid facere aut dissimulare debet. »

rum enim predecessorum et hostium res gestas diligenter scrutare aut scrutata (a) benignius audi ; fidem tuis proavis versutos Anglos subito rupisse et nunquam servasse compertum habebis. Sed prius qua origine tot principatus, pro quorum superioritate bella orta fuere, hostes in regno antiquitus habuerunt (b), paucis absolvam.

CAPITULUM XII

Hic inseritur quibus titulis reges Anglorum Northmanniam, Cenomaniam, Andegaviam, Turoniam, Aquitaniam et Pictaviam in Francia antiquitus possederunt.

20. Cum absque libero masculo superstite Henricus rex Anglorum clarissimus, Matildis imperatricis pater, ultimos dies clauserit (c), Stephanus ex sorore prefati Henrici nepos, Bononie comes, Stephani comitis Blesensis filius, Theobaldique comitis Campanie frater, episcopo Guiscestrie suo fratre eum adjuvante, rex Anglorum sublimatur. Cui Matildis imperatrix, deffuncti regis Henrici filia, et Gauffridi comitis Andegavie uxor, virilem animum induta, pro se et suo (d) filio Henrico ex Gauffrido comite Andegavie procreato, acri bello resistit, ipsaque imperatrix Ludovici regis Francorum armis succurrentibus adjuta, totam Northmanniam occupavit, atque prestito homagio, rex Ludovicus eumdem Henricum, imperatricis et comitisse Andegavie liberum, ducem Northmannorum instituit.

Var. : (a) B C *scrutare scrutata autem*; (b) C *habuerint* ; (c) C *clausit*; (d) B C *suo* omis.

21. Ludovicus autem junior, Ludovici regis Francorum filius, Alienordem, veteris comitis Pictavorum filiam, cum ducatu Acquitanie in uxorem accepit. Nec mora, infra Ludovici nupciarum mensem, Ludovicus rex, ejus parens, obiit; deinceps filius Ludovicus in regem Remis erigitur. Matildis et Henricus ejus, filius, (A) Angliam devastantes, Stephanum, Anglorum regem, pro jure corone preliis crebris et asperrimis infestant. Illa tempestate, Ludovicus Pius *, rex Francorum, post reditum a terra sancta, Alienordem uxorem, Acquitanorum ducissam, apud Beaugenciacum castrum, summi pontificis auctoritate, jurata consanguinitate, repudiat, atque intencione sancta. Nempe prius, ut quidam scriptum relinqunt (B), eadem Alienordis, nephando et spurcissimo amore debachata a Salhadino Assiriorum rege, varia et preciosa munera debuit clam accepisse, et, quod scelestius fuit, lege Christi et conjuge christiano desertis, cum pagano fedissimum contubernium inituram promisisse, quam a nave per Salhadinum delegata receptam Gallicus miles strenuus sanctissimo fidei maritique zelo retraxit. Preterea quidam asserunt quod, propter notorium ipsius Alienordis adulterium, Ludovicus, jurisdico more soluto matrimonio, ab ipsa divertit. Nam, ut Helinandus ait, non ut regina, verum ut fere publica meretrix, se impudice gerebat.

22. Postea sequto divorcio, Henricus, Northmannorum dux et deinde Anglorum rex, eamdem Alienordem merito repudiatam lecti consortem assumpsit**. Pro qua re,

Var. : (A) *ejus filius* omis; (B) B C *reliquit*.

* « Nota de Alienorde Acquitanorum ducissa a Ludovico Pio non immerito repudiata. *Vacat.* Pie enim credendum est quod Altissimus noluit futuros reges Francié quos ad fidem suam protegendam elegerat ex corruptissima matre, ut prefata Alienorde, sumere originem. »

** « Nota de matrimonio Henrici ducis Northmannorum cum dicta Alienorde repudiata. »

inter regem Ludovicum et Henricum ducem ingens discordia surrexit. Ab ipsa Alienorde Henricum juniorem, Ricardum, Johannem, successive Anglorum reges, atque Gauffridum, Britannie comitem, et quatuor filias predictus Henricus recepit. Matildis, Judith altera, et isdem Henricus virilibus armis contra Stephanum Anglorum regem certant pro jure corone. Postremo prefatus Stephanus, senio et nimio belli sudore confractus, Eustacioque (A) suo filio mortuo, spe heredis desolatus, cum Mathilde imperatrice et Henrico, Northmannorum duce, pacem composuit, qua Henricus Stephanum regem ut patrem veneratur, et Stephanus Henricum in filium adoptat; et eidem morienti filius succedens regni Anglorum sceptro (B) potiri debet. Nec multum post rex (c) Ludovicus et Henricus prefatus, pace confecta, discidium inter ipsos occasione Alienordis exortum sopiunt. Pauco enim expectato, Stephanus, Anglorum rex, expirat, et extimplo Henricus regni solio subrogatur. Hic * asperrimus bello et alieni regni appetens, Angliam, Northmanniam, Cenomaniam, Andegaviam, Turoniam, Pictaviam et Acquitaniam virili animo regens, naciones in exteras dilatare imperii fines exarsit, maximamque Hibernie partem vi armorum usurpavit. Verum iste Henricus suum filium primogenitum Henricum, contradicente sancto Thoma Cantuarie archiepiscopo, in regem (D) Anglorum fecit coronari. Verum, cum Henricus amplissimorum principatuum magnitu-

Var. : (A) B C *Eustachio*; (B) A *ceptro*; (c) C *rex* omis ; (D) C *in regnum*.

* « Nota qualiter Henricus, Northmannorum dux, filius Matildis et conjux Alienordis a Ludovico repudiate, ducisse Acquitanorum et filie veteris comitis Pictavorum, regnum Anglie adeptus est, et etiam nota quos, quales et quantos principatus in regno Francie habebat. »

dine elatus, nec illustrissimo Philippo Augusto Francorum rege reditibus annuis (A) minorem nec milicia imparem se videret, dominiorum suorum (B) superioritatem a regni corpore distrahere nitens, majestati regie, cujus homo legius (C) erat, subici vassalus perfidus aspernatur. Sed tandem; pertinacia domita a Philippo Augusto, principatuum copia suam posteritatem fecit inopem.

23. Et si Alienordis in apostasi lapsa fuit, nedum ipsam Ludovicus, rex Francorum, repudiare, verum ultimo supplicio et severissima vindicta punire, et sua dominia, uti propter crimen divine majestatis lese confiscata erant, corone patrimonio unire astringebatur. Nempe ab hoc tempore, in omnibus Alienordis principatibus, Francie corona jus quesitum habuit (D). Quod si tunc Ludovicus justicie tramite prosequtus fuisset, eidemque Alienordi vindictam sacratissima (E) legum sanctione hujusmodi nephando sceleri debitam intulisset *, de post nec diebus hodiernis, opibus exhaustum, ediffìciis lapsis difformatum, cruore fedatum et populo destitutum non esset, ut oculis flentibus videmus, regnum. Ab ipsa Alienorde matre corruptissima, Christo infideli et Ludovico inimica, inter duo regna pacis divorcium sequtum fuit et interna perfidia atque odia sempiterna in suam generationem contra Ludovici posteritatem infunduntur **, que nec

Var.: (A) C *annuis* omis; (B) C *suorum* omis; (C) B C *cujus homagius*; (D) B C *fuit*; (E) C *sanctissima*.

* « Nota ab hoc exemplo malos via justicie non punire permaximum in futurum fore reipublice periculum. »

** « Nota etiam ab hoc exemplo liberos ex corruptis parentibus procreatos successive pravis moribus contaminari. Ideo permaxim: cavendum est, et presertim principibus ceterisque qui rem publicam dirigere habent, ne uxores aliqua labe fedatas accipiant, ne eorumdem liberi ab ipsis uxoribus, ut reges Anglorum ab Alienorde, maculam contrahant. »

sacro conjugiorum federe, nec naturali pactorum jure, nec religionis sacramento, nec auro soluto, nec longissima et sepissime bellorum clade iterata placari potuerunt.

CAPITULUM XIII

De orto bello inter Augustum Philippum, regem Francie, et Henricum, regem Anglie, et ejus filium Ricardum, comitem Pictavie, propter fidelitatis comitatus Pictavie denegacionem; sed prius aliqua de ejusdem Philippi miraculosa nativitate et preclaris moribus dicenda sunt.

24. Cum enim pius Ludovicus, rex christianissimus, numerosam natarum prolem a tribus uxoribus et non heredem masculum regni successorem haberet, tamdem, omni precum humilitate, cum Adela uxore sua religiosissima et tocius regni clero et populo ad orationes et jejunia necnon elemosinas conversus*, a Deo filium de-

---

* « Nota quod miraculosa et instanti oratione pii Ludovici, sue uxoris et totius Francie regni divinitus emissa nativitas Philipi ostendebat ipsum maxime virtutis fore virum. Nam, ut ab hac nativitate et quam pluribus aliis in sacra scriptura insertis colligitur, dum Altissimus vult aut suum populum liberare aut sceleratam generacionem aliqua multa afficere aut aliquod aliud hominibus mirandum super terram facere, non libidine natum, sed suo nutu cum omni castitatis splendore et devota parentum oratione preter spem humanam quasi e celo lapsum virum transmittit, ut istum Philippum qui nephandum et in divinam Ludovicique majestatem Alienordis crimen in sua generacione spirituali mocione sacratissimaque legum sanctione ulciscendo ejusdem Alienordis dominia ob hoc itaque confiscata corone patrimonio miro modo univit, et sic multam, quam prefatus Ludovicus sua nimia pietate et misericordia sua a summo judice forsan minime approbata eidem Alienordi non intulerat decreto celestis curie Philippus Anglorum regibus ex profata Alienorde procreatis, ut insequentibus patet, merito eorumque interveniente culpa intulit, quampluribus miraculis suum conquestum et a principatibus Alienordis Anglorum expulsionem approbantibus. »

votissimus sibi dari postulat, et summus rerum pater, cum ardentissimum et votum sanctissimum videret, eidem supplicanti natum strenuissimum Philippum concessit. Et deinceps, patre Ludovico senio confecto, et paralisis egritudine ad onera regni sustinenda impotenti, adhuc vitam agente, isdem Philippus quarti decimi sue etatis anni (A), Henrico rege Anglie ex una parte coronam humiliter portante, Remis feliciter consecratur.

25. Ipse Philippus adolescencia abeunte, optima inicia et prosperos successus habuit *. Nam amore filiali summe Deum offendere timens, devotissimo cultu venerabatur eumdem (B) et idem ab omnibus militibus in curia morantibus strictius observare jussit, et, quod sanctissimum fuit, in tantum enormia juramenta et blasphemias, que in tabernis et curiis principum, necnon ludis in Dei contemptum invalescunt, abborruit et detestatus est, quod cum militem vel alterum Deum blasphemantem audiret, statim in flumen vel lacum proici faciebat, et tale edictum in posterum (C) firmissime inter regnicolas servari jussit. Ipso autem primo anno regni sui, bella contra eum ceperunt surgere, et ipse (D), cum esset etate puer, non tamen pueriliter, sed viriliter ac strenue in omnibus agere cepit. Primo quidem Hebi de Carantonio in pago Bituricensi ecclesias et clerum gravissime opprimentis tirannidem[tam] valida manu repressit, quod isdem Hebus ad pedes ejus humi prostratus ab ipso veniam impetrans (E) juravit quod ad arbitrium ejusdem Philippi ecclesiis satis-

Var.: (A) C *quarto decimo suæ ætatis anno;* (B) B C *eumdem* omis; (C) *in posterum* omis; (D) B C *et ita ipse;* (E) B C *ab ipso veniam impetrans* omis.

* « Nota optimos mores Philippi et presertim in enormia juramenta et in Deum blasphemias abhorrendo et ecclesie libertates deffendendo. »

faceret et de cetero illas non gravaret. Eodemque anno, Ymberti de Bellojoco (A) et comitis Cabillonensis contra regias immunitates ecclesias gravantium, collecto exercitu, superbiam atque tirannidem confregit, ablataque ecclesiis in (B) integrum restitui fecit. Et quoniam hec duo prima bella pro deffensione ecclesiarum et cleri libertate strenue gessit, postmodum in omnibus rebus gerendis (C) Deum sibi faventem habuit. Ortis enim inter regni principes simultatibus, quidam, eorum facta conspiratione contra ipsum regem, terras ejus vastare ceperunt. Qui furore succensus, cum infinito exercitu inter paucos dies illos omnes fugavit, et potenter persequens ad arbitrium suum de dampnis illatis sibi satisfacere coegit.

26. A Philipo Augusto, Francorum rege, Ricardus, filius Henrici regis Anglie, pluries legitime summatur, ut fidelitatem corone debitam super comitatu Pictavie majestati regie prestaret*. Isdem, a patre Ricardus dolis instructus, per dies et dies hanc prestare dissimulabat. Preterea ab ipso rege Anglie Gizorchium (D) et omnia castra adjacencia, a suo patre Ludovico sorori sue Margarete in dotem data, restitui petebat, dum Henrico regi, filio majoris (E) Henrici, matrimonio collocaverat ea tamen condicione si prolem ex ea non susciperet, matrimonio soluto, ad regem Francie dos rediret; quod isdem Henricus sepius (F) legitime justeque (G) requisitus restituere denegabat. Hac de causa, Philippus magnanimus, post jurisdicam summa-

Var. : (A) A *de Belloloco;* (B) B *in* omis; (C) B C *postmodum in omnibus bellis gerendis;* (D) C *Gisortium;* (E) A *minoris;* (F) B C *Sepe;* (G) B C *legitime justeque* omis.

* « Nota causas primi belli seu prime guerre inter Philippum, regem Francorum, et Henricum, regem Anglie, et ejus filium Ricardum. »

cionem a Henrico rege et Ricardo comite fraude delusam licitis armis jura corone prosequens, Aquitaniam invasit *, castrumque Ysoldunum (A) et Craziacum et quamplurima alia opida vi armorum cepit et tandem castrum Radulphi obsedit. Tum hoc audito, rex Henricus et comes Ricardus, maximo exercitu collecto, eumdem Philippum ab (B) obsidione expellere conati sunt; verum Francorum audaciam verentes, pacem dolo componere finxerunt **, et, ex parte illorum prestita caucione, juramento firmarunt de tota querella secundum judicium curie regis Francie plenius se satisfacturos Philippo. Et hincinde ambo reges datis induciis ad propria redierunt. Et tandem, cum quamplurimi regni principes pro liberacione terre sancte zelo fidei accensi crucem assumerent, duo reges fedus inter se perpetuum inierunt et se crucis signaculo insimul insigniri voluere et in loco federis, quem sacrum agrum vocant, crucem ligneam communi dote fundantes, ecclesiam erexerunt.

Var. : (A) C *Isoldunium*; (B) B C *ab* omis.

* « Nota de invasione Aquitanie per regem Philippum. *Vacat hec questio.* Hic enim queritur quare cicius isdem Philippus tunc Acquitaniam invaserit, de qua nulla erat questio inter ipsum et regem Anglorum seu ejus filium, quam armis vendicare ceperit Gizorchium et cetera castra sibi adjacentia que rex Henricus injuste detinebat, vel comitatum Pictavie super quo fidelitatem prestare Ricardus sibi nolebat. Salvo meliori responso, talis potest assignari responsio. Iste autem Philippus tanquam a celo transmissus nutu divino bella gerebat, et quia Alienordis, Aquitanie ducissa, ob crimen suum in divinam majestatem perpetratum quando voluit, lege Christi et pio Ludovico Francorum rege christianissimo et suo legitimo conjuge desertis, cum Sallhadino pagano fedissimo contubernio copulari, sua dominia penitus amittere debebat, celestis curia decrevit ut isdem Philippus prius dominia Alienordis itaque confiscata invaderet quam alia. Nam divina injuria prius est quam humana persequenda ulcione. »

** « Nota de pacificatione ejusdem belli seu guerre. »

CAPITULUM XIV

De federis rupcione per eumdem Ricardum.

27. Sed eodem anno (A), Ricardus vero comes Anglica fraude et nichilo de promissis exequto, infesto exercitu terram comitis Tholosani, legii (B) hominis Philippi, impetu barbarico cepit * devastare et ex insperato congressu quamplurima castra subegit. Et tum ex adverso, infidelitate ejusdem Ricardi comperta, rex Philippus ingentis animi egre gerens sui vassalli oppressionem, repente Aquitaniam intrare non immoratus est **. Castrum Radulphi, Argentonium, pluraque alia sue majestati alacritate belli adjunxit; Dolense castrum diripit. Quid plura dicam? Aut dedicione recepit, aut opida vi capit. Nulla enim municio, licet fortissima, ei poterat resistere. Et ne hujusmodi sentencia de justo bello Philipi et de infidelitate regis Henrici et Ricardi comitis dubitaret, summus rerum pater suum conquestum evidenti miraculo *** aprobavit. Nam pluvialibus undis ab estu solis desiccatis, aquarum penuria militibus equisque sitis anxietate languescentibus, aque vive ante Leurosium (c) castrum minutissimum magna habundancia scaturiens fons exortus est, et, durante Philippi obsidione, maxima in copia latices obsidentibus ministravit, et, hoc feliciter peracto, ad terre venas suum

---

Var.: (A) B *Eodem anno*, C *Eodem vero anno Ricardus comes;* (B) C *ligii;* (c) B C *Leurosum.*

* « Nota de prima ruptione federis per Ricardum et de secundo bello. »

** « Nota de iterata invasione Aquitanie per Philippum. »

*** « Nota evidentissimum miraculum approbans conquestum Philippi, regis Francorum, in Aquitania.

fluxum divinitus retraxit. Montem Tricardum obsedit et turrem evertit et hac tempestate totam A[r]verniam sibi subjugavit. Quo viso, rex Anglie territus per fines Northmannie versus Gizorchium (A) suum exercitum reduxit, qui in transitu Drocarum castrum, multasque villas pagosque campestres incendit; et tandem, ut isdem Philippus (B) Henricum fugere* compertum habuit, in ipsum et ejus filium Ricardum suas acies direxit, ipsosque invadens, usque ad castrum de Tron viriliter persequtus est, a quo ambos forti conflictu turpiter ejecit, Vindocimumque cepit. Postremo datis induciis, uterque a bello quievit.

CAPITULUM XV

De Ricardi a patre recessu, ad regem Francorum accessu, et de federe inter ipsum regem et Ricardum inito, et de Cenomanis Turonisque urbium captione et obitu regis Henrici.

28. Ricardus interea, Pictavensium comes, a patre suo in uxorem regis Philipi sororem sibi dari et Anglie regnum petebat. Profecto cum a priore Francorum rege Ludovico regi Henrico custodienda traderetur, hoc in pactis intervenit, quod, quicumque filiorum regis Anglie eum ipsa matrimonium sollemnizaret, post patris obitum Anglorum regnum sortiri debebat, et hanc felicem sortis condicionem de jure isdem Ricardus sibi contingere asserebat, quia post fratrem suum Henricum primogeniture

---

Var. : (A) B *Gisortium*, C *Gisorcium*; (B) B C *et tandem ipse Philippus.*

* « Nota de prima fuga Henrici, regis Anglorum, et Ricardi ejusdem filii. »

dignitas istius pacti hunc capacem efficiebat. Quod cum ejus pater rogatus unius in persona Ricardi adimplere non vellet, propter repulsam infestissimus, a patre recedens, ad regem Francorum se Ricardus transtulit, qui ab eodem rege Philippo ingenti curialitate receptus et nutritus fuit, eique (A) fidelitatem prestans*, fedus juramento firmante inivit.

29. Rex enim Philipus suum imperium justo bello augmentare vehementer desiderans, tempore treugarum exacto, versus Nongentum exercitumque ductat, Firmitatemque Bernardi aliaque opida quatuor prevalida et Cenomanis urbem subegit; a qua cum ducentis armatis eumdem Henricum turpiter fugavit** et usque Caynonem virili animo persecutus (B) est; Cenomanisque reversus turrim munitissimam ingenti cum sudore diripuit, et, a bello non quiescens, iter Turonis flectit. Et cum isdem Philippus vadum quereret, in Ligerim hastam projecit. Mirum et hoc inauditum est ***. Aqua percussa ex Philipi lancea, ut virga Moysi pellagus, profluens subsidit (c) et diminuta in arenam a solito fluxu Philipo primo transvadanti (D), id quod a seculo visum non fuerat, et deinceps militibus suum principem sequentibus transitum cessit, et primo impetu sui armati Turonis fortissimam urbem scalis appensis protinus expugnant. Ista tempestate Henricus, se a Philippo oppressum et a Ricardo filio dere-

---

Var. : (A) B C *eidemque*; (B) C *prosecutus*; (c) B C *subsedit*; (D) B C *transcendenti*.

* « Nota de federe et secunda pacificatione Ricardi, filii predicti Henrici regis, cum rege Philippo. »

** « Nota de secunda fuga Henrici a facie Philipi. »

*** « Nota divinum miraculum in favorem Philipi et ob meritum sue juste querelle. »

lictum videns, pre nimio dolore ab humanis expiravit *
et apud Fontem Evrardi in monialium abbacia sepultus
est, quam reditibus amplissimis antea dotaverat.

CAPITULUM XVI

De promotione Ricardi, Pictavensium comitis, in Anglorum regem; de rupcione federis inter regem Francorum et ipsum, et de refformacione pacis inter ipsos.

30. Sepulto Henrico, eidem Ricardus, Pictavensium comes, succedens, beneficiorum Philippi immemor et fidelitatis jurate transgressor, contra suum dominum superiorem infida rapit arma **, Gizorchiumque invadens hostiliter, totum castrum flagravit incendio. Propter istam feloniam et erga dominum ingratitudinem, omnia Ricardi vassalli infidelis feuda commissa jure ad Philippum directum et superiorem dominum reverti debebant. Sed tandem pacem, quam isdem Henricus pater interloqutus fuerat cum ipso Philippo principe humanissimo, juramento prestita fidelitate firmat ***, et, ut pax inter ipsos reges firmissima maneret, Philippus Ricardo Turonis Cenomanisque urbes et castrum Radulphi, feudumque Craciaci et totam Averniam reddidit. Rex vero Ricardus eidem Philippo homagium faciens in expedicione terre sancte ipsum Philippum ut suum superiorem associare et secum mare transfretare juravit.

* « Nota de morte Henrici, regis Anglorum. »
** « Nota de secunda ruptione federis per predictum Ricardum et tercio bello seu tercia guerra. »
*** « Nota de tercia et solemni pacificatione ejusdem Ricardi cum rege Philippo. »

CAPITULUM XVII

De federis infractione et infidelitate ipsius Ricardi erga Philippum, et de (A) dissencione apud terram sanctam inter ipsos orta, et (B) de recessu ipsorum principum ab Achon et ad propria reditu.

31. Deinceps christianissimus Philippus eumdem Ricardum ut hominem suum legium (c) pluries requisivit, uti juramento astrictus erat, pro liberacione terre sancte secum in passagio marcii (D) pellagus transfretaret, qui ne minor Gallorum rege videretur, Philippum comitari recusavit. Rex autem Philippus eodem Ricardo dimisso, prosperis ventis Achon aplicuit, quam Christi milites obsederant. Et cum postea rex Anglie Achon venisset, omnium principum voluntas fuit Achon insultu aggredi. Et quamquam rex Ricardus fide et juramento promisissit cum Philippo se et suos milites Achon invasuros, actamen fide fracta*, indigne gerens Philippo ut superiori et Christianitatis principi obedire, suos Anglos et Pisanos sibi federatos prohibuit cum ipso Philippo in Achon pugnaturos. Paucis post diebus, isdem Ricardus, regis Philippi fame et glorie non mediocriter invidens (E), suum auxilium penitus eidem Philippo subtraxit, et infideliter agens, sepius ad Salhadinum nephandissimum Christi inimicum clam nuncios et litteras transmisit, variaque et mutua munera ab ipso sceleratissimo recipiens, se inimici Christi fautorem ostendit. Hinc valde eidem Phi-

Var.: (A) B C *de omis*; (B) C *et omis*; (c) C *ligium*; (D) B *mercii*, C *mircii*; (E) C *invidus*.

* « Nota de fractione fidelitatis Ricardi et tercia federis ruptione per ipsum. »

lippo, ne dolo ipsum prodere vellet, suspectus fuit; et, quia commilitone sibi inimico, licet christiano, contra paganos pugnare periculosissimum sit, postquam Achon (A) armis subegit, infecta terre sancte liberatione, ad propria reversurus, pape sanctitatem aggreditur, a quo benedictionem accipiens, in regnum rediit.

CAPITULUM XVIII

De bello crudelissimo post eorum a terra sancta regressum orto, et de ejus placacione, et iterum de pacis et federis infractione, et de ejusdem Ricardi morte.

32. Rex enim Philippus reversus, exercitu collecto, a Ricardo Gizorchium et paulo post totum Vulcasinum Northmannicum, que isdem Ricardus occupabat injuste, vi armorum sibi subegit *, eodemque anno Ebroicam urbem, Novum Burgum et Vallem Ruoli, pluraque castra in Northmannia sibi ferro vendicavit, Rothomagum urbem opulentissimam obsedit, sed recedens ipsam non expugnavit. Ferventi inter ipsos reges discidio, Philippus Vernolium obsidione acri molestat. Parte murorum destructa, ut Ebroicam urbem a Northmannis esse captam audivit, iratus recedens ipsam urbem fugatis Northmannis funditus evertit, necnon Dei ecclesias vehementi spiritu contrivit. Et e contra rex Anglie, furiis inardescens, Lochas machinis petrariis acerbissime fatigat, nec multo post expugnat, et canonicos venerabilis templi Sancti Martini Turonensis ejiciens, a suis possessionibus

Var : (A) B *Achon* omis.

** « Nota de quarto et crudelissimo bello inter Philipum et Ricardum. »

expoliat, quas sceleratus suo erario atribuit. Et versa vice isdem Philippus ecclesias et prioratus (A) in sua dicione sitos ad episcopatus et abbacias Ricardi pertinentes, in sua manu capit et quorumdam pravorum hominum instinctu monachos et clericos Deo servientes ejecit, eorumque redditus in proprios usus convertit, et sic ambo reges divina et humana perturbantes, implacabili odio miseranda suorum clade, et terrarum direptione se mutuo persequntur. Parumper datis treugis a tanta crudelitate abstinent (B).

33. Sed post pauca a Ricardo treuge eidem Philippo redduntur et discidium vetus exardescit. Tum rex Philippus Vallem Ruoli in contemptum Ricardi funditus evellit. Et cum iidem reges invicem acies congressuras prepararent, isdem Ricardus Philippi magnanimitatem formidans, cum suum dominum in conspectu videret, armis abjectis, coram utriusque principibus, pro ducatu Northmannie, Aquitanie et comitatibus Andegavie, Pictavie, eidem Philippo fidelitatem prestitit, et pro pace fideliter servanda * solemni juramento in posterum se et suos fecit obnoxios. Verum mora longi temporis non expectata, isdem Ricardus, contempta juramenti religione **, castrum Milonis in pago Bituricensi (C), ut nunc Fulgeris Anglica fraude, dolo cepit et penitus evertit. Et ob hoc rex Philippus collecto exercitu Herbam Malam obsedit, et postea obsidione longua impugnavit, et fractis turre et muris, ad dedicionem coegit et ad aratrum redegit.

Var. : (A) A *in* omis; (B) B C *respirant;* (C) B C *Biturensi*.

* « Nota de quarta refformacione pacis inter regem Philippum et regem Ricardum. »

** « Nota de quarta ruptione federis per Ricardum et quinta et subita guerra. »

34. Philippus vero, a consueto religionis tramite seductus, aliorsum contra sapientum oppinionem et principale regni edictum, Judeos perpetuo ejectos Parisius introduxit, divinoque metu posthabito, gravissimis jacturis sacrosanctas ecclesias afflixit, earumque immunitates, quas(A) summopere antea protexerat, infregit. Mox sequta pena acerbe Philippi transgressionem plectit, et severitas divina publicas sancte matris ecclesie injurias* acrius ulciscitur. Rex autem Anglie Ricardus repentis armis innumerorum equitum peditumque funesta rapacitate, preda, ferro, flammaque totum Vulcasinum circa Gizorchium vastat. Et cum rex Philipus armis Anglico furori obviare niteretur, ab hoste undique circumventus apud Gizorchium se (B) extremo positum servare (C) vellet, pene impossibilis sibi transitus patuit. Tum furore nitens, hasta pretenta, per medios hostes prorumpens, cum ducentis militibus captivitatis impendens periculum divinitus evasit. Hic suorum telo confoditur; alter vinclis constringitur, aliusque turpiter fugatur. Tum Ricardus qui semper Philippo antea succubuerat, victor permaxime gratulatur**. Tum viribus reassumptis Philippus invicti animi aggreditur Northmanniam et hosti suo furoris morem gerens, ad Novum Burgum et ad Montem Rogerii miserrima clade patriam affligavit(D); et statim Philippus suos exercitus huc illuc dispersit incaute. Quo rex Ricardus captata opportunitate impellitur tirannidis vicem impen-

Var. : (A) B *quas* omis; (B) C *se in ;* (C) B *salvare ;* (D) C *afflixit.*

* « Nota quod divina justicia severius punit oppressores ecclesiarum.

** « Nota qualiter, ob oppressionem ecclesie a Philippo perpetratam, Ricardus, licet tirannus et publicus rei publice hostis, in ipsum Philippum efficitur triumphator. »

dere (A). Et cum de pago Belvacensi onustus ingentem predam a[u]fferret, urbis episcopum Philippum nomine Strenuum et regis Philippi consanguineum, Guillermumque de Miliaco militem acrius insequentes, ut rapta excuterent ab hoste, Ricardus capit et captivos strictius incarcerat. Quorum captivitatem molesto animo Philippus gessit. Heu! Heu! quam temerarium nephas et periculosum, quod nunquam diu remanet inultum, principem gravare sacrosanctam ecclesiam et per hoc in se divinam ulcionem infestissime irritare. Et de hinc, cum isdem Ricardus quoddam castrum Lemovicense oppugnaret, sagita transfigitur, cujus ictu tandem vita defungitur *. Hic Ricardus vir (B) bellicosus, donis largissimus, et in militari negocio circumspectus, et a militibus valde dilectus, necnon a clero et populo summe honoratus, sed pessime caudatus fuit, quia suo superiori infidelis, rebellis et contumax semper inopinate fidem et fedus fregit, et inter duo regna bellum atrocissimum usque nunc dilatatum sua infidelitate excitavit.

CAPITULUM XIX

De Johanne Sine Terra qui Ricardo fratri suo successit; de Arturo Britannie comite adhuc puero, qui Andegavis et Cenomanis post mortem Ricardi patrui (C) sui viriliter occupavit; de pace inter Philippum (D), regem Francie, et Johannem, regem Anglie; et qualiter isdem Johannes a Philippo honorifice (E) Parisius receptus fuit, et de convencione inter ipsos reges habita.

35. Mortuo enim Ricardo, Johannes, ejus frater, Sine

Var. : (A) B C *impedire;* (B) B *vir* omis; (C) B C *avunculi;* (D) B C *Philippum* omis; (E) B C *honorifice* omis.

* « Nota de infelici morte Ricardi. »

Terra dictus, in regno Anglie successit. Arturus vero interim, Britannie comes, Johannis regis Anglie nepos et Gauffridi (A) Britannie filius adhuc puer, Andegavensium et Cenomanensium, Guillermo de Rupibus sibi favente, comitatus viriliter occupavit. Sed Guillermus de Rupibus, puericie innocenciam obliviscens, regi Anglie Johanni Cenomanis urbem reddidit. Quo audito, Philippus rex Arturo sibi carissimo succursurus Turonis adiit. Exinde Arturus velox et armis impiger, cum copioso exercitu, ne Johannes Anglie rex introducatur, Andegavis transit; et postremo Francorum rex et Johannes Anglorum insimul confederantur*, interveniente matrimonio cum Ludovico, regis Philippi primogenito, et Blancha, filia regis Castelle ejusdem Johannis regis nepte, hac lege quod isdem Johannes omnia dominia per Philippum armis subacta in dotem eidem Ludovico suisque heredibus in perpetuum concessit, et cum hoc totam terram cismarinam, si ipsum Johannem contingeret absque liberis decessurum. Ita acto, rex Johannes Parisius profectus a rege receptus, ingenti condignatur honore, eique amplissima variaque preciosa munera rex Philipus largitus est. Ricardus enim de Sancto Victore in suis gestis scribit, contradicente Arturo, Britannie comite, per supprema m Francie curiam de Andegavie comitatu investitum fuisse. Tum Philippus humanissimus princeps conjugii federe et immensis beneficiis Johannis contumaciam vicisse et animo consiliato effecisse vassallum fidelem arbitratur, et omnem discidii flammam, ut nulla incendii scintilla de cetero inter ipsos vigeret (B), extincisse putat. Sed quanto

Var. : (A) C *Gaufridi comitis;* (B) B C *erumperet.*

* « Nota de quinta reformacione pacis inter regem Philippum et regem Johannem. »

strictiori juramento Anglica versucia * pacem componit, eo truculentius intus bellum mollitur, et quo majora beneficia ingratus animus recepit, tanto in datorem Anglica protervia crudelior insurgit.

CAPITULUM XX

De convencione inter regem Philippum et Johannem (A) *Anglie, qua isdem Johannes eidem Philippo fide media Parisius se promisit responsurum; de contumacia ipsius Johannis de raptu Ysabellis* (B), *Hugonis Bruni comitis Marchie uxoris; de paricidio ipsius Johannis in persona nepotis sui Arturi, comitis Britannie, perpetrato; de combustione ville et urbis Turonis per ipsum Johannem.*

36. Post tam solemnem pacis refformacionem, inauditam contumaciam in superiorem, inauditum raptum uxoris in vassallum, inauditum paricidium in nepotem, inauditam concremacionem urbis in Dei contemptum et hominum exicium, ut, principes Galliarum illustrissimi, Anglorum fedus innata prodicione mixtum esse (et semper erit) cognoscatis, audite. Paulo post isdem Johannes fide media a Philippo legitime requisitus ut homo legius pro ducatu Northmannie et Andegavensi, Pictavensique comitatibus super hiis que adversus eum per suos officiarios proponerentur, in parlamenti curia, certo termino sibi prefixo et accepto, se promisit responsurum. Et cum res amborum regum transquille sperarentur, ecce fracta fide gravissimum incandescit discidium. Nam isdem

Var. : (A) B C *Johannem* omis; (B) B *Ysabelle,* C *Ysabellæ.*
** « Nota pessimam condicionem Anglorum. »

Johannes *, ut juramento voverat, ad diem prefixum nec in propria persona venit, nec responsalem sufficientem transmittere dignatus est. Maturo equidem cum viris peritis celebrato consilio, postquam vassallus Johannes contumacissimus justicie parere noluit, rex Philippus in juris subsidium aggressu celeri Northmanniam invasit, Gorniacum castrum situ, loco, stangnisque (A) munitissimum, fractaque prius stangnorum (B) diruptione, occupat et incendit. Archas castrum fortissimum obsidet et tamen non expugnat. Hac tempestate Arturum Britannie comitem, militemque fecit; tradidit (C) ei comitatum Britannie, qui ei competebat jure hereditario, adiciensque comitatus Pictavensium et Andegavensium quos sibi acquireret jure armorum, ducentosque (D) milites in auxilium magnamque peccunie summam sibi tradidit, et sic eum perpetuo in hominem legium (E) ** accepit.

37. Johannes vero, rex Anglie, fidem quam promiserat, obliviscens, Ysabellem, Hugonis Bruni comitis Marchie et (F) vicecomitis Toarcensis uxorem, filiam Amari comitis Angolisme, rapuit et sibi matrimonio copulavit ***. Tum tantis injuriis Aquitanei proceres lacessiti a fidelitate ipsius Anglie regis recesserunt et cum rege Francorum sub juramento, datis etiam obsidibus, contra ipsum

Var. : (A) B C *stagnis;* (B) B C *stagnorum;* (C) A *tradit;* (D) *que* omis; (E) C *ligium;* (F) B C *et* omis.

* « Nota de contumacia Johannis, regis Anglie, et sexto bello. »
** « Nota de omagio Britannie corone Francie debito ante Normannie conquestum. »
*** « Nota qualiter rex Anglorum Johannes rapuit Ysabellem, uxorem Hugonis Bruni, Marchie comitis et vicecomitis Toarcensis, et filiam Amari, comitis Angolisme; et qualiter depost fortuna sibi adversata fuerit. »

Johannem federe junguntur. Qua etiam rex Philippus permotus injuria Aquitaniam invasit, et, adjunctis in auxilium Pictavensibus et Britonibus, multa presidia et opida devicit. Reversus enim in Northmanniam, insulam Andeliaci et Vallem Ruoli, necnon Rondipontem cepit, postvero Gaillardum (A) castrum fortissimum maximo cum labore subjugavit. Tum infestissime castrorum et urbium amborum regum turbationes hincinde regnum molestant. Rex enim Johannes, infinita armatorum multitudine congregata, ex improviso Arturum, Britannie comitem, nepotem suum, nobilesque plurimos infra Mirabellum comprehendit. Proth dolor! ut fertur, maligno spiritu ductus, ipsum Arturum juvenum florem latenter peremit*; captorum nobilium quosdam datis obsidibus relaxavit (B), quosdam in carcere retrusit, quosdam necari fecit. Postea Turonis ab ipso Anglorum rege beatissimi Martini reliquiis insignita capitur, et, quia in confinio parcium utriusque regis sita erat, nunc ab hiis, nunc ab aliis invaditur et crebris incursionibus tam famosa civitas ad solitudinem pene redacta est. Deinceps rex Philippus Turonis urbem obsidet et ipsam expugnat, et Gauffridum (C) de Rupibus militem urbis custodem reliquit.

38. Et vix rex Francie ad propria redierat, ecce Anglie rex Johannes furia vectus accessit et cum inaudito exercitu rapaci depopulatione terram vastat et turbulentissimis assultibus obsessam urbam infestat. Coterelli vero, cum Martino Alisai duce eorum Castrum Novum ingressi, cuncta rapiunt, gentes vinculant vel trucidant, et vincu-

---

Var. : (A) B C *Gailiardum;* (B) B C *quosdam datis obsidibus* omis; (C) A *Gauffridus,* C *Guillelmum.*

* « Nota qualiter rex Johannes latenter peremit suum proprium nepotem Arturum, Britannie comitem. »

latos inauditis suppliciis cruciant. Populi utriusque sexus, condicionis et etatis, ad beatissimi Martini templum et clemenciam fugiunt; fores obstruunt et turres muniunt; et ecce sacrilegus furor Dei ecclesias frangit et (A) templa spoliat, in ipsis cruorem effundit ; nulli sacre Dei domus prodest immunitas. Quid funestius isto? in divine majestatis contemptum, contra facies ymaginum expuit iste furor. In crepusculo noctis totum claustrum et novum castrum accenditur et ab ecclesia Sancti Hilarii (B) usque ad ecclesiam beate Marie Divitis penitus villa concrematur*. Quid plura? Omnes incredibili stupore attoniti exire ecclesiam non audent. Quid agant ignorant; nec enim ignis unius venti impeticione recto occidentis tramite cursum dirigit, sed nunc Euro, nunc Notho, aliquando Borea crassatur. O dolor! Heu lutus! Heu pectora merore et livore plena! Quibus occulis sevam Vulcani iram avidissimis morsibus subito tam magna devorantem cernere potuistis? Verum, ut cetera supprimamus, tanto incursu, tanto strepitu et ingenti ventorum conflictu, incendium sibi totam villam vendicavit, quod magnum ignem venturi judicii advenisse crederes. Tercia vero luce obsidione adversa urbem expugnat et obsessos incarcerat.

Var. : (A) B C *ab* omis; (B) B *Yllarii.*

* « Nota de concremacione ville Turonis. »

CAPITULUM XXI

De persequtione baronum Britannie mortis Arturi contra ipsum (A) *Johannem ; de confiscacione omnium dominiorum ipsius Johannis et de* (B) *sentencia Parium Francie contra ipsum Johannem data ; et de reductione Northmannie per Philippum, Francorum regem, facta.*

39. Verum hic impiissimus Johannes et plusquam homicida, nedum principatus singulos ob immanitatem facinorum et infidelitatem, sed ipso paricidio perpetrato vitam confiscavit et nedum rebus, sed usu elementorum vivus meruit privari, singularique supplicio ob singulare maleficium sacco involutum, inter ferales angustias mori sacratissima sanctio condempnabat. Proinde barones Britannie mortis sui principis vindictam, ut jus erat, prosequentes, apud regem Philippum suum superiorem suppremamque curiam parium Francie, ipsum flagiciosum Johannem, corone Francie legium hominem, paricidii et infidelitatis reum detulerunt; et per edictorum intervalla legitime vocatus justicie parere contempsit, et demum more civili confecto processu, eadem (c) curia parium, ob inhumanum paricidium et infidelitatem, leseque majestatis crimen, quotquot dominia, que isdem Johannes a Philippo tenebat, esse confiscata arresto declaravit *, et eadem juri corone per sentenciam diffinitivam univit.

40. Tum rex Philippus, armis impiger severiorque scelerum ultor, non immorans in Johannem, a quo jus

---

Var. : (A) B C *ipsum regem;* (B) *dominiorum suorum et de;* (c) B *ea.*

* « Nota de confiscacione omnium dominiorum que rex Anglie Johannes a rege Francorum tenebat. »

via justicie haberi non poterat, arresti legitimus executor, Northmanniam ingressus est, et castra fere inexpugnabilia obsidet et armorum celeritate (A) oppugnat*. Constancie, Baioce, Abrince, Lexovie (B) se cum suis castris regi Philippo dedunt (C). In tantum vehementibus assultibus Rothomagum coartat quod cives oppulentissimam urbem in Philippi proprietatem (D) tradunt, et nobile illud castrum Vernolii a regibus Francie tociens impugnatum et non expugnatum aliaque opida fortissima et (E) prevalida, que usque resisterent, regis dicioni tradita sunt. Et sic Northmanniam ab integro quam Curie sentencia jure fisco esse declaravit, armorum strenuitate rex Philippus impigri animi de facto corone patrimonio adjunxit post trecentos et quindecim circiter annos, exquo Karolus Simplex Roloni primo Northmannorum duci baptizato, numcupatoque Roberto, ipsam Northmanniam in dotem et suam filiam in conjugem dederat. Hiis vero diebus tota fere Aquitania cum urbe Pictavis regi Philippo se subjecit, atque, ita brevi ampliato regni corpore, quocumque rex Philippus graditur, se felices successus letaque auspicia prosequntur.

CAPITULUM XXII

De confederacione regis Johannis cum Othone imperatore; de conjuracione ipsius cum Ferrando Flandrie, Reginaldoque Bononie comitibus; de triumphis ipsius Philippi et ejus primogeniti Ludovici.

41. Verum postquam Northmannia rex Philippus et

Var. : (A) B C *fere inexpugnabilia obsidet et armorum celeritate* omis; (B) C *Lexovii*; (C) B C *dederunt*; (D) B C *potestatem*; (E) B C *et* omis.

* « Nota de legitima reductione Northmannie et fere totius Aquitanie per Philippum Augustum, Francorum regem. »

majori in parte Aquitania potitur, ipse Johannes, rex Anglie, cum Othone imperatore, Ferrandoque Flandrie ac Reginaldo Bononie comitibus, quamplurimis principibus aliis et regni baronibus clandestinam factionem inivit. Itaque prefati ad invicem conjurati, in Philippi mortem conspirantes, regnum Francie absconse inter se dividunt, et per diversas Galliarum partes eumdem Philippum eodem tempore invadere pacti sunt. Verum rex Johannes Anglie, exercitu omnibus belli machinis instructo, in finibus Aquitanie aplicans, urbem Andegavis et comitatum occupat, castrumque Rupis Monachi supra Ligerim cum maximo apparatu obsedit. Otho vero imperator, et Brabancie (A) dux, Salesberiensisque (B) comes Anglus, Flandrie Bolonieque comites et quamplurimi principes, Theutonicique proceres suas acies ferocissimas (c) contra ipsum Philippum versus Flandrię partes congregant.

42. Et cum prefatus Philippus ab istis innumeris turbulentissimisque hostibus in ipsum conjuratis se invasum et regnum videret, interritus (D) non obstupuit, sed alacri animo hilarique vultu*, uti ad nupciarum jocunditatem iturus esset, duos exercitus preparavit, quorum unius ducatum filio suo primogenito Ludovico contra Johannem, Anglie regem, deputavit, alteriusque directorem contra Othonem suosque conjuratos se instituit. Ludovicus vero ingrediens Aquitaniam ab (E) obsidione castri (F) Rupis Monachi prefatum Johannem machinis belli relictis ignominiose fugavit **; eumque constanti animo in Andegavis

Var.: (A) B *Barbancie;* (B) B C *Salebriensisque;* (c) B C *fortissimas;* (D) B C *perterritus;* (E) B *ab* omis; (F) B C *castri* omis.

* « Nota de magnanimitate et constancia Philippi. »

** « Nota de triumpho Ludovici primogeniti Philippi, et fuga Johannis, regis Anglie. »

prosequtus est, et ipso Johanne non absque confusione dejecto, urbem totamque Andegaviam dicioni patris subjecit. Philippus eodem mense cum Othone imperatore et suis conjuratis in asperrimum certamen descendit, juxta villam non longe a Tornaco quam Bovinas vocant, et fere per unius diei spacium in (A) dubio victorie conflictu durissimo * pugnant; et tandem rex Francorum, Dei fretus auxilio, equo recuperato, quo prostratus diu humi jacuerat, Theutonicorum furorem conjuratorumque crudelitatem qui in necem ipsius conspiraverant, cum maxima eorum (B) strage et pauca suorum, viriliter debellavit. Otho vero feda fuga se salvans, fusus cum dedecore, ingloriosus ad fines suos reversus est **. Comes vero Flandriarum Ferrandus, Reginaldus Bononie comes, qui Parisius incarceratus decessit, Guillermus comes Salesberiensis (C) et ejus frater, duoque comites Alemannie (D) et Bernardus de Hucemaigne summus Othonis consiliarius, multique alii proceres captivi in Franciam adducuntur; ceterorumque captivorum infinitus erat numerus. Pauci vero ex parte regis Francie ceciderunt. Numerus vero Othonis militum *** mile quingentorum fuit, aliorumque fortiter armatorum centum quinquagintaque milia preter vulgus.

Var. : (A) C *in* omis; (B) B C *hostium;* (C) B C *Salebriensis;* (D) B *Alamanie.*

* « Nota de durissimo conflictu. »
** « Nota de glorioso triumpho Philippi regis contra Othonem imperatorem. »
*** « Nota numerum militum ceterorumque armatorum Othonis. »

CAPITULUM XXIII

Qualiter post victoriam Philippi, regis Francie, et ejusdem filii Ludovici, isdem Johannes ad Innocencium tercium papam refugium habuit et suum regnum sedi apostolice fecit tributarium; et qualiter isdem Innocencius inter Philippum, regem Francie, et ipsum Johannem pacem composuit.

43. Istis duobus bellis feliciter confectis, omnium dominiorum dicti Johannis a regno dejecti isdem Philippus possessionem pacificam adipiscitur. Postea isdem Johannes ob infidelitatem suam terris cismarinis exutus, quammaxime dicti Philippi ejusque liberi Ludovici (A) magnanimitatem formidans, seque in arto videns positum, ad Innocencium tertium papam refugium habuit, et, qui antea bona ecclesie sacrilegus occupaverat et ab ecclesiasticis possessionibus ab Anglia prelatos ejecerat, mandatis ecclesie reversus, omnia occupata ecclesie restituit; regnum Anglie, Ybernieque (B) dominium sedi apostolice in perpetuum tributaria* mille marcharum sue monete annuatim solvendarum effecit, fidelitatemque summo pontifici juravit. Ipso enim ab excommunicacione quam incurrerat (c) propter prefatum sacrilegium, absoluto, dictus papa inter ipsos Francie et Anglie reges pacem composuit**. Qua mediante rex Philippus eidem Johanni

Var. : (A) B *Ludovici* omis; (B) B *Ybernie*, C *Hibernie*; (c) B *meruerat*.

* « Nota de regno Anglie et dominio Ybernie sedi apostolice tributariis. »

** « Nota de sexta reformacione pacis inter Philippum, regem Francie, et Johannem, regem Anglie, decreto summi pontificis confirmata. »

partem, sed modicam, Aquitanie in feudum concessit, racione cujus se legium (A) hominem corone Francie constituit, ceterosque principatus Philippus sibi et suis successoribus retinuit, decretoque summus pontifex istam pactionem inter ipsos juratam confirmavit.

CAPITULUM XXIV

Qualiter inter ipsum Johannem, regem Anglie, et regni proceres pro quibusdam consuetudinibus ortum est discidium; et qualiter Ludovicum, Philippi primogenitum, in suum auxilium advocant, et de regno Anglie eidem Ludovico fidelitatem prestiterunt; et de morte execrabili ipsius Johannis (B), *et de infidelitate procerum Anglie contra ipsum Ludovicum.*

44. Post vero inter regem Anglie et regni proceres pro quibusdam consuetudinibus, quas observare nolebat sicut firmaverat juramento, atrocissimum discidium inter ipsos exortum est. Tamen plebs rusticana, plurimeque civitates baronum Anglie parti favent. Sed quia maxime verentur ne usque in belli finem regi Anglorum resistere valerent (c), Ludovicum strenuissimum in armis, regis Francorum primogenitum, in suum auxilium Anglie proceres advocant, cui, expulso rege suo, tocius Anglie monarchiam tradere promittunt* ; qui, acceptis baronum

---

Var. : (A) C *ligium;* (B) B C *Johannis* omis*;* (c) B C *Ne..... valerent* omis.

* « Nota bene de translatione regni Anglie in Ludovicum regis Philippi filium per barones, civitates et plebem facta, ubi advertendum est, quando rex aliquis consuetudines pro utilitate rei publice servare jurat et precipue in sua coronatione, hoc juramentum servare tenetur, nec aliud juramentum in contrarium postea factum nunquam ser-

liberis in obsides, maximas eis armatorum copias destinavit. Et deinceps non multo post, isdem Ludovicus ardentis animi, mare transfretans apud Sanduor portum australem, nemine sibi resistente, Angliam ingressus est. Etenim Johannes, quamquam juxta portum consistens copiosa multitudine classi et milicie Gallicane occurrere paratus videretur, actamen applicante Ludovico, statim disparuit. Ludovicus vero, ab hiis baronibus qui eum in suum presidium advocaverant jocunde receptus, fidelitates * (A) homagiaque eorum, uti Anglie rex, accepit.

45. Paucis post diebus, Johannes, undique invisa calamitate oppressus, ignominiose moritur. De cujus morte execrabili ** res mira et horrenda accidit. Nam, cum in quadam abbacia dicti regis sacrilegi corpus inhumatum esset, vox terrore insolito motura hominum constantissimorum animos, media nocte custodibus ecclesie circa ejus sepulchrum audita est, qui ad ululatus sonitum accurrentes, terribilem umbram repperierunt. Hec vox exclamat, se Johannem regem Anglie tormentis variis jugiter lacerandum, quamdiu corpus ejus maledictum in terra sancta maxime in ecclesia tumulatum jaceret. Quo audito, abbas et monachi territi rastris terram effodiunt

---

Var. : (A) A B C *fidelitates et.*

vare debet, ut de jurejurando capitulo intitulato Extra in antiquis; si autem contrarium fecerit reique publice dampnum intulerit, quia in hoc justiciam non facit, tamquam rei publice inimicus sive tirannus est merito deponendus. » — *(Cette note marginale est elle-même annotée par ces deux mots : « Totum vacat). »*

* Nota de fidelitatibus et homagiis per barones anglicos Ludovico uti regi Anglie prestitis. »

** « Nota de execrabili Johannis, Anglie regis, morte et de terribili prodigio. »

et ab ecclesia et cimiterio corpus sacrilegum eiciunt, et vox et umbra protinus evanescunt; et sic isdem Johannes ad cognomen suum penitus reversus est. Nam priusquam regno sublimaretur, Johannes Sine Terra ab omnibus vocabatur, et, antequam morte preventus foret, sine terra a cunctis estimabatur, et in sua morte terra eum nunquam recipere dignata est.

46. Quo mortuo, ei Henricus, ejus filius, puer decennis, a Galone, summi pontificis legato, crucis signaculo insignitus, ad regnum Anglie intrusus coronatur. Quo facto, circa Marcii (A) inicium exercitu in Anglia relicto (B), prefatus Ludovicus propere in Franciam quesiturus auxilium accessit, et, post Pascha, congregata copiosa equestri pedestrique armatorum multitudine, Ludovicus (C) in Angliam repedavit. Tamen egerrime et indignanti animo tulit quod quidam ex principibus et nobilioribus Anglie in absencia sua, eum fracta fide et spreto juramento reliquerant et infideles ad novi regis partem transierant*. Ista tempestate, Thomas, comes Particensis, etate florens (D), apud Lincerinam (E) Anglie civitatem, [et] quamplurimi alii Francorum proceres proditorie ab Anglis trucidantur; et, ut prefatus Ludovicus (F) hanc prodicionem accepit, dolore cordis intrinseco tactus, incensis machinis, apud Doveram (G) quam obsederat, se et suos exercitus infra Londonias contulit. Comperto enim Ludovicum in arto esse positum, a Francia populosa classis militibus ins-

---

Var.: (A) B C *Mercurii;* (B) B *derelicto;* (C) C *idem Ludovicus;* (D) C *floridus;* (E) C *Lincolniam;* (F) B C *Ludovicus inhumanam;* (G) A B *Donoram.*

* « Nota bene de infidelitate baronum Anglie erga Ludovicum et proditoria morte comitis Particensis et quam plurimorum Francorum per Anglos. »

tructa eidem succursura mare adiit, que in pelago Anglos sibi obvios habuit, consertoque (A) navali prelio, nobiles ex Francis quamplurimi occiduntur; ceteri vero fuge presidio inimicorum manus evaserunt. Ludovicus vero, contra infidos proditores sceleris magnitudine irritatus, confligere armis toto animi conamine et corporis alacritate ardescit, sed dissuasum habuit, ne, si (B) claustra (C) urbis egrederetur, redeuntem cives ipsum forsan excluderent; nec gallica classis Anglicum lictus premebat, que in extremo articulo sibi lapso et suis opitulari valeret. Ob hoc a conflicto divertit (D) propositum. Et tamdem, Londoniarum urbe famis incommodo laborante, prefatus Gallo legatus inter Ludovicum et Anglie principes pacem composuit hac condicione quod isdem Ludovicus et sui milites captivitate carceris immunes ad Franciam redirent, prius tamen prestito juramento quod de cetero ecclesie mandatis obediret, aliisque secrete pactis interpositis, que vulgo nemini revelata fuerunt. Si perfidia Anglie baronum contra Ludovicum inique (E) agens sibi fidelitatem, ut (F) juramento voverat, servasset, regno Anglie subacto, gloriosum triumphum reportasset.

CAPITULUM XXV

De constancia Philippi in armis; de pertinacia regum Anglorum in suum principem; de augmentacione patrimonii corone; de particione Galliarum; de testamento et obitu Philippi.

47. Constancia enim Philippi* magnanimis et sum-

Var. : (A) A *Confertoque*; (B) A *habuit si*; (C) B C *claustrum*; (D) B C *divertitur*; (E) B C *inique* omis; (F) D C *ut in*.

* « Nota constanciam Philippi in pertinaciam Anglorum que ipsum fecit victorem. »

mi zelatoris (A) ad protegenda corone jura, Anglorum regum ostinatam pertinaciam domuit et sub fidelitatis jugo armis victam reduxit. Nunquam enim Philippus Augustus contra suos vassallos intulit bella, ut eorum dominia legibus injustis usurparet, sed contra moventes justa retulit arma, et in rebelles fidelitatem negantes pro corone superioritatis jure viriliter dimicavit, et sanctissimarum legum equitate propter feloniam infidelium ad sue majestatis superioritatem devoluta eorum feuda retraxit. Anglorum enim superbia, principatuum potenciam solam*, que utique magna erat, et non divinam justiciam, a qua omnis virtus in bello et victoria procedit, meciens, velut boves indomiti, a fidelitatis jugo tumida colla excutere semper conata est. Hinc (B) tociens manum sanguinolentam strictis gladiis in suum superiorem erexit; nec sua indurata pertinacia casus belli ancipites previdere nec aliquid venturum cogitare permisit, preter quod sua effrenata dominandi libido evenire cupiebat. Hinc Anglici suo desiderio precipitati (c) caput indomitum fortune belli supposuerunt, quos eorum saxea superbia, ut infidelitas suos auctores semper in amissione dominiorum fere omnium fefellit que Philippus in armis constantissimus, scilicet Northmanniam, Cenomaniam, Turoniam, Andegaviam, Pictaviam, Avergniam et Aquitaniam jure armorum sue corone patrimonio feliciter adjunxit**, et aliunde Viromandensem, Claromotensem, Bellomontensem, Pontuiensem, Alanconiensem, Lemovicensem,

---

Var.: (A) A *summus zelator*; (B) A *Ha*; (C) A *precipitati ut*.

* « Nota superbiam et pertinaciam Anglorum et conditionis tiranni ostinati. »

** « Nota de justa augmentacione patrimonii corone Francie per Philippum Augustum feliciter facta. »

Dommartini (A), Mortonei et Albemarue comitatus de patrimonio sue majestatis effecit.

48. Itaque vides, Karole princeps illustrissime, quantos labores pro conservanda sue majestatis superioritate tuus proavus, sui evi omnium princeps, sustinuit, quanta animi constancia, quanta corporis alacritate suos hostes fudit, quanta reddituum amplitudine corone patrimonium auxit. Eadem igitur caritate rem publicam et tue majestatis dignitatem amplectere; eadem virtutis prestencia pro tua deffendenda superioritate tam strenue et constanti animo certa, quod infra tui regni limites nullus pedem terre possideat, quin te in suum dominum superiorem non recognoscat. In hoc universi summa felicitas consistit* quando princeps, sue dignitatis superioritatem vindicando, injurias publicas toto conamine et corporis opera tuetur, et, suos subditos non opprimens, equitate gubernat et armorum strenuitate deffendit.

49. Dum enim historiographos considero tam longe lataque Galliam diffusam scripsisse quod maximam Europe partem prima sui institucione natio Gallica continebat, admirari non cesso ut ejus fines amplissimi tam artari potuerunt, nisi quod incole Galiarum veteres tam viribus corporum quam armorum experiencia atque bellica prestantes industria tantum sue nacionis terminos dilataverunt. Interjectis enim Alpibus in medio Gallicam nacionem bispartiti sunt**; quedam Cisalpina, altera vero Transalpina vocatur. Cisalpina Gallia quoque, ut egregii auctores tradunt, terminos habet hinc Appenninum ab

---

Var.: (A) B *Domini Martini*, C *Domni Martini*.

* « Nota bene in quo consistit felicitas universi. »

** « Nota particionem Galliarum quarum una dicitur Cisalpina et altera Transalpina. »

occidente ac meridie, illinc Alpes a septentrione, ab oriente autem sinum maris Adriatici fluviumque exiguum Rubiconem. Hec Cisalpina Gallia (A) magnis et opulentis urbibus insignita (B) Pado fluvio celeberrimo distinguitur. Hec regio jam non Gallia, sed nomine extincto Ytalie pars vocatur. Transalpina vero Gallia in longitudinem ab Alpibus Ytalie ad occeanum Britannicum, Pireneosque montes, qui ab Hyspanis Gallos separant, extenditur, in latitudinem quoque ab istis magnis (c) duobus amnibus Rehno ac Rodano, geminoque mari in quod ista flumina labuntur. Hanc Galliam porrigi antiquitus certum fuit, primaque Galliarum institutione omnes urbes et regiones a meridie ad sinistrum latus cis Rehnum, puta Barbancia, Lothoringia, Annonia (D), Flandria, et insuper (E) illa famosa civitas Colonnia, trium regum qui infantem dominum nostrum Jhesum Christum adoraverunt (F) sepulcrum, de Galliarum lingua corporeque regni fuere. Sed, sicut labor in armis continuus corpus ad labores quoscumque tollerandos fortissimum, et animum ad audenda queque et sua deffendenda paratissimum reddit, et de minimis iniciis rem publicam maximam facit, itaque longum voluptatis occium et blanda nutrimenti mollicies corporum robur laboris impatiens enervat et animum ad sua defendenda remissum debilitat. Haud dubito quod hac labe et animi pigricia principum Gallia remissius defensa, antiquitus pro termino Rhenum habens, ab imperio distincta, suos latissimos fines contraxit atque paulatim in nomen et Germanie linguam conversa fuerit, et per dissuetudinem incole juxta Rhenum fluvium se

Var. : (A) B C *Gallia* omis; (B) B C *insignita, fluviisque lacubus fecunda, per medium;* (C) B C *magnis* omis; (D) C *Hannonia;* (E) B *insuper* omis; (F) B C *sepulcrum* omis.

Gallos dici nesciunt, ymo, si se audiant vocari, non mediocriter indignantur. Sed ad incepta redeamus.

50. Philippus vero (A), armis eximius, sancti et justi amantissimus, febre graviter fatigatus mortem eminere senciens *, ad pios et sanctissimos usus omnes opes amplissimas elargitur. Pro conquestu sancte civitatis Jherusalem, Johanni regi Acre centum mille libras et Templariis Hospitalariisque cuilibet ipsorum totidem pro eadem causa legavit, cunctasque (B) purpureas et vestes preciosas ecclesiis religiosisque locis ad Dei honorem et divinum cultum partiri jussit. Suo quoque ultimo elogio ne heraudis (C), mimis et histrionibus necnon (D) lecatoribus aliqua suorum vestimentorum darentur inhibens, expressa voluntate decrevit. Hec ejus sanctissima sentencia fuit quod idem nephas erat demonibus immolare, ut huic hominum generi et adulatoribus elemosinas et beneficia conferre (E). Et postremo tante indolis preclare in adolescencia et in omni vite cursu tante probitatis, necnon in morte tante sanctitatis principis, dum in Francia lugubres exequie agerentur, papa Honorius angelico oraculo monitus ** eadem luce, eadem hora in curia romana (F) chris-

Var. : (A) C *vero atavus tuus eximius;* (B) C *cunctas quoque;* (C) B C *erraudis;* (D) B C *nec;* (E) B C *et adulatoribus... conferre* omis; (F) C *oraculo... romana* omis.

* « Nota de gloriosa morte Philippi Augusti regis Francorum et a[d]mirabili ejus testamento. »

** « Nota de miraculoso ejusdem Philippi funeris obsequio. *Cetera vacant.* Istud enim miraculorum obsequium ostendit Philippi sanctitatem et suum conquestum legitimum jurique consonum fore. Idcirco attentis suis iniciis et moribus gloriosaque ejusdem morte una cum pluribus miraculis in favorem sui justi tituli divinitus factis pariter consideratis, sui posteri reges Francorum numquam depost debuerunt sive debent super gloriosa Anglorum a regno Francie expulsione et principatuum armorum strenuitate vendicatione pre-

tianissimi principis cum suorum cardinalium collegio sollemne funeris obsequium celebravit, sicque felicissimo exitu strenuissimus princeps, sacro Francorum diademate et laurea triumphorum adornatus, ad Christum eterne glorie aureola coronandus migravit. O Gallici principes, hujus christianissimi principis vestigia in optimis moribus (A), in armorum strenuitate, in zelo justicie et barbarice tirannidis a regno expulsione, si cupitis ad summos honores et finem beatum pervenire, prosequamini (B). Sin autem, vestrum dedecus, vestram et totius rei publice ruinam, vestramque futuram cum demonibus mansionem (c) expectate.

CAPITULUM XXVI

De rebus gestis Ludovici regis, filii Philipi, post ejus patris obitum.

51. Ludovicus vero, Philippi filius, ex parte matris de genere magni Karoli procreatus*, in omnibus preclaris gestis virtutis paterne imitator, in regem coronatur. Summa

---

Var.: (A) B C *Hujus enim christianissimi regis Galliarum principes, in optimis et sanctis moribus;* (B) B C *persequamini;* (c) *atque vestram futuram in vite exitu non securam mansionem expectate.*

dicte, quin fuerint juste et quin hos actus zelo justicia gesserit dubitare. Quin ymo hujusmodi scrupulum penitus a sua consciencia debent expellere et presertim infelici fine et pravis moribus trium regum Anglorum qui infideliter contra ipsum Philippum suum erexerunt gladium mentis intuitu inspectis. Nam, quicquid agant homines, finis laus vel turpitudo existit ipsorum. »

* « Nota quod iste Ludovicus fuit de genere magni Karoli ex parte matris. »

cum equitate et fortitudine animi regnum gubernat, et deinceps Pictaviam invadens, * Niorzium castrum fortissimum obsidet, nec multum post Savarico de Maloleone cum suis recedente, ipsum in dedicione recepit; et postmodo (A) opidani et abbas Sancti Johannis de Angelo celeriter occurrentes claves et villam eidem Ludovico reddunt. Proinde Rupellam situ et populo munitissimam acerbe oppugnat, noctu diuque repetitis glandium ictibus labefactans muros evertit, obsessique crebros Ludovici insultus viriliter retrudunt. Sed tamdem burgenses obsidione dira coartati, ex aliqua parte succursum non (B) habituri, regi suas libertates confirmanti portas apperiunt. Postea Lemovicenses et Petragorenses (C) et omnes Acquitanie principes, preterquam ultra Garonnam (D) Vascones, regi fidelitatem prestant.

52. Rex vero Henricus Anglie adhuc puer, regnique proceres, de amissione Acquitanie condolentes, collecto armatorum exercitu, Ricardum, regis fratrem, puerulum

Var. : (A) B C *postmodum;* (B) B C *non se;* (C) B *Patragorienses,* C *Petragorienses;* (D) B *Garennem.*

* « Nota de septimo bello Francorum in Anglos et qualiter Acquitania fuerit invasa per Ludovicum. *Cetera vacant.* Sciendum quod ducissa Acquitanie, ob suum crimen in divinam majestatem perpetratum, sua dominia confiscaverat, et ideo, ob hujusmodi criminis ulcionem, reges Francorum pro quacumque pacificacione non debebant Anglorum regibus Acquitaniam nec quecumque illius ducisse dominia in regno Francie existencia tradere seu dimittere, quia divina injuria est pre ceteris severa ulcione prosequenda, et quod semel a celesti curia decretum existit non est ab hominibus irritandum. Hac de causa, quamquam Philippus putans benefacere et in favorem pacis modicam Acquitanie partem regi Anglie concesserit, actamen et ob infidelitatem Anglorum post ejus obitum, suum pacis serenitate hactenus quiescere nisi forte modica temporis protractione non valuit regnum. »

cum trecentis navibus ad urbem Burdegalis (A) delegant, castrum quod Sanctum Marcarium (B) dicunt, expugnant, et expugnatum destruunt, Rayolam (C) asperrima obsidione conquatiunt et molestant. Sed gens admodum valde instructa viriliter resistit, et insultibus repugnat. Ludovicus vero ville afflicte compaciens, cum marescallo suo maxima in coppia stipendiarios transmisit, quorum adventu ab obsidione, omnibus relictis machinis, Ricardus, Henrici regis frater, ex altero latere abiit, eique supra ripam (D) Dordonie (E) Franci obviant sed transire nequeunt. Lumolium quoque castrum obsident et victum expugnant; et sic Anglici, qui in illa cauda Aquitanie inclusi erant, a regno Francie feliciter excluduntur.

55. Postea vero Ludovicus cruce signatus a comitatu Tholosano (F) Albigioque hereticos expugnat* et eorum hereses extirpat et postremo fluminis impetu, natura, artificio et populo inexpugnabilem urbem Avignionem, que septemnio induratis heresi animis ecclesie fulminaciones et censuras sustinuerat, asperrima obsidione quassatam a pravitate heretica in summi pontifici sobedienciam et Dei unionem retraxit. Pariter et omnem Provinciam heresi fedatam, armis devictam, ecclesie mandatis coegit parere. Proth dolor! ex pestifera aeris corruptione, quamplurimi egregii prelati et principes cadunt; pauci vero sani ab ista peste evaserunt. Ludovicus vero in Franciam rediens, tam armis strenuus et a clero, nobilibus et omnibus summe

Var. : (A) B *Burdagallensis*, C *Burdagalensem*; (B) B *Marcharum*; (C) B C *Riolam*; (D) B C *regis frater abiit eique supra ripam*; (E) A B *Dordanie* ; (F) C *Albigeioque*.

* Nota de expugnacione hereticorum in comitatu Tholosano et Albigio, necnon de expugnatione urbis Avignionis et ad ecclesie unitatem reductione per Ludovicum, Francorum regem, et pariter de tocius provincie ad Ecclesiam reductione per eumdem Ludovicum. »

dilectus, et tante sanctitatis existens quod nunquam suam carnem nisi cum propria uxore maculavit*, hac mortalitate percussus, apud castrum Monpensier (A), non sine lacrimis omnium, ad Christum feliciter migravit.

CAPITULUM XXVII

De coronacione sancti Ludovici; de turbacionibus quas in exordio sui regni passus est; de debellacione et fuga regis Anglie et Hugonis comitis Marchie; de pace inter Ludovicum, Francorum regem, et Henricum, Anglorum regem, reformata, et de obitu sancti Ludovici.

54. Et post regis christianissimi obitum, Ludovicus ejus primogenitus, eximie indolis et sanctitatis incredibilis puer, anno sue etatis decimo quarto abeunte, Remis in regem erigitur. Nec mora, in Ludovicum juniorem evo, sed virtute virum provectum, plurimi (B) Francie principes et barones totius regni majores conspirantes, sceleratissimum fedus iniunt; partim armorum strenuitate, partim sua prudencia, eorum simultates et factiones refellit.

55. Ecce vetus discidium in ipsum Ludovicum acrius ex[c]itatur, dum penitus extinctum crederetur. Rex vero Henricus, cum quibusdam principibus regni federatus, (c) in Gallias pluries transfretavit; terrasque ob infidelitatem suorum predecessorum amissas et decreto pape corone

Var.: (A) B C *Montpensier in Arvernia;* (B) B C *quamplurimi;* (c) B C *federatus fracta concordia auctoritate apostolica confirmata.*

* « Nota quod iste Ludovicus tante sanctitatis fuit quod nunquam mulierem nisi suam propriam uxorem carnaliter cognovit. » — *Suivent six lignes qui ont été grattées.*

adjunctas recuperare sepius temptavit. Inde rex Ludovicus, se ab antiquo hoste et conjuratis principibus invasum videns, zelo justicie divinitus animatus, primo conjuratos, post Henricum, Anglie regem, debellare conclusum habuit. Deinceps, ingenti armatorum undique collecto exercitu, Belismum cujusdam conjurati castrum (A) obsidet et tandem vi armorum strenue expugnat. Quo audito, Henricus, Anglie rex (B), sua intencione frustratus, non semel, sed sepius fugatus*, infeliciter ad fines rediit. Et tandem, cum quibusdam federatis, ingenti confidencia fultus, Pictaviam cum Ricardo fratre suo ingressus, et Hugo, Marchie comes, suus confederatus, a sancto Ludovico non sine modica strage bello devincuntur. Fusus fugatusque a Francia turpiter Henricus discessit, et Hugo, Marchie comes, se, uxorem et liberos ad regis Ludovici arbitrium, (c) totamque Pictaviam dedere compellitur. Quibusdam conjuratorum Ludovicus indulget et in (D) nonnullos severius anima[d] vertit.

56. Ut Henricus acri bello Xantonico se victum et armis Ludovico imparem, necnon a (E) regni finibus expulsum se videret, sanctumque Ludovicum armis eximium proque regni securitate omnes voluntarios labores velle amplecti cognosceret, persuasum habuit a rege solerti et bellicoso hoste, nulla suorum dominiorum perdita vi armorum se posse recuperare, nullaque corone jura in posterum usurpare valere. Ceterum timor ingens ejus animum invasit ne opibus belloque potentissimus sanctus

---

Var. : (A) B *Bellissimum cujusdam castrum*, C *Bellissum castrum*; (B) B *rex* omis; (C) B *victus*, C *victum*; (D) A B *in* omis; (E) B C *a* omis.

* « Nota de fuga Henrici, regis Anglie, et debellacione ipsius et comitis Hugonis per sanctum Ludovicum regem Francorum. »

Ludovicus cum manu valida in Angliam transfretaret ut insula deleta furentis inter ipsos discidii, adepta regni securitate, rebus afflictis finem faceret. Idcirco priusquam in ipsum ejusque regnum bellum irrueret, discordiam infestissimam pace in formaque (A) inscribitur sopiendam decrevit *. Isdem Henricus consensu Ricardi germani, regis Romanorum, et ex consilio prelatorum, principum et procerum Anglie, in Franciam, comitis Clocestrie plurimorumque virorum egregiorum consilio fretus, accessit, et cum sancto Ludovico transigens, quod in Northmannie ducatu et Andegavie, Cenomanie, Turonie, Pictavieque comitatibus et universis eorum feudis habere pretendebat, eidem sancto Ludovico suisque corone successoribus in perpetuum cessit, nulloque jure in ipsis retento penitus remisit, eo tamen pacto quod, propter scrupulum consciencie deponendum, redimens patrimonium quod Philippus, ejus avus, et Ludovicus, parens suus, justo titulo sibi comparaverant, sanctus Ludovicus eidem Henrico summam auri maximam concessit, numerarique fecit, et cum hoc (B) exinde episcopatibus Lemovicensi, Petragoricensi, Xantonensi et Burdegalensi amplissimas possessiones assignavit, tali condicione expresse apposita quod Burdegaliam et omnem Vasconiam a regibus Francie in posterum ut homo ligius (C) in feudum teneret, hac de causa rex Anglie tanquam dux Aquitanie et curie par

Var. : (A) B *que* omis, C *ut*; (B) B C *hoc* omis; (C) B *quod Burdegaliam... ligius* omis, C *homo ligius* omis.

* « Nota bene de septima et sollemni pacis refformacione inter sanctum Ludovicum, regem Francie, et Henricum, regem Anglie, virtute cujus dictus Henricus cessit omni juri quod in ducatu Northmannie ceterisque dominiis in regno Francie habere pretendebat preter quam in certis episcopatibus hic declaratis, certam summam pecuniarum recipiendo. »

Francie in matricula Francie baronum ascriberetur. Et deinceps, bello pace sedato, sanctus Ludovicus ejusque filius Philippus, absque hostium turbacione, regnum Francie strenue gubernaverunt.

CAPITULUM XXVIII

De Philippo rege filio sancti Ludovici.

57. Postquam sanctus Ludovicus ab humanis ad superos evasit, Philippus ejus filius, vir bellicosus et in omnibus clarissimus, in hereticos Albigenses et Arragonenses (A) pro jure regni materni egregie pugnavit. Ex Ysabelle uxore preclara geminam masculam prolem, illustrem Philippum Pulchrum primogenitum et Karolum, Valesii comitem, secundo natum post cineres reliquit. Philippus enim iste ab hostium inquietudine pace tranquilla Francorum regnum possedit.

CAPITULUM XXIX

De rege Philippo Pulchro : qualiter ei Edouardus (B), rex Anglie, pro ducatu Aquitanie legium homagium fecit et fedus inter sanctum Ludovicum et Henricum, Anglie regem, renovavit; et qualiter fidelitate rupta Northmanniam vastavit; et postea, super dampnis illatis ad curiam parlamento legitime vocatus, superbia erectus, potius principatibus quos a Philippo tenebat, renunciare maluit quam curie parlamenti subici; et qualiter exinde Philippo bellum indicit; et de aliis incidentibus tempore Philippi.

58. Ipso enim mortuo Philippo, sancti Ludovici filio,

Var. : (A) B C *Arragones;* (B) D *Odardus.*

Philippus Pulcher ejus primogenitus in regno successit. Sacro quidem regali diademate insignito, Edouardus, rex Anglie, legali edicto vocatus, eidem Philippo pro ducatu Aquitanie vassallus ligius, homagium et fidelitatem prestitit*, tametsi, federe et super jure regni convencione per sanctum Ludovicum et regem Henricum initis in forma renovatis, regibus Francorum et regno se fore fidelem in futurum sollemni more juravit.

59. Hac tempestate a Sarracenis, quorundam Templariorum prodicione, urbs Acre capta funditusque eversa fuit, ac omnes christiani ab infidelibus inhumana et miseranda strage perierunt. Eversione quoque urbis intellecta, Nicholaus summus pontifex ad regni Francie prelatos rescripsit, quod nichil utilius, nichil salubrius, quam terre sancte succursum iri. Tunc mandatis reverenter acceptis, obsequentissima prelatorum clerique universitas celebri consilio deliberatum habuit, quod pro salutari auxilio terre sancte summe elaborandum erat ut inter omnes christianitatis principes universalis pax reformaretur, quo subsequto, per cruce insignitos viros armis prestantissimos, cedatis privatis odiis, terre sancte liberacio (A) feliciter expediri posset. Tunc illius temporis, Edouardus (B) anglica et sacrilega fraude refertus, infinito navali exercitu tam ex Vasconibus quam Anglis coadunato, in Sarracenos se profecturum simulavit. Verum inopinata et nunquam audita infidelitate, non tamquam fortissimus fidei athleta pro salute universi, sed truculentissimus pirata et infidelissimus paricida, per mare et

Var.: (A) B C *deliberatio;* (B) B C *Edouardus* omis.

* « Nota de homagio Edouardi, Anglorum regis, Philippo, Francorum regi, facto. »

terram regnum invasit* et in Constantino ad Sancti Vasti agerem navigium aplicuit, et barbarica tirannide Northmanniam vastans, omnes fortunas publicus latro rapuit et inhumanus depopulator rei publice pagos et villas combussit, colonosque et ceteros viros vinculo astrinxit, aliosque et inermes peremit (A), eamdemque ferociam versus Rupellam in Pictavos exercuit; et post tantam cladem patrie illatam, maxima preda onustus, sanguinolentus paricida ad Angliam reversus est. Qua clade in stuporem et luctum ex ingenti leticia atque lascivia que diuturnum pacis ocium dederat, Northmannie facies repente commutata est, et, tanta infestacione lacessita, ad Philippum judicem superiorem super Edoardi infidelis vassali tirannidem (B) gravissimam querellam detulit.

60. Comperta equidem Northmannie direptione, condolendaque suorum strage, rex Philippus Pulcher egro et indignanti animo publicam suorum cladem gerens, confestim Edouardo homini suo ligio ejusque locumtenentibus in Vasconia mandavit uti raptores, incendiarios et homicidas nephandos qui funesta clade suum regnum contriverant, in carceres apud Petragoras, veluti publicum maleficium juris erat plecti, severius puniendos transmitterent. Porro vassallus infidus civiliter requisitus, mandato sui superioris obedire [a]spernatus est. Proinde per Radulphum de Nigella (C), magistrum militum, propter inobedienciam, totam Vasconiam in sua et manu militari, uti jure debuit, saisiri et capi fecit. Et ubi Edouardus pro

Var.: (A) B *colonos inermesque et ceteros viros vinculo astrinxit aliosque et peremit,* C *colonos metivosque et ceteros viros vinculo astrinxit aliosque peremit;* (B) C *tyrannida;* (C) B *de Neliaco vel Noelle,* C *de Neliaco vel Nigella.*

* Nota de octava guerra pacisque et federis ruptione per Edouardum, et rapacitate piratica. »

felonnia in dominum suppremum perpetrata et offensa in rem publicam legitimis edictis accercitus fuit ut in parlamento eidem Philippo responsurus accederet, isdem Edouardus suo domino in jus vocanti, superbia intollerabili erectus, mandare ausus est quod quicquid juris, quicquid principatus in regno Francie ab ipso rege et corona tenebat in feuda ab integro et penitus regi Francorum renunciabat* et omnino libere et quiete remittebat, et quod illius animi tam ingentis erat, plura et ampliora dominia quam cessa et renunciata vi armorum in regno Francie sibi aquirere et appropriare. Diffidens enim ab illa hora Philippo prefato non justum, non publicum bellum, ceterum publicam agrorum depopulacionem, omnium fortunarum depredationem, pagorum, villarum, castrorum, urbium, templorumque cum eorumdem preda inflammationem et ubique (A) impunitas omni generi hominum strages indicit.

61. O ferocem proterviam **! O funestam in superiorem rebellionem et ab omni humanitate derelictam ! Qua demencia potius a tuis principatibus oppulentissimis propter inobedienciam spoliari et illico cum rei publice subversione te exutum ferro dominia perdita velle repetere presumpsisti, quam tuo superiori fidelitatem juratam servare et in pace, tua cum salute et universi (B), illa adepta retinere ! Profecto fidem, justiciam et omnem pietatem exuisti. O crudelissimum tirannum ! quibus fedus naturale cum suppremo principe custodire, eique debitam obedienciam reddere, et vitam, quam nature necessitas

Var. : (A) B C *ubi;* (B) C *cum salute universa.*

* « Nota de renunciacione omnium dominiorum que Edouardus a corona Francie tenebat. »

** « Nota bene invectivam contra Edouardum tyrannum. »

exigit, pro ejus tuitione et patrie, cum mortis periculo exponere debebas, et, quod pluris, ferocissimam (A) tiranni immanitatem assumpsisti que divini et humani juris, patrieque (B) et societatis humane te hostem fecit crudelissimum. Proth dolor ! nedum regni, sed totius christianitatis transquilitatem tua nephanda crudelitas turbavit et usquequo (C) sancte terre expedicionem remorata est et in Christi opprobrium jugiter remorabitur, donec tua tirannis compressa fuerit. Igitur in te qui universi salutis hostis es, conspirare, ferrum capere, insidias preparare, maxima fortitudo et summum premium existit, ut a tua barbarie patria oppressa liberetur. Nullum enim salubrius, nullum Deo acceptabilius quam (D) sacrificium * tiranni cruore respersum. Tametsi instructa crudorum satellitum infinita classe **, Edouardus ferocissimus archipirata in Aquitaniam versus Rupellam mare sulcat, insulam enim Duram depredatus est, exutam vero raptis spoliis incendio correxit (E), accensamque relinquens, in urbem Burdegalensem (F) navigium velis properantibus adventavit. Non multo post auctore quodam Vasconum tradicione tria castra maritima in presidiis sita Edouardi tirannidi in regnum dederunt accessum, civitatemque Beonam satis dura obsidione sibi adjunxit. Tunc super populum metus ingens et incredibilis calamitas irruit. Nempe gladiatorius Anglus furor, omnibus facultatibus quas natura et prospera fortuna ipsi dederant, etiam vita variis rapinis et inhumanis cruciatibus vulgus et populum cepit spoliare. Phi-

Var. : (A) B C *fortissimam;* (B) C *pacisque;* (C) C *usquemodo;* (D) B *quam* omis; (E) C *corripuit;* (F) B C *Burdegalem.*

* « Nota summum Deo sacrificium esse publicum tirannum occidere. »

** « Nota de secunda invasione et depredacione ipsius Edoardi. »

lippus vero subsidium a cunctis exigens ut ab invasione hujus crudelissimi tiranni cunctos protegeret, gravissimum tributum vulgo imposuit, scilicet primo bonorum omnium centesimum, secundoque (A) quinquagesimum a populo cleroque indifferenter extorquendum. Populus autem tam oneroso pondere gravatus in sedicionem vertitur. Parisius enim et Rothomagi tributorum questores acriter et ignominiose cedunt (B). Quorum furore sedato, nonnulli ultimo supplicio feriuntur.

62. Bonifacius vero, summus pontifex, imposicioni non prebens auctoritatem, Philippi regis animum non mediocriter offendit. Propterea uti heresi suspectus et simoniace pravitatis, necnon homicidii, congregatione prelatorum et procerum gallicana, vicarius Christi reus deffertur. In qua concluditur non esse mandatis ejus obediendum, donec in generali sinodo super illatis criminibus purgaretur. Preterea Philippus et regni prelati, ab injustis Bonifacii censuris ledi verentes, a gravaminibus inferendis per appellationem ad futuram universalis ecclesie sinodum interjectam, fulmina summi pontificis restingunt. Bonifacius vero, cardinalis Colone (C), aliorumque emulorum capitis inimicorum impetum formidans, universale consilium non convocavit, sed audita regis indignatione prelatorumque in ipsum lato decreto, quemdam legatum in Franciam transmisit ut Petri gladio anathemate pape inobedientes percussurus interdicto regnum supponeret. Qui Trebis in Campania per regis officiarios in carceribus asperrimis retruditur. Postremo ab emulis variis et duris (D) injuriis afflictus, in frenesim lapsus, anxio dolore summus pater manus sacratas, quibus inferni claustra recludit et januam celi cui vult obserat, morsu

Var. : (A) B *secundo*; (B) C *cæduntur*; (C) C *Columnæ*; (D) B *diris*.

impio lacerans, in castro Angeli Rome ultimos dies infeliciter clausit. Post ejus obitum, super Bonifacii infortunio regem Philippum et sui adherentes Clemens papa ejus successor non culpabiles sentencia declaravit. Actamen in quantum eterna salus anathematis vinculum frangi petebat, absolutionis munus ipsi regi humiliter petenti et suis prelatis impertitus est. Quanquam scriptum legerim adversus invasiones Coloniensium temerarias Bonifacium a Gallico milite Philippi regis nomine deffensum et postquam ejectus in Petri cathedram restitutus fuerit, Matheo Ruffi diacono cardinali animo reconsiliato omnem scismatis materiam inter ipsum et Philippum regem penitus extirpandam commisisse.

63. Philippus enim Pulcher regnandi aliud exordium ab Augusto Philippo tenuit. Nam, cum Augustus Philippus cepit imperare, prima fortitudinis exequtio laudibus eum sempiternis extollit a tirannis oppressam ecclesiam armis eripuisse et ab omni functione publica exemptam fecisse; et, dum trans mare profecturus erat, ut non angariis et perangariis suum regnum graveratur, testamento sanxit; at, si publicum bellum insurgeret, ex corone patrimonio moderate dispensato et fideliter reservato ageretur, tametsi usui bellorum erarium non responderet, tum populus temperate exactus ad rei publice tuitionem conferret, et collata in usus publicos ministrarentur. Exinde, ob virtutum meritum, Deum in magnitudine rerum gestarum semper reperit eciam aperto miraculo sibi propiciatorem; si vis exemplums conjecta (A) in Ligerim hasta flumen subsistens primo Philippo iter agenti et post turmis sequentibus, ubi antea nunquam transitus fuerat, se prebuit vadosum. Sed vice versa Pulcher Philippus in regni

Var. : (A) A *conjacta*.

principio libertatem ecclesie sub tributo et servitutis jugo redigere, et ex populi substancia gravissimis tributis impositis, non ex suo patrimonio bella ducenda exurpavit. Vereor ne, ob istam divine majestatis offensam, regnum istud bellorum infortunium ceteris magis dilatatum incurrerit, et in sua generacione ne Philippus minus fuerit felix. Profecto trium filiorum suorum immature moriencium germen gradus ordine regum Francorum absque prole masculina corone successura penitus extinctum est, et nepotes ex filia Ysabelle et neptibus, suorum filiorum filiabus, procreati, velut Absalon patrem David ob facinus in Uriam perpetratum, rapinis, igne, ferroque regnum immortali odio semper persequti sunt, et in eternum persequentur.

64. Parumper ultra propositum disgressus sum, ut exemplo persuadeam (A), si princeps magnanimus in hostes velit feliciter triumphare, magnopere Christi ejusque vicarii mandatis devotior obsequatur. Summe caveat ne ecclesie infringat libertatem, verum a tirannis oppressam sua animi prestancia seorsum eligat et a publicis exactionibus viros ecclesiasticos immunes habeat. Nempe in figuram perpetue libertatis in Numeri libro Dominus precepit, leviticam tribum a functione publica esse liberam, et, cum sub Pharaone, ex principali edicto, omnes ad solucionem quinte partis generaliter urgerentur, sacerdotes tamen ab observantia istius edicti fuerunt immunes. Et qui Christi sacerdotes tangit, sanctissimam illius (B) pupilam ledit, qua de re infestissimus nunquam pontificibus et sacris editis injuriam diu relinquit inultam. In bellorum enim expedicione primo erarium, ut volunt jura, excutiat; subditorum vero, nisi extremo pulsus, facultates non

Var. : (A) C *persuaderem;* (B) B *sacratissimam ipsius.*

attingat; et si ardenti animo pro re publica certet, cuncta prospera succedent (A); si enim ignave, Deus et fortuna votis muliebribus (B) adversatur. Ad inceptum redeo.

CAPITULUM XXX

De reformacione pacis inter regem Philippum et Edouardum, mediante sororis Philippi matrimonio, et confirmacione transactionis sancti Ludovici et Henrici, de matrimonio junioris Edouardi cum Ysabelle, filia Philippi, et federe inter ipsos renovato; et qualiter singulari convencione isdem Edouardus suo socero pecuniam recipiendo pro ducatu Northmannie omne jus pretensum cessit; et de morte Philippi.

65. Variam post Aquitanie depredacionem superbus Edouardus experimento cognoscens, preter conceptam dominandi libidinem, fortunam sibi adversari, ab incepta tirannide insolentem animum depressit, et tedio guerre affectus molitur sororem Philippi Pulchri in lecti consortem, id quod sibi ultimum fuit reffugium, sollicitis precibus efflagitare. Et equidem conjugii interventu Philippus occupatam Aquitaniam sibi restituit, et in dotem sororis sue Pontivi comitatum contulit*. Edouardus vero conventionem Ludovici et Henrici ratam habens, dominia que propter infidelitatem amiserat, homagio et fidelitate prestitis, sive velit, sive nolit, Philippum in superiorem dominum recognoscens, ab ipsis extortis recuperat, que religionis sacramento se et suos heredes fideliter pres-

---

Var. : (A) A B *succedant*; (B) *fortuna melioribus.*

* « Nota de octava pacis refformacione inter Philippum Pulchrum et veterum Edouardum. »

tituros, et in futurum servaturos vovit corone successoribus. Tum per facinus assumpta, que familiares regni et publicas res exterminaverant, gladiatoria exuit arma. Edouardo enim vetere infausti belli excitatore adhuc vivente, minor Edouardus, ex sorore Philippi editus, in regem Anglie erigitur; et, ut fedus cum patre Edouardo initum, et cetera permaneant illibata, minor Edouardus Ysabellem, Philippi Pulchri filiam, in uxorem accepit, et vassallus legius pro ducatu Aquitanie et Pontivi comitatu, haud cunctatur debitum homagium Philippo Pulchro ut suo suppremo domino prestare.

65. Renovata enim pace juramento, post pauca rex Philippus tres egregios liberos, Ludovicum primogenitum, Navarre regem, Philippumque Pictavensem et Karolum Marchie comites, dominica Penthecostes in matrice ecclesia Parisiensi, tirones splendore militari illustravit, et, ob honorem tante dignitatis novorum militum, locupletibus trapetis purpura auroque fulgentibus ornatam Parisii cives velant urbem. Rex equidem magnificus, qui tunc filiorum generositate regisque Anglie generi federe, militum strenuitate, urbis et regni potencia felix videbatur, suis principibus, inter quos Edouardus gener et Ysabellis filia numerantur, lautissimum convivium cum omni urbanitate et luxu celebravit; et, sequenti Mercurii luce, rex Philippus, tresque liberi et rex Edouardus nobilesque utriusque regni, ut Christi inimicos sanctam civitatem captivantes expugnatum irent, crucem assumendam communi assensu juraverunt*; eademque luce quidam cardinalis, ad eamdem rem legatus, ambos reges potentis-

---

* « Nota qualiter rex Philippus et nobiles regnorum Francie et Anglie juraverunt ire in terram sanctam ad eamdem ab inimicis fidei liberandam. »

simos, quorum nullus secundus existit, si fraus Anglica cum Francorum legalitate fedus teneret, scemate sancte crucis insignivit, et cruce signatis benedictionem apostolicam impertitus est. Tum videres Anglicum militem cum Gallico in Christi hostes, nedum cedatis, sed odiis (A) penitus oblitis, armorum optatam contrahere fraternitatem. Tum ad capiendam crucem unus invitat alterum, tum pro recuperacione signi Christi (B) triumphantis et sancte Jherusalem civitatis, nullos graves labores nullaque vite pericula Christianis evitanda, quilibet mutua caritate fratrem exortatur. Etenim invicem vehementer congratulantur. Numquid sanctius (c) nobis Christianis est pro terra sancta ab infidelibus conculcata et pro salute fidei cum summa virtute et honore feliciter interire, quam furentibus armis pro rabida dominandi libidine mutuis cladibus sese crudeliter perimere. Hic enim si vitam amittat, anima pro corporis martirio coronanda gloriosius ad superos evolat, alterius vero dubius est exitus. Nihil igitur infelicius quam pro regni cupidine corpus et animam bello cruento perditum iri.

67. Antequam gener Edouardus a socero rege Philippo in Angliam recederet, ad utilitatem ipsius Philippi ejusque successorum omni (D) juri quod in Normannie ducatu habere pretendebat, ejusque membris ab ipso deppendentibus, pure et libere singulari convencione renunciavit *, qua de re maximam auri summam prefatus gener a socero recepit. Postquam reconsiliatos ambos reges vulgo

---

Var. : (A) C *sedatis odiis sed;* (B) B C *Christi* omis; (c) B C *satius;* (D) C *omnium.*

* « Nota quod Edouardus gener Philippi Pulchri singulari conventione omni juri quod in ducatu Northmannie pretendere poterat renunciavit, pro quo maximam summam pecuniarum recepit. »

fama divulgavit, tota Gallia incredibili gaudio perfusa pacis auctori summe gratulatur. Profecto adeptam Ysabellis conjugii federe securitatem in evum duraturam, regnum arbitratur, a quo novi discidii et bellorum civilium materies, radixque omnium malorum exoritur, cujus implacabili odio ambo regna mutua clade (A) sese consternunt. Philippus enim Pulcher, vir bellicosus, cum ingenti cruore effuso, Flandrensium rebellionem in dominum erectam non bis, sed ter prostravit. Altero vero conflictu indomita Flandrensium protervia contra comitem Arthesii, qui fusus est (B), et fere tocius regni (C) flos et vigor ceciderunt, sanguinolentam victoriam consequta est. Philippo enim prosequenti propter absconsam heresim et vitam impuram, ecclesie auctoritate una luce Templarii omnes concremantur eorumque ordo ad nichillum redactus penitus aboletur. Amplissimum quidem pallacium Philippi opibus et artificio miro constructum Parisie urbis magnificentiam relucentiorem ostendit. Et tamdem cursu vite exacto, Johannes Bocacius ait Philippum ab apro dejectum inter opaca nemorum, alii vero ob mirum lapsum vehementi dolore depressum in Vastino, dum venationem causa recreationis agebat, occubuisse.

CAPITULUM XXXI

De morte Inguerrandi de Marrigniaco principalis consiliarii deffuncti Philippi; de regno Ludovici primogeniti ejusdem Philippi.

68. Accusatur interea peculatus et prodicionis Inguerrandus de Marrigniaco qui principalis consiliarius

Var.: (A) A B *classe;* (B) A C *est* omis; (C) C *regni militiæ.*

deffuncti Philippi erat. Nempe Karolus regis germanus, Vallesii comes, cui propter intollerabilem superbiam et rei publice depredationem invisus erat, in trium nepotum suorum (A) presencia proponi fecit ipsum Inguerrandum gravissimis impositionibus et tributis a populo infinitum aurum extorsisse, et extortum maxima in parte in privatos usus versum habuisse, ac quamplurima corone feuda ad sibi conferendum regem dolis exquisitis seduxisse, variisque factionibus et simultatibus ipsum regem et regnum sepius proditum isse. Proth dolor! Ille nunc in suppremo honore provectus, ad cujus arbitrium regie majestatis celsitudo inclinabatur, mox reda vectus, funibusque ligatus, miserrimum vulgo spectaculum prestat, et patibulo affixus corpus, quod regalibus deliciis nutritum bisso, purpuraque ornabat, celi avibus lacerandum suspensum tenet.

CAPITULUM XXXII

De regno Ludovici primogeniti regis (B) *Philippi Pulchri.*

69. Ludovicus enim Hutin, Philippi Pulchri primogenitus, Navarre (C) rex, unctus in regem Francorum, novem mensibus paterno solio sedit, decedensque Clemenciam reginam fecundam reliquit, a qua Johannes postumus editus luce nona expirat. Solum autem superstitem Johannam ex altera conjuge (D) satam dimisit, que deffuncto parente regina (E) Navarre pro sorte hereditaria, comiti Ebroicensi Philippo nupsit, a qua Karollus, Navarre rex, qui plusquam belli civilis auctor conspirans in

Var. : (A) C *suorum* omis; (B) B *regis* omis; (C) B *primogenitus Navarre* omis, C *Navarre* omis; (D) B *uxore;* (E) A *regno.*

coronam universum regnum turbavit, natalicia traxit. Hic Ludovicus fuit audax et magnanimus; tamen hoc contra edictum patris egit : nam Judeos quos pater expulerat revocavit.

CAPITULUM XXXIII

De Philippo Longuo, Francorum et Navarre rege, Pulchri Philippi secundo filio, et ejus regno.

70. Deinceps Philippus Longus, Pictavensium comes, Philippi Pulchri secundus filius, diademate insignitus, regno Francie quinquennio (A) imperavit. Hic prius post obitum predicti Ludovici regis sui fratris Parisius a baronibus Francie pacifice receptus, regnorum Francie et Navarre gubernacula assumpserat, et (B) ante diadematis sumptionem, zelo christiane religionis accensus, uti verus Petri successor in ejus cathedra sublimaretur, non modicum laborem et salutarem operam rei tam sancte impenderat. Ad ejus profugium, dum ceptri Francie amplexu potitur, regina Anglie, avita (c) sua, et Edouardus junior, majoris Edouardi primogenitus, a marito et patre in exilium deportati, lugentes accurrunt (D). Exinde ad matris et avite preces Philippus Longus Edoardum exulem in hominem ligium et vassallum pro ducatu Aquitanie et Pontivi comitatu, beneficiis errogatis, accepit, qui, solerti matris opera et sagaci mulieris ingenio, contracto calide cum Anglie baronibus federe, Edouardo patre vivente et invito (E), in regem Anglie pro-

Var. : (A) B C *Francie et Navarre regnis;* (B) B C *Hic prius.....assumpserat, et* omis; (c) C *amita;* (D) B *occurrunt,* C *occurrerunt;* (E) B C *inimico.*

movetur. Equidem enim ingenti discordia inter Francie principes orta, dum ceptrum manui successit (A), regnum misere dissecabatur, quam sua sapiencia et pene formidine placavit. Necenim Philippo rigide imperante, aliquis suos officiarios offendere ausus est. Leprosi vero tabe veneni fontes et puteos infecisse accusantur, quo detecto dampnati ignium supplicio acerrimo plectuntur. Nullo enim corone herede masculo ex carne propria creto (B) relicto, Philippus Longus in auras tenues animam exalavit. Verum sola sibi filia ex regina Johanna, primogenita Burgundi (c) comitis, superstes Marguareta, postea Burgundie et Arthesii ratione matris comitissa, cum Ludovico (D) Flandrie comite maritalis thori consorcium inivit.

CAPITULUM XXXIV

De Karolo Pulchro, Philippi Pulchri tercio filio, Marchie comite, et ejus regno

71. Karolus autem Pulcher, Philippi Pulchri tercius filius, Marchie comes, rex Francorum (E) consecratur. Sex annis vel eocirca regnavit, qui, absque masculo corone successore ex carne procreato, regina tamen relicta pregnante, vita defungitur. Inde Philippus, Karoli comitis Valesii primogenitus, in secundo gradu transversali per lineam masculinam regi Karolo Pulchro attingens, ex curie parium Francie decreto, ut proximus agnatus regni et regine pregnantis custodiam assumpsit; quam solerti et fideli obsequio maximo statu rexit, et nono mense labenti filiam nomine Blancham, que postea Aurelianensis (F) ducissa fuit, peperit.

Var. : (A) *C dum sceptra manu suscepit;* (B) C *creato;* (c) C *Burgundiæ;* (D) A *cum omis;* (E) B C *et Navarre;* (F) C *Aurelianis.*

CAPITULUM XXXV

Qualiter Philippus, proximus agnatus Karoli Pulchri regis, penitus extincta Philippi Pulchri mascula generacione, prima regni institutione et jure legitimo corone successit, exclusis per femineum sexum descendentibus.

72. Extinctis enim absque masculis heredibus tribus Pulchri Philippi liberis, Philippus, Valesii comes, prima regni institutione et legitimo jure rex consecratus, pacificam regni possessionem adeptus est. Propterea Karolo regi Pulchro prolem masculam duntaxat lege regia et feudorum constitutione corone capacem non habenti, isdem Philippus de Vallesio proximus agnatus, exclusis ex Johanna comitissa Ebroicensi et Marguareta comitissa Arthesii, atque Ysabelle regina Anglie procreatis nepotibus, Philippo Pulchro avo sexu femineo attingentibus, regno (A) successit.

73. Cum summus enim terre et celi imperator celestia (B) regni insignia et ampulam Deo eterno pontifice consecratam transmitteret, viro virisque descendentibus * divina beneficia dumtaxat concessit ut istud regnum fidei catholice firmamentum ad monarchie celestis instar stabili et continua virili providencia gubernaretur et non feminea passionis inconstancia huc (C) illuc agitaretur, cujus violento muliebri impetu maxima imperia in maximam concedunt (D) ruinam. Tamen divina influencia is-

Var. : (A) B C *in regnum;* (B) B C *celestis;* (C) B C *instancia;* (D) *concidant.*

* « Nota in isto capitulo singulares raciones quibus clare ostenditur feminam vel ex femina masculum descendentem corone Francie succedere non debere. »

tud regnum quod antea ydolatrie petulancia muliebri huc illuc precipitatum per devios heresum errores agitatum fluctuabat, mox tanta virilitate catholice religionis Deus animavit, quod nulla supersticionis voluptas enervare, nulla scismatis rabies, nulla heresum monstra a Petri firmitate conquassum labefactare potuit; sed semper viris in fide firmatis claris armis et elegantissimis Gallia habundavit, qui virtute animi prestantissima et manu valida, beluas in Petri navem furentes viriliter expugnaverunt; cetereque naciones, ut ait sanctus Jheronimus (A), crudelissima monstra habuerunt, Francia autem sola caruit monstris. Hinc ob divinam et singularem dignitatem, a prima regni Deo sacrati institucione, virum ex virili germine viriliter agentem, non feminam effeminate titubantem, regem vult habere. Summorum enim pontificum scrutare gesta : nunquam repperies quod reges Francorum, oleo celesti sacrati, aliquem in Petri cathedra per nephas intrusum foverint, aut scismaticam sinodum approbaverint. Ceterum tanta virilitate divinitus semper animati fuerunt, quod, omni favoris genere aut odii parcialitate posthabita, ejectos injuste summos pontifices in pristinam majestatem restituerint, scismataque furencia compresserint.

74. Eapropter (B) istud regnum peculiare Christi patrimonium, virum ex virili virtute agentem regem recipit, et feminam torpore inhertem, seu femineo sexu descendentem respuit, ut rex qui solum a Deo immortali suum tenet imperium religionis integritate, justicieque splendore et animi magnitudine virens (c) principes ceteros antecellat. Et quamquam istud regnum universe monarchie tipum

---

Var. : (A) B C placent *ut ait sanctus Jheronimus* entre *elegantissimis* et *Gallia;* (B) B C *Et propter;* (c) B C *viros.*

non gereret, et divino beneficio ceteris non prestaret; attamen imperatorum institutis predictis Johanne Ebroicensi, Marguarete Arthesii et Ysabelli Anglie, earumque natis corone Francie successio intercluditur. In feudo enim, nisi maternum sit, vel pactio in matrimonio, femina vel ejus masculus non succedit, in dotali instrumento non intervenit, nec regni futuri pactum interponi potuit nec femineum, sed regnum paternum existit. Ergo a paterno regno Philippus proximus agnatus Karolo regi Pulchro in secundo gradu attingens, omnes ex sexu femineo descendentes, potissimum Ysabellem reginam Anglie ejusque progeniem, excludit. Sin autem, nil tamen, Edouarde, juris (A) in regno pretendere posses. Profecto representacio in regni successione locum sibi vendicat; ergo Karolus, rex Navarre, aut Ludovicus (B), comes Flandrie, ratione matrum Ysabellis Anglie liberos in regno antecederet. Igitur hanc figuram hic intexui ut cuicumque intuenti corone jus pateat.

Var. : (A) C *juris* omis; (B) B *Karolus*.

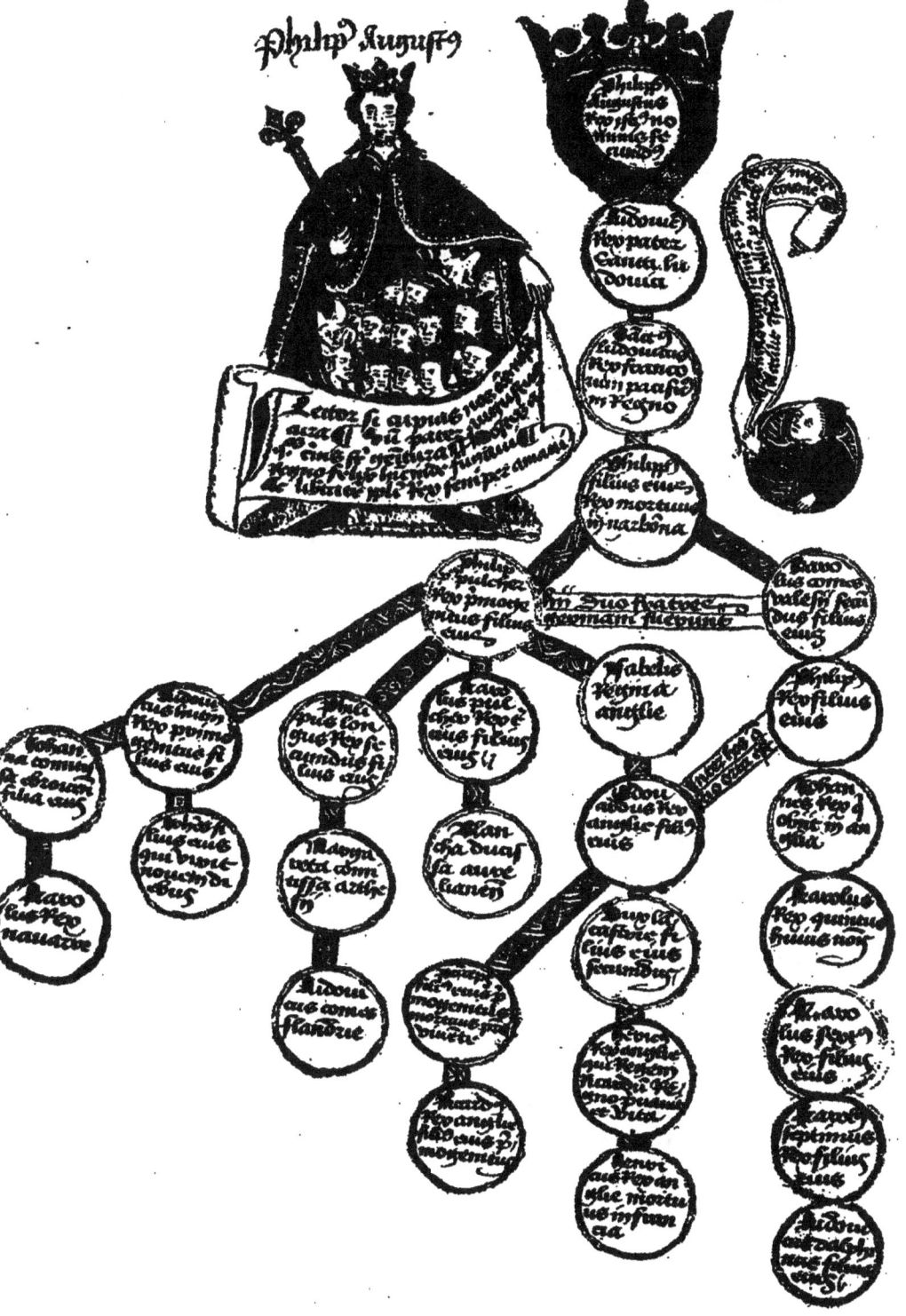

CAPITULUM XXXVI

75. *Ad evidenciam juris successionis in regno Francie, pro quo presens figura facta est, sciendum est quod in prefato regno nec femina nec masculus descendens per lineam femineam succedit. Ex quo jure concluditur quod Edouardus, rex Anglie, filius Ysabellis filie Philippi Pulchri, regis Francie, non debuit nec jure potuit in regno Francie succedere, secundo quod in successione dicti regni jus representacionis sibi locum vendicat, quo jure enim nepos, id est filius fratris deffuncti, fratrem excludit. Ex quo sequitur, quod si in regno masculus descendens per femineam lineam succederet, Karolus, rex Navarre, Ludovico Hutin avo materno successisset, et non Philippus Longus, ejusdem Ludovici frater, qui tamen successit, quia Karolus ille rex Navarre, licet esset nepos Ludovici Hutin regis, tantum per lineam femineam descendebat; item representabat matrem, ideo Philippus Longus frater successit. Idem dicendum est de comite Flandrie respectu Karoli Pulchri. Et hoc jure Karolo Pulchro Philippus de Vallesio eidem Karolo in secundo gradu per lineam masculinam successit, et non Edouardus, rex Anglie, qui per lineam femineam* (A) *sibi conjunctus erat* (B).

76. Philippus quidem rex, in (C) justicia severus et bello strenuus, viriliter pro regni tuitione nullos labores nullaque vite discrimina ingredi recusavit. Primo quidem regni sui anno, Petrum Remigii, magnum Francie thezaurarium, criminis peculatus reum depre-

---

Var. : (A) B *masculinam femineam;* (B) C *de Valesio successit eidem Karolo in secundo gradu per lineam masculam conjonctus est;* (C) B *in omis.*

hendi, dampnatumque suspendi jussit. Verum ex preda rei publice privatas fortunas preter modum locupletes fecerat. Profecto in re sua familiari quinque centum Francorum milia et totidem in supperlectili et jocalibus reperta sunt. At immobilium acquisitio in castris et feudis mortis hora quam quindecim milia redituum non minor erat. O insaciata et ceca habendi cupiditas! dum publici erarii administratio tibi deputatur, si princeps negligens tuas raciones non examinet et negligendo tuam rapinam ferat, tum crassandi in tributis et censu publico effrenatam capis audaciam, nec ulla auri congeries, licet maxima, ad tuam libidinem explendam suppetit, et, dum gazis a publico congestis (A) in celso rerum culmine et assiduis fortune successibus sedem tibi stabilem comparasse arbitraris, sinistra sorte in contrarium agente, precipiti casu omnia rapta perdis et turpissimo exitu, id quod publici erarii raptorum premium est, ultimam diem claudis.

77. Philippus enim, ardentissimi animi in majestati sue rebelles, copiosissima strage sub Casselli monte Flandrensium turmas acerrime dejecit. In hoc durissimo conflictu viginti octo Flandrensium milia et octo centum fertur cecidisse.

CAPITULUM XXXVII

Qualiter rex Edouardus Anglie pro ducatu Aquitanie et Pontivi comitatu regi Philippo Ambianis homagium et fidelitatem prestitit, et postea instinctu et persuasione comitis Arthesii fracta fidelitate, ipsum Philippum invadens, pro jure corone infidum bellum movit, et in bello Creciaco isdem Edouardus Philippum debellavit et deinde Calesium subegit.

78. Anno postero rex Edouardus ab Anglia profectus Ambianis, pro ducatu Acquitanie et Pontivi comitatu,

Var.: (A) A conjectis.

regi Philippo, ut legitimo corone heredi, homagium et fidelitatem prestitit*, sacramentoque religionis in homagio prestito, eidem Philippo regi in posterum se fore fidelem sollemniter astrinxit. Illa tempestate Johanna regina Robertum de Arthesio comitissam Arthesii, proximiori consanguinitatis gradu sibi attingentem (A), ob lucrum future successionis captatum veneni pocione extinxisse apud supremam curiam accusatum, et exinde legitimis edictis vocatum, jurique stare contempnentem itaque prosequitur quod ob maleficii (B) atrocitatem in comitissam ejusdem regine consanguineam perpetrati, eumdem Robertum contumacem a regno perpetuo barino Philippus exulare decrevit, atque uxorem et liberos in carcere satis benigno detrusit. Deinceps comes exul (c) in Angliam ad Edouardum transfretavit, sane egre et maligne gerens exilium, ad machinandum contra Philippum ejusque coronam Francie omnes ingenii vires convertit, sicque Edouardum alloquitur : « Istam ardeam, volucrem omnium pavidissimam, tibi tanquam timidissimo omnium regum presento, qui jure armorum Francie coronam tibi succedentem vendicare non audes. » Persuasitque hereditario jure et gradu cognationis proximiori Edouardo ex sorore nato, non Philippo patrui filio, Francorum corone successionem competere. Uti mortalium animus preceps est ad captandum imperium, Edouardus iniquis suasionibus inflammatus, Deum et fidem regni libidini posthabuit; et, quamquam fidelitate jurata Philippum Francorum regem et legitimum corone heredem approbasset,

Var.: (A) B C *sibi attingentem;* (B) C *contemnentem ad reginæ Johannæ prosecutionem ob maleficii*; (c) B C *exul* omis.

* « Nota de homagio pro ducatu Aquitanie et comitatu Pontivi facto per Edouardum Philippo de Vallesio tamquam regi Francie. »

nec ejus titulum in posterum quovis jure impugnare posset, ac tamen Edouardus, infidelis et perjurus vassallus*, regni libidine transversus, Francie insignia et regis nomen usurpare non veritus est. Furibundos quidem quamplurimos principes Theutonicos contra Philipum federatos sibi adjunxit, numerose (A) classis undique collecte apparatu in Franciam ruiturus (B) pellagus intrat. Et ex adverso Philippus armis impiger marinos portus militum presidiis in Edouardum munit, ne ad Gallica littora descendat hostis. Galli enim acerrimo navali bello in Franciam navigantem Edouardum aggrediuntur. Hinc inde asperrima pugna agitur : graviter Edouardus in conflictu vulneratur; sui stipendiarii a nostrorum jaculis quamplurimi confodiuntur; majori in parte castrate naves naufragium paciuntur. Tandem superate Gallorum vires Anglis succumbunt, atque duos de nostris bellorum principes egregios, uti tirannus, in summitate malorum suspendi fecit. Dissipata quidem Edouardi classe, hac vice spe frustratus ad Angliam revertitur.

79. Interea Edouardus quorumdam procerum Galliarum (c) pollicitis animos temptat. Fuere illa tempestate qui dicerent, dominos Clicei, Malestrati et Roche Texonis conjurasse Philippum regem muneribus corruptos se Edouardo tradituros. Detecta vero conjuracione, Parisius prefatus Philippus ob tantum flagicium obtruncari fecit, et postea ut triste ceteros a pari facinore spectaculum reprimeret, delata Nannetis capita eorum hastis fixa supra portas erigi jussit. Illa tempestate Johannes, Philippi

Var. : (A) A *nemorose*, B C *reversurus*; (B) B C *Galliarum* omis.

* « Nota de perjuriorum infidelitate Edoardi, Anglorum regis, qui primus regum Anglie nomen et insignia regis Francie usurpavit; de ruptione federis per Anglos et nona guerra sive nono bello. »

primogenitus, armis eximius et justicia insignis, in Aquitania exercitum hostes pugnaturus (A) ductaverat. O crudelissimum tirannum Edouardum *! ubi regni cupiditas ad arma contra tuum suppremum dominum rapienda te precipitavit? Lex tibi nulla, fides tibi nulla, nulla tibi pietas est, ut ab incepta tirannide impurum animum revocaret. Ceterum, arbitraris omne, quod in libidinis prosequtione tibi gratum est, quod apud Deum et homines fas et justum habeatur.

80. Ingenti igitur Edouardus predonum scelleratissimorum classe transvectus, ad Sancti Vasti aggerem navigium detorquet**. Furibundi enim satellites prede et cedis avari, septum Constantini et Belsiacum fertilissimas patrias, rapina, incendio et strage hominum fulminant. Cadomum tunc tenue clausam, cunctis opibus refertam, armorum insultu pessumdant captamque (B) rebus et inquilinis funditus exemterant (C). Ista enim tirannis subactis impiissima nichil relinqui (D) fecit. Ad Angliam vero, cunctis exhaustis, burgenses condam opulentissimos et nunc captivos, cum preda amplissima transvexit. Direpta funditus Cadomo, Edouardus suas acies transducens, barbarica ferocitate vallem Algei pinguissimam et planiciem Novi Burgi opimam absorbet. Comperta quidem Edouardi invasione, rex Philippus acris animi, fluminum et itinerum transitus intercidi jubet, et parte ex omni vocatis nobilibus qui maxima pars armis et labori insueti erant, transduxit acies exercitu collecto ad

---

Var.: (A) B C *expugnaturus;* (B) B C *clausum... refertum... captumque;* (C) B *exauserant,* C *exhauserunt;* (D) B C *reliqui.*

* « Nota exclamationem contra Edouardum. »
** « Nota de invasione regni et depopulatione Northmannie per Edouardum crudelissimum tirannum. »

conflictum paratas, juxta Secanam ex parte Vulcasini versus Parisius ductat, ut Edouardo fluminis meatum intercipiat, qui in Flandriam ad sibi confederatos proficisci conabatur, et ex altero Secane littore Edouardus versus Carnotum tendens, suos exercitus cogebat. Hic *
Anglica fraude imbutus, in extremo situs, Philipo regi, ut citra flumen suos transducat armatos, inter villam de Anthogniaco et villam Girardi, publicum certamen indicit. Hoc enim oblato et accepto, Philippus uti maturans in assignata luce ad locum pugne suos milites adduxit. Et dum Philippus in campo hostem in ipsum pugnaturum expectaret, Edouardus, mentita fide astutissimus, ex tabulatis pontem Ponciacum demolitum nocte silenti repparat, et a finibus Northmannie educens exercitum, communitatem urbis Ambianis transitus custodem opprimit. Tum Edouardo recedente, Philippus indigne gerens animi impacientis esse delusum, cum (A) omni alacritate in hostem (B) prorumpens, versus Picardiam tendentem juxta Criciacum Edouardum assequitur. Et cum vero Edouardus in angustia et arto positus esset**, in loco arboribus implicito et equorum cursibus iniquo, sese et suos stipendiarios in unam turmam recollegit quo nuper cedua silva fuerat abscisa, et undique constructo ex quadrigis vallo exercitum equis inaccessibilem effecit. Et cum Philippus in conspectu Edouardum videret, tantus (C) invadendi hostes ardor ejus animum (D) inflammavit quod arcuum, sagitarum et aliorum usui belli neccessariorum municiones non expectat, nec ultimas militum (E) acies. Verum anhelanti

Var. : (A) B C *cum omis*; (B) B *in hostem omis*; (C) B C *Edouardum inaccessibilem tantus*; (D) B C *ardor animi*; (E) C *militum omis.*

* « Nota de indicione belli per Edouardum et fraude ejus. »
** « Nota de bello Creciaci et de causis amissionis ejusdem. »

animo et equis adhuc sudore respersis, Januenses cum balistarum jaculis Anglorum sagitarios invadere signo dato precepit. Tum Gallorum telis vacue pharetre, et hostium loculi sagitis referti erant. Hic Januenses hostibus jaculis impares ob deffectum tractus ab Anglis confossos retrogradi opportuit, quod subitam et ingentem diffidenciam Gallorum animis ingessit. Qua de re Galli exercitus in actu dimicandi non modice turbati, proth dolor! quamplurimos Januenses uti proditores necaverunt. Nimirum si in tanta confusione exercitus Gallorum acti facile Anglis succubuerunt. Nempe belli princeps* qui vult ab hoste celerem, felicemque refferre triumphum, caveat ne inter commilitones quicquid discidii, quicquid suspecti exoriatur. Nam acies que sese perimit, ut ista suo ferro, hosti comparat victoriam, et qui a commilitone diffidit, nunquam constanti et audaci animo in hostes pugnabit. Providum enim belli ducem contra illud potissimum oportet esse munitum, in quo maxime confidit hostis. Verum firmissima triumphi spes in sagitariis Anglorum principibus conjecta est, in quos nostri duces adversa jacula minime preparaverant. Ardentissimi et invicti animi equidem Philippus egregia virtute regni sui clarissimus omnium princeps claruit. Nec ejus primogenitus Johannes minus armis insignis, minus justicia clarus existit (A). Ceterum nisi animi magnitudo racionis moderamine gubernetur, ausu temerario preceps est ad omne periculum inconsulte subeundum, quod post lapsum nulla arte nulla vi reparari potest. Conflictus enim bellorum trium seu spacio quatuor horarum certamine peragitur. Infortunium belli est unius

---

Var.: (A) C *extitit*.

* « Nota de prudencia principis belli. »

principatus perpetua subversio seu regni deperditi relevamen. Igitur sapientis ducis est dispositionem hostium et suam ante sepius mente revolvere quam conflictum temptare. Locus enim munitus victorie Edouardo pars maxima fuit. Ergo non aperto prelio sed occulto et sagaci astu pugnandum erat. Labor equidem itineris et grave pondus armature, robur corporis et animi Gallorum vires (A) depresserant (B). Igitur ante recreationem hos pugnatum iri non decebat. In hoc gravissimo conflictu strenuissimus Bahannie rex*, quamquam antiquus cecitatem incurrisset, actamen precepit a suis inter confertissimos duci hostes et ibi egregie pugnans confoditur. Preterea Alanconii comes, Philippi regis germanus, dux Lothoringie, Sacri Cesaris, Flandrie, Blesis et Haricurie comites, quamplurimique regni majores et Aureliana communitas (c) cecidere.

81. Bello autem Creciaci confecto, Edouardus postquam a maris et terre suffragio seclusos Calesii burgenses famis anxietate, qua nichil est acrius, carne ratorum, murium (D), equorum et canum vesci circumspectos coegit, quibus nichil relinqui (E) preter vitam fecit, longua unius anni obsidione Calesium sue tirannidi adjunxit**, coloniamque faciens, veteribus expulsis, novos Anglicos inquilinos introduxit, quo circa Hannonia Edouardo federata Gallis adversa prestabat arma. Johannes, Philippi primogenitus, ex patris arbitrio hanc invadens, agros depopulatur, villas, pagos et opida incendit, homines necat et in vastam direptionem adduxit; et e contra in-

---

Var. : (A) B C *et grave..... vires* omis; (B) B C *presserant;* (C) *quamplurimique..... communitas* omis; (D) B C *murium* omis; (E) B C *reliqui.*

* « Nota de magnanimitate regis Bahannie. »
** « Nota de captione Calesii et fidelitate burgensium. »

cole (A) maxima clade contricti ferocem exercitum contra Johannem instruunt; quod ut Philippus intellexit, armate milicie succursum laturus ad filium maturat. Sed de post ejus adventum congregati Johannem invadere non audent. Philippus interea propriis nummis Dalphinatum opulentissimum principatum sibi comparavit* quem ad Johannis, ducis Northmannie, preces Karolo ejusdem (B) ducis primogenito concessit.

CAPITULUM XXXVIII

De morte Philipi et Johannis, ejusdem filii, in coronam successione; de quibusdam incidentibus; de invasione Edouardi, Walliarum principis; de conflictu inter regem Johannem et ipsum et captione ipsius Johannis et Philippi, ejus filii ultimogeniti.

82. Philippo vero utique mori humanitus contigit. Johannes, ejus filius primogenitus, diademate cervicibus imposito, rex unctus, Francie regno preficitur. Obsidio enim Gallorum ab Anglis occupatum Sancti Johannis de Angelis castrum viriliter oppugnat. Neccessitate enim armorum opidani concussi, datis obsidibus, certa luce idem castrum reddere vel campo dimicare promittunt. Hoc comperto, rex Johannes, uti alacri animo corone jura tueri fervebat, ad locum certaminis profectus, in suam dicionem castrum recepit.

83. Rex vero Navarre** Karolus, multum eloquens parumque fidelis, int[r]orsum regni libidine urebatur,

Var. : (A) A *incolle*; (B) A *ejusdemque*.

* « Nota de aquisitione Dalphinatus per Philippum. »
** « Nota de infideli rege Navarre et proditoria morte Karoli de Hyspania connastabularii Francie. »

constructisque dolo insidiis Karolum de Hyspania, Francie connastabularium (A), lecto jacentem in villa Aquile extinxit. Ob quod facinus non mediocriter indignatus animo Johannes rex succenditur, et demum, a principibus Galliarum instanter rogatus, eidem Karolo nephandum crimen indulsit. Quod si severius animadvertisset, civilium intestinorumque bellorum incendium extinxisset. Nec multo post rex Johannes Karolum primogenitum Dalphinum recepta fidelitate Northmannorum ducem instituit. Illa tempestate fuerunt qui eidem Johanni regi denunciaverunt, aliquos majores Northmannie proceres molliri eumdem Karolum ducem se Edouardo tradituros. Tum mora non expectata, uno equitatu, cibo in itinere non assumpto, rex Johannes ab urbe Parisia Rothomagi castrum adiit, accusatorque in prandio cum duce filio Karolo vescentes eversa mensa capit. Ad Northmannorum ducis postulationem, Karolo, regi Navarre, sceleris auctori vitam reservavit, ipsumque Navarre regem Tristano militi de Bosco sub stricto carcere custodiendum deputat*, ceterosque repente vocato tortore per ballivum (B) decapitare facit, eorumque corpora detruncata in Rothomagi patibulo suspendi precepit.

84. Ecce ingenti sceleratorum predonum exercitu**, Edouardus sanguine ferocitateque Edouardi natus filius, Walliarum princeps, ubicumque per Aquitaniam, Avergniam, Bituriam, Saligoniam et Turoniam, cursu infestissimo pallantes exercitus in Ligerim agit. Numquam Hanibal tantum vastitatis rebus Ytalicis optavit quantum

---

Var. : (A) B C *conestabularium;* (B) B C *baillivum.*

* « Nota de incarceracione infidelis regis Navarre. »

** « Nota de invasione Aquitanie et depopulacione ejusdem per Edouardum tirannum. »

cladis iste tirannus ad omne nephas paratissimus, raptu, sacrilegio, stupro (A), flamma et incredibili hominum strage regionibus per tirannidem contrictis attulit. Et si immanissime crudelitatis dubius es, flecte oculos : qua furorem incendiorum exercuit, villa, pagos, castra, templa, abbacias, infinitos funditus eversos, sue immanitatis sempiterna monimenta, videbis. Ut Walliarum princeps Edouardus, multorum scelerum conscius, regem Johannem magnanimum adesse cum ingentissimis principum et armatorum copiis accepit, et quod pretensa magis fuga consulere saluti non poterat, inter Pictavis urbem et Sauvigniacum in agro qui Malum Foramen dicitur, dubius infortunii, conflictum expectaturus, suas acies sistere jussit. Inter istud bellum agendum, duo cardinales, summi pontificis legati, presentes aderant, qui ne prelium ageretur (B) magnopere nisi sunt impedire. Prefatus vero Walliarum princeps per ipsos legatos impensius pacem cepit orare, multaque justa et honesta, ut aiunt veteres, non respuenda regi Johanni obtulit*, velut ablata et incommoda suis rapinis et incendiis regno illata restaurare et, donec plenius satisfactum fuerit, ydoneos obsides dare. Hec enim oblata satis grata regi Johanni, suisque principibus et fere accepta fuere. Sed unus marescalorum in contrarium dissuasit ; tum inter alterum marescallum et istum in concione non modica fuit orta dissencio. Cardinalis enim Petragorensis, super proxima regni desolatione flens uberrime, locum pugne committende apostolica benedictione sacrum effecit. Tum statim duo marescalli conflictus anterioris ductores, turmas Waliarum principis adversas

Var. : (A) B C *stupro* omis; (B) *committeretur.*

* « Nota de oblacione Edouardi facta regi Johanni ante bellum. »

invaserunt. Inter istos bellorum duces maximum honoris et preeminentie certamen incessit. Rem ob istam unus jaculis confossus qui pacem dissuasit, interiit, alter vero captus Burdegallis incarceratur. Prima in belli fronte pugnantibus fusis, Karolus, Northmannorum dux, Andegavie et Biturie comites germani a patre consulti, recesserunt. Deinceps Walliarum princeps cohortes regis Johannis aggreditur, nec difficille victor habetur. Rex quidem Johannes ejusque minor filius Philippus, captivi Burdegalis adducti, paulopost in Angliam transvehuntur.

85. Opus omnium (A) sanctissimum et justicia plenum a barbaris rem publicam depopulantibus patriam liberare est, et suppremi principis presencia juste dimicandi legitimam auctoritatem prestabat. Sed vereor et dolens dico ne recta pugnatorum abesset intentio. Verum qui temere justa oblata recusant*, vindictam siciunt ant culmen honorum, non commune bonum et universi salutem armis interveniente hostium strage (B) querunt. Hanc vero depravatam voluntatem in bello, summus princeps victoriarum collator permaxime abhorret et detestatur, atque divina ulcio transversa belli confusione, animos elatos reprimit; et quicumque justa refellit oblata, et ferrum assumit ut cruorem spargat, merito sanguis ejus in bello effunditur.

Var. : (A) B C *enim;* (B) A *interveniente hostium strage* exponctué, B C omis.

* « Nota quibus immeritis bellum licet justum amittitur. »

CAPITULUM XXXIX

De regencia Karoli, ducis Northmannorum, Johanne patre captivo; de sedicione urbis Parisie in Karolum coorta; de predicatione regis Navarre contra (A) *Johannem et conspiratione in coronam; de insurrectione Iodicum Belvacensium contra nobilitatem; de assumpcione Bertrandi in marescallum Northmannie; de invasione regis Edouardi et de pace inter Karolum regentem et ipsum Edouardum, virtute cujus juri corone Francie et nomine regis renunciavit, et de redempcione Johannis regis captivi* (B) *et ejus morte.*

86. Paulo post Karolus, Northmannorum dux, patre in Anglia captivo, regni regenciam assumpsit, novam monetam valore debilitatam cudit, ob cujus mutationem Parisii cives infestissimi* in ejus regimen acerrime (c) immurmuraverunt. Nec longe post dira sedicione coorta, raptis furia armis, Parisiense vulgus, in regentis Karoli et Johannis, Biturie comitis ejus germani, presencia, Northmannie Campanieque marescallos cede cruentata occiderunt et precipitatos a summo per gradus pallacii, horrendum et sanguinolentum monstrum, super marmoream tabulam una luce vulgo expositos tenuere et deinceps in terra profana inhumane vectos projecerunt. Quid plura? Prefatus Karolus princeps superior, tegimen album seductorum differenciam ab ipsis defferens, crudelissimam marescalorum stragem cogitur approbare. Tam furiale scisma vulgi Parisii animos vexavit, quod mente

Var.: (A) B C *contra regem;* (B) B C *captivi* omis; (c) B C *acerrime* omis.

* « Nota de sedicione Parisiensi. »

funesta concepit parlamentum, summum justicie tribunal, penitus delere, et per trium dispositionem statuum regnum gubernari, moneteque regentis Karoli cursum aufferri. Tum secrete per fabrorum regis et arche magistros regentis compaternos, prefatus Karolus regens in tantis periculis agitatus, ejusque frater germanus, ab ista furia eximuntur*, qui in foro Meldis, uti in tutissimo reffugio, sese ingenti timore percussi contulerunt, et ambo probatissimi viri Parisii cives, ob Karoli regentis et ejus fratris Johannis salvationem, a vulgo Parisius in platea arenosa decapitantur.

87. Ista tempestate per vim plebis Karolus, rex Navarre **, a carceribus eductus, Ambianis, Parisius, Rothomagi et aliis urbibus populum seducens, varios sermones habuit, quibus graviter conquerebatur quod maxima cum injuria rex Johannes hunc fecit incarcerari, et injuste illum velle jure corone privari ostendit, suspensorumque corpora baronum in matrice ecclesia Rothomagi celebri martirum officio procuravit inhumari. In collacione enim quam ad clerum habuit, hos injuste mortem passos, vivorum suffragio non indigentes martiribus comparavit. Urbium enim populus ex prosperis insolens, rerumque novarum avidus***, qui veteres dominos et precipue si duriter taliis exacti fuerint, odiunt et novos appetunt, potissimum seductus Parisius ejus Karoli Navarre persuasionibus iniquis aspirant, et summa cum leticia et honore susceptus, ob tuicionem libertatis, se

* « Nota de simulata et sagaci evasione Karoli regentis et fuga ipsius ad forum Meldis. »

** « Nota de liberacione a carcere regis Navarre et de modo seducendi populum. »

*** « Nota de inconstancia vulgi et appetitu novorum dominorum. »

victurum et cum ipsis moriturum offert, tum letitantes sue libertatis protectorem et urbis seducte capitaneum constituunt. Tum omnia divina et humana intus et foris perturbata miscentur.

88. Ecce aliud crudelius monstrum insurgit. Nam Belvacense vulgus lodices* indutum, venenosis Karoli Navarre exortationibus exitatum, ferrum letale accepit, et, odio concepto mortifero, omnem nobilitatem eorumque uxores et liberos extinguere et horum demoliri atria et maneria debachatur. Funestus iste furor Meldis decurrit, cui cives valvas mensis cibo et potu cumulatis recludunt; et furibunda rabies immoderato assultu forum invadit, quo illustrissima Northmannorum ducissa, ob Parisiam sedicionem profuga, existebat. Istum impetum furiosum strenuus ille Vasco, Fuxi comes, et alia nobilitas ingenti lodicum strage depulerunt. Omitto, Karole rex Navarre, in te tantum fuisse dolum, an bellum vel pacem quereres, cunctis ignotum erat. Tamen semper absconse et tandem aperte tuis castris hostibus introductis, publico civilique et intestino [bello], istud regnum crudelissime fedissimeque vexasti. Taceo tua federa dalphino Northmannorum duci jurata jugiter rupta fuisse; transeo ut Johannes Maillardi aliique cives egregii, tua conjuratione divinitus comperta, hostes Anglos introductos occiderunt**, tuosque officiarios deprehensos variis carceribus mancipavere, et, te ignominiose ab urbe repulso, Karolus regens, Northmannorum dux, sedicione sopita ad suam urbem reversus est. Tantis enim procellis exagitata

* « Nota de insurrectione lodicum Belvacensium. «
** « Nota de occisione Anglorum et expulsione regis Navarre et de reductione regentis ad urbem Parisiensem per cives ejusdem urbis. »

Franciecorona, per orbem universum tot (A) tropheis, tot laudibus celebrata, jam periclitari videbatur. In summa Dei providencia in cujus dicione et tutella hec sacratissima corona semper existit, ejus protectrix assit. Rex enim Johannes ejus deffensor in vinclis captivus detinetur; ingentes autem publicorum hostium copie coronam acerrime oppugnant. Civile bellum mutua clade regni vires lacerat atque intestinum discidium visceribus urbium suum furorem agens, corone officiarios carpit (B) et proprium robur lacere consumit.

89. Ceterum ex divino dono Karolus, Francie primogenitus et corone heres, ab omni lascivia petulanti atque effeminata Gallica curialitate se penitus abstraxit* et turbine hostium circumventus, prudencie ceterisque bonis artibus mentem studio vehementi appulit, et in hiis summa opera, summo labore suum ingenium et suam juventutem exercuit, examinatusque adversis brevi tempore sapientissimus omnium principum (C) evasit; licteratos viros et jurisperitos, armisque strenuos milites maximo amore complexus est, quibus et regni gubernacula et ejus protectionem armis deputavit, immensisque beneficiis eorum labores rei publice impensos remunerasse certissimum est, patremque et fratrem captivos a carceribus redemit. Sua solercia, non manu, civilia bella et intestina ab integro abolevit et in hostes publicos gloriose triumphavit. Henricum enim (D) suum federatum, expulso Petro apostata, Hispanorum regem instituit.

90. Ista tempestate dux Lencastrie, in armis justis-

Var.: (A) B *tot* omis; (B) B C *rapit;* (C) B C *princeps;* (D) B C *enim* omis.

* « Nota qualiter infestissima adversitas fecit Karolum regentem sapientissimum omnium principum. »

simus, Redonensem urbem obsedit.. Tum Bertrandus de Clasquino*, invicti animi adolescens, plus animositate quam viribus, plus natura pene divina quam hominum industria, tot et preclara et tanta gessit pro succursu sue urbis, quot pro obsidione Trojana Hector gessisse videtur. Ob incredibilem et pene divinam virtutem ipsum Bertrandum dux Philippus Aurelianensis suum cambellarium (A), villeque et castri Ponthorsonis capitaneum creavit**. Et ut regens Karolus accepit qua alacritate, qua strenuitate armorum a terris Philippi et a finitimis regionibus hostes et predones expulerit, cum omni precum instancia, a patruo emptum Britonem inclitum tocius Northmannie ducatus marescallum ordinavit, et ipsi ejus tuicionem commisit, et nedum Northmanniam, sed totum regnum in hostes publicos et sediciosos non ab homine sed a Deo immortali transmissum singulare subsidium habere letatur (B).

91. Rex enim Edouardus ab Anglia ingentem exercitum adducens***, Remensem circumvalat urbem, nec obsessam expugnavit, verum tedio affectus recedens in agris, pagis Campanicis, Francis (c), Brie et Vastini, rapinarum, incendiorum, captivitatum et inhumane stragis vastitatem agit, moleque exercituum planiciem Belsiacam premens, Carnotum tendit. Mirum**** ! ecce improvisa et horribilis divinitus exorta in ethere tempestas supra

Var.: (A) B C *cambellarium instituit;* (B) B C *delectatur;* (c) C *Campaniæ, Franciæ.*

   * « Nota de strenuitate armorum Bertrandi de Clasquino. »
   ** « Nota qualiter Bertrandus fuit creatus capitaneus Ponthorsonis et deinceps propter famam ejus marescallus Northmannie. »
   *** « Nota de alia invasione Edouardi tiranni. »
   **** « Nota de miraculosa debellatione exercitus Edouardi in Belsia. »

exercitus suos irruit, que grandine saxea et ingenti pluvia, fulminumque stridore intonans, armatos viros et currus (A) preciosis reffertos maxima in copia consternit, et in Edouardum, qui contra regem Johannem in suis carceribus vinctum pugnabat, celeste fulgur divinum armorum subsidium acerrime triumphavit, et suos stipendiarios a superbia stratos humi dejecit. Hoc enim prodigio deterritus Edouardus, ad Karolum regentem per nuncios publicos, si secum super patre et fratre redimendis et bello pace inter duo regna sedando tractatum habere vellet, ad istam rem tam felicem ipsum repperiret attentum. Tum apud Britiniacum a Carnoti urbe duobus miliaribus distans, Karolus Franciam regens et rex Edouardus sub hac forma pacem et fedus perpetuum conficiunt*. Pro patris regis Johannis et Philippi nati redemptione ter (B) mille milia scutorum, quorum duo unum nobile Anglie valerent, Karolus Edouardo terminis appositis se promisit soluturum, et cum hoc Aquitanie ducatum una cum homagio et superioritate eidem Edouardo suisque successoribus, cum patris regis Johannis assensu, cessit et penitus remisit**. Et ista conventione Edouardus ejusque primogenitus filius omne jus in regno, ejusque membris et presertim corona Francie, pretensum a se suisque heredibus futuris abdicavit, et expresse corone regisque Francie nomine et Northmannie ducatus Cenomanieque et Andegavie et

Var. : (A) B C la place du mot *currus* est restée en blanc ; (B) B C *tria.*

* « Nota de nona pacis refformatione cum Karolo regente ad Edouardi regis Anglie instanclam facta. »
** « Nota de expressa corone nominisque regis Francie et Northmannie ceterorumque dominiorum in regno et homagii Britannie per Edouardum facta renunciacione. »

generaliter omnium aliorum regni dominiorum proprietati et superioritati, atque Britannie homagio pure et absolute renunciavit et sollemniter juravit se nunquam et suos in contrarium aliquid mollituros. Et hoc acto inter duo regna pago Britignei et Carnoti urbe vulgo pax proclamata, minusque fideliter ab Anglis servata fuit.

92. Ista enim in forma convencio quamplurimis principibus et proceribus Aquitanie nolentibus a superioritate regie majestatis et curia parlamenti separari, uti rei publice perniciem et justicie exicium alatura, nec grata nec accepta fuit. Hec eorum sentencia erat, quod absque singulari assensu vassallorum superior dominus potissime in hostem eos transferre non poterat, atque a corpore regni politico ducatum Aquitanie utique membrum curie parium Francie principalle, firmissimamque regie majestatis colonam non posse regem disjungere, publica utilitas et decus universi naturali civilique jure vetabant. Nonne alienata superioritas et perditum homagium corpus regni a nervis milicie debilitatum et a formositate compositionis parium curie difformatum reddebant. Haud dubium erat imperii robur contrahi et majestatem curie parium imparem et emutilatam fieri. Nonne superioritatis et homagii alienatio ad suppremum tribunal, neccessarium provocationis subsidium, ab iniquitate barbarorum gravatis aufferebat? A pari in parem jurisdica non procedit appellacio. Actamen Anglica raptu et cruore barbaries inebriata ab injuriis rebus et subditorum corporibus inferendis nunquam suam nocendi libidinem continebit. Et si vassallus dampnis affectus sontem Anglum in jus coram judice barbaro evocet equa lance, rejecto favore et odio, querenti leso Franco justicia ministrabitur, letale ferrum pro censore dirimet litem. Ergo superioritatis et homagii alienacio qua vires regni enervat, que curie

parium corpus difformat, que lesis suffragium justicie auffert, que in corpus politicum ferrum demergit, nullo jure consistere potuit. Et tandem suppreme curie decreto quidam proceres Aquitanei homagium et fidelitatem ad regiam Francorum majestatem retulerunt, quos ob jurate pacis per Edouardum ruptionem et parlamenti sentenciam in homagio et fidelitate eadem majestas recepit (A).

93. Exinde rex Johannes in regnum reversus, apud sanctitatem domini nostri pape Avignionem devotus proficiscitur, a quo benedictionem apostolicam supplex recipiens, ut suos obsides liberet in Angliam rediit, et ibi egrotans lecto incubuit, diemque inter barbaros extremum clausit.

CAPITULUM XL

De victoria Bertrandi contra regem Navarre et Anglicos; de coronacione Karoli sapientis; de creacione Bertrandi in comitem Longueville; de largitate Karoli et de remuneracione benemeritorum; de projectione Bertrandi in Hispaniam magna agmina cogentis (B); *de ruptione federis et pacis per Robertum Quanolle* (c) *ex jussu Edouardi; de revocacione Bertrandi ab Hispania in Franciam et de creacione Bertrandi in connastabularium* (D) *Francie; de conjugio Ysabellis, primogenite Francie regis, cum Ricardo rege Anglie; de exilio Henrici ducis Lancastrie; de conjuracione mortis ejusdem Ricardi et privacione regni Anglie.*

94. Bertrandus interea, animi invicti et insignis armis, contra regis Navarre stipendiarios Anglos et Vascones,

Var. : (A) B C Ce long alinéa *Ista enim..... majestas recepit* est omis; (B) B C *regentis*; (c) B *Canolle*, C *Canole*; (D) B C *conestabularium*.

supra montem Cocherelli, juxta amnem (A) Secanam, preclaram victoriam obtinuit. Et cum Karolus Sapiens sacrum diadema regni susciperet, hec nova Inguerrandus Aubini (B), qui ante Vernonem Secanam equi robore bis transvadaverat (C), eidem Karolo et suis principibus attulit. Hoc presagium future prosperitatis fuit quod, nedum paterno diademate, sed triumphis virtute partis coronandus erat. Ut Karolus quintus feliciter sacro diademate redimitus fuerit, Rothomagum petit, cui strenuus Bertrandus obvians ut triumphanti vinctos captivos presentat. Et hiis acceptis letus modeste Karolus sui probitatem marescalli, serviciumque rei publice impensum recognoscens, inter regni majores Bertrandum comitem Longueville creatum honorifico gradu aggregat* et ipsi immensa beneficia, ceterisque egregie pugnantibus effundit. Nemo beneficio dignus irremuneratus ab ejus conspectu tristis recessit. Liberalitas** enim Karoli virtuosis sapienter distribuens publicam pecuniam viriliter pro ejus imperio pugnare militum animos inflammavit, inque suo et rei publice servicio perseverare constanter alexit. Et si a subditis tributa exegit, hec exacta in utilitatem publicam convertit, solertique studio precavit ne questorum avaricia erarium depilaret. Idcirco quod prompta stipendia semper habuit, dum publica neccessitas ingruit, paratissimos milites jugiter invenit.

95. Karolus enim sapientia Bertrandi probitate freta, inter orbis principes armis clarissimus effulsit. Omitto

Var.: (A) B C *amnem* omis; (B) A *Aubdini;* le *d* semble barré, B *Audini*, C *audivit;* (C) C *transmeaverat*.

* « Nota de largitate Karoli regis in largicione comitatus Longueville, Bertrando facta et aliorum militum remuneracione. »

** « Nota bene. »

ut pace confecta, Bertrandus agmina magna ex omni genere et hominum grege collecta, citra superioris auctoritatem rem publicam vastancia, tamen a papa prius absoluta (A), ut (B) ipsis regnum piaret, in Sarracenos ductabat. Sed subito regis jussu in Hispaniam contra Petrum repente iter deflectit, quem a regno expulit; sed ipsum Waliarum princeps victo Bertrando in regno restituit. Et denique Bertrandus invicti animi suum Henricum expulsum, Petro detruncato, in regem sublimavit. Et ad pacis et federis Edouardi super jure corone et regni cum Karolo regente initorum (c) ruptionem stillum converto.

96. Ecce vetus et immortale discidium recrudescit. Nam infidelis Edouardus Anglica fraude * Robertum Canolle cum maxima equitum et sagitariorum exercitu in Galliam transmisit, barbaricamque consuetam vastitatem renovans, impetu armorum usque in (D) portas Parisias exercitum furentem transduxit, et conflictum universa diripientem expectaturus non longe ab urbe castra locat. Et quamquam nobilitas in Anglos pugnaturum iri (E) ardesceret, verumptamen rex Karolus a septis urbis neminem exiturum vetat, et statim ad Bertrandum in Hyspania scribit ut propere in Franciam exercitus reducat. Robertus Canolle interim barbaricas cohortes, vastans Cenomaniam Turoniamque, usque in Andegaviam suum furorem extendit, villas et castra quamplurima improviso marte subegit, et patriam rebus et colonis depopulatur. Tum truculentissima guerre pestis ubique tam in Aqui-

Var. : (A) B C *absolutus;* (B) B C *ut ab;* (c) A *initarum;* (D) C *ad;* (E) A *pugnatura.*

* « Nota de perjurio Edouardi et nona pacis fractione per ipsum crudelissimum tirannum et decimo bello sive decima guerra sine quocumque tituli colore excitato vel excitata. »

tania quam in Northmannia regnum afflixit (A) et rem publicam gravissimis dampnis infestat. Ut Bertrandus regis mandatum accepit, extimplo dispersas acies coegit, et Galliam repetens, quamplurima castra ab Anglis occupata itinerando sub regis obedienciam reduxit. Et cum apud regiam majestatem lete receptus venerit, rex (B) Karolus tunc hunc magistrum militum et Francie connastabularium instituit; et, suscepto ense, fidelitatem cum sacramento prestitit. Preclaros enim triumphos non insero, quibus fusis fugatisque hostibus, pene divina et incredibilis Karoli sapiencia et singularis Bertrandi probitas simul federate, laudibus amplissimis Franciam decoravere et rebus cumulatam et a barbaris securam dimiserunt. Nec inscribo ut Karolus sextus nomine, ejus filius, rex strenuissimus in armis, adhuc imberbis in Flandria forcia bella gessit. Nam illo feliciter triumphante, ad quinquaginta milia in triplici conflictu cesi Flandrenses corruerunt et ad pessimum et extremum omnium flagicium decurro.

97. Karolus enim rex, afflictis rebus finem imponere desiderans, Ysabellem primogenitam cum Ricardo Anglorum rege pacem amanti in matrimonio collocat*, et federe conjugii perpetuo in evum duraturo. Principes ambo regna sedatis odiis ligari summe affectant, et, ut tempore ydoneo pacem tractare insimul valeant, longas treugas duobus regnis communi assensu concedunt. Hinc inde regnicole, potissime mercatores, maxime letantur. Ricardus enim, bone fidei princeps, Cesarisburgum per regem Navarre, et Brest per ducem Britannie in pignore

Var. : (A) B C *affligit*; (B) C *rex* omis.

* « Nota de conjugio Ysabellis cum Ricardo, Anglorum rege, et treugis longis utrique regno datis. »

Pagination incorrecte — date incorrecte

NF Z 43-120-12

data, auro soluto, ut postulat contractus, restituit. Ob hanc rem justissimam infidelitas Anglica*, que nunquam juri parere vult, in ipsum regem Ricardum inique murmurare et occultis dolis in ejus mortem machinari cepit; et quia ejus Ricardi imperium justum, mansuetum et pacis amicum erat, quod injusticie et Anglorum crudelitati repugnat, ingenti odio (A) suum principem habebat.

98. Henricus vero Lancastrie, ob conjuracionem vite conspirate (B) Ricardi preparatam relegatus, ad regem Francorum Ricardi socerum Parisius accessit, a quo legali animo (C) honorifice receptus est. Henricus interea fraude latenti exequende in sui principis mortem conspirationis auctores funestos in Anglia sibi comparat, et captata opportunitate ad insulam reversus, suum regem Ricardum proditorie captum incarcerat. At eumdem Ricardum ut indignum imperio, a corona vulgo degradari et eadem ceptroque Anglie se procuravit regem insigniri. Paucis post diebus, degradatus Ricardus a satellitibus Henrici ipsius crudelissimis injusto carcere (D) occisus est. Ipso enim Ricardo proditorie occiso, per conjuracionis scelus, et paricidii nephas, infandus Henricus et sua posteritas Anglorum regnum invisa tirannide occupant. Haud scio quid summus judex in archano divinitatis judicio decreverit, sed non ignoro, si publica jura, si sacratissime leges valerent, nedum in Francie et Anglie regnis, sed in quocumque paterno feudo, licet minimo, ob immanitatem facinoris infandi, perfidus iste tirannus

Var. : (A) B C *repugnat anglica barbaries ingenti;* (B) B *conspirare,* C omis; (C) C *domino;* (D) A *carcere Ricardus.*

* « Nota quod ob fidem Ricardi servatam Anglica perfidia in ejus mortem machinari cepit. »

et sua proles nullum titulum, nullum jus pretendere possent*. Profecto lese majestatis et paricidii crimen nedum principatum, sed flagicioso vitam auffert, et progeniem e corrupto sanguine editam indignam efficit (A) omni imperio et majestate. Tota enim insula facinus istud approbans, se paricidam scelestam et lese majestatis criminis ream inficit; et nedum rex Francie socer, nedum consanguinei, nedum affines et confederati, verum quilibet egregius miles** justicie zelator, qui publicorum criminum potissime in majestatem regum commissorum ulcionem diligit, ad Ricardi mitis et innocentissimi regis mortis conjurate vindictam contra suos conspiratores et insulam paricidii labe infectam, justissimum belli titulum habet. Eruntne semper deliciis immersi et potentes principes remissi animi et quietis inerciam sequentes, qui rem publicam perire et crimina inulta dimictunt? Nequaquam. Surget princeps excelsi et invicti animi et ob rem publicam laboris paciens, quem egregia virtus ardua petens inflammabit arma capescere, et rebus gestis preclarissimam famam extendere. Et, ut firme opinor, hic sua prestantissima virtute a barbaris Gallica spolia repetet, et proavorum nobiliumque et Ricardi regis cruorem injuste effusum vindicabit, et, ut Affricanus Scipio Cartaginem, hic ob immanitatem scellerum, ni fallor, insulam glorie Gallorum emulam delebit.

Var. : (A) A *effecit.*

* « Nota quod Henricus, dux Lancastrie, nec ejus posteritas in regno Anglie nec in quocumque minimo feudo ob immanitatem paricidii jus pretendere potest. »

** « Nota quod quilibet egregius miles, zelo justicie ductus, jure armorum, mortem Ricardi ulciscendo, Angliam posset acquirere. »

CAPITULUM XLI

De ultima Henrici invasione in Northmanniam; de bello in Picardia confecto; de ejusdem Henrici reditu et Northmannie amissione et fere Francie corone per ipsum usurpacione.

99. Ex ista paricidii tabe infecta radice virga Dei furóris progressa est, Henricus, acerbissimus hostis, qui Franciam viciis et oribus cumulatam inter se discidio furentem invasit. Henricus improbus, propositique tenax*, Northmannico littore fretus, Haroflutum castrum munitissimum circumvenit armis, inauditaque tormenta oportune locat, quorum fulmen fatificum tonitrus ictu horrentius nedum quatit menia, verum fulgur inelutabile inclusorum animos labefactat. Tamdem obsidionis iniquitate oppressi (A), quibus nullus tulit auxilium, sese oppressos ab Henrico victos reddere coguntur; captivatque viros, pueros et sexum muliebrem expulit, fortunasque rapit et surreptam predam regnum delegat in Anglum. Henricus ubi Haroflutum dedicione captum sibi subjecit**, ut in Angliam jam hyeme rigescenti remearet, Calesium tendit. Quem convocata omni regni parte agmina ducum et Gallorum procerum maxima sequuntur, et tum (B) huc flumina, huc urbes, illuc acies Galle ipsum assequte sibi recessum prepediunt (c). Et cum

---

Var.: (A) B C *compressi;* (B) C *cum;* (c) C *præpedirent.*

* « Nota de undecimo bello seu undecima guerra treugis fractis per Henricum in regno Anglie intrusum, et captione Haroflucti. »

** « Nota de ablacione Haroflucti ceterarumque rerum ablatarum per Henricum ante conflictum facta. »

circumseptus locus hunc ad certamen ruiturum artaret, Henricus Haroflutum subactum, et omnem predam dampnaque regno illata se restiturum pollicetur, ut liberior transitus sibi apperiatur. Hec ab hoste caucius oblata et a nostris superbe negata, temere viribus confidens Gallorum nobilitas respuisse fertur. Hec enim inepte digesta sentencia fuit, quod non pacto sed ferro rapta repeterent ab hoste, quo perdomito, ingenti potirentur honore, nec ullus ex plebe, sed nobilitate, cujus infinita copia erat, procreatus concurreret in hostem. Responsum enim Anglorum non modicum turbavit animos quos succinta oratione Henricus in spem triumphi promissam firmans adducit, et ex omnibus turmis unum consertissimum (A) bellum instruxit. Anglica vero rusticitas sagitis mortifera, quam nobilitati prius dederat, principes et proceres anteit ut hec primos inferat et sustineat ictus et velut unum corpus una mens movet (B), non aliter Anglorum impetus, quod jubet Henricus, debachantur in hostes, atque sagite necis instrumenta nobilium viscera transfigunt, strata lilia ruunt et omnes sine nomine passim ordine confuso, marte cruento ceduntur. Verum aspectus hujus pugne fedus et incertus atque miserabilis, absque consilio et imperio ductus*, regno maximum lutum attulit. Nullus sequitur signa, nullus bellorum ordines servat. Dispersi a suis catervatim occiduntur; captivos vincula constringunt, ceterosque (C) fuge a periculis feditas (D) exemit.

Var. : (A) C *confertissimum;* (B) B *monet* omis; (C) A *ceterique;* (D) C *celeritas.*

* « Nota de amissione belli in Picardia propter inordinationem exercitus Francorum. »

100. Proth dolor (A)! superba nobilitas aggrestium jaculis transfixa simul et obruta, resupina jaces*! Tu sola cupis palmam, tu sola vulgi confoderis sagitis. Cur populare presidium robustum spernis, cujus armis premunita poteras a cede tueri et hostes vincere, victisque referre triumphum. Nervosi enim famuli non arma sequntur ut dumtaxat dominis corporis obsequium, sed vite tutelam prestent (B).

> Sic priscos memini docuisse per occia servos
> In bello murus ut inexpugnabilis essent.
> Felix vincebat sine sanguine docta vetustas.

Ex rebus enim secundis et pace longa, viciis temulenta, communis Gallorum morbus** animi insolencia et preceptorum divinorum contemptus atque bonarum arcium et potissimum rei militaris oblivio processit et omnium malarum rerum inolevit usus. Audi, qui temere, non domino exercituum potentissimo, sed mortalium viribus et infinito millium numero gloriam triumphorum ascribis. Profecto mortales rerum cupiditate asperrima mutuo bella gerunt; verum non ex ingenti bellantum potencia et ancipitibus fortune casibus, sed a summo Deo fortitudinis auctore victoria confertur gloriosa***. Qua de re ita videmus agi bella et ex bellis felices victorias consequi, ut qui presumptione in suis viribus confidentes****, exigui-

Var.: (A) A *dolor* omis; (B) A *prestant.*

* « Nota contra nobilitas presumptionem invectivam. »

** « Nota communem Gallorum morbum ex rebus prosperis et longua pace procedentem. »

*** « Nota quod victoria a Deo solo confertur. »

**** « Nota contra presumentes hostium exiguitate et divino auxilio contemptis. »

tate inimicorum spreta, in hostes belligerant, justo Dei judicio cesi fugatique, parti adverse turpiter succumbunt, et vice versa inferior bellatorum numerus, in firmata Dei confidencia, a quo summa fortitudo et stabilitas animi inconcussa principibus infunditur, innumeram copiarum multitudinem virtute sua elatam strenue debellat, et Dei fretus auxilio magnificus triumphator efficitur. Nec belli infortunium principi multum adversari potest, qui pocius in Dei clemencia, quam robore proprio, et casu sortis ambiguo, ratam victorie spem projecit. Nam quanto minus de humana virtute sperat, eo ferventius divinum implorat auxilium. Tum nichil, quod ad salutem spectat, remissius pretermittit, et, id quod bello nociturum est, nedum previdet, sed futuro ut (A) presenti salubre apponit remedium, et ventura ex preteritis conferens, adversus omnia que casu aliquo evenire possunt, quasi presencia consilio jam instructus cognoscens providet (B), et vix sapienti duci aliquid impremeditatum accidit. Non ita hostis artari debet ut non fuge locus ei relinquatur apertus *. Qui prohibet hostem fugere, eum facit victorem.

101. Postquam Henricus acies Gallicas elatas plus justo de se presumentes, absque militis usu incompositas Picardie campis confregerit (c), postero anno tam numerosa, tam instructa classe Henricus (D) Northmannie terram attigit **. Incole ad littora deffendenda non accurrunt, sed omnes stupore et metu urgente confecti, cerere agris deserta, plenisque peccorum stabulis et [h]orreis omni (E)

Var. : (A) B C et; (B) B C previdet; (c) C confregit; (D) C Henricus omis; (E) C omnium.

* « Nota bene quod nunquam hostis ita artari debet quod non possit fugere. »

** « Nota de secunda invasione Northmannie per Henricum. »

annona cumulatis, in varias regiones et maxima pars extra regnum diffugiunt. Tam calamitosa et ingens omnium fortunarum, domorumque lapsarum et hominum vastitas antea ornatissimam patrie faciem deserpit quod deformitas evo nullo, arte nulla, nullis opibus in pristinum decus reformabitur. Henricus obsidione ferocissima omni sollicitudine et ingenio firmata, gazis oppulentam sed fide oppulentiorem villam Cadomi circumvalat *. Tormentorum enim intolerabili fulmine assiduo noctu diuque subjectos conquatit muros; terribilis assultus omnibus viribus recollectis in unam Cadomi partem, ut videbatur, irrumpit pre multitudine tella et glandes jactancium **, neque muros deffendi nec in muris consisti potest. Ad locum invasum, ut neccessitati ferant opem (A), cum maximo clamore decurritur. Burgenses vero (B) evolvunt lapides, evertunt scalas, aquam callidam et pinguedinem cum sulphure mixtam effundunt. Hinc inde acerbissima pugna committitur. Proth dolor! ubi irrupcio hostium non dubitatur, ex altera parte tenue deffensa villa capitur. Retro et ante repellentes assultum opidani maxima in copia trucidati ruunt. Henricus capta villa burgensium corpora, ceteraque omnia, militum predam esse jubet. Deinde subactis quam plurimis aliis urbibus, villis et castris, urgentissima famis anxietas, non hostium potencia, sed artante (c) plusquam triginta milia victualium penuria expiraverant. Famosissimam urbem Rothomagum Henricus longua obsidione subjugavit ***, cetereque urbes

Var.: (A) C *feratur opis*; (B) B C *vero* omis; (c) A *ante*.

* « Nota de obsidione et subversione Cadomi. »

** « Nota de gravissimo assultu Cadomi. »

*** « Nota de captione Rothomagi et amissione totius Northmannie preter Montem Sancti Michaelis. »

opidaque Northmannie non spontanea, sed invita (A) dedicione juga subeunt tiranni.

102. Hac clade tam metu ingenti et dolore anxio torpentes Gallorum animos Henricus concussit, quod fere ultimum vulnus regno inflixit. Tum nemo armis patrie invase auxilium ferre preparat, omnesque tremore majori periculo perculsi non ferro, sed fuga se fieri salvos arbitrantur. Tum villas, tum urbes desertas, tum indefensa munitissima castra partim sponte dedita nullo resistente intrat, et nedum labefactam, nedum cassatam Francie coronam Henricus ejus antiquissimus hostis, sed pene captam surripuit, quam ab ipso herede funesta conjuratione Henrico instituto fortitudo divina substraxit et ipsam substractam ministerio (B) virginis ab alto transmisse * Karolo ficta fraude et simultate exheredato preter spem hominum miraculose imposuit. Verum post Karoli sapientis et invicti Bertrandi triumphos, triginta quinque annorum longissima quies antea ubique victores occio inherti et armorum dissuetudine effeminavit nostros ut Henrico invasori armis pares esse non potuerint (c) **. Sed ubivis male et ignave pugnatum est, donec tot (D) principibus, tot militibus, tot viris egregiis cesis et fere majori

Var. : (A) A *invicta*; (B) B *misterio*; (C) A *potuerunt*; (D) B *tot* omis.

* « Nota quod fere ab Henrico rapta fuit corona Francie, sed divinitus ab ipso fuit erepta et m inisterio puelle Karolo restituta. Ista enim puella vestimento virili induta gerebat arma et gallicas acies in Anglos dirigebat. Urbem Aurelianensem ab obsidione Anglica liberavit; Dalphinum Karolum armorum strenuitate Remis coronari fecit et ante Parisius eum conduxit, necnon insuper multa mirabilia decimum quintum annum agens, non absque divino miraculo, feliciter peregit. »

** « Nota quare ab exordio belli istius a Gallis contra Anglos male pugnatum fuit. »

in parte nobilitate totius regni amissa, per longissimum usum et continuum armorum exercicium animi virtutem Galli in adversis et pugnandi industriam assumpserunt, ita quod Angli, qui in guerre inicio armorum strenuitate videbantur Gallis prevalere, nunc eisdem (A) facilius succumbunt, et ob hoc audaciam Gallorum prefati Angli verentes, fraude exquisita sub future pacis simulacro ipsis treugas petiere, necnon illas in Fulgeris direptione more suo fregerunt *. Igitur ob deffectum milicie fere regni amissio in exemplum posteris cedat, ut occio et pace nobilium liberi et robusti juvenes ** armis erudiantur, ne emergente belli neccessitate alienos, ut hac tempestate Scotos Karolum regem nostrum et nunc ducem Britannie, nostros mercede conducere oporteat. Nam nisi Galli milites exercitati Anglorum invasiones retunderent, licet robustissimi viri et apti bello essent (B) incole, Britannia rapinis, incendio et ferro diriperetur et forsan antiquo subderetur hosti.

CAPITULUM XLII

Ex fractione federum et treugarum predecessorum regum Anglie infertur cum rege Anglie moderno federa et treugas non iterare.

103. Si federa et federa per reges et reges Anglie ab ortu belli usquequo (c) in rei publice direpcionem rupta vide-

Var.: (A) B C *nunc nostris*; (B) B C *bello erunt* (C *essent*) *experti Britannia*; (c) C *usquemodo*.

* « Nota de fractione treugarum per Anglos in direptione Fulgeris, que quidem fractio inicium fuit duodecime guerre. »

** « Nota quod juvenes et nobilium liberi in pacis occio armis sunt instruendi. »

mus, quis arbitrabitur posteritatem infidelium tirannorum esse in pactis firmiorem quam eorum patres? Nullus. Nempe ex crudis parentibus ipsis crudelior et infidelior proles nasci solet. Quis ergo de cetero consulere audebit cum Anglis infidelibus treugas et fedus iterare? Nullus, nisi iteratis Anglica fraude treugarum et federum rupcionibus rempublicam perditum iri velit. Ignoti enim boni nulla, seu modica, sed noti maxima cupiditas est. Idcirco quanto tempore prolixiori Anglica dominandi libido rebus nostris et exuis (A) deliciisque regni potietur, eo versuciori dolo intus molietur nostra rapta retinere et ardentius inflammabitur residuum regni deglutire.

CAPITULUM XLIII

Exortacio ad regem ut proavorum strenuitatem imitetur; de confutacione communis (B) *erroris; de confirmacione tituli regis potissime in Northmannia, et de infirmacione tituli regis Anglie et exheredacionis Karoli.*

104. Ut tuorum avorum gestis clare persuasum habes, Karole illustrissime, quod ex actissima diligencia Augusti Philippi alacritas contra versipelles Anglos ferocesque tirannos strenue triumphavit, et admodum corone patrimonium valde locupletius auxit, et quod eadem armorum solercia sanctus Ludovicus justo titulo partum in eumdem furorem valida manu deffendit, quod haud dubium, si tui proavi desides et ignavi fuissent, corone patrimonium augmentare, et auctum conservare non potuisse certum

Var.: (A) B C *exsuis*; (B) B C *communis vulgi*.

est. Proavorum igitur alacritatem in eosdem hostes propensius assume, vel eadem ferocia te apertis armis et dolo invadens pigritantem, tuamque majestatem obruet, nisi celerius obviam eas. Vide : ardua viriliter audentibus bellorum fortuna favet et effeminatis adversatur. Si pulcherrimum tuis parentibus fuit tibi tanti imperii gloriam relinquere, turpissimum et quodammodo ignominiosum tibi esset id quod a proavis accepisti ornatissimum tueri et conservare propter ignaviam non posse. Labor igitur improbus et belli asperitas apud te pocior ignominia, et salus universi quam tua quies prestantior habeatur.

105. Hec ex scriptis Vincencii et Ricardi de Sancto Victore [et] ex summorum pontificum Francieque cronicis fideliter decerpsi (A)*, illustrissimi condam Valesii et nunc sacratissime domus Francie principes, ut communem vulgarem errorem vestri juris, potissime Northmannie, dubium racione confutarem; itaque vulgus arguit : Rex enim Anglie Guillermus dux Northmannie erat; ergo ejusdem Guillermi posteritas eidem ducatui legitime succedit; ex quo concludit isdem error te, Karole, in Northmannia nullum titulum habere. Hac de causa sibi falso persuadet, quod scrupulo consciencie tactus Northmanniam invadere non audes, ne tibi jus non habenti belli infortunium adversetur. O fatue error ! ne in tuum superiorem profana loquaris, os claude et hec (B) intellige. Rex enim (c) jure corone directus et dominus Northmannie superior est** et semper fuit a cujus suppremo dominio

Var. : (A) C *descripsi*; (B) B C *hec enim*; (c) B C *enim* omis.

* « Nota quod predicta gesta in hoc libello contenta ex summorum pontificum, Vincentii, Ricardi de Sancto Victore et Francie cronicis fuerunt extracta. »

** « Nota quod ducatus Northmannie est feudum corone Francie. »

prima ducatus institucio processit, ut sit deppendens membrum et proprium corone feudum a fidelitate trahens originem, qua indevoto animo negatâ vel fracta, injustis armis sumptis, aut aliquo jure scripta, feudum a vassallo decidit, et equissima feudi natura jubet vassallum contumacem et infidelem, causa per curiam parium cognita, eodem privari et ad superiorem suum beneficium reverti, ut habeat justam sue injurie dominus ulcionem. Et cum successor ducis (A) Guillermi in Northmannia et aliis principatibus, vassallus corone Francie et homo regis legius erat, ergo propter inhumanum nepotis Arturi paricidium et infidelitatem sceleratissimam, non semel, ymo cencies in majestatem sui superioris perpetratam, Johannes rex Anglie, ducatu Northmannie et aliis dominiis rectissimo parium curie judicio privatus fuit*, et hec justissima privatio, pace inter reges papa Innocencio tercio confirmata, in decreti perpetui firmitatem ivit. Hec enim legalis Northmannie ducatus aquisicio Augusto Philippo certiorem titulum quam si nummis fuisset comparata et regie majestati confert. O error a jure devians ! hoc negare non potes quin emptionis contractum violencia, fraude, dolo initum, et in ipsa re deceptione reddi (B) certi juris est inutile, sed in legali aquisicione nichil doli, nichil simultatis, sed solum purissima justicie rectitudo firmissimum titulum attribuit.

106. Igitur, Karole illustrissime, magis tua quam auro empta, ymo plus tue majestati propria quam si successione paterna esset profecta, Northmannia esse probatur.

Var. : (A) B *ducis* omis; (B) B *reddidi*, C *redditum*.

* « Nota quomodo Johannes rex Anglie propter paricidium ducis Britannie, sui nepotis, et infidelitatem suam judicio curie parium a ducatu Northmannie privatus fuit. »

Profecto hec legis sentencia est : armorum probitate justo titulo acquisita magis sunt nostra quam paterna. Igitur Northmanniam, quam ingentis animi Philippi virtus tue majestati aquisivit, habe cariorem quam cetera non probitate aquisita; ejusdem animi strenuitate et virtutis studio ipsam oppressam * a tirannis corone patrimonio armis restaura, ut juramento alienata revocare et possessa non distrahere teneris. Et quamquam jure armorum legitima Philippi aquisicio in ducatus dominii utilis proprietate Francorum regibus equissimum conferat titulum, actamen nonne spontanea sancti Ludovici cum Henrico Anglie principe (A) mature consulto, nonne Philippi Pulchri cum vetere Edouardo, necnon cum minori genero pro Northmannia precipue renovata, nonne sapientis Karoli cum Edouardo, Ysabellis filio, in qualibet pactione summa ingenti auri soluta, conventio sepius repetita, omnem tollit ambiguitatem ? Naturalis enim equitas, quam maxime humane fidei congruit servare, jure pactorum titulum solidat indubitatum. Et (B)** cum igitur reges Anglie sine vi, sine dolo, sed mero arbitrio ducti, toties federibus iteratis juri Northmannie pretenso, et Edouardus corone nominique regis Francorum juramento renunciaverunt, numquid omnis (c) legum sanctio ad ipsa abdicata regressum negat habere? Itaque linquitur ergo ubicumque Anglie reges ferro invadere regnum attemptaverint (D), impiissimi tiranni fracta fide, absque titulo,

Var. : (A) A *principibus*; (B) C *Et* omis; (c) B C *omnino*; (D) B C *attemptaverunt.*

* « Nota quod Ricardus juramento tenetur Northmanniam patrimonio corone restaurare. »

** « Nota bene : hic clare ostenditur Anglie reges nullum jus, nullum titulum in Francie regno et potissimum in Northmannie ducatu habere. »

nedum justo, sed colorato, injustissimum bellum exitant.

107. Igitur, Karole illustrissime, injustis bellis ablata et omnia incommoda regno illata a primordio bellorum ab (A) Anglica rapacitate que juri et religionis sacramento nunquam stetit, lege armorum vendicare potes *. Illa enim depredatrix vicinorum insula, non injuriis lacessita, ceterum repente fracta fide, rapiendi ardore concita, tuum regnum in calamitosam nullo tempore reparandam direpcionem attulit, insontem consanguineorum ceterorumque tuorum fidelium (B) cruorem effudit, et fortunis exhaustis tuos pauperrimos reliquit, et ex spoliis raptis alienis se admodum ditavit. Ergo pro rebus a tirannide repetendis (C), publicas injurias ulciscendo in Angliam tuorum cruentatam (D) et regni exuis (E) injuste reffertam, licitum belli titulum tibi gencium et jura legitima prehabita auctoritate apostolica (F) concedunt. Quot annis ista rapax barbaries per vim Northmanniam occupavit, tot mille millia a corone patrimonio per tirannidem extorsit. Tui enim predecessores, auro ter soluto, et federe undecies repetito, pacem regno comparaverunt, nec pacem opibus et publicis federibus emptam perfida regno Anglia tradidit, sed perjura et jurate pacis et publici federis violatrix undecies crudelissimum bellum regno intulit. Nonne contra pacis et federum (G) violatricem [et] perjuram licitum prelium agitur? Causa non subsequta, aurum datum, et dominia antea juri fisci corone aquisita, ab hoste perjuro repetire volunt justicie instituta. O Anglia pacis et federum (H) fractrix**,

---

Var.: (A) B C *ab* omis; (B) B C *fidellum* omis; (C) B C *repetitis*; (D) B C *cruentam*; (E) B C *exuviis*; (F) B C *prehabita auctoritate apostolica* omis; (G) B C *federis*; (H) C *federis*.

* « Nota bene a supradicto sequentem illationem. »
** « Nota bene. »

nonne tua infidelitas, qua tociens publicas et juratas pacis refformationes violasti, ore putrido inveteratam heresim sapit? Tua enim obstinata perjuria per seclum et seclum continuata, summo veritatis patre contempto, et sacrosanctis euvangeliis violatis, te a fide Christi alienam et societatis humane inimicam publice testantur. Qua de re te tanquam membrum fidei et pacis turbativum ab omni corpore politico, que non vis regem nisi tirannum et ob hoc Ricardum pacis amantem et jurate fidei executorem occidisti, indigna es omni regia majestate decorari*, nec posteritas Anglorum regum perjurii crimine irretita regna et principatus gubernare non (A) meretur. Nam velut partes corporis ad totius salvationem natura procreavit, sic cuncta regna ad universe Christianitatis et humane societatis utilitatem jus gencium divinitus instituit; et si membrum totius corporis corrumpat incolumitatem, saluberrimum est a toto gladio medico abscindere nocivum. Et si regnum ut membrum fidei et societatis humane potencia majestatis abutens fidei Christi et communitatis civilis paci distrahat, sanctissimum est pro transquilate universi a regno majestatem regiam que divina et humana turbat, belli celeritate amputari, ut membro corrupto absciso, vexato corpori pacis sanitas afferatur.

108. Verum etiam Anglicus dominandi ardor non solum in principatibus predictis (B), sed in corona (C), occasione Ysabellis Francie filie, cum rege Anglie condam matrimonio juncte, jus habere pretendit et inverecunde regis Francie nomen sibi ascribit. Vide, ut superius persuasum est: certissimi juris est** in feudum et (D) minus in

Var.: (A) C *non* omis; (B) B C *istis*; (C) A *corone*; (D) B *ut*.

** « Nota in sequentibus Angliam regis majestate esse indignam. »

* « Nota evidentissimas rationes quibus reges Anglorum nullum possunt titulum pretendere in regno et corona Francie. »

regnum nisi sit femineum, vel pacto mulierem, vel ejus prolem succedere non debere, et lege regia cautum est propter regie majestatis regum Francie exellenciam, que virum fortissimum nedum regni, sed tocius christianitatis protectorem exigit, filiam et (A) quoscumque ab ea liberos descendentes, corone non fore capaces. Concluditur ergo, jure publico et constitutione regia prescripta, regis Francie Edouardum, Ysabellis filium, corone non debuisse quoquo jure successisse. Propterea Henrici regis Anglie ultimi conjurata factio, a Karolo rege captivo corpore et animo te suum, unicum successorem exheredari*, eumdemque Henricum adoptari, hostemque corone heredem institui, conflavit, hac condicione inserta ut Karolus vita fungens rex semper haberetur; et proinde, mutato regis nomine, Henricus** non se regem Francie, sed regnum (B) regentem vulgo se fecit appellari.

109. Hec intellige, qui juris corone dubius es. Si filius ergo jure divino et humano heres, id est rerum paternarum dominus, quarum dominio filius nisi a patre sane mentis, liberi arbitrii, sano consilio justa causa exheredari non potest, an a Karolo patre mentis inope, apud hostem corpore captivo et ab inimicorum capitalium furore inducto, Dalphinus Karolus corone heres, et habitu dominus, jure valuit privari? Nequaquam. An filius adversus Henricum, antiquum corone hostem, et perfidiam conjuratorum, regnum et ceptrum Francie deffendens in patrem causam ingratitudinis comiserit? Ille enim flos

Var. : (A) B et omis; (B) C regni.

* « Nota qualiter Henricus nisus est Karolum a patre exheredari et seipsum heredem institui. »

** « Nota qualiter rex Henricus, mutato nomine regis Francie, se regentem dixit et quibus racionibus exheredacio Karoli filii regis Francie non valuit. »

juvenum, tenerrimus adolescens, contra crudelissimum regni hostem et conjuratos solus bellorum onera sustinens, viriliter pro jure corone dimicabat, ad quod pater Karolus religionis sacramento, si captivus non foret, in mortem pugnare obligabatur. Si igitur filius patris vires suplens justum bellum agebat, quid scelestius sacrilegium quam in Deum et naturam mentiri dalphinum jura corone, itaque (A) deffendentem filium in patrem Karolum confligere? Hoc enim facinus inauditum, legitima non fuit exheredacio, sed ab hoste et a perfidis conflata in coronam et rem publicam factio sceleratissima, que in auctorem retorquetur Henricum. Nonne exheredacio jus corone in actu, in persona patris Karoli exheredantis, et in habitu, in persona Karoli filii falso exheredati presupponit? quo juris habitu scripta et probata ingratitudine, si exheredatio valuisset, ipsum Karolum filium privasset. Et numquid notorium juris est, quod Henricus factione heres corone institutus, exheredationem approbans *, et sponte regenciam Francie acceptans, Karolum patrem esse regem Francorum et Karolum ejus liberum regni heredem sua factione confessus est, et se in actu aliena negocia et in habitu sua, si valuisset exheredacio, regencie natura manifeste ostendit? et ex consequenti suo pretenso antiquo titulo renunciasse certum est. Concluditur ergo, quod, nec titulo veteri nec novo exquisito, in toto nec in aliqua regni parte, jus aliquod etiam coloratum habere probatur.

Var. : (A) B C *justum deffendentem.*

* « Nota qualiter Henricus, approbando falsam exheredationem, confessus est Karolum esse verum regem Francie, et ex consequenti ejus filium Dalphinum corone heredem fore, et ita suo pretenso titulo antiquo renunciavit. »

110. Ceterum, omissa tua (a) injusta et flagiciosa exheredatione, miraculosa, Rex illustrissime, tua coronacio omne argumentum et dubium recte sapientibus auffert. An regum potencia, an auxilium principum in tua sacratissima unctione tibi in extremo posito neccessaria arma ministravit? Simplex enim et innocens puella*, humili sorte procreata, in tam exellenti (b) sacramento, ad te, ut pie credendum est, divinitus transmissa, supra vires hominum tibi undique invaso lapsum e celo presidium attulit, et per cruentorum medium corone hostium quo spes mortalium viribus transitum penitus negabat, in crudelissimos tirannos (c) triumphans gloriose in urbem Remis transvexit, ubi ampula celesti oleo redundante, antea sicca, unctus, insignia regalia miraculose assumpsisti.

111. Per igitur viscera Jhesu Christi, cujus jure hereditario singularis vassallus existis **, Karole rex christianissime, sincero caritatis affectu et summo zelo Christi fidei multiplicande, tuam pietatem quam ad tuum regnum misere afflictum, et ad Christi patrimonium ab infidelibus fedatum, relevanda habes, acuratissime exortor ut dignissimum tue coronacionis misterium et promissam in eadem tuo populo libertatem sepius ad mentem revoca, et quod corone et regno sacramentaliter vovisti effectu salutari promptius exequere (d), vel vereor ne summus ille imperator in cujus manu sunt omnes principatus, potissime tuum ut suum peculiare regnum, immensorum benefi-

Var. : (a) B C *tua* omis ; (b) B C *excellentissimo* ; (c) B *reges* ; (d) C *exequaris*.

* « Nota de puella Francie arma gerenti opemque Karolo ferenti, et miraculosa ipsius Karoli septimi nomine coronatione. »

** « Nota quod rex Francie jure hereditario est singularis vassallus Christi. »

ciorum oblito tibi severius irascatur et properata ulcione. Nonne vides*, quod in opprobrium Christi, tui suppremi domini, terra sancta, in qua ex virgine natus, in qua a genitrice Maria nutritus, in qua a beato Johanne baptizatus, in qua pro redemptione humani generis passus est, in qua a militibus circumseptus surrexit, a qua ad inferna descendit, a qua gloriose triumphans celos penetravit, ad quam ut judex suppremus omnes judicans est venturus, a spurcissimis Christi hostibus conculcata, immundicia ydolatrie fedatur? Cur igitur immoreris (A), Karole singularissime fidei athleta, ab ipsis inhumanis tirannis tuum regnum huc illud turbatum reddere securum, qui te impediunt** ne consanguineis in Sicilia (B) et Longobardia, et ne federatis in Scocia nec sacro Christi patrimonio miserius afflicto, auxilium urgens prestes, et ubique materiam virtutis exerceas? Non enim solum tuo labori felici pro premio ista fugax et caduca gloria, sed (c) melior et immortalis a Christo promittitur, cujus regnum christianissimum et terram sanctam deffendere et a tirannis liberare teneris.

112. Igitur bello pervigil incumbe, e cujus palma tam saluberrima, scilicet (D) tuo regno leta securitas beataque terre sancte liberacio et tibi in terris preclarissima fama, et in celis eterna gloria proficiscentur. Et hoc firmiter arbitror, principem nunquam tam audacem fuisse qui a Deo immortali tantam victoriam secum tacitus auderet desiderare, quantum liligera vexilla hic et ubique terrarum

Var. : (A) B C *immemor eris;* (B) A *Cicilia;* (c) B C *quædam melior;* (D) C *Saluberrima et.*

* « Nota piam exortacionem ad succurrendum terre sancte. »
** « Nota quod guerra Anglorum impedivit et impedit reges Francie ne materiam virtutis exerceant, maxime in succursu terre sancte. »

devictis hostibus triumphum reportabunt, si forti animo capescas arma et corporis opera in expedicione tui regni, tuorum consanguineorum principatuum et terre sancte sectaturus permaneas. Cum notissimi divini et humani juris est, nec in capite, nec in parte tuos hostes aliquod jus habere, cur tolleras antiquum corone hostem regis Francie nomen et insignia usurpare? Visne per pusillanimem␣tolleranciam scelleratissimam in tuum divinum jus et humanum exheredacionem approbare et te corone sacratissime extorrem fieri, et hosti novum jus conferre? Hoc absit! istud nephas et publicam injuriam esset in tuam majestatem committere. Surge ergo, Karole illustrissime, non contra nepotem, sed contra inveteratum hostem corone et tue majestatis nominis usurpatorem justissimum age bellum, et regis Francie nomen et tue majestatis insignia in tue dignitatis prejudicium usurpata ab ipso intruso hoste eripias.

CAPITULUM XLIV

Conformacio Philippi Augusti exortans Galliarum principes et potissimum regem ad ejus probitatem imitandum.

113. Si Philippus Augustus revivisceret, numquid, o Principes domus Francie, sui carissimi pronepotes, ita vos alloqueretur?

« Ego imberbis, etatis adolescencia abeunte, pro liber-
« tate ecclesie et finibus regni ampliandis forcia bella
« gessi, et tirannos sceleratissimos ecclesie lese satisfacere
« coegi et expulsis hostibus libertatem meo populo
« attuli; et vos annis provecti nullos labores pro terre

« sancte liberacione, pro rei publice amplitudine recu-
« peranda ingredimini. Clerum, populum, quos a
« captivitate potenter exemi, misera servitute captivos
« opprimi, alienaque tirannos occupare pusillani-
« miter tolleratis. Ego ardentis animi Northmanniam
« fertilissimam omnium, dum in me omnis nobilitas et
« populus corpore et animo insurgebat, armis vobis pos-
« sidendam et deffendendam reliqui ; et vos a milicia re-
« missi partam (A) servare non valetis ; et cum omnes no-
« biles pro vobis gerant arma, et omnis populus subactus
« urbium vellent apperire claustra, vobiscumque in hostes
« dimicare et se in libertatem vendicare *, meum patri-
« monium recuperare contempnitis. Proth dolor! corone
« hereditatem nedum Northmannie et Aquitanie duca-
« tibus, verum etiam Viromandensi, Claromontensi,
« Bellomontensi, Pontivensi, Alanconiensi, Cenoma-
« nensi, Vindocinensi, Turonensi, Andegavensi, necnon
« Pictavensi comitatibus, summo labore, summa dili-
« gencia ampliavi **. Flandriam quampluresque princi-
« pabus alacriter perdomui, quam mea probitate amplia-
« tam vestra incuria diebus hodiernis meis (B) hostibus
« invisis occupatam tolleratis ignave contrahi et a corona
« separari. Et, cum maxima pars regni principum in necem
« meam et majestatem conjurata michi hostiliter inimica-
« retur (C), nedum cum Anglis, sed cum diverso hostium
« genere eodem mense duplex certamen inivi. Nam ego
« pater Othonem, Romanorum regem potentissimum, et
« Ferrandum Flandrie et Reginaldum Bononie comites,

Var. : (A) B *partem;* (B) C *a meis;* (C) C *mihi hostiliter inniteretur.*

* « Nota fidelitatem Northmannorum erga regem Francie. »
** « Nota ampliationem patrimonii corone strenuitate Philippi adeptam. »

« ceterosque conjuratos maxima clade fudi (A), et a regni
« finibus Othonem Teutonicumque furorem fugavi, et
« suos confederatos partim stratos, partim captos, et prin-
« cipes captivos in carceribus detrusi. Meus enim caris-
« simus Ludovicus primogenitus, etate qua tuus stre-
« nuissimus Ludovicus nunc floret, illo mense Johannem
« Anglie regem strenue debellavit, ipsoque fugato totam
« Andegaviam corone subegit. Una tempestate clarissi-
« mis binis triumphis totam Franciam decoravimus et
« per universum orbem nomen ejus gloriosum extu-
« limus. »

114. « Et tu, Karole, mei conquestus universi succes-
« sor, unitam totius regni potenciam et nullos in te con-
« juratos, et tuum Ludovicum in armis, summique ho-
« noris (B) cupidum, et unicum hostem nichil hominem (C)
« et inermem habes. Et vos simul ambo cum tanta egregia
« milicia, qua nulla est prestancior, cum hoste unico
« dimicare non audetis, quod meorum triumphorum et
« Francorum glorie non mediocriter dedecori cedit. Et
« cum infidelitas Anglica meos vassallos ruptis federibus
« repente invaserit, ego impiger armis acceptis, ejus
« principatus potenter invasi, et castris subactis insignem
« eorum prodicionem severius (D) afflixi, meorumque in-
« juriam acerrime vindicavi, eademque perfidia ab evo
« dolis imbuta meum et tuum hominem legium Brito-
« nem ducem, proditorie treugis violatis, nunc tirannide
« aggressa est. Et tu Northmanniam, ut tuum recuperes
« patrimonium, invadere negligis ! Visne tui vassalli ne-
« glectam injuriam dimittere inultam ? Quod erat hos-
« tium, tali crimine perpetrato armorum strenuitate juste

Var. : (A) A *fusi* ; (B) BC *bellique cupidum* ; (C) A *nichilominem*, C *nihilominus* ; (C) *severius* omis.

« feci meum, et, quod est tuum atque tuorum, belli pigritia
« facis hostium. Propter treugarum violacionem timesne
« aggredi hostem ? Nonne villam fuaditus sub securitate
« treugarum depredari et ejus corpora crudeliter capti-
« vare, est treugas frangere, vel insidiose sub treugis sub-
« ditos manibus hostium tradere? Noli consciencia (A) fa-
« cere ubi legum sanctio concedit arma. Treugarum enim
« fractio jure conceditur * in earum violatores, et fas est
« gencium jure ferrum in armatos sumere. Visne treuga-
« rum violatoribus iterum treugas concedere, ut te et
« tuos dolose iterum captum veniant? Vide ne tua credu-
« litate decipiaris. Michi crede experto : dum Anglica
« versucia et malignitas ** hilari vultu tibi ridebit, tum
« maxime cave. Ille barbarus prodicionis risus, ut mee
« semper insidiatus est, tue vite insidiatur; dum ore
« tecum pacem reformabit, ut michi, latenti corde et
« fraude absconsa tibi sanguinolentam guerram mol-
« litur. »

CAPITULUM XLV

Dissuasio ut non treuge dentur et persuasio ad bellum prosequendum.

115. Hec in bellorum exequtione (B) rei militaris docto-
rum sentencia est, quod nunquam princeps belli, nisi in
extremo positus, ut casus adversos evitet, aut pro bono
pacis parum duraturas, ut tempore hyemali, ne per

Var. : (A) B C *conscientiam;* (B) B C *pro exsecutione.*

* « Nota quod fractio treugarum conceditur in earum violatores. »
** « Nota de malignitate et versucia Anglorum. »

bellum querenda victoria retardetur, precipue ad preces hostium treugas concedat; tum vigilanti studio eniti decet, ad sedandum bellum non inducias iterandum. Profecto liberiores aditus, Princeps illustrissime, ad hostes comprimendos undique tibi nunc longe lateque patent, et maxima egregiorum bellatorum, longe numero et probitate hostium prestancior, tibi facultas suppetit, et populus Northmannus subactus (A) ad tuam majestatem reduci summe desiderat*, et summo odio inimicos habet. Et ex adverso in vario neccessitatis articulo irretiti hostes implicantur adeo quod, si insultu acri nunc peterentur, invadenti resistere non valerent, quia tuarum collacione eorum nulle sunt copie. Quero an tue majestati et rei publice nunc novas treugas conflare, vel conflatas tenere utile vel (B) nocivum hostibus habeatur. Nempe annuatim treugis existentibus plusquam a ducatu Northmannie patrimonio corone mille millia** et ab hereditatibus profugorum plusquam (c) trecenta milia inimici extorquent. Nonne tanto auro a tue majestatis et tuorum fidelium spoliis extorto, suas vires in necem rei publice fere extinctas reparabunt, ut se nunc compeditos a laqueis tuorum eripiant? Nemini dubium. Semper tirannus in coppia habens stipendia, quotquot satellites voluerit prede et cedis avarissimos conducendos repperit. Tum alacriores sua astucia, tuis a compedibus erepti hostes insurgent et quos diebus hodiernis facile consternere potes, vix eorum impetus sustinebis. Tum velut lupi rapidi, fame depredandi excitati, irruent in castra, diripient urbes, vasta-

Var. : (A) B C *facultas... subactus* omis; (B) B C *et*; (c) B C *plus*.

* « Nota iterum fidelitatem Northmannorum erga suum dominum. »

** « Nota valorem ducatus Northmannie. »

bunt agros, armenta abigent, fortunas ruralium exhaurient, edificia rustica treugis non absque auri evacuacionem urbium reparata demolientur et colonos a diversis partibus regni in confiniis hostium reversos, varie tormentis excruciabunt. Sequitur ergo quod tue majestatis utilitati et rei publice saluti simul et treugis favere non potes.

116. Supplex oro, Princeps illustrissime, te corone jura solerti studio deffensurum et tuum populum (A) secundum sacratissimas tui proavi sancti Ludovici leges et approbatas consuetudines tuum populum jurasse gubernaturum recordare. Tum igitur publica corone et populi tui commoda curare opportet. Ergo novas treugas non dare, etiam juratas rei publice nocivas frangere convenit. Nam ubicumque principem juramentum prestare contingit (B), quod rei publice expedicioni et populi libertati adversatur, illud contempni fas est*, quia absque publici sacramenti religionis fractione custodiri non posset. Nunc igitur non treugis, non consilio, sed maturius militari facto opus est. Noli (c) differre paratis, ne (D) hostes, que nunc nulle sunt, resumant vires. Dum prospera fortuna bellorum tuum serenat iter, tanta celeritas illius Philippi proavi tui addenda est, ut aliqui venti, seu vis remigum concita velocior ipsa non videatur, et hanc pestiferam Anglorum contagionem ab omni Aquitanie cauda et parte (E) Northmannie necnon Picardie latere extirpa, ut amplitudine patrimonii tui juxta leges sancti Ludovici non ex raptu beluarum sed hominum agatur vita.

Var.: (A) B C *populum sanctum;* (B) B *contigit in,* C *contigit si;* (c) C *Nocuit;* (D) C *Nam;* (E) B C *contagionem... parte* omis.

* « Nota quod fas est contempnere juramentum quod adversatur expedicioni rei publice et libertati populi. »

CAPITULUM XLVI

Alia conformacio sancti Ludovici ad regem ostendens quibus virtutibus regnum Francie constituatur.

117. Si sanctus Ludovicus vita humana fungeretur, numquid tecum hunc familiarem sermonem haberet :

« Mei condam et diebus hodiernis, carissime nepos,
« tui regni cujus vice fungeris, attentius adverte digni-
« tatem *. Francie enim regnum est unum corpus inter
« omnes pollicias exellentissimum, quod Christiane reli-
« gionis singulari beneficio animatur, divino nutu agitur
« et summe (A) equitatis moderamine regitur, quod in-
« gentis animi virtute et alacri armorum exercicio a re-
« gentibus tueri neccesse est. Et sicut in corpore anima,
» ita in regno (B) vera religio ** et Christi fides summum
« obtinet principatum. Et cognosce, nepos carissime,
« qui (c) nunc tam nobili, tam exellenti prees corpori, non
« inerti occio, non deliciis, non tibi, sed tui regni catho-
« liceque fidei protectioni et saluti te feliciter fore natum.
« Hinc igitur te privatam personam decet exuere et
« publicam induere ut universalis vir effectus, tanta cari-
« tate inflammatus, tui regni et Christianitatis utilitatem
« amplectaris ; si casus neccessitatis urgeat, pro communi
« et divino bono constanti animo vitam propriam peri-
« culo mortis exponere non verearis. Mente repositum
« teneas, istud inter cetera nobilissimum regnum divino
« nutu et non humano agi, et, dum Deus vult, de uno
« minus ydoneo ad alterum utiliorem latenti causa trans-

Var. : (A) B *summo ;* (B) B C *in regno omis ;* (c) A *cui.*

* « Nota bene dignitatem regni Francie et quid sit corpus politicum ipsius regni. »

** « Nota quod vera religio est anima regni Francie. »

« ferri *. Qua de re majestatis divine timor offense con-
« cutit reges, si velint ut sua posteritas incontinuata
« ceptri Francorum susceptione prospere maneat supre-
« mi principis legibus et justicie institutis conformari
« oportet. Sin autem propter injusticiam Deiqué con-
« temptum et neglectam publici officii exequcionem,
« summe verendum est ne Deus de (A) una generatione
« in alteram istius regni monarchiam transferat, que vir-
« tutum opera et religionis cultu rei publice christiani-
« tatique uberrimos fructus sit (B) alatura, et, licet aspiret,
« divina tamen providencia ** oleo celesti tirannum ungi
« sacramque coronam per vim intrusum nunquam pacie-
« tur occupare.

118. « Si igitur, carissime nepos, cupis, ut rex chris-
« tianissimus, regni vita[m] religione divinitus animari et
« arbitrio celesti agi, summo honore divine majestati
« famuleris et maxima reverencia Dei cultum *** ejusque
« ministros habeas, necnon singulari studio ecclesie liber-
« tatem custodi, si vis, ut imitator equitatis proavorum,
« sancte tuum regnum gubernare; ardenti zelo cole justi-
« ciam et ab iniquitate calumpnancium et dura exactione
« tributorum tuum populum oppressum releva et antique
« libertati condona. Si desideras, ut successor probitatis
« paterne, in hostes gloriose triumphare, ferventi rei pu-
« blice et dei ecclesie amore indue magnitudinem, et in-
« gentis animi virtute et alacri corporis celeritate te totum

Var.: (A) C *ex*; (B) B C *ablatura*.

* « Nota quod dum, Deus vult, transfertur regnum Francie de uno rege minus ydoneo ad alterum ydoneum. »

** « Nota quod istud regnum est tante dignitatis quod nunquam divina providencia permittit videre in manus tiranni. »

*** « Note regem Francie opportare Dei cultum cum maxima reverencia habere et libertatem ecclesie custodire. »

« confer in regni et Christianitatis hostes, et, hoste trium-
« phato, populo letaliter affecto perpetuam da securi-
« tatem.

119. « Nec opineris quod sexus et etas genusque *
« solum faciant quem, sed egregia animi virtus dignum
« imperio. Meus enim avus strenuissimus Philippus, Dei
« caritate accensus, virtute animi decimi quarti anni in
« tirannos ecclesiam opprimentes victor triumphavit,
« Etiam mulier in crudelissimos hostes (A) triumpharet, si
« virilem animum assumeret. Numquid Semiramis **,
« Assiriorum regina, virilem sexum mentita, post deffunc-
« tum maritum, tam ingentis animi fuit, quod Asyam,
« quam vir ejus subegit, ferro protegendam accepit?
« Et deinceps hac regione non contenta, armorum stre-
» nuitate (B) Ethiopiam et Indiam superatas sibi adjunxit,
« et vetustissimum Nembrot opus muris altis ex cocto
« latere Babilonem clausit, et tamdem non est verita
« cunctis propatulo detexisse se esse feminam, ostendens
« non sexum sed animum imperio fore oportunum. Et
« cum regina inter pedisecas semel crines in trincas (c) or-
« naret et nedum preter medios in nodum reduxisset,
« nuncius attulit rebellem Babilonem a sua dicione re-
« cessisse; quod ita egre tulit ut illico pectine projecto
« crines impexos humeris fluentes dimiserit (D), qui inordi-
« natius quequo remanserunt donec potentissimam urbem
« obsidione longissima in obedienciam reduxit. Ergo,
« carissime nepos, si quid virilitatis in te est, omnium

Var.: (A) B C *mulier* et *hostes* omis; (B) B C *probitate*; (c) C *inter-nectens*; (D) A *dimisit*.

* « Nota quod non solum sexus vel etas sive genus facit ali-quem dignum regno sed virtus animi. »

** « Nota de strenuitate et alacritate armorum Semiramis. »

« ceterarum rerum abice curam, dum in tuam dicionem,
« nedum Northmanniam, sed Vasconiam et totum re-
« gnum ab integro armorum strenuitate revocaveris.

120. « Innata virtus animi propria est Gallorum *
« propter quam eorum celeberrimum nomen genti Ro-
« mane universi orbis debellatrici semper ingenti fuit
« terrori. Justinus ait quod reges Orientis sine Gallo-
« rum exercitu nulla bella gerebant, neque pulsi ad alios
« quam ad Gallos fugiebant, et tantus terror Galici no-
« minis et armorum felicitas erat ut aliter neque suam
« majestatem deffendere neque amissam recuperare abs-
« que Gallica (A) virtute arbitrabantur. Nempe Galli in
« auxilium Eumenidis Bithinie (B) regis vocati, cum eo
« parta victoria diviserunt, eamque regionem Gallogre-
« ciam vocaverunt. Quociens in Romanos Galli exarse-
« runt totis opibus, milicia Romana contricta est. Julius
« Celsius ait : Galli aperti sunt minime insidiosi qui per
« virtutem non per dolum dimicare consueverunt. Hanc
« animi virtutem nostri majores nobis; et nos vobis nos-
« tris nepotibus in ultima voluntate tanquam paternam
« hereditatem opulentissimam reliquimus. Hanc retine,
« queso, hac virtute immanes (c) tirannos regni et fidei
« inimicos perdomuimus. Certum est : quamdiu altissi-
« mis radicibus Galliarum principibus defixa erit, regnum
« Francie nunquam labefacturum, sed triumphis glo-
« riosis semper illustrabitur. Sed si ab eorum mentibus
« animi virtus evanescat, variis locupletatum victoriis per
« secordiam labetur imperium. Ytalici autem Gallis im-
« properant ** gentem Gallicam terribilem pocius quam

Var. : (A) B C *Gallorum;* (B) A *Bethimie* ; (c) A *immanos*, peut-être pour *inhumanos.*

* « Nota quod Gallis innata est virtus animi. »
** « Nota de improperacione Ytallicorum contra Gallos. »

« fortem, et impetuosam quam laboris pacientem; id-
« circoque (A) turbulento impetu bella incipiunt, verum
« modica armorum molle, gravati cepta muliebriter imper-
« fecta dimittunt. Igitur, nepos carissime, hanc turpem
« improperationem evita, et, quam viriliter incepisti, alacri
« et constantissimo animo patrie ab hostibus sabacte re-
« ductionem feliciter perage, atque cum Jullio Cesare nil
« actum credas, si aliquid supersit ad agendum *. A sce-
« leratissimis tirannis ab integro tuum regnum, uti regis
« publici officii est, radicitus emunda; et, si quedam ad tuam
« dictionem retrahas opida, ceteraque dimittas barbaris
« conferta, velut de absconditis fame exitati leones tiranni
« furibundi ruent in predam omnes hominum fortunas
« rapientes, ruent in flammam villas, pagos et templa
« flagrantem, ruent in ferrum abhorrenda virorum strage
« totam terram cruentans, et hostium confinio sita patria
« nunc ab istis, nunc ab aliis assiduis concursionibus
« agressa diripietur et in vastam sollitudinem adducetur.
« Si enim vastitas agrorum, si direptiones urbium et
« castrorum, si scallor populique procellosa guerre istius
« tempestas in rempublicam ediderit, a tua memoria non
« deciderint (B), cognosces quantam cladem tirannis Angli-
« ca, si non penitus expellatur, regno est alatura. Ergo cum
« impetu bella inchoare magne virtutis non est **, cete-
« rum inchoata constanti animo perficere, et cum prin-
« cipio pace finem feliciter jungere consummate fortitu-
« dinis est. Universos igitur fines, ut sit unicus princeps,

Var.: (A) C *idcirco quod;* (B) C *deciderunt.*

* « Nota quod nil actum est dum aliquid superest ad agendum. »
** « Nota quod inchoare bella cum impetu non est magne vir-
tutis, sed inchoata constanti animo perficere.
Et nota bene de perseverancie in armis efficacia usque in finem. »

« et una monarchia, quibus hostes per tirannidem
« intruduntur, ceteram Northmannie partem, Burdegal-
« liam (A) et Calesium, ac omnia castra marina conre-
« ducta, et patrimonio corone tua virtus prestantissima
« diurno labore continuato jungat. Incassum bellum
« celeriter agitur si ante rei publice expeditionem et hos-
« tium expulsionem infectum deseratur. Permanencior
« enim in tollerandis bellis quam in adeundis strenuus
« debet esse princeps. Perseverancia hostes pertinaces
« domat et duci bellorum constanter militanti preclarum
« confert triumphum. Ea enim perseverancie efficacia
« est: si permaneat, cetere virtutes permanent, et illese
« custodiuntur; si labatur, relique omnes enim decidunt,
« omnemque vim omnemque nitorem (B) perdunt.

121. « Igitur constantissime nunc est armis incom-
« bendum, nepos carissime, dum tue fortune proxima
« se victoria feliciter offert, velut, cum prosperi venti velis
« obsequntur, forcius remis utendum est; at, si nauta tor-
« pescat, e (c) portu salutis furentibus undis navis agitata
« jactatur in altum et adversa procella naufragari solet.
« Nec aliter ad rem (D): si princeps belli, cui fortuna arridet,
« summa diligencia et exacto studio suam non prose-
« quatur victoriam, sors que sibi prius amicissima fuerat,
« indignatur adversa, et e confinio palme remissa pusil-
« lanimitas in procellosam jactatur tempestatem, et qui
« strenue hostes victurus erat turpiter ab hostibus videtur
« superari. Ergo (E) pro justicia, pro tui populi libertate,
« pro jure corone sanctissimum geras bellum; quod viri-
« lius incepisti, favore hostium persuasus, pusillanimiter
« intercipere noli, ceterum in celerem salutaremque per-

Var.: (A) B C *Burdegalem;* (B) C *vigorom;* (c) B C *e omis;* (D) A *ac tam;* (E) B C *Cum ergo.*

« ducas (A) effectum. Si pacem regno peregrinam, si leges,
« exules, si jura muta restauraveris, si mores honestatis
« instituéris, tu non absimilis Deo esses quem suscipe-
« rent (B), quem mortales amplecterentur, quem regnicole
« cariorem haberent, quem summo honore, velut quod-
« dam immortale numen, venerarentur homines. »

CAPITULUM XLVII

Exortacio ad principes illustrissimarum domorum Aurelianis et Andegavie (c).

122. Ad vos, illustrissimi Principes domorum Aurelianis et Andegavie inclitarum, convertitur oratio. Vestra enim maxime interest treugas non renovari que impedimento sunt ne Gallia ab hostibus ingressa, strenuis militibus nunc referta, pro amicis, pro re publica et fide Christi virtutis actus exerceat, et potissime ne vobis, suppremis regni principibus, petita ferat arma. Andegavie enim regnum Sicilie, Aurelianisque opulentissimus ducatus Mediolani tirannide occupati jure hereditario domibus competunt. Hec amplissima dominia, opibus, armisque potencia ab evo Gallis inimica non particulari subsidio, sed cunctis Francie viribus collectis et acri bello domita vestre dicioni subicientur. Profecto si omnis Gallorum exercitus preruptissimos transvehat Alpes, et vobis, ut juris est, auxiliatum iret, Anglicus dominandi ardor nedum treugas, sed fedus initum, ut semper consuevit, illico frangeret, et in Franciam militibus destitutam opprimens maligno spiritu tota debacharetur. Tum illos opporteret infecto

Var. : (A) *ceterum si celerem salutaremque producas;* (B) B C *susciperet;* (c) B C n'ont point ce chapitre.

auxilii negocio protinus ad partes reverti, vel Galliam indeffensam misera clade conteri. Ut supra historiis persuasum habetur nunquam Anglos Gallis tenuisse fidem, nec promissa in posterum servabunt. Nam tam inveteratum et tam clima Gallis adversum implacabile generat odium, quod nullum fedus, nulla pax inimicissima corda nostrorum parentum fratrumque cede cruentata nobis reconsiliabunt. Igitur aut infidelitatem suspectam semper timeri, si treugis et federe hostes infidi retineantur, et nunquam Francie milites facta memoria digna gerere, istam turbulentissimam pestem omnino a finibus regni expelli oportet. Inimicos autem vereri indecens est pro amicis, pro rei publice salute, pro fide catholica sanctissimos milicie actus exerceri convenit. Linquitur ergo ab urbibus Gallisque confiniis ne aliquis tirannidi pateat aditus. Anglicam barbariem penitus eradicare neccesse est; tum, depulso hoste, Francia, securo fortissimo militum cornu, nedum vestra dominia sed totas Ytalias facile domabit.

CAPITULUM XLVIII

Ad regem exortacio ut, hostibus expulsis, tamquam singularis vassallus et Christi vexillarius, terre sancte (A) *sub teterrimo Sarracenorum servitutis jugo ducentis LXII^{obus} annis bellorum Anglorum occasione crudelius atricte succurrat.*

123. Hostibus exactis, Karole christianissime princeps, armorum perseverancia, te zelo Christi accensum et tuam egregiam miliciam in sanctam urbem Iherusalem

Var. : (A) B C *terre sancte* omis.

transvehat ut crucem purissimo Christi cruore sacratam et Domini sepulcrum nostre (A) redemptionis insignia ac promissionis terram a spursissimis Christi inimicis eripias, que, proth dolor, et omni vero Christiano summe dolendum! illo anno capte a Salhadino, acerbissimo hoste, Assiriorum rege, et depost sub miserrima Sarracenorum servitute oppresse fuerunt, quo inter Augustum Philippum, proavum tuum, et Henricum, Anglorum regem, atque Ricardum, ejus (B) filium, vassallos infideles, pro Pictavie comitatus homagio et dote Marguarete repetenda primum bellum fuit exortum et jam diebus hodiernis ducenti et sexaginta duo fluunt anni. Hoc verius opinor quod antiqus generis humani hostis, zizanie seminator, contra strenuissimum Philippum primum et injustissimum exitare bellum et infida sumere arma, et deinceps in Francorum reges fidei et terre sancte protectores furiis infernalibus exitatum continuare Henricum, Anglorum regem, et Ricardum, ex corruptissima matre Alienorde apostasi lapsa satum, atque suam posteritatem tartareis ignibus inflammaverit, ut non Philippus christiannissimus, velut ardenti animo gerebat, in Salhadinum, a quo predicta Alienordis, ut fertur, debachata fuit, pro Christi fide belligeraret, et ne posteri reges Francorum christianissimi pro terre sancte liberacione virilius dimicarent.

124. Audi, Rex christianissime, prior hospitalis et magister templi, in extremo positi, ceterique nuncii transmarini ad Philippum regem, sui evi omnium strenuissimum, urbis sancte et dominici sepulcri claves ut protectionem assumeret, deportantes accesserunt, ad quem devotissimam orationem habuerunt, ut celerem terre sancte ferret succursum. Nam prefatus Salhadinus, omnium Sarrace-

Var. (A) B C *preclarissima nostre;* (B) C *ejus omis.*

norum armis acerbissimus, ingenti cum potencia ingressus, promissionis terram clade inaudita vastabat, et jamque innumeros Christianos trucidaverat, et quamplurimos captivos tormentis inhumanis cruciabat, et (A) tante immanitatis erat, quod suo furori nemo belli princeps transmarinus resistere valebat, et, nisi acceleratam portaret opem, quod urbs sancta in propinquo subversionis periculo laborans versabatur. Et ipsis nunciis ad obsculum pacis honorifice receptis, omnibus aliis negociis pretermissis, legacionis causam nunciorum transmarinorum per universum regnum predicare, et ad crucem sumendam et terre sancte succurrendum suos nobiles ceterosque egregios viros accuracius exortari fecit, et ex consilio principum strenuos milites (B) et copiosam peditum multitudinem ad sanctam urbem ex propriis redibitus stipendiatos transmisit. Sed illo tunc Philippus, quamquam ardesceret, transfretare non potuit, quia contra infidelem Flandrensium comitem pro Viromandie comitatus repeticione, quem isdem comes injuste occupabat, armis irretitus erat. Hoc bello confecto, contra Henricum Anglie et Ricardum ejus natum, pro Pictavie fidelitate et dote Margarete, sibi aliud insurrexit bellum.

125. Et dum hoc ageretur, nuncii transmarini Salhadinum crucem sanctam, Domini sepulcrum, urbem (C) Iherusalemque regem cepisse anxio cum dolore gementes attulerunt. Postremo, discidio pace sepulto, ambo reges, Philippus et Henricus, simul et Ricardus, crucem ut Christi milites assumserunt, uti federata duorum regnorum potencia, terre promissionis auxiliaria gererent arma. Proth dolor! verum illo anno Ricardus secundum bellum fracta fide in crucem (D) et terre sancte perniciem exitavit.

Var.: (A) B C *et quod;* (B) B C *militum;* (C) C *urbemque;* (D) B *crucis.*

Quo post patris obitum sedato, isdem Ricardus se cum Philippo trans mare iturum juramento vovit; et, cum in actu expugnandi Achon obsessam Philippus desudaret, Ricardus vassallus infidelis contra inimicos juratum auxilium Philippo sustraxit, et, quod scelestius fuit, cum Salhadino teterrimo Christi hoste muneribus acceptis infandam et maximam familiaritatem habuit, quo indicio persuasus Philippus cognovit Ricardum se velle inimico Christi prodere. Hinc acerbissimo inter eos exitato discidio, prius (A) urbe Achon per Philippum expugnata, infectam terre sancte liberationem isdem Philippus recedens tristi animo dimisit. Et ab illo tempore usque nunc, prefatus Philippus et sua regum (B) posteritas Christi vexilaria, dum unum discidium fore placatum arbitraretur, alio crudelissimo recrudescente, federibus et federibus Anglica fraude ruptis, tirannidis (c) invasioni Anglorum resistere pro regni tuitione compulsi sunt, adeoquod, absque corone subversionis periculo, per bina hominum secula et duodena lustra gemino anno sequto, pro fide, pro religione, pro crucis sancte, pro dominici sepulcri libertate, Christi pugnam agere non potuerunt.

126. Igitur, Rex christianissime, vides quod injustissima bella Anglica ad inimicorum fidei votum et Christi opprobrium gesta, regum Anglorum infidelitate compeditum terre sancte succursum tot annis detinuerunt. O Anglicam ferocissimam crudelitatem! vide quod injustissima tua bella tibi profuerunt ob feloniam totiens sceleratissime in superiorem repetitam! Te perjuram naturalia beneficiorum et feudorum instituta a tuis amplissimis uti principatibus indignam sanctissime privaverunt. An-

Var.: (A) C *bello;* (B) B C *regum Francorum;* (c) B *tiranni,* C *tirannicæ.*

glicam miliciam et opes pernicioso labore tibi consumpsisti. An bellum naturalis domini necem, raptumque colonis, eorumque fortunis non inferens, nec patriam diripiens, egisti? Profecto tua crudelitas inhumanissima virorum inermium carcere, strage inauditis, et villarum, castrorum, urbium, templorumque direptione et omnium opum raptu, istud regnum potentissimum, qua te dominium habere mentiris habere, inconsummatam attulit vastitatem, et per ducentos et sexaginta duos annos, tua guerra sceleratissima, occupate Francie, et tocius christianitatis milicie, ne promissionis terre debitum subsidium latura sanctissimis armis iret, impedimento fuisti. Linquitur ergo, quod solum ad fidei catholice inimicorum usum et favorem contra terram sanctam et Christi patrimonium arma nefanda animis induratis exercuisti.

127. Postremo summa Christi et rei publice totius christianitatis pietate (A) quam ad Dei ecclesiam divina tui regni institutione habere teneris(B), Karole, rex christianissime, te sincero (C) mentis affectu exortor, ut ista bella fidei inimica Francie beata armorum strenuitate consummas, et, quam tuus proavus Philippus singularissimus fidei athleta ob Ricardi perfidiam liquit (D) imperfectam, terre sancte liberacionem perfice, et crucem, signum triumphale, et sepulcrum Domini omnium virtutum celestium odore suavissimo refertum, a Babilonica captivitate eripias, et Christicolis ad terram promissionis peregrinantibus optatum iter apperi, ut ab humanis ad supernam civitatem Jherusalem, variis decoratus triumphis, et a tuis offensis preciocissimi sanguine agni redemptus, eterne glorie corona laureandus, felici gressu proficiscaris (E).

EXPLICIT (F).

Var.: (A) B C *pietate* omis; (B) B C *teneris* omis; (C) B C *sincerissimo*; (D) A *linquit*; (E) B *Amen*; (F) B *Deo gratias*.

DES DROIZ
DE LA
COURONNE DE FRANCE

Au nom du pere et du filz et du saint esperit. Amen. S'ensuit ung petit livre intitulé des droiz de la couronne de France, qui premierement a esté fait en latin par ung notable clerc, et depuis a esté par ung autre clerc translaté en françois pour l'instruction des François presens et avenir, et mesmement de ceulx qui point n'entendent latin et qui ne sçavent pas aucunes gestes passées, dont en ce dit livre est faicte mencion d'entre les François et les Anglois, deparavant l'an que on disoit mil quatre cens quarante neuf, affin qu'ilz congnoissent par les faiz passez, et l'apreignent a leurs enffans et autres François avenir que jamais ilz ne se doibvent fier en quelzconques traictez, seremens ne promesses d'Anglois, se ilz n'en veullent estre trompez et deceuz, comme leurs bons predecesseurs l'ont esté en leur temps.
Et premierement s'ensuit le prologue de cellui qui en a mis l'effect en françois.

A l'onneur et gloire de Dieu et de la benoiste vierge Marie et de toute la court celestielle de paradis, et a la louenge de vous, tres noble Roy, Charles de France septiesme de ce nom, et afin de informer veritablement vous et les autres vraiz François presens et avenir des choses contenues et declairées en ung petit livre escript en beau latin, dont l'en dit l'original estre devers vous, fait et composé dès l'an que on disoit mil quatre cens quarante neuf (1), par ung notable clerc nommé maistre Robert Blondel, par vous ordonné a instruire en science de lettres mon tresredoubté seigneur Charles, vostre second filz (2), je, l'um et le moindre de voz treshumbles clercs subgetz et serviteurs, indigne de moy nommer devant l'exellence de vostre souveraine principaulté et seigneurie, natif de vostre pays de Normendie, et, dès ma jeunesse, fuitif (3)

(1) Il est possible de fixer très approximativement la date de la composition par Robert Blondel de l'*Oratio historialis*. A ce moment, la ville de Lisieux avait été reprise par les Français, mais les Anglais possédaient encore la ville de Rouen. Or, l'évêque de Lisieux, Basin, ouvrit, le 16 août 1449, aux troupes de Charles VII, les portes de la ville assiégée depuis le 14, et Rouen ne fut repris que le 19 octobre de la même année.

(2) Charles, duc de Berry, qui fut aussi duc de Normandie en 1465 et enfin duc de Guyenne en 1469, né le 28 décembre 1446 et mort le 12 mai 1472, était en réalité le quatrième fils de Charles VII et de Marie d'Anjou. Avant lui étaient nés : Louis, 3 juillet 1423, qui succéda à son père et fut Louis XI ; Philippe, 4 février 1436, mort en juin, même année ; Jacques, 1432, mort 2 mars 1437. Mais à l'époque du règne de Charles VII où Blondel écrit, le duc de Berry était devenu, par la mort de ses deux aînés, Philippe et Jacques, le second fils du roi. Remarquons que la lettre de Henri Anquetil, qui précède le texte latin de Robert Blondel, dit que cet auteur était alors chargé de l'instruction du comte d'Etampes, François, qui naquit le 23 juin 1435 de Richard de Bretagne et de Marguerite d'Orléans, devant duc de Bretagne sous le nom de François II, 26 décembre 1458, après son oncle Arthur de Richemont, et mourut le 9 septembre 1488. En 1460, date de cette traduction, Blondel était chargé de l'éducation de Charles de Berry.

(3) Ainsi le traducteur de l'*Oratio historialis*, qui n'a pas fait connaître son nom, est, comme Robert Blondel et Robinet, un Nor-

d'icellui par les Anglois qui assiegerent la cité de Rouen au mois de juillet de l'an qu'on disoit mil quatre cens dix huit(1); considerant que, depuis la fasson dudit petit livre en latin, les pays de Normendie et de Guienne avoi[en]t esté recouvrez et conquis sur les Anglois vaillamment et victorieusement par vous et vos loiaulx vassaulx et subgetz, en l'an que on disoit mil quatre cens cinquante; pensant aussi que se ledit livre en latin estoit bien translaté ou converti en bon françois, ce pourroit redonder au grant honneur de vous et occasion a moult de gens de prier pour vous mesmes durant voz jours et après vostre decès, avecques exemple a voz tresnobles enffans et loiaulx successeurs presens et avenir d'ensuyr les louables vertus et vaillances de vos tresnobles predecesseurs et progeniteurs roys de France, que Dieu absole, et de vous après vostre mort, et que d'abondant leur pourroit bien donner bonne instruction et sage cautelle de bien eulx gueter et garder doresenavant songneusement et perpetuellement du barat et de la malice des Anglois qui tousjours ont fraudeusement machiné et désiré de tromper et decevoir noz peres et gasté le royaume françois, me suis mis de bon vouloir, en l'an que on disoit mil quatre cens soixante, a translater ou au moins convertir ledit petit livre de latin en françois le moins mal que j'ay sceu et peu, en et soubz la tresnoble correction et benivolence tant de vous comme de mes tresredoubtez princes et seigneurs messeigneurs voz deulx beaulx et legitimes filz Loys et Charles et de tous qui mieulx le saroient faire si leur plaisoit. Si supplie tant et si treshumblement, comme plus puis, a la tresgrant benignité, clemence et prudence de vous mesmes qui, au temps que ceste presente translacion fut faicte, estiés en l'an xxxviij^e (2) de vostre regne,

mand qui a fui le pays où il est né pour ne pas vivre sous la domination anglaise.

(1) Le siège de Rouen dura du 29 juillet 1418 au 19 janvier 1419.

(2) Charles VI mourut le 21 octobre 1422; la 37e année du règne

que icellui petit ouvrage il vous plaise benignement en bon gré recevoir, favorablement interpreter, et mon ignorance ou petitesse d'entendement pardonner; car je ne pense pas y mectre gueres du mien qui soit oultre ne hors la sentence des parolles latines dudit principal acteur, lequel, en tant que besoing est, j'en appelle a garant soubz la correction et bon jugement des plus savans.

de Charles VII commença donc le 21 octobre de l'année 1459, qui ne se termina, suivant l'ancien style, qu'au jour de Pâques, 31 mars 1460. C'est par conséquent entre le 31 mars 1460 et le 21 octobre de la même année que cette traduction fut faite.

AUTRE PROLOGUE

TRANSLATÉ (1)

DUDIT PRINCIPAL ACTEUR QUI FIST LEDIT PETIT LIVRE EN LATIN

1. A Charles, tresnoble et trescrestien roy de France, septiesme de cedit nom Charles, et aux autres princes et gentilz hommes françois principalement, s'adresse ce present livret en figure d'oraison, fait et composé en latin, en l'an que on disoit mil quatre cens quarente neuf, par vostre treshumble clerc et serviteur Robert Blondel, natif de vostre pays de Normendie, ouquel an les Anglois avoient tiranniquement occupé par l'espace de trante trois ans et plus (2), et encore occuppoient alors tout vostredit pays et duchié de Normendie, excepté seulement le Mont Saint Michel ou peril de la mer qui graces a Dieu ne fut oncques en

---

(1) Cet « autre prologue » est moins la traduction que la paraphrase de celui que Blondel a placé au commencement de son ouvrage. Celui-ci ne pouvait parler en effet ni de la prise de Cherbourg qui acheva la conquête de la Normandie, ni du recouvrement de la Guyenne et de la bataille de Castillon.

(2) Robert Blondel date donc l'occupation de la Normandie par les Anglais de la prise d'Harfleur qui eut lieu en 1415.

leur main, quelque paine qu'ilz y missent (1), *excepté aussi la place de Grantville que lesdits Anglois avoient, pendant ledit temps de trente trois ans, emparée a leurs chiers despens, et, depuis ledit emparement, avoit esté prinse et gaingnée sur eulx par les François* (2), *et ouquel an mil quatre cens quarente neuf, par vous tresnoble roy fut commencé le recouvrement dudit duchié de Normendie, et par force d'armes tresvaillamment et victorieusement le achevastes moiennant l'aide de Dieu et le bon droit que vous y aviez, et dont l'acomplisse-*

(1) Aussi longtemps que dura l'occupation de la Normandie par les Anglais, la forteresse du Mont-Saint-Michel résista à tous leurs efforts. Dès 1423, ils avaient élevé un fort sur le roc de Tombelaine où était établi un prieuré, au milieu des sables, à 3 kilomètres environ au nord du Mont-Saint-Michel. Ce fort et les bastilles construites sur la terre ferme, à Ardevon et aux Pas, aux environs de Pontorson, avaient pour but, soit d'attaquer le Mont, soit de l'isoler et de lui couper les communications avec la France. Ni le blocus de 1424-1425, ni le siège de 1434 et l'assaut donné le 17 juin de cette année par les Anglais, sous les ordres de Thomas, sire de Scales, n'eurent de résultat. L'honneur d'avoir conservé le Mont-Saint-Michel revient à Louis d'Estouteville, qui fut nommé capitaine du Mont le 2 septembre 1425 et garda cette charge jusqu'à sa mort, 21 août 1464.

(2) Au mois de mai 1436, Jean de la Roche, André de Lohéac et Jean de Beuil avaient occupé Granville et s'y étaient fortifiés. En 1437, l'anglais Thomas de Scales s'en empara sur Jean de la Roche, et s'établit surtout sur la partie qu'on appelle le roc, où il n'existait encore qu'une église placée sous l'invocation de Notre-Dame. Le sire de Scales y fonda une nouvelle ville en contraignant à s'y établir les habitants du gros village bâti au pied du roc, à l'embouchure de la rivière du Bosq. Il entoura la ville qu'il créait ainsi d'une enceinte de murailles et construisit au centre une forteresse flanquée de tours. Les Français s'en emparèrent en 1440 et la conservèrent définitivement.

ment fut fait a Chierebours (1), *le douziesme jour du mois d'aoust, en l'an prouchain après subsequant que l'en disoit mil quatre cens et cinquante. Et depuis, c'est assavoir en l'an mil quatre cens cinquante et ung, fut semblablement par vous recouvré la cité de Bordeaulx et tout le pays de Guienne* (2) *que lesdits Anglois avoient alors contre droit et raison occuppé par les temps de trois cens ans et plus. Et de rechief, en l'autre année subsequente que l'en disoit mil quatre cens cinquante trois, fut par vous mesme et par voz vaillans et loiaulx vassaulx et subgetz recouvrée ladite cité de Bordeaulx et plusieurs autres places d'environ, que les habitans d'icelles avoient secretement et contre les seremens qu'ilz vous avoient faiz, remises es mains et obeissance desdits Anglois, dont ung chevalier d'Angleterre surnommé Talebot estoit lors le chief, lequel avecques ung*

(1) Voir dans la *Reductio Normannie*, au t. II de cette publication, les détails intéressants que donne Robert Blondel sur l'attaque et la prise de Cherbourg, qui se rendit en effet le 12 août 1450.

(2) La Guyenne était devenue possession anglaise par le mariage d'Aliénor ou Eléonore, fille de Guillaume, duc d'Aquitaine et comte du Poitou, 19 mai 1152, avec Henri Plantagenêt, qui n'était alors que comte d'Anjou, mais devint roi d'Angleterre en 1154. Bordeaux, capitale de cette province, assiégé par l'armée de Charles VII et non secouru par les Anglais, avait capitulé le 23 juin 1451, et Dunois y avait fait son entrée solennelle le 29 juin. Mécontents d'être taxés sans le consentement des états provinciaux et de voir leur commerce de vins suspendu avec l'Angleterre, les Bordelais formèrent un complot et ouvrirent leurs portes à Talbot le 22 octobre 1452. Une armée française commandée par les maréchaux Jean Bureau et Joachim Rouault dut faire une seconde conquête de la Guyenne. Elle vint assiéger Castillon le 13 juillet 1453. Talbot accourut au secours de la place, livra bataille le 17 et fut tué avec son fils Jean. La victoire des Français à Castillon amena la réduction complète et définitive de la Guyenne.

sien filz et moult d'autres Anglois furent tuez en une saillie qu'ilz firent sur voz gens devant Castillon, et pour les assaillir laisserent la messe desja commencée a estre dicte devant eulx. Lequel present livret est exhortatif a ce que vous feissiez guerre ausdits Anglois affin de les chasser hors desdits duchiez de Normendie et de Guienne. En remonstrant que, depuis la premiere guerre d'entre les deux royaumes de France et d'Angleterre, qui commença du temps du vieil roy Edouart (1), jusques au temps cy devant declaré que cedit livret fut fait, ont esté faiz, par plusieurs foiz et en divers temps, jusques a douze traictez que lesdits Anglois avoient et ont tous fraudeusement et faulcement rompus contre les seremens des feaultez qu'ilz avoient sollempnellement faiz et jurez tenir et faire a la couronne de France, et denyé les devoirs qu'ilz y debvoient a cause et par raison des terres et seigneuries qu'ilz en tenoient. Et comment pour icelle cause, fut ja pieça sentence donnée par les pers de France contre Jehan, lors roy d'Angleterre, comme desloial vassal et patricide, par laquelle sentence fut declaré tout ce qu'il tenoit en France estre confisqué a ladite couronne, et dont le roy Philippe de France, comme vaillant exccecuteur d'icelle sentence, recouvra par armes ledit duchié de Normendie et presque toute la Guienne; par quoy, veuz les moiens et les raisons contenues et declairées en cedit livret, l'en pourra congnoistre clerement que lesdits Anglois n'ont

---

(1) Le traducteur a sans doute en vue Edouard-le-Confesseur, qui mourut en 1066, date à laquelle Guillaume-le-Conquérant s'empara de l'Angleterre. C'est à partir du moment où les ducs de Normandie devinrent rois de ce pays que l'hostilité commença pour ne plus finir entre les deux nations.

aucun droit ou tiltre vallable ne coulouré en tout ne en aucune partie de ce royaume de France, et que jamais les François ne doibvent contracter ou faire traictié avecques eulx ne y avoir fiance.

PREMIER CHAPPITRE DUDIT LIVRET

Contenant la matiere, les causes et la conclusion de toute l'oraison par lesquelles ledit acteur principal a entendu exhorter le roy et les autres princes de France a guerroier les Anglois.

2. Combien que les courages des vaillans batailleurs n'aient besoing ou neccessité que je les exite a combatre pour leur terre, neantmoins la desolacion increable de mon pays et le peril universel de tout le royaume françois pour lesquieulx ung chascun courage d'omme piteux se doit exiter a vertu, me contraingnent a exhorter par escript la grant vertu et roial magnificence de vous, Charles tresnoble prince, et des vostres, affin que o le tranchant de vostre espée vous couppez les empeschemens qui vostre pays oppriment par guerre, et delivrez vostre peuple de sa tresmiserable servitute presente et avenir, et que vostre royaume soit remis en seureté. Et ne croy pas que sans grant diligence de guerre vous le puissiez relever, ne aussi qu'il se puisse perdre, se nom par la paresse effeminée des princes. La grant puissance des ennemis des Romains* ne ravala pas leur empire si bas comme il est, tant comme fist paresse et lascheté voluptueuse d'i-

---

* « Nota que les Romains perdirent par paresse leur empire qu'ilz avoient acquis par vertueux excercice d'armes. »

ceulx Romains qui par avant avoient leur petite seigneurie augmentée par armes, et par diligence et vertu avoi[en]t rendu tout le monde a eulx subget. Doncques, tresnoble Prince, pour recouvrer les parties de vostre royaume qui sont usurpées de voz ennemis, semble soubz correction que vous devez a present volumtairement prendre par vous et les vostres telles dilligences et labeurs, comme il appartient, a oster vostre propre heritage de la tirannie de voz adversaires, et reddurie la calamité et misere de voz pouvres subgitz a franche liberté soubz la doulceur de vostre seigneurie.

LE SECOND CHAPPITRE

Contenant exhortacion au Roy de faire guerre aux Anglois, laquelle est commiserative du long exil de ses pouvres subgitz fuygitifs et opprimez.

3. Quant au remors de nos pensées se representent, d'une part, la multitude de nous, pouvres François fuygitifs en douloreux exil, et, de l'autre partie, nous souvient de la tresdure et envieillie captivité de noz pouvres freres et seurs, parquoy nous sommes comme esclaves et matiere de moquerie aux autres gens qui d'icelle malheureté n'ont pas senty les aguillons, ce n'est de merveille se nous gemissons piteusement et se la dure langueur qui nous tormente contrainct noz bouches a crier et requerir l'ayde de ceulx a qui nos peres ont aucuneffoiz donné secours, et mesmement de ceulx pour l'amour desquieulx loiaulté nous a fait eslire ceste mi-

sere. O noz bons peres (1), o noz prouchains, o noz affins trespassez qui, pour la deffence de la chose publicque, avez jusques cy vaillamment exposé vos vies a la mort, et, en ce faisant, avez acquicté voz loiaultez et desservy louyer et honneurs pardurables, vostre final enterrement peult estre dit et reputé pour plus beneuré que la vie qui tant nous dure en captivité miserable, car en mourant avez beneureement eschappé les angoisses qui si griefvement nous esperonnent; et pleust a Dieu que nous eussions esté si heureux d'avoir acquis par mort en combatant* avecques vous l'onneur et salaire qui vous en sont deuz! Mais encores de present, après tant de meschiefz, sommes nous cheuz en cest opprobre que, pendant la treve d'entre les deux royaumes, nous demourons tousjours degectez et mendians en autruy maisons, en dangereux dangier de chascun et en confusible vergoigne de nostre pouvreté. Et si voions noz ennemis capitaulx posseder en joie nos propres heritages si longuement.

4. Et ja soit que, entre les biens de vertu, soit chose moult charitable de soy exhiber liberal a ses pouvres parens, et, se c'est delectable chose que povoir demourer en paix sur le lieu de sa nativité avecques ses freres et amis, toutesvoies ne nous rent pas ladite treve ce bien de nous oser transporter a visiter nos prouchains parens et amis qui soubz lesdits Anglois sont demourans. Ne a eulx aussi n'est pas demouré le hardiement de nous

---

* « Nota que mieulx vault mourir pour son pays et pour la chose publicque que par deshonneste fuite vivre en exil. »

(1) Il y a ici une imitation de Salluste dont les œuvres paraissent avoir été familières à Robert Blondel. Cf. le texte latin de notre auteur : « Vos patres, vos propinqui... » etc., avec ce passage du discours que Salluste fait adresser par Adherbal au Sénat romain : « Jamjam, frater animo meo carissime... » (Jugurtha, c. XIV).

repartir de leurs substances et non pas seulement de nous cherir; ainçois, se l'um frere le faisoit a l'autre, il en seroit non pas sans plus emprinsonné, mais en mortel peril de sa personne. Hélas! doncques est il plus miserable chose que ceste cy qui pendans les treves ne nous veult souffrir visiter l'um l'autre ne remonstrer semblant d'amour, maiz en ce point nous fault arrester le faiz au col? Est il chose plus indigne a hommes courageux que de veoir estranges gens, soilliez du sangc de nos parens, occuper par tirannie nostre pays et soy moquer en grant orgueil de nostre perte si meschante que, obstant la treve, ne nous est plus permis d'en avoir par guerre ne par jugement aucun retour? Que diray ge plus, Charles tresnoble prince? Certes, crime de votre majesté lese ne nous a pas mis en ce point, mais la foy que vous avons gardée et pour qui sommes persecutez si durement nous contraint de vous remonstrer les dures afflictions que soustenons.

TIERS CHAPPITRE

Remonstrant que si le Roy ne subvenoit a ses subgetz fuygitifz de leur pays, on pourroit sur ce faire conclusion de mauvais exemple, attendu mesmement et demonstrée leur calamité digne de si grant pitié que si ledit seigneur n'y avoit ores aucun domage temporel, si devroit il, lui et les autres princes de son royaume, eulx esmouvoir par charité pour lesdits exilliez restituer a leurs proprietez.

5. Et se ainsi estoit, tresnoble Roy, que pour impetrer (1) ayde des princes estrangiers n'eust en nostre misere

(1) Il y a encore ici une imitation du discours de Salluste cité précédemment : « Si ad impetrandum nihil causæ haberem... »

aucune pitié, fors seulement que par nostre exil sont plusieurs de vostre roial sang et moult d'autres nobles extraiz de ducz, contes, barons, avecques nombre comme infini de gens de noble ligne, fuytifz, qui, par avant leur fuite, vivoient magnificquement selon leur estat, et nous autres qui sur nostre propre pays estions richement vivans et maintenant sommes par povreté comme mendians et davantage* par la langueur des treves suspenduz au crocq de longue actente, et monstrez o le doy de moquerie des autres gens qui vivent a leur aise sur leurs tisons, dont les plusieurs de nous, nobles et autres, ainsi desolez se sont par neccessité convertiz a excercer offices viles, comme les ungs a estre cousturiers, les autres hostelliers ou a d'autres ars mecaniques, et d'autre part voions devant nos yeulx les bouvyers et autres hurons d'Angleterre eslevez es haultes seigneuries comme de duchiez, contez, baronnies et autres tiltres de noz pays, si avons nous suffisant cause et matiere de crier a Dieu et requerir ayde de luy et de tout le monde, et mesmement de vous, Roy tresdebonnaire, qui pas n'estes princes estrangier, mais estes nostre chief, et nous, voz subgitz qui pour nostre loiaulté** vous garder sommes cheuz de si hault si bas. Et ne croions pas que la grant vaillance de vos tresnobles progeniteurs, que Dieu absole, soit extainte en vous, ne leur pitié tournée en cruaulté. Souffrerez vous doncques tousjours lesdits Anglois, nos adversaires et les vostres aussi, eulx nourrir et engresser de la propre substance de vous et de nous, et, sans remede y querir,

* « Nota que l'infortune de gens [fuygi]tifz leur est plus grieve [au]tant comme leur estat de par avant estoit plus grant. »

** « Nota que les Normans fuitifz souffrirent voluntairement leur long exil pour leurs loiaultez acquiter et garder au Roy. »

nous laisser en cest estat languir jusques a la mort? La prouesse des anciens roys de France, dont Dieu veuille avoir les ames, ne secourut elle pas en leurs temps a plusieurs estrangiers degectez de leurs pays et par force d'armes les restitua en leurs seigneuries sans souffrir que aucuns de leurs aliez ou amis fussent longuement affligez?

6. Helas! tresnoble Prince, nous ne sommes pas seulement voz alliez, maiz voz propres subgitz, et si avons desja tiré et hallé a ceste longue corde de desolacion par trente quatre ans ou environ (1) devant voz perilz, et se nous nous sommes loiaument acquictez envers vous, acquictez semblablement de vostre part la foy et le devoir du secours que nous devez mesmement puis que Dieu vous en a donné le povoir, ou autrement la force de vosdits ennemis et les nostres s'enforceroit a voz despens mesmes pour essaier a ravir d'entre voz mains le surplus de vostre seigneurie, dont en celui cas moult des vostres se pourroient joindre avecques eulx et vous persecuter, qui de present sont prestz et desireux de vous servir, tant comme esperance leur dure de vostre secours avoir.

QUART CHAPPITRE

Faisant exhortacion au Roy de faire guerre, et invective contre la treve.

7. L'espoventement que nous soulions avoir des entrep[r]inses des Anglois est maintenant tourné en courages

---

(1) Blondel dit : « Jam tricesimus et prope quintus annus labitur. »

furieux des François contre eulx, car nos pages et gros varlets nourriz en guerre sont devenuz gens d'armes, et la vilté qu'ils ont congnue estre esdits Anglois les leur fait avoir en mesprisement hayneulx avecques desir de leur oster d'entre les mains la praie des richesses qu'ilz ont sur nous ravies.. Et pour ce, tresnoble Roy, desire la malice* d'iceulx Anglois vous endormir sur la couche des treves, affin que ce pendant soit extainte l'ardeur du bon courage qu'ilz congnoissent estre en vous et es vostres de les combatre, et que de leur parti ilz se puissent tousjours fortiffier et garnir voz places qu'ilz occupent des biens et des fruiz mesmes qui y croissent, dont ilz entendent par après vous faire barbe de resistence, et des deniers qu'ilz en leveront et espargneront, faire soulde contre vouz a voz despens, et, moiennans ses garnisons, vous laissier morfondre dehors et y laisser et diminuer vostre ost, ce que faire ne porroient sans ladite treve; mais en l'estat qu'ilz sont maintenant, seroient aisiez a affamer en leurs forteresses, et si n'ont pas suffisant espergne de la pecune qui leur est necessaire pour souldoier gens. Et, pour le monstrer par exemple de nostre temps, regardons bien qui a fait rendre en leurs mains vostre place de Chierebourg (1) et moult d'autres et vostre bonne ville de Rouen, si non

* « Nota contre l'astucie des Anglois. »

(1) Cherbourg avait, pendant la première partie de la guerre, résisté aux attaques des Anglais. Lors de sa grande expédition de 1346, Edouard III, débarqué à Barfleur, n'avait pu s'en emparer. Charles le Mauvais, qui avait reçu du roi Jean le Bon cette ville en apanage, y introduisit les Anglais en 1378. Du Guesclin l'assiégea pendant plus de six mois et ne put la reprendre. Richard II d'Angleterre la rendit à Charles VI, lorsqu'il épousa sa fille. Assiégé de nouveau en 1418, Cherbourg fut livré aux Anglais par son commandant.

famine* et faulte de vivres, qui plus est adversaire enne‑
mys que n'est le glaive.

QUINT CHAPPITRE

Faisant exhortacion au Roy qu'il se garde bien de estre deceu par la fraulde d'Angleterre, et que leur astucie n'entent pas a querir paix avecques lui, mais par longues treves rendre l'ost des François en discipacion par desacoustumance d'armes (1).

8. Des parolles escriptes ou prouchain precedent chappitre avecques celles qui s'ensuivent, peult on inferer, tresnoble Prince, que vous vous devez desormais tressoigneusement garder que la malice des Anglois ne vous deçoive plus, car je vous dy certainement que la fiction ** traîtresse des ennemis porte communement plus de nuysance a ceulx qui nicement les croient que ne font leurs armes. Et quelque chose que deissent les dits Anglois en composant la treve, ce n'est pas leur entencion finale de y nourrir paix, maiz ainçois d'y fere couver le feu de vostre embrasement, et brasser le venimeux breuvrage de vostre mort et du perpetuel nauffrage de vostre nef et desercion totale de vostre roial majesté et de

---

* « Nota que famine est plus aigre adversaire que n'est le glaive. »

** « Nota que la malice des ennemis qui mordent en riant est plus nuysant a iceulx qui follement les croient que ne sont leurs armeures. »

(1) La comparaison de ce chapitre de la traduction avec le texte latin de Robert Blondel, montrera que le translateur se pique peu d'être exact; il prend les idées et les expose à peu près à sa guise.

voz loiaulx subgetz; que ja Dieu ne vueille souffrir!
Et certes, les Anglois, comme dit a esté cy devant, congnoissent bien qu'ilz se sont fort apetitez de gens et d'argent, et que, la Dieu grace, vous estes creu et cressez de jour en jour; et pour ce tendent ils par le moien des treves a rendre vous et voz gens ce pendant, c'est assavoir, les ungs effeminez* par oysiveté ou par fames, les autres envieilliz et debilitez, les autres desacoustumez des armes et les autres mors, ainsi que moult de foiz est advenu. Et par semblable fasson fut Hannibal, jadis duc de Cartaige, après ses grans et orgueilleuses victoires, vaincu, que les glaives de ses adversaires n'avoient pas avant peu surmonter. Aussi a propos les aucuns des vostres pendant la treve vieilliront, les autres se marieront, les autres s'ennuyeront et a autres negoces se convertiront, et les autres se mourront, dont la desacoustumance du fer seroit moult perilleuse. Car la noble nourriture des corps humains rent de legier les François effeminez et moins habilles a debeller lesdits Anglois qui de leur propre nature sont rustiques, durement couchez et nourriz de grosses viandes. Et par le contraire n'est en ce monde armées tant a redoubter comme sont celles des François quant ilz y sont acoustumez et adurez**. L'orgueilleux courage du roy Henry, ne la vaillance de ses Anglois, ne subjuga pas tant nos peres a la journée d'Agincourt (1), en Pi-

* « Nota que longue desacoustumance de guerroier fait les combatans effeminez et la continuance d'excercer les armes acroist et donne hardement. »

** « Nota qu'il n'est riens plus contraire a la vaillance des François que quant ilz sont nourriz en delices et en long repos, et par contraire n'est rien qui tant les fasse vaillans en armes comme labour et travail en guerre. »

(1) Agincourt est la forme donnée pendant le moyen âge au village que nous appelons maintenant Azincourt (Pas-de-Calais, arr. de Saint-Pol). La bataille eut lieu le 25 octobre 1415.

cardie, qui fut en octobre l'an mil quatre cens et quinze, comme fist leur inexperience des armes, dont nos peres n'estoient alors que nouveaux apprentifz.

CHAPITRE VIe

Par lequel est faicte conclusion, que, tant comme le Roy de France a son armée preste et gens acoustumez aux armes, il doit guerroier les Anglois, ou que autrement son royaume demourroit en peril de subversion; en ramenant a propos la capcion et occupacion fraudeuse faicte de la ville et chasteau de Fougier[e]s par lesdits Anglois, pendant et non obstant la treve qui par eulx mesmes avoit esté pourchassée et jurée estre tenue et gardée sans fraulde entre les deux partis de France et d'Angleterre.

9. Se il advenoit pendant la dampnable demoure des treves que la belle compagnie que vous avez a present de gens expers et excercitez en armes, fust consumée ou tournée en dissipacion, par laquelle vous povez a present subjuguer Anglois et autres adversaires, la cruaulté barbaresque desdits Anglois, sans avoir regard a quelxques treves par eulx jurées, ne seroit pas oublieuse de vous rassaillir. Et samble que, dès maintenant comme pour lors, devriez bien penser en quelle neccessité vous pourrez cheoir au cas dessus dit, et sur ce devriez assez clerement vous mirer ou desarroy qui fut en l'armée de France non experte en armes, l'an dessusdit mil quatre cens et quinze, a la journée d'Agincourt, en Picardie, qui par moins de gens lors excercitez et adurez a la guerre soubz le roy Henri d'Angleterre fut piteusement demenbrée. Et se vous souffriez que la vaillance des combatans,

dont graces a Dieu estes a present bien garny, se tournast en couardie par faulte de bien les exploicter, et que leur experience se convertist en desacoustumance d'armes, vous pourriez en icelui cas legierement trebucher en la fosse de ravalement douloureux. Exploictez les doncques, tresnoble Prince, en Normendie et ailleurs, tant comment ilz sont prestz et expers et desireux de besoigner a vostre prouffit pour en faire vuider la fraudeuse orine d'Angleterre et y faire tenir et remectre voz vrais subgitz en seureté.

10. Car certes, tant comme dedens vostre royaume ara des reliques d'Anglois qui ayent puissance, jamais n'y ara cité ne principaulté qui puisse dire : « G'y suis asseur », pource que leur fraudeuse malice machine tousjours quelque trayson encontre nous et de tout son engin nous prepare nuysance, dont plusieurs foiz avons esté sourprins, deceuz et endommagiez enormement. Et combien que la preuve en soit toute notoire par les croniques, encores sans cela ne pourroit elle estre plus manifeste que la traystresse prinse qu'ilz ont nouvellement faicte durant les treves* et de nuyt des vile et chasteau de Fougieres (1) la nous fait, en laquelle ont esté les habitans

* « Nota que la ronpture des treves que les Anglois ont faicte en prenant Fougieres est la xie ronpture de paix qu'ilz ont en trayson faictes depuis que premierement y ot guerre entre les François et eulx. »

(1) La prise de Fougères, 24 mars 1449, par l'aragonais François de Surriennes, capitaine d'aventure au service de l'Angleterre, sept jours avant l'expiration des trèves, amena le renouvellement de la guerre, qui eut pour conséquence l'expulsion des Anglais de toutes leurs possessions de France, à l'exception de Calais qu'ils conservèrent jusqu'en 1558. Robert Blondel raconte la suite de ces faits dans sa *Reductio Normannie* qui forme le second volume de cette publication.

d'illecques captivez et desers de tous biens mondains cruellement, voire et aussi par sacrilege les reliques des saints
et les calices et autres biens des eglises raviz et emportez
sans riens en espargner. O cruaulté inhumaine enracinée
es courages anglois ! se tu as si poy prisé ta foy jurée que,
en la rompant, tu as par violence captivé les hommes de
Fougieres et ravy leurs biens, et, quant tu leur as tout
osté, encores en tiens tu les corps en prinsons horribles
pour en extorquer l'or et l'argent dont ilz n'ont plus. Et
se, par ta felonnie desmesurée et par ta foy fraudeusement
rompue, tu n'as pas craint a destruire les hommes,
pourquoy au moins n'as tu craint a offendre par sacrilege
la majesté divine? Actendu mesmement que son povoir
infini ne laisse jamais sacrilege perpetré contre lui et son
eglise sans punicion, si dois penser que l'oultrage que tu
as en trayson et par tirannie preparé sur les Bretons sera
quelque foiz retorqué contre toy mesmes en ton vitupere
perpetuel.

CHAPPITRE VIIe

*Exhortant les princes et citez de France pour ayder le
duc de Bretaigne a venger diligentement par armes
l'injure qui par les Anglois rompans les treves lui
avoit esté faicte en la prinse de Fougieres, ou que
autrement ilz pourroient souffrir pareille douleur
avenir.*

11. Vous donques, tresnobles princes et puissantes
citez de France, mirez vous bien maintenant au mirouer
d'um prince (1) traytessement assailli et en la ruyne d'une

(1) Ce prince est le duc de Bretagne qui était, depuis le 29 août
1442, François Ier. Né le 11 mai 1414 de Jean VI le Bon et le Sage

bonne ville destruicte par tirannie, et ilecques regardez la ruyne qui prouchainement en pourroit trebucher sur vous. Et me croiez se vous voulez, car je vous dy que, se si horrible injure et si griefve offence demeurent impugnies, dommages irreparables s'en pourroient ensuir sur tous vous avecques diffame reprouchable a tousjours maiz. Puis doncques qu'il n'est loy reputée plus juste que celle mesmes parquoy ung inventeur de trayson est puny, rompez pareillement maintenant les treves dont voz adversaires ont brisié la porte, et courez tost a l'ayde et au secours de vostre frere et vassal de la couronne de France qui tant est navré a tort; et, en ce faisant, vengerez Dieu et vous mesmes d'un tel oultrage, et si recouvrerez la perte passée et remectrez vous et voz seigneuries en seureté avenir*.

CHAPITRE VIIIe

Pour induire les princes et citez de France a penser que riens ne leur est plus seur que de trenchier la teste du tirant qui a fait si griefve plaie sur le duc des Bretons et de diligemment estaindre le feu qu'il a alumé ad ce qu'il ne puisse embraser les citez voisines.

12. Je parle ycy a vous tous, tresnobles princes et citez de France, et vous dy que, quant aucum est mors d'un

---

* « Nota que cellui qui secourt a son voisin quant son adversaire l'assault pourvoit a soy mesmes contre son peril avenir. »

et de Jeanne de France, fille de Charles VI, il était le neveu du roi Charles VII; il devint son beau-frère en épousant, au mois d'août 1431, Yolande d'Anjou, sœur de Marie d'Anjou, femme du roi de France. Il mourut le 17 juillet 1450.

venimeux serpent, le compaignon du blecié ne peult mieux eschiver qu'il n'en ait semblable morsure, que tantost coupper la teste du mordant. Et, quant le feu est esprins en une maison, le souverain remede de son voisin prouchain si est de l'estaindre tantost, affin qu'il ne faille dedans la sienne. Et n'est riens que plus on doie eschiver et preveoir et pourveoir que les perilz eminans n'en aviengnent a vostre seigneurie et chose publicque*. Vous voyez maintenant la plaie faicte par ung mortel serpent sur le pays et sur le peupple de Bretaigne. Si est temps et besoing que vous aydez a la guerre, affin que le surplus de la seigneurie de Bretaigne et des vostres ne soit infect par la pestilence de son venim; ou autrement le feu de ce souffre puant pourroit bruler voz autres plaies. Estaingnez doncques, François, estaingnez ce feu ardant sans plus le souffrir couver sous le fumier des treves, ne nourrir infection plus venymeuse encontre vous.

CHAPITRE IXe

Demonstrant causes et raisons parquoy jamais homme sage ne doibt adjouster foy aux Anglois, quoy qu'ilz jurent ne qu'ilz promectent, et que par traictié quelconque ne leur doit l'en laisser ne bailler le duchié de Normendie ; et conclut ou qu'il fault les en bouter dehors ou muer leur nature en autre que celle qu'ilz ont.

13. Se la dampnable tricherie de noz ennemis est assez notoirement prouvée par la miserable capcion et praie

---

* « Nota que les perilz qui peuvent avenir en la chose publicque doibvent estre preveuz des princes et diligente provision y estre mise. »

d'une ville emblée, comment se pourroit il faire que nous François eussions jamais fiance en leurs promesses premachinées, comme il soit ainsi q[u]'une foiz se souffrir decevoir puisse estre dicte fole simplesse, mais soy y fier pour la seconde est chose honteuse et aussi comme une desverie *, car cela monstre bien que celui qui en eulx se fie est comme une beste despourveue de sens et d'entendement? Et, quoy q'ilz nous promectent, se seroit a nous grant besterie de cuider, que jamais par appointements ilz nous rendent Normendie ne autrement que par la pointe de l'espée, actendu mesmement le revenu et les tribus qu'ilz en exigent en plus grant value que le royaume d'Angleterre ne leur rent, actenduz aussi les dons que leur a faiz le feu roy Henry des patrimoines d'entre nous fuitifz dont ilz vivent si richement comme chascun voit. Car tel y a d'entre eulx qui en Angleterre n'estoit que ung pouvre bouvyer, lequel maintenant tient et occuppe une noble baronnie. Tel il y a aussi qui en Angleterre n'estoit que ung meschant truant, et maintenant est gras et refait comme ung pourceau, vivant delicieusement et en oysiveté de nos propres biens; et pour cestes causes n'est pas a croire que jamaiz ilz voulsissent delaissier pays si fertille comme est Normendie. Aussi est en Angleterre la coustume tele entre les nobles que l'ainsné y est seigneur de toutes leurs principaultés et seigneuries nobles et n'y ont les autres jouvegneurs aucune noble seigneurie se ilz ne la vont querir ou pourchasser hors de leur pays, lesquieulx communement, quant ilz sont nobles, eslisent plus a suivre les armes

---

* « Nota que c'est simplesse de soy souffrir une foiz tromper par son ennemi, maiz c'est chose treshonteuse de le souffrir la seconde foiz. »

qu'ilz ne font autre art mechanicque. Et de ce s'ensuit que plus ilz appectent a avoir avecques nous guerre que paix.

14. Et pour ce, tresnoble Roy, se vous voulez jamais posséder vostre royaume en seureté, faire vous fault neccessairement l'une de deux choses : c'est assavoir, ou que vous muez contre nature la cruaulté inhumaine des Anglois en benignité, lesquieulx de tous temps ayment plus vivre de praie que de loial labeur, ou que vous empoignez le glayve pour retrencher leur tirannie et les chasser hors de voz patrimoines de Normendie et de Gascoigne et des autres pors de mer, tellement que desormais ne leur y soit laissié ou souffert avoir aucun passage pour y rentrer.

CHAPPITRE X^e

Remonstrant au Roy que, quant le latin de ce dit livre fut composé, il avoit opportunité convenable de recouvrer legierement som pays de Normendie.

15. Pour recouvrer doncques maintenant vostre seigneurie, tresnoble Roy, et delivrer vostre peuple de la cruaulté des Anglois, vous donnent grant entrée les reducions nouvellement faictes par les gens d'armes et en voz mains des places du Pont de l'Arche et de Lisieux* (1), dont la fourme du faire vous a gaingné les cueurs et l'amour

---

* « Nota de la bieneurée prinse de Pont de l'Arche et redducion de Lisieux faictes par les François sur les Anglois par contrevenge. de ce qu'ilz avoient prins Fougieres sur les treves. »

(1) Pont-de-l'Arche fut pris le 16 mai 1449 par Floquet, bailli d'Evreux, et, comme nous l'avons dit plus haut, Lisieux, assiégé le jeudi 14 août, fut rendu par capitulation de son évêque Thomas Bazin, le surlendemain 16.

des gens du pays. Car en recouvrant lesdites places, voz gens d'armes n'y ont point emprinsonné les corps de voz subgitz ni ravy leurs biens. Et non pas seulement de vos subgitz en avez gaigné les cueurs, maiz aussi en sont enflammez moult d'officiers desdits Anglois a vous amer. Si vous plaise savoir, Prince tresdebonnaire, que jamais je ne vous vouldroie affermer parolles mensongieres, maiz je vous jure, par la foy que je doy a Dieu et a vous, que de tous les Normans, dont j'ay enquis grand nombre, je n'ay trouvé, apperceu ne sceu aucun qui ne voulsist avoir tous ses biens despenduz, exceptez leurs corps et leurs terres, et que vous les eussiez ostés de la captivité miserable en quoy ilz sont pour estre reduiz et demourans en liberté soubz la doulceur de vostre seigneurie naturelle.

16. Et se la vaillance de vous ou de votre tresnoble filz (1) se mectoit ores a invader vosdits ennemis, tout le pais se combatroit pour vous y ayder. Vous povez aussi considerer que la cité de Rouen, qui tant est peupplée de gens et qui est capitale de tout le pays, seroit plus aisiée a recouvrer par bon sens et par fain que par multitude de combatans, et, qui plus est et souveraine chose en tel cas, se offre a vous. Et, d'autre part, la garnison du Pont de l'Arche peult empescher que par les rivieres d'Eure et de Saine n'y descendent aucuns vivres de quelque part. Et se l'autre costé de Saine estoit aussi bien empeschié d'une seule place, il n'y viendroit ja plus nulz vivres (2).

(1) Le dauphin Louis, qui, né en 1423, était alors âgé de 26 ans.
(2) Le traducteur rend ici fort incomplètement le texte de Robert Blondel. Après avoir dit que la forteresse du Pont-de-l'Arche empêche le ravitaillement de Rouen par la voie de la Seine, l'auteur ajoute

17. Faictes doncques maintenant ce qui est en vous et qui moult vous peult valoir sans grant travail. Se vous desirez reduire en vostre obeissance ladite ville de Rouen et tout le duchié de Normendie, si vous avancez, car il est temps de preparer voz genz d'armes a batailler, et mesmement pour empescher touz vivres d'y entrer, parquoy si grant multitude de peuple sera de legier contrainte par famine de vous recueillir sans longuement y povoir resister, car le peuple d'icelle cité qui sont la pluspart gens de mestier (1) n'ont point acoustumé a vivre de provision, mais seulement leur suffist de jour en jour pain et vitaille venant de dehors, laquelle chose cessant, s'engendreront la dedans poignans aguillons de famine* qui sans effusion de sang les vous rendront obeissans.

CHAPPITRE XIe

Faisant dissuasion au Roy qu'il ne concede jamais treves ne aliance aux Anglois s'ilz l'en requierent, pource que tousjours soubz umbre de traictiez ilz se sont efforcez par trayson de decevoir lui et ses predecesseurs, que Dieux absolle!

18. Pour ce que l'ancienne et fraudeuse astucie des Anglois congnoist par experience que la maigresse de famine les a plus griefvement navrez que nom les glaives,

---

* « Nota que famine avance moult gens assiegez d'eulx rendre. » que Louviers *(Locoveris)* et Evreux *(urbs Ebroica)*, ainsi que d'autres forteresses au pouvoir du roi, s'opposent au transport des blés de la campagne du Neubourg *(Burgi Novi campania)*.

(1) L'auteur précise mieux que le traducteur, *genus humile lanificum* est-il dit dans le texte latin; ce sont les ouvriers drapiers, les *purins*, comme on les appelait, les ouvriers de la grande industrie rouennaise de ce temps.

et que la vaillance de voz François ainssi faiz et adurez a la guerre, comme ilz y sont, passe la leur **, eulx craingnans cheoir en la servitute de vostre victoire desirent, ainsi que je croy, a vous offrir et requerir tres longues treves ou aliance perpetuelle. Et pourtant semble que, consideré leur estat present et le vostre, vous vous en devez bien garder soigneusement, car pour certain, quoy qu'ilz dient, ilz ne quierent pas paix avecques vous, mais ilz tendent par falaces a debiliter vostre armée sous fiction de paix, et que par ce moien ilz puissent tousjours demourer saisiz de ce qu'ilz doubtent que leur ostez. Car, selon la doctrine des sages et expers guerroieurs, jamais homme prest a besoingner ne doibt riens octroier ou dissimuler a la voulenté ou requeste de ses adversaires, parquoy il doit delessier a prendre sur eulx tels avantages comme il y puet licitement avoir a leur confusion.

19. Ne vueillez doncques a leur requeste renouveller les treves ne dissimuler vostre entreprinse sur eulx **; car bien savez, tresnoble Roy, qu'ilz ne vous ont riens tenu de chose qu'ilz vous ayent promise. Et, se vous estudiez bien d'une part les gestes de voz tresnobles predecesseurs roys de France, et d'autre costé commandez a vostre memoire les tromperies de vosdits adversaires d'Angleterre, vous trouverez que tousjours leur ont ilz soubdainement rompu leur foy et que onques ilz ne leur tindrent promesse qu'ilz leur ayent faicte. Et pour ces causes ay ge entencion de declairer cy après en brief par quel naissance les Anglois ont anciennement eu aucunes principaultés en France, pour la souveraineté desquelles ont esté en ce royaume tant de batailles comme il y a eû.

* « Nota comment la vaillance des François est a redoubter. »
** « Nota que jamaiz prince ne doit rien faire ne dissimuler a la persuasion de ses ennemis, si non quant ilz offrent et font de fait si grant raison que suffire doyt. »

CHAPPITRE XIIe

Declairant par quelz tiltres les roys d'Angleterre ont anciennement possidé en France le pais de Normendie, du Maine, d'Anjou, de Touraine, d'Acquitaine et de Poictou.

20. Ou temps jadis, quant ung roy d'Angleterre nommé Henri (1), pere de dame Mahault l'emperiere, fut mort sans hoir masle de sa chair, Estienne (2), conte de Boulongne, filz de Estienne, conte de Blois, et frere de Thibault, conte de Champaigne (3) et aussi filz de la seur

(1) Henri I, surnommé Beauclerc, dernier fils de Guillaume-le-Conquérant et de Mathilde, fille de Baudouin V, comte de Flandre, né en 1068, devint roi d'Angleterre, le 2 août 1100, par la mort de Guillaume II le Roux, et s'empara de la Normandie par la victoire qu'il remporta à Tinchebrai (Orne), en 1106, sur son frère Robert Courte-Heuse. Il mourut le dimanche 1er décembre 1135, au château de Lyons (Lyons-la-Forêt, ch.-l. de canton de l'arr. des Andelys, Eure). De son premier mariage avec Mathilde, fille de Malcolm III, roi d'Ecosse, naquirent deux enfants : Guillaume, qui périt le 26 novembre 1119, dans le naufrage de la *Blanche-Nef*, et Mathilde, née en 1104, surnommée l'*Emperière*, par suite du mariage qu'elle contracta en 1114 avec Henri V, empereur d'Allemagne, qui mourut en 1125. Elle épousa, le 3 août 1127, Geoffroy Plantagenêt, comte d'Anjou, et mourut le 19 septembre 1167.

(2) Etienne de Blois, qui devint comte de Boulogne par son mariage avec Mathilde, fille d'Eustache III, comte de Boulogne, était fils d'Etienne, surnommé Henri, comte de Champagne, de Brie, de Blois et de Chartres, et d'Adèle ou Alix, fille de Guillaume-le-Conquérant. Il était donc neveu de Henri Ier Beauclerc. Il mourut le 15 octobre 1154.

(3) Thibaut IV, surnommé le Grand, comte de Champagne, de Brie, de Blois et de Chartres après son père Etienne, 18 juillet 1102, mort le 10 août 1152.

dudit feu Henri, roy d'Angleterre, et aydé de son autre frere l'evesque de Clocestre (1), fut couronné roy d'Angleterre, auquel resista par aigre bataille ladite Mahaut l'emperiere, fille dudit feu roy Henry, femme de Geoffroy, conte d'Anjou, meue de hault courage pour elle et pour Henry son fils, engendré dudit Geoffroy son mary, conte d'Anjou; et, moiennant l'aide et secours de gens d'armes que lui envoia Louys, lors roy de France, icelle Mahault occuppa toute Normandie. Et lequel roy, Louys de France, institua duc de Normandie ledit Henry, filz d'icelle Mahault, contesse d'Anjou, moiennant l'omage lige qui lui en fist (2).

21. Et Louys le Jeune, filz dudit roy Louys de France, print en fenme dame Alienor (3), fille du conte de Poic-

(1) Henri, appelé aussi Eudes, évêque de Winchester, et non de Glocester, comme le porte cette traduction ; le texte de Robert Blondel est « episcopo Guincestrie suo fratre... » Le traducteur n'a pas vu que le *gu* français est la transcription du *w* anglais.

(2) A la mort de Henri Ier, Etienne s'était emparé du royaume d'Angleterre. Il s'y maintint sans difficulté jusqu'en 1141. Mais, le 2 février de cette année, il fut battu près de Lincoln par les troupes de Mathilde, qui entra victorieuse dans Londres. Etienne, cependant, parvint à recouvrer l'Angleterre. Mais le comte d'Anjou, Geoffroy Plantagenêt, soutenu par Louis VII, s'empara de la Normandie et entra dans Rouen le 20 janvier 1144. Le roi de France investit alors Geoffroy et Mathilde du duché de Normandie; et, quand Geoffroy fut mort, le 7 septembre 1151, Henri, son fils, reçut à son tour l'investiture moyennant la cession du Vexin normand, qui comprenait le pays situé entre l'Epte et l'Andelle.

(3) Le mariage de Louis le Jeune avec Aliénor ou Eléonore, fille de Guillaume X, duc d'Aquitaine et comte de Poitou, eut lieu en 1137, peu de temps avant la mort de Louis VI le Gros, qui arriva le 1er août de la même année. Aliénor accompagna Louis VII dans la seconde croisade. La légèreté de sa conduite dans cette expédition et après son retour en France détermina Louis VII à demander le divorce. Le Concile de Beaugenci prononça, le 18 mars 1152, la nullité du

tou, lors ancien, avecques le duchié d'Acquitaine ; et, ung mois après leurs nopces, mourut ledit Loys, roy de France, son pere, pourquoy icellui Louys, son fils, fut couronné roy de France a Reins, et lors ladite Mahault et ledit Henry, son filz, poursuivans a avoir la couronne d'Angleterre, firent par guerre moult degast en icellui pays a l'encontre dudit Estienne. En icellui temps, ledit Louys, qui fut surnommé le Debonnaire (1), après son retour de la terre saincte d'oultre mer, ou chasteau de Beaugenci, par l'auctorité du pere saint qui lors estoit (2), repudia, par bonne entencion et craingnant conscience, ladicte Alienor sa femme pour cause de lignage, laquelle, comme dient aucuns escrips, des par avant ladicte repudiacion, s'estoit folement enamourée * de Salhadin (3), roy des Assiriens, et en avoit prins et receu secretement

* « Nota de la grant deshonnesteté et infidelité de ladicte Alienor. »

mariage pour cause de parenté. Six générations auparavant, Hugues Capet avait épousé une princesse de la famille d'Aliénor, et l'Église défendait alors les mariages entre parents jusqu'à la septième génération. Deux mois après, 19 mai, Aliénor épousa Henri Plantagenêt, comte d'Anjou, duc de Normandie et bientôt roi d'Angleterre, auquel elle porta ainsi le comté de Poitou et le duché d'Aquitaine (Guyenne) qui ne fut recouvré par les Français qu'en 1453.

(1) Ce mot *Debonnaire* est la traduction du *Pius* de Robert Blondel.
(2) Eugène III qui fut pape de 1145 à 1153.
(3) Robert Blondel se fait ici l'écho de fausses traditions. Aliénor ne put avoir de relations avec Saladin, qui, au moment de la seconde croisade, n'avait guère que dix ans. Les soupçons de Louis VII se portèrent sur Raymond de Poitiers, comte d'Antioche, frère de Guillaume V d'Aquitaine et par conséquent oncle d'Aliénor, et aussi sur un musulman captif des chrétiens. C'est sans doute ce dernier qui aura donné lieu à la légende de Saladin.

moult grans et precieux dons, et, qui pis fut, lui pramist delaissier la foy chrestienne et son mary chrestien, pour s'en aller deshonnestement joindre et marier audit Salhadin, qui estoit paien ; et, pour sadicte promesse acomplir, se mist elle dedans la nef que pour l'en mener avoit envoiée ledit Salhadin, de laquelle nef elle fut retirée par ung vaillant chevalier françois, qui, pour l'onneur de Dieu et de sa loy et pour l'amour qu'il avoit audit mary d'elle, y exposa sa personne a peril mortel ; et, comme dit Helienor (1), non comme royne maiz comme femme publicque, deshonnestement se maintenoit.

22. En après icellui departement, Henry, lors duc de Normendie et par après roy d'Angleterre, recueillit ladicte Alienor a coucher (2) o luy, pour laquelle chose sourdit grant discorde entre ledit roy Louys, qui l'avoit répudiée, et ledit Henry, duc de Normendie, duquel elle eut quatre filz et quatre filles (3) : c'est assavoir l'um filz nommé

---

(1) Le traducteur, ou peut-être le copiste, qui venait d'écrire plusieurs fois Aliénor, a mis par inadvertance Helienor pour Helinand. Robert Blondel dit : « Nam, ut Helinandus ait... »

(2) Le traducteur a rendu bien brutalement les mots de Robert Blondel : « lecti consortem assumpsit.... » C'est pourtant une locution bien connue qui équivaut à « in matrimonium assumpsit. »

(3) Du mariage de Henri II avec Aliénor naquirent, non pas quatre fils et quatre filles, mais bien cinq fils et trois filles. Les cinq fils furent Guillaume, né en 1154, mort en 1156; Henri, dit le Jeune ou au Court-Mantel, né 28 février 1155, mort 11 juin 1182; Richard Cœur-de-Lion, qui succéda à son père en 1189 et mourut le 6 avril 1199 ; Geoffroy, né 13 septembre 1158, qui épousa Constance, héritière de Bretagne, et mourut le 19 août 1186 ; enfin, Jean-Sans-Terre, né en 1166, roi d'Angleterre après Richard, mort le 19 octobre 1216. Les trois filles furent Mathilde, née en 1156, mariée en 1168 à Henri le Lion, duc de Bavière et de Saxe; Eléonore, née 13 octobre 1162, mariée en 1170 à Alphonse IX de Castille, et Jeanne, née en octobre 1164, mariée : 1° 1176, à Guillaume II, roi de Sicile; 2° 1196 à Raymond, comte de Toulouse.

Henry, l'autre Richard, l'autre Jehan, lesquieulx trois filz furent l'un après l'autre roys d'Angleterre (1), et le quart filz, nommé Geoffroy, fut conte de Bretaigne. Mais ladicte Mahault devant nommée, qui fut dame de moult haut couraige, et icellui Henry, pour le droit de la couronne d'Angleterre, menerent forte guerre contre Estienne, lors roy d'Angleterre, et finablement ledit Estienne, qui se trouva vieil et cassé, voiant aussi que son filz Eustache estoit mort, fist traictié de paix avecques ladicte Mahault et avec ledit Henry, duc des Normans, par lequel traictié ledit roy Estienne adopta * ledit Henry en filz, et icellui Henry lui obeyt et porta reverence comme a son pere (2). Et après le trespas dudit Estienne, lui succeda celui Henry ou royaume d'Angleterre. Maiz peu de temps après, Loys, devant nommé roy de France, et ledit Henry firent accord sur le debat d'entre eulx, dont cy devant est parlé, qui estoit meu a l'occasion de Alienor dessus nommée. Et tantost se mourut ledit roy Anglois Estienne et lui succeda ledit Henry, comme dit est. Cestui Henry, combien que en oultre ledit royaume d'Angleterre, il tenist le pays de Normendie, du Maine, d'Anjou, de Touraine, de Poictou et d'Acquitaine, que tenoit de lui, machina et proposa de denyer au dit roy Phelippes ses devoirs. Neantmoins, il fut si convoiteur de plus encores

* « Nota comment ledit Estienne, roy d'Angleterre, adopta ledit Henri. »

(1) Henri au Court-Mantel fut couronné roi du vivant de son père, le 15 juillet 1870, mais il mourut avant Henri II, et n'exerça pas la royauté comme pourrait le faire croire l'expression du traducteur, conforme d'ailleurs à celle de Blondel « lesquiaulx trois filz furent l'un après l'autre roys d'Angleterre. »

(2) Ce traité fut conclu le 7 novembre 1153. Etienne venait en effet de perdre son fils aîné, Eustache, 18 août 1153. Il mourut lui-même à Cantorbery le 25 octobre 1154.

en avoir qu'il usurpa* par guerre aucunes nacions estranges avecques tresgrant partie de Ybernye (1), et puis fist couronner Henri son filz en roy d'Angleterre, maugré que en eust l'arcevesque de Cantorbiere qui le lui contredisoit (2). Maiz cestui Henry, nouveau roy d'Angleterre, quant il se vit ainsi eslevé en haultes seigneuries, pensant qu'il povoit bien avoir autant de revenues annueles et qu'il estoit aussi puissant comme povoit estre le roy Phelippes de France, duquel il estoit homme lige a cause desdits pays de Normendie, du Maine, d'Anjou, de Touraine, de Poictou et d'Acquitaine qu'il tenoit de lui, machina et proposa de denyer audit roy Phelippes ses devoirs et la foy qu'il estoit tenu lui garder a cause des dictes seigneuries, dont il se trouva finablement fort ravalé et endommagié par la force et vaillance dudit roy Phelippe qui en priva et debouta lui et sa posterité.

23. Et se le roy Louys de France, dessus nommé, eust fait punir corporellement ladicte Alienor sa femme, quant il la repudia, et confisqué a sa couronne les terres et seigneuries d'elle, comme elle l'avoit desservy et qu'il le peust et deust avoir fait par bonne justice sans faute, des celui temps ne maintenant n'eust pas esté ne fust ce royaume de France si vuydé de ses richesses, ni si difformé de ses beaux ediffices tournez en ruyne, ne si en-

---

* « Nota de la grant convoitise dudit Henry qui fut roy d'Angleterre après ledit Estienne. »

(1) La prise de possession de l'Irlande par les Anglais commença en 1171.

(2) Henri au Court-Mantel fut couronné roi d'Angleterre le 15 juillet 1170. Le texte latin donne le nom de l'archevêque : « contradicente sancto Thoma Cantuariensi archiepiscopo. » Il s'agit de Thomas Becket qui fut assassiné le 29 décembre 1170, dans son église de Cantorbéry.

dommagié par effusion de sangc humain, ne si depopulé comme il est devant nos yeulx, car par icelle Alienor, mere tres corrompue, apostaste de la foy de Dieu et mortelle ennemie dudit roy Louys son mary, commença et c'est continué si aigre discord entre les deux royaumes de France et d'Angleterre que oncques puis, pour quelxque mariages, ne pour quelxque traictez jurez, ne pour quelxconques finances payées, ne pour quelxconques batailles et rencontres reiterées d'une part et d'autre, ne peut estre appaisié.

CHAPPITRE XIIIe

Parlant de la guerre qui fut entre le roy Phelippe de France, et Henry, roy d'Angleterre, et son filz Richard, conte de Poictou, sur ce que icellui Richart denya audit roy Phelippe la foy et services qui lui devoit comme son homme lige a cause dudit conté de Poictou; maiz ainçois, y sera parlé de la nativité miraculeuse d'icellui roy Phelippe, de ses vertus et nobles meurs.

24. Quant Louys le Debonnaire, roy tres crestien de France, ot eu espousé trois fenmes dont yssirent grant nombre de filles sans filz (1), après aux grans prieres et

(1) Louis VII avait contracté trois alliances. Il épousa : 1º en août 1137, Aliénor, duchesse de Guyenne et comtesse de Poitou, fille de Guillaume X, dont il fut séparé, 18 mars 1152, par décision du concile de Beaugency qui prononça la nullité du mariage ; 2º 1154, Constance de Castille, fille d'Alphonse VIII, morte en 1160; 3º en 1160, Alix ou Adèle de Champagne, fille de Thibault IV, morte 4 juin 1206. Il eut de sa première femme Marie, qui épousa Henri 1er, comte de Champagne et mourut le 11 mars 1198, et Alix, mariée en 1174, à Thibault le Bon, comte de Blois, sénéchal de France; de

oroisons du clergié et du peuple de son royaume, il espousa une moult bonne dame, nommée Adele, de laquelle, après grans jeusnes, oroisons et aulmosnes faictes, Dieu lui donna ung tres beau et tres vaillant filz nommé Phelippes.* Et quant icellui roy Louys fut si ancien qu'il ne povoit plus porter le faiz de son royaume, il fist couronner a Reins (1) ledit Phelippe, son filz, en l'aage de quatorze ans, auquel couronnement le roy Henri d'Angleterre fut present et y porta humblement la couronne de France dont icellui Phelippe fut couronné.

25. Cellui roy Phelippe Dieu donné, a la fin de son adolescence, eut tresbon commencement et bonnes fortunes, et si ama Dieu et le craingnit sur toutes choses et faisoit estroictement garder sa loy, et si eut en horreur et prohiba et fist deffendre tous seremens enormes et bla[s]phemes qui aucunes foiz se font es cours des princes, es gieux et es tavernes, en grant contempt et mesprisement de Dieu, telement que, quant il ouoit aucum, fust chevalier ou autre, bla[s]phemant le nom de Dieu, il le faisoit incontinant gecter en lac ou en riviere ; et en fist ung edit. general qu'il fist garder estroictement en son royaume Des le premier an de son règne, se commencerent a esmouvoir encontre lui aucunes guerres ; et, combien qu'il

* « Nota de la nativité miraculeuse du roy Phelippe de France dont est parlé cy endroit. »

la seconde, Marguerite, mariée en 1170 à Henri au Court-Mantel, puis à Béla, roi de Hongrie et morte en 1197, et Alix qui mourut peu de temps après sa mère ; de la troisième, Philippe qui régna après son père, Alix, fiancée à Richard Cœur-de-Lion, et mariée, le 20 août 1195, à Guillaume II, comte de Ponthieu, et Agnès qui épousa successivement Alexis Comnène, dit le Jeune, Andronic Comnène et Théodore Branas.

(1) Philippe-Auguste fut sacré à Reims le 1er novembre 1179.

fust lors bien jeune d'aage, neantmoins il y resista et besongna partout moult vertueusement (1). Et premierement il reprima si fort ung appelle Hebus de Carantan, qui ou pays de Berry opprimoit tresgriefvement les eglises et le clergié, que icellui Hebus vint a ses piez lui en requerir pardon et fist serement de les dedommagier a son dit et de jamaiz ne les grever. En icellui an, il chastia tellement par armes Ymbert de Beaulieu, conte de Chalons (2), qui par orgueil et tirannie grevoit trop les eglises en leurs immunitez et franchises, que il le contraignit à leur rendre et restituer entierement ce qui leur avait osté. Et pource qu'il fist vaillamment ces deux premieres batailles pour la deffence des eglises et pour la liberté du clergié, il eut par après Dieu propice en tous ces faiz. Car, après ces choses, entre les princes de France se firent contre lui aucunes machinacions et commencerent a lui gaster ses terres; maiz, de hault et vaillant couraige, il assembla ost comme infini, et en poy de temps les chassa et persecuta telement qu'il les contraingnit a le desdommager a son bon plaisir.

26. Ces choses faictes, advint que Richart, conte de Poictou, filz de Henry, roy d'Engleterre, devant nommez, fut sommé et requis deuement par plusieurs foiz de par le roy Phelippes Dieu donné Auguste qu'il lui fist la foy et hommage qu'il devoit a la couronne de France a cause

---

(1) Dans les premières années de son règne, Philippe eut surtout à lutter contre Philippe, comte de Flandre.

(2) Ymbert de Beaujeu et le comte de Châlons, Guillaume II, sont des personnages différents que le traducteur a confondus. Quant à Hebus de Carentonio, c'est Hebes de Charenton qu'il est appelé dans *Les Gestes de Philippe-Auguste extraits des Chroniques de S. Denis. Recueil des historiens des Gaules et de la France*, t. XVII, p. 350.

de sondit conté de Poictou, a laquelle foy et hommage faire, ledit Richart, par le conseil dudit roy Henry son pere, dissimuloit le plus qu'il povoit. Demandoit aussi ledit roy Phelippe * audit roy Henry, roy d'Angleterre, qui lui rendist et restituast Gysors et tous les chasteaux d'environ que Louys le Debonnaire son pere, roy de France, dessus nommé, avoit baillez en douaire a Marguerite, sa seur, en faisant le mariage d'elle et du roy Henry, filz d'un autre Henry (1), lequel mariage avoit esté fait par telle condicion que, se d'icelle Marguerite et de lui ne yssoit lignée, ledit douaire, après icellui mariage solu, retourneroit au roy de France, laquelle restitucion faire refusoit ledit Henry (2). Et, pour icelle cause, ledit roy

* « Nota ici les causes de la premiere guerre qui fut entre le roy Phelippe de France et Henri, roi d'Angleterre, et Richart son filz. »

(1) Cette expression « fils d'un autre Henry » est défectueuse. Il semblerait qu'il s'agit ici d'un Henri dont il n'aurait pas encore été question ; or cet « autre Henry » est le roi Henri II. Le texte latin auquel ce texte correspond est d'ailleurs incorrect : on y trouve en effet : « dum Henrico regi filli *minoris* Henrici » ; *minoris* ne peut être admis ; il faut supposer à la place une de ces deux rédactions : « dum Henrico filio *majoris* Henrici » ou bien « dum Henrico *minoris* (le Jeune) filio regis Henrici.) »

(2) En consentant au mariage de sa fille Marguerite avec Henri au Court-Mantel, Louis-le-Jeune lui avait accordé comme dot Gisors et le Vexin normand. Le jeune prince étant mort sans enfants, Philippe-Auguste demanda la restitution de la dot. Henri II refusa, et en outre ne voulut plus consentir au mariage projeté entre son fils Richard et Alix, sœur de Philippe-Auguste ; de là la guerre qui eut lieu entre les deux pays en 1187. Philippe convoqua à Bourges le ban de ses vassaux et s'empara d'Issoudun (Indre), de Graçayi (Cher) et de Châteauroux (Indre). Henri II et Richard vinrent au secours de cette place ; mais sur la nouvelle que son fils avait noué des intelligentes secrètes avec Philippe-Auguste, le roi d'Angleterre demanda à négocier. L'entrevue, d'où sortit l'accord entre les deux

Phelipe, après sommacion juridique sur ce faicte, voiant qu'il n'y vouloit obeir, se mist sus en armes, et de grant courage invada le pays d'Acquitaine, et par force d'armes print Yssoldum et Crassay et plusieurs autres chasteaux, et puis mist le siege devant Chasteau-Roux. Lors les dits roy Henry et Richart, conte de Poictou, firent grant armée tendans a lever ledit siege; maiz ilz trouverent que ledit roy Phelippe estoit si fort qu'ilz ne l'oserent assaillir; ainçois, pour le tromper, faingnirent faire paix avecques luy, qui fut telle en effect qu'ilz donnerent caucion juratoire et jurerent sollempnellement que de toute la querele ilz tendroient, et se soubzmistrent d'en tenir le jugement de la court dudit roy de France, et que scelon ledit jugement ilz feroient satisfacion audit roy Phelippe. Et ce fait, furent treves * données et jurées entre lesdictes parties jusques a aucun temps après, et s'en retournerent lesdits deux roys chascun a ses lieux. Et finablement, pour ce que plusieurs des princes du royaume furent meuz par devocion et pour le zele de la foy crestienne de prendre la croix pour aller oultremer delivrer la terre saincte, les dits deux rois firent entre eulx accord et aliance perpetuelle et prindrent le signe de la croix, et en lieu d'icelle aliance qui fut appellé le champ saint, ilz firent a communs despens fonder et doter une esglise (1).

* « Nota de l'apaisement de ladicte guerre. »

princes, eut lieu dans une plaine située entre Trie et Gisors près d'un grand 'orme, lieu ordinaire des conférences entre les rois de France et les ducs de Normandie.

(1) Cette paix fut conclue le 21 janvier 1188. C'est là que Guillaume, archevêque de Tyr, vint solliciter les deux rois d'entreprendre une croisade pour reprendre aux infidèles Jérusalem, dont Saladin s'était emparé après sa victoire de Tibériade.

CHAPPITRE XIIIIe

Parlant comme ledit Richart rompit fraudeusement l'alianse qu'il ot avecques le roy Philippe de France dessus nommé.

27. En icellui an mesmes, ledit Richart, conte de Poictou, meu de la fraulde d'Engleterre et sans riens tenir de sesdites promesses *, mist sus grant ost de gens d'armes qui fort gasterent et endommagerent lors la terre du conte de Thoulouse (1) qui estoit homme lige dudit roy Phelippe, et en subjuga plusieurs chasteaux. Laquelle chose venue a la notice dudit roy Phelippes, il se mit sus en armes o grant diligence, et de hault courage entra ou pays d'Acquitaine et y print Chasteau-Roux, Argenton (2) et plusieurs autres chasteaux, et les applicqua a sa couronne, et si desrompit le chasteau de Deulx (3). Et pour briefvement parler, il ne lui eschappoit place par ou il arrestast, qu'il n'eust ou par force ou par composicion, car il estoit si fort que riens n'y povoit resister. Et afin que homme ne deust doubter de la bonne et juste querele d'icelui roy Phelippe et de l'orrible desloiaulté desdits roy Henry et Richart, conte de Poictou, son filz, il plout au souverain pere de toutes choses approuver par miracle ** la conqueste dudit Phelippe. Car lui tenant le

---

* « Nota de la premiere ronpture de paix que fist ledit Richart et de la guerre qui s'en ensuy. »

** « Nota ycy miracle merveilleux. »

(1) Cette expédition contre le comté de Toulouse fut entreprise par Richard, en 1188, deux ou trois mois après l'entrevue de Gisors. Le comte de Toulouse était alors Raymond V.

(2) Argenton, ch.-l. de canton de l'arr. de Châteauroux (Indre).

(3) Déols ou Bourg-Dieu, canton et arr. de Châteauroux (Indre).

siege devant Chasteau Leuroux (1), fut si grant chalour et seicheresse que ses gens et ses chevaulx avoient moult dure souffrete d'eaue ; maiz illecques sourdit une fontaine vive qui durant ledit siege les fournit en grant habondance d'eaue, et puis après s'en retourna en terre comme devant. Et d'ilecques mist il le siege devant Montrichart (2) et en abatit la tour, et d'icellui voiage subjuga a soy tout le pays d'Auvergne. Lesquelles choses venues a la notice dudit roy Henry qui moult en fut espoventé, il ramena * son armée par les fins de Normendie vers Gisors et en y alant brula Dreux et moult d'autres villes champestres. Et quant ledit roy Phelippe sceut que icellui Henry s'en fuyoit, il adreça son ost vers lui et vers ledit Richard son filz, et les chassa vaillamment jusques au chasteau de Trum (3), et les en mist hors honteusement pour eulx et honnorablement pour lui, et si print Vendosme (4) en cil

* « Nota ici de la premiere fuite de Henri, roy d'Angleterre, et de Richart son filz. »

(1) Levroux, dans l'Indre, à 20 kil. au nord de Châteauroux.
(2) Montrichart, ch.-l. de canton de l'arr. de Blois (Loir-et-Cher).
(3) Trun, sur la Dives, arr. d'Argentan (Orne).
(4) Après la prise de Vendôme par Philippe-Auguste, Henri II demanda une entrevue au lieu ordinaire entre Trie et Gisors sous l'orme des conférences. Henri et ses chevaliers arrivèrent les premiers et s'assirent au frais sous l'ombrage de l'*ormeteau ferré*. Philippe et son escorte, forcés de s'arrêter dans la plaine, au soleil d'octobre, encore assez brûlant, nous dit-on, pour fatiguer les chevaliers, sous leur armure pesante, crurent que les gens du roi d'Angleterre voulaient se jouer d'eux ; ils les attaquèrent brusquement, les mirent en fuite vers Gisors, et, dans leur colère, abattirent le grand orme, jurant qu'il n'y aurait plus désormais de conférence en ce lieu (17 octobre 1188). Henri II, pour se venger, brûla le Vexin français et attaqua Mantes, où se livra un combat furieux, dans lequel les Français eurent l'avantage. La trève de Bonmoulins, conclue dans les derniers jours de novembre, mit fin aux hostilités.

voiage ; et finablement furent treves données entre eulx jusques a certain temps ensuivant, et à tant se deporterent d'une part et d'autre.

CHAPPITRE XVe

*Parlant de la departie dudit Richart d'avecques le roy Henry son pere, et comment icelui Richart s'en vint devers le roy Phelippe, et l'aliance qui fut faicte entre eulx, et comment les deux cite*ℨ *du Mans et de Tours furent prinses et de la mort dudit roy Henry.*

28. Durant le temps des treves dont parle le chappitre prouchain precedent, Richart, conte de Poictou devant nommé, requist audit roy Henry d'Angleterre, son pere, que la seur dudit roy Phelippe lui fust bailliée en fenme avecques le royaume d'Angleterre, car paravant, quant le roy Loys le Debonnaire de France, pere dudit roy Phelippe, bailla en garde audit roy Henry sadite fille, qui encore n'estoit pas en aage pour devoir estre mariée avecques Henry, qui estoit frere ainsné dudit Richard, il fut dit et passé par condicion entre eulx que quiconque filz dudit roy Henry, fust l'ainsné dessusdit ou autre, espouseroit ladite fille, icellui son mary, après le trespas de sondit pere, aroit le royaume d'Angleterre (1). Or estoit depuis mort ledit Henry, fils ainsné,

(1) Robert Blondel commet une erreur en disant que cette sœur de Philippe-Auguste devait épouser Henri, frère aîné de Richard. Il confond Alix, dont il s'agit ici, avec Marguerite, autre fille de Louis VII, qui avait épousé Henri au Court-Mantel en 1160 et qui lui survécut. Il avait été convenu, entre Louis VII et Henri II, qu'Alix épouserait Richard, et la jeune princesse fut, en attendant le mariage, remise entre les mains de Henri II, qui, s'il faut en croire les chro-

avant sondit pere ; parquoy ledit Richart disoit que ladite condicion faisoit pour lui et qu'il estoit cappable d'avoir ladite fille avecques ledit royaume d'Angleterre par droit de primogeniture, quant sondit pere seroit decedé. Et pour ce que icellui roy Henry son pere ne se voulut pas consentir a la requeste dessusdicte ne au prouffit dudit Richart, icellui Richart * mal content se partit de sondit pere et s'en vint audit roy Phelippe de France, auquel il fist le serement de feaulté lige ; et si fut faicte et jurée entre eulx aliance par laquelle foy et aliance dessusdictes fut ledit Richard moult grandement et honnorablement receu, recueilli et nourry par ledit roy Phelippe (1).

29. Et tantost après que le temps desdictes treves fut

* « Nota ici de l'aliance entre le roy Phelippe de France et ledit Richart, filz dudit Henri, roy d'Angleterre, et comment il fut chierement festoié, receu et nourri en France. »

niqueurs, ne respecta point la fiancée de son fils. Ce qu'il y a de certain, c'est qu'il s'opposa constamment à ce mariage. En 1189, à l'octave de la Pentecôte, une entrevue eut lieu entre les deux rois, près de la Ferté-Bernard. Philippe-Auguste demanda de nouveau que Richard épousât Alix et fût déclaré héritier de la couronne d'Angleterre. Henri II répondit qu'il refusait ces conditions pour Richard et était prêt à les accepter pour Jean, son dernier fils. Philippe irrité déclara alors les trèves rompues, malgré le légat du pape, Jean cardinal d'Anagni, qui menaça de jeter l'interdit sur son royaume. Philippe répondit fièrement à cette menace, et Richard, se jetant aux pieds du roi de France, lui fit hommage, en présence de son père, de tous ses domaines d'Angleterre, comme à son véritable souverain.

(1) Ce séjour de Richard auprès de Philippe-Auguste qui lui témoigna l'amitié la plus vive eut lieu en 1186, c'est-à-dire avant l'époque où Blondel le place. Roger de Hoveden (*Apud rerum angl. script.* p. 614 et 625, éd. Saville) rapporte qu'ils mangeaient à la même table et dans le même plat, et partageaient le même lit : « Singulis diebus, in una mensa, ad unum catinum manducabant, et in noctibus non separabat eos lectulus. »

passé, ledit roy Phelippe, desirant ardemment et justement acroistre les drois de sa couronne, mena son ost devers Nogent et soubzmist a soy la Ferté Bernart (1) et plusieurs autres fors chasteaux jusques au nombre de quatre avecques la cité du Mans de laquelle il chassa hors vaillamment ledit roy Henry* o deus cens combatans et le poursuy jusques a Chartres et lui retourne au Mans. Il y desrompit a grands labours une tour merveilleusement forte, et de la s'en ala sans tarder a Tours; et, comme il queroit gué a passer Loire, il gecta une hache dedans l'eaue, et puis print sa lance en sa main et sonda le premier de tous ses gens le gué. Maiz, ainsi que par miracle** semblable de la verge dont Moïse frappa la mer, ladicte riviere de Loire se monstra, par ou il passa lui et ses gens, moins parfonde d'eaue, et sa gravelle plus haulte qu'elle n'avoit acoustumé de memoire d'omme qui lors vesquist. Et quant ilz y furent tous passez, ses gens d'armes incontinent eschelerent et entrerent dedans ladicte cité de Tours qui moult estoit forte (2). En icelle saison, le roy Henry d'Angleterre, devant nommé, soy voiant opprimé dudit roy Phelippes et habandonné dudit Richart, conte de Poictou, son fils, se mourut*** de cour-

---

* « Nota yci la seconde fuite dudit roy Henri d'Angleterre. »

** « Nota yci miracle divin fait en la faveur dudit roy Phelippe de France, et de sa juste querelle. »

*** « Nota yci la mort dudit Henri roy d'Angleterre. »

(1) La Ferté-Bernard, ch.-l. de canton de l'arr. de Mamers (Sarthe).

(2) La prise de Tours avait achevé d'abattre Henri II; il accepta une entrevue qui eut lieu entre Tours et Azay-sur-Cher, et se soumit aux dures conditions que lui imposa Philippe-Auguste. Il mourut peu de temps après, à Chinon, le 6 juillet 1189.

roux, et fut son corps ensepvely en l'eglise des nonains de Fontevrault a qui il avoit par avant moult donné de rentes et fait de grans biens.

CHAPPITRE XVIe

Parlant comment Richart, conte de Poictou, fut promeu en roy d'Angleterre, et de la rompture d'alliances entre le roy Phelippe de France et luy, et de la refformacion de paix qui refut faicte entre eulx.

30. Après le trespas dudit Henry, ledit Richart, conte de Poictou, son filz, soy voiant roy d'Angleterre après sondit pere, entachié du vice d'ingratitude des grans biens que lui avoit faiz ledit roy Philippe, et transgresseur * dampnable de la feaulté qu'il avoit faicte et jurée a lui qui estoit son seigneur souverain, se mist sus en armes et print et brula tout le chasteau de Gisors (2). Pour ceste ingratitude et felonnie commise contre sondit seigneur, furent scelon droit commises, c'est a dire confis-

---

* « Nota yci la seconde ronpture de paix faicte par ledit Richart, et de la seconde guerre qui s'en ensuy. »

(1) Contrairement à l'assertion de Blondel, il n'y eut pas de guerre entre les deux pays depuis l'avènement de Richard Cœur-de-Lion jusqu'au départ des deux princes pour la croisade. Après s'être fait installer à Rouen dans sa dignité de duc de Normandie, Richard eut une entrevue avec Philippe entre Trie et Gisors. Richard s'engagea à épouser Alix, à condition qu'elle apporterait en dot Gisors et tout le Vexin, qui resteraient définitivement à la Normandie. L'accord parut se faire entre les deux princes; toutefois, quand Richard fut revenu d'Angleterre, en décembre 1189, il dut y avoir une nouvelle conférence à Nonancourt entre les deux rois, qui, avant de partir pour la croisade, conclurent un pacte d'alliance et une fraternité d'armes.

quées, et devoient retourner audit roy Phelippe toutes les terres, fiefz et seigneuries que ledit Richard tenoit de lui, mais par après il jura de rechief ladicte feaulté garder audit roy Phelippe scelon le traictié de la paix qui par avant avoit esté pourparlée entre icellui roi Phelippes et le roy Henry, dessus nommé ; et affin que icelle paix * demburast entre eulx ferme et estable, ledit roy Phelippe, prince treshumain, lui rendit les citez de Tours et du Mans avec Charroux (1) et le fié de Crassay (2) et tout le pays d'Auvergne. Et en faisant ledit Richart de rechief hommage lige audit Phelippe, il lui promist et jura le servir et compaignier comme son prince souverain et passer avecques lui la mer ou voiage de la terre saincte qu'ilz entreprindrent lors d'un accord commun.

CHAPPITRE XVIIᵉ

Parlant comment ledit Richart rompit de rechief ladite aliance contre ledit roy Phelippes, et de la discension qui sourdist entre eux vers la terre saincte, pour laquelle discension iceulx deux princes s'en retournerent, chacun en son pays, d'une cité nommée Acre.

51. Ledit roy Phelippe de France tres crestien somma et requist par plusieurs foiz ledit Richart, qui estoit son homme lige, ad ce que ou mois de mars lors ensuivant y passast avecques lui la mer, ainsi que promis et juré le

---

* « Nota de la tierce paix faicte entre le roy Phelippes de France et ledit Richart. »

(1) Charroux, ch.-l. de canton de l'arr. de Civray (Vienne). Il y avait là une abbaye de bénédictins où furent transportés plus tard le cerveau, le sang et les entrailles de Richard Cœur-de-Lion.

(2) Graçay, ch.-l. de canton de l'arr. de Bourges (Cher).

lui avoit, pour delivrer la terre saincte des mains des mescreans, laquelle chose se refusa ledit Richart pensant que s'il le faisoit, il y seroit non pas esgal, maiz moindre dudit roy Phelippe. Et neantmoins ledit roy Phelippe passa oultre jusques davant la cité d'Acre, la ou les crestiens tenoient desja le siege. Et quant ledit Richard pour honte et pour tout fut passé après, et venu devant ledit lieu d'Acre, advint que les princes crestiens tous d'une voulenté entreprindrent de assaillir ladite place d'Acre. Et combien que ledit Richart ainsi le jura fere comme les autres, neantmoins pour le desdaing qu'il ot d'y estre soubz ledit roy Phelippe*, il deffendit a ses Anglois et aussi a ceulx de Pise qui estoient de son alliance qu'ilz ne fussent si hardis de faire assault avecques ledit roy françois. Et poy de temps après, creut telement l'envie dudit Richart contre ledit roy Philippe qu'il luy soustrayt entierement son aide ; et non content de ce, il envoia souventeffoiz messages et lettres secretes au roy Salhadin qui estoit paien et ennemy de notre seigneur Jhesucrist, et receut de lui plusieurs grans et riches dons, en soy constituant et demonstrant par effect fauteur et complice d'icelui Salhadin (1). Et d'ilecques en avant, fut ledit Richart si

* « Nota ici de la tierce ronpture de paix faicte par ledit Richart lors roy d'Angleterre. »

(1) Ce récit des rapports de Philippe et de Richard pendant la troisième croisade est très inexact. Richard n'eut pas besoin des sommations de Philippe pour répondre au rendez-vous fixé à Vezelay, vers la Saint-Jean-Baptiste de l'année 1190. Les ducs partirent ensemble et ne se séparèrent qu'à Lyon, Richard pour aller s'embarquer à Marseille et Philippe à Gênes. Leur mésintelligence commença en Sicile et persista devant Saint-Jean-d'Acre. Elle fut due sans doute au caractère emporté de Richard; mais ce valeureux prince ne mérite nullement l'imputation d'avoir trahi la cause des chrétiens. Toutefois, Robert Blondel ne se fait ici que l'écho des

suspect audit roy Phelippe que depuis il ne se osa fier en lui, maiz se doubta qu'il le voulsist trahir ; et pour ce, considerant que perilleuse chose lui seroit de plus batailler, en celle doubte, aussi tost qu'il ot conquis ladite cité d'Acre, il print son chemin a s'en revenir en France, et passa par la presence du pere saint, qui lors estoit (1), lequel lui donna sa benedicion appostolicque.

CHAPPITRE XVIIIe

Parlant de la trescruelle guerre qui sourdit entre lesdits roy Phelippe et Richard après leur retour d'oultremer, et comment elle fut après apaisiée, et comment icellui Richart rompit de rechief ladicte paix, et puis comment il mourut.

32. Après le retour dudit roy Phelippe d'oultre mer, icellui Phelippe fist armée et remist par force d'armes* en sa sugecion Gisors et tout Veuquecin le normant que icellui Richart occuppoit injustement ; et, icellui an mesmes, vendiqua vaillamment par armes la cité d'Evreux, le Neufbourg, (2) le Vau du Rueil (3) et plusieurs chasteaux en

---

* « Nota yci de la tresdure et trescruelle bataille d'entre ledit roy Phelippe et ledit Richart. »

rumeurs qui coururent lorsqu'il eut conclu avec Saladin, le 10 août 1192, une trève, d'ailleurs nécessitée par la situation, de trois ans trois mois et trois jours.

(1) Célestin III, qui occupa le siège de Saint-Pierre de 1191 à 1198. Philippe lui demanda de le relever du serment qu'il avait fait de ne pas attaquer Richard pendant la croisade. Le pape non seulement refusa, mais le menaça d'excommunication s'il manquait à son serment.

(2) Le Neubourg, ch.-l. de canton de l'arr. de Louviers (Eure.)

(3) Le Vaudreuil : « Maison royale sous la première race; fief

Normendie et si assiegea la cité de Rouen, maiz il s'en departit sans la gaingner. Et comme les cueurs d'iceulx deux roys se animoient de plus en plus l'un contre l'autre, ledit roy Phelippe mist le siege devant la ville de Vernueil et durement la guerroia, tant qu'il en abatit partie de la muraille; maiz incontinant il s'en retourna a Evreux que les Normans avoient reprinse sur ses gens, et iceulx Normans en gecta dehors et demolist ladicte ville jusques aux fondemens et si en fist abatre les eglises (1). Et de l'autre partie, ledit Richart, roy d'Angleterre, animé au contraire, tourmenta cruellement la ville de Loches o pierres d'engin, et en peu de temps la subjuga et si bouta hors les chanoines de l'eglise de monseigneur saint Martin de Tours, et les despoilla de leurs possessions qu'il applicqua a son domaine. Et par le contraire ledit roy Phelippe print et mist en sa main les eglises et les prieurés assises en son obeissance qui estoient subgites et deppendans des eveschiez et des abbayes estant es seigneuries dudit Ri-

relevant du duché de Normandie ; châtellenie unique partagée en deux paroisses, aujourd'hui communes : Notre-Dame et Saint-Cyr, du Vaudreuil ; haute justice ; sergenterie noble. » (*Dict. topographique du dép. de l'Eure*, par M. de Blosseville). Canton du Vaudreuil, arr. de Louviers (Eure).

(1) Secondé par Jean-sans-Terre, qui s'efforçait d'enlever à Richard le trône d'Angleterre, Philippe envahit la Normandie en 1194 et s'empara rapidement du Vexin, d'Evreux, du Neubourg, du Vaudreuil ; mais il échoua devant Rouen, défendu par le comte de Leicester. Lorsque Richard fut sorti de la prison où le retenait l'empereur Henri VI, il se hâta de retourner en Angleterre où il aborda le 13 mars 1194, puis il passa en Normandie. La garnison française d'Evreux ayant été massacrée par les Anglais qui se trouvaient dans cette ville avec Jean, qui les poussa, dit-on, à cet acte, pour racheter sa conduite aux yeux de Richard, Philippe accourut de Verneuil et se vengea cruellement sur les habitants d'Evreux.

chart, et par le mauvais conseil d'aucuns il en gecta hors les moines et les clercz servans a Dieu, et si convertit leurs rentes et revenues en ses propres usages. Et par ainsi iceulx deux roys, par hayne implacable perturbans les choses divines et humaines, s'entrepersecuterent en la miserable pestilence de leurs gens et subgitz et gastement tres dommageable de leurs terres et seigneuries. Et tantost après furent treves données entr'eulx*, parquoy cessa leur cruaulté aucunement (1).

33. Maiz gueres ne demoura de temps que ledit Richard quicta audit Phelippes icelles treves et que leur vieille riote se renouvela de rechief, dont ledit roy Phelippe, en despit dudit Richart, demolit la place du Vau de Rueil. Et comme chascun d'eulx se preparast a assembler grant armée et fussent aussi comme prestz a batailler, ledit Richart, doubtant fort la magnanimité et puissance dudit roy Phelippe qui lui estoit prouchain, se humilia tellement que, en la presence de tous les princes tant d'un party que d'autre, il vint tout desarmé et fist audit roy Phelippe la foy et hommage lige a cause des duchiéz de Normendie et d'Acquictaine et des contés d'Anjou et de Poictou. Et pour mieulx garder icelle paix, il y obligea par serement sollempnel et perpetuel soy et les siens (2). Maiz

---

* « Nota ici de la quarte refformacion de paix entre ledit roy Phelippe et ledit Richart. »

(1) Pendant que Philippe vengeait le massacre de sa garnison d'Evreux par l'incendie de cette ville, ses troupes étaient mises en déroute devant Verneuil. Quelque temps après, une rencontre eut lieu à Freteval, auprès de Vendôme, entre les Français et les Anglais qui eurent l'avantage. Une trève fut conclue, 23 juillet 1194, dans des conférences qui eurent lieu entre Verneuil et Tilliers.

(2) La trève avait été rompue en 1195. Philippe assiégea le château du Vaudreuil dont il ruina les murs. Richard fit de son côté des

icellui Richart n'atendit gueres a rompre de rechief et de plus belle sondit serement * (1), car il print par fraulde Chasteau Millon en Berry, ainsi que de nouvel les Anglois en l'an mil cccc quarante neuf ont, par trahison et contre les treves par eulx jurées et obtenues a leur pourchaz, prins d'emblée la ville et chasteau de Fougieres. Et pour icelle cause ledit roy Phelippe mist le siege devant Aumalle et tellement le tint de gourt qu'il en rompit la tour et les murs, et par composicion lui fut rendue ladicte place qu'il fist demollir jusques a y faire aller la charrue.

* « Nota ici la quarte ronpture de paix faicte par ledit Richart et de la ve guerre qui s'en ensuy. »

incursions sur le territoire français, puis assiégea le château d'Arques qui était au pouvoir des Français. Philippe se hâta de venir le défendre ; il repoussa Richard et brûla Dieppe. La guerre fut ensuite transportée dans le Berri. Au moment où on croyait que les deux armées ennemies allaient en venir aux mains entre Issoudun et Charost, Richard, selon l'historien français, Guillaume le Breton, se présenta sans armes devant Philippe, lui rendit hommage et demanda à traiter. Robert Blondel a adopté cette tradition. D'après l'historien anglais Roger de Hoveden, Philippe, craignant d'être défait, aurait demandé à se retirer, et, sur le refus de Richard, aurait proposé de traiter. Quoi qu'il en soit, le traité fut conclu à Louviers, le 15 janvier 1196.

(1) Par l'accord précédemment conclu avec le roi de France, Richard s'était engagé à ne point fortifier Andeli. Il construisit cependant, auprès de ce lieu, sur une roche qui domine de trois cents pieds la Seine, la forteresse connue sous le nom de Château-Gaillard. La guerre recommença entre les deux rois en 1196. Philippe s'empara d'Aumale, et Richard, de Nonancourt, que son adversaire lui reprit bientôt. Le fait le plus important fut la défaite du roi de France à Gisors, 28 septembre 1198. Une nouvelle trève de cinq ans fut conclue, le 14 janvier 1199, entre Andeli et Vernon, par la médiation de Pierre de Capoue, légat du pape Innocent III.

34. Toutesvoies ledit roy Phelippes, lors seduit de sa coustume louable et contre l'oppinion des sages et contre le principal edit de son royaume, et en mectant la craintte de Dieu en arriere, remist dedans Paris les Juifz demourer, qui fut ung mal intollerable, car ilz y firent depuis moult de maulx, lesquieulx par edit perpetuel avoient esté par avant banniz de sondit royaume, et sans crainte divine affligea durement les sainctes eglises et rompit leurs franchises qu'il avoit par avant souverainement deffendues. Maiz la severité divine punit griefvement les transgressions dudit roy Phelippe et vengea aigrement sur lui les injures publicques qu'il avoit faictes a nostre mere saincte eglise. Car ledit roy Richard d'Angleterre fist soubdainement une armée de gens comme innombrables tant a cheval que a pié, et tua, pilla, brula et gasta tout Vauquecin environ Gisors. Et comme ledit roy Phelippe s'efforsast d'y obvier, il se trouva tellement environné de sesdits ennemis auprès de Gisors que neccessité lui fut de jouer a double ou a quicte, et par fureur de hault courage prinst sa hache, et o deux cens de ses chevaliers passa parmy eulx et s'en evada, dont les aucuns des siens y furent mors, les autres prins et les autres chassez honteusement; et par ainsi fut ilecq ledit Richart victorien qui par avant estoit tousjours succumbé audit roy Phelippe. Maiz tantost après, icellui roy Phelippe se remist sus et par force d'armes entra en Normendie, et durement y affligea le Neufbourg et Beaumont le Rogier (1) et le pays d'environ, et en ce faisant faillit ledit roy Phelippe qui ne tint pas ses gens emsemblez, mais les laissa espartir de ça et de la; parquoy ledit roy Richart qui y vit

(1) Beaumont-le-Roger, ch.-l. de canton de l'arr. de Bernay (Eure).

son avantaige, en s'en retournant de Beauvois avecquès ses gens chargiez de grant praie, il print l'evesque d'icelle cité de Beauvois, nommé Phelippe (1), moult vaillant homme et prouchain parent dudit roy Phelippe, et si prinst Guillaume de Milli chevalier, lesquieulx evesque et chevalier poursuivoient ledit roy Richart et ses gens en entencion de leur oster et ravir leur dicte praie, et les emprinsonna moult estroictement, dont ledit roy Phelippe fut durement marry. Helas! Helas! tant c'est fole chose et perilleuse a chascun prince de faire grief a saincte eglise et par ce irriter et infester la divine puissance qui jamais n'en seuffre longuement les maufaicteurs sans punicion griefve, et si punist aussi bien a tour de roulle les transgresseurs d'um party comme ceulx de l'autre pour ce qu'il est tout puissant et souverain seigneur a qui tout est subgit. En après ledit Richard assaillit par guerre ung chastel (2) en Lymosin où il fut frappé de part en part d'une fleche dont il mourut*(3). Cestuy Richart fut homme vaillant en armes, tres-

* « Nota ici comment ledit Richart finit meschamment ses jours. »

(1) Philippe de Dreux, évêque et comte de Beauvais, et à ce titre un des douze pairs de France, était fils de Robert de Dreux, cinquième fils de Louis VI et d'Agnès de Baudement, et, par conséquent, cousin-germain de Philippe-Auguste. Ce prélat guerrier fut, lorsqu'il secourait le château de Milli, fait prisonnier, non par Richard, mais par Jean, qui le livra à son frère. Après une rude captivité subie à Rouen d'abord, puis en Angleterre, il fut mis en liberté en 1202. Ses instincts belliqueux se manifestèrent encore à Bouvines où il abattit à coups de masse d'armes plusieurs Anglais, entre autres le comte de Salisbury. Il mourut le 2 novembre 1217.

(2) Le château de Chalus, ch.-l. de canton de l'arr. de Saint-Yrieix (Haute-Vienne).

(3) Le mardi 6 avril 1199.

large d'onneur, cault et subtil en ses afferes, treffort amé de ses chevaliers et merveilleusement honnouré de son clergié et de son peupple. Maiz il fut tresmal quoué, car il se monstra trop de foiz desloial, rebelle et contumax a son souverain, et sans cause raisonnable lui rompit sa foy et son aliance, tellement que, des son vivant et jusques a ores, la hayne s'en est enracinée es cuers des François et des Anglois les ungs contre les autres.

CHAPPITRE XIXe

Parlant de Jehan Sans Terre qui succeda audit Richart son frere, et de Artus, jeune enffant, conte de Bretaigne, qui, après le trespas dudit Richart, son oncle, occuppa par force les contez d'Anjou et du Maine; et de la paix qui fut traictiée entre ledit roy Phelippe de France et ledit Jehan, roy d'Angleterre; et comment icellui Jehan fut honnorablement receu a Paris par ledit roy Phelippe, et de la maniere de leur convencion.

35. Quant ledit Richart, roy d'Angleterre, fut mort, son frere que on appelloit Jehan Sans Terre lui succeda en Engleterre; et ce pendant Artus, conte de Bretaigne (1), lors estant jeune enffant, filz de Geoffroy de Bretaigne et nepveu dudit Jehan, roy d'Angleterre, occuppa vertueusement les contez d'Anjou et du Maine, moiennant l'ayde que lui fist ung nommé Guillaume des Roches. Mais icellui Guillaume des Roches, mectant par après en oubly la

(1) Artus, duc de Bretagne et comte d'Anjou, fils de Geoffroi Plantagenêt et de Constance de Bretagne, fille et héritière de Conan III, dit le Petit, duc de Bretagne, naquit dans la nuit de Pâques de l'année 1187, et périt assassiné en 1202.

innocence dudit enffant, rendit la cité du Mans audit Jehan, roy d'Angleterre. Laquelle oye, ledit roy de France Phelippe (1), voulant secourir audit Artus qu'il amoit tres chierement, s'en vint a Tours, et lors ledit Artus, comme dilligent et vaillant, s'en ala a Angiers afin que sondit oncle, le roy Jehan d'Angleterre, ne s'i boutast, comme il s'estoit nouvellement bouté dedans le Mans; et puis fut faicte paix* entre les deux roys Phelippe de France et Jehan d'Angleterre (2), par le moien du mariage qui se fist de Loys de France, filz ainsné dudit roy Phelippe d'une part, et Blanche, fille du roy d'Estelle, qui estoit niepce dudit roy Jehan d'Angleterre d'autre part (3), par tel convenant que icellui roy Jehan donna et octroia en douaire perpetuel audit Loys de France et a ses hoirs toutes les seigneuries que ledit Phelippe, roy de France,

* « Nota yci la quinte reformacion de paix entre ledit roy Phelippe de France et Jehan lors roy d'Angleterre. »

(1) Peu de temps après l'avènement de Jean au trône d'Angleterre, la guerre fut reprise. Philippe ne se croyant pas lié envers le nouveau roi par la trève conclue avec son prédécesseur, s'empara d'Évreux. Jean, irrité de voir son neveu Artus reconnu comme leur souverain par les barons de l'Anjou, du Maine et de la Touraine, se jeta sur la ville du Mans qu'il traita avec la dernière rigueur. Il se fit consacrer duc de Normandie à Rouen le jour de Quasimodo 1199, et roi d'Angleterre, à Westminster, le jour de l'Ascension. De retour en Normandie, il eut à Gaillon une entrevue sans résultat avec Philippe qui continua les hostilités.

(2) Cette paix fut conclue dans les premiers jours de janvier 1200, dans une conférence qui eut lieu entre Gaillon et les Andelys.

(3) Blanche de Castille était fille d'Alphonse IX, roi de Castille, et d'Aliénor d'Angleterre. Le mariage eut lieu en Normandie, à Purmor, entre Vernon et les Andelys, le mardi 23 mai 1200. Elle mourut le 1er décembre 1252.

lui avoit ostées par armes, avecques toute sa terre qu'il tenoit lors deça la mer, ou cas que icellui roy Jehan mourroit sans hoir de sa chair. Et ce fait, s'en alla ledit roy Jehan a Paris ou il y fut grandement et honorablement receu et honnoré dudit roy Phelippe qui lui fist de grans dons. Et dit maistre Richart de Saint Victor que ledit Artus, conte de Bretaigne, en fut contredisant (1) et qu'il fut par la cour souveraine de France vestu et saisi du conté d'Anjou. Et furent faictes par ledit roy Phelippes, a l'occasion dudit mariage, les curialitez et benefices dessusdits audit roy Jehan d'Angleterre, affin de vaincre sa malice par doulceur, et que toute la fureur de tous leurs debatz fust delors en après entierement estaincte. Maiz de tant que la malice d'Angleterre a plus fait de seremens de tenir bonne paix et plus s'est tousjours efforcée de la troubler, et quant plus la tresnoble maison de France a fait de biens ausdits Anglois, de tant plus s'est eslevée leur ingratitude a la persecuter.

(1) Artus était sacrifié par le traité que Philippe conclut avec Jean; il devait renoncer à toutes ses prétentions sur le royaume d'Angleterre, sur la Normandie, le Maine, l'Anjou, la Touraine et le Poitou, et rendre hommage au roi Jean comme duc de Bretagne.

CHAPPITRE XXe

De la convencion qui se fist entre lesdits deux roys Phelippe de France et Jehan d'Angleterre, par laquelle icellui Jehan promist audit Phelippe qu'il yroit et se comparoistroit dedans certain jour a Paris et qu'il y respondroit sur plusieurs articles, c'est assavoir l'um sur sa contumace dont on l'accusoit, item du ravissement de Ysabeau, femme de Hue le Brun, conte de la Marche, du crime de parricide qu'il avoit perpetré en la personne de son nepveu Artus, conte de Bretaigne, et du feu qu'il avoit mis et brulé la cité et ville de Tours, dont on l'acusoit (1).

36. O tresnobles princes françois qui a present estes vivans et qui après nous viendrez, venez ycy a l'escolle et y apprenez et retenez comment, après tant et si sollempnelle reformacion de paix, comme en ce prouchain precedent chapitre est recitée, la contumace non pareille dudit roy Jehan d'Angleterre contre son souverain, le ravissement horrible par lui fait de la femme d'un sien vassal, le parricide mortel par lui pe[r]petré en la personne de son propre nepveu, le brulement de cité crestienne par lui

(1) Il n'est pas étonnant que dans une œuvre composée en toute hâte pour engager Charles VII à ne conclure aucune trêve avec les Anglais, Robert Blondel, mal servi par sa mémoire, ait interverti parfois l'ordre des évènements. C'est ce que l'on remarque dans ce chapitre. L'enlèvement d'Isabelle, fiancée de Hugues le Brun, par le roi Jean, eut lieu en 1200, et la guerre menée par Philippe en Normandie et marquée par la prise de Gournay et le siège du château d'Arques, appartient à l'année 1202. De même la prise du Château-Gaillard se rapporte à la conquête de la Normandie entreprise après l'assassinat d'Artus de Bretagne.

embrasée en despit de Dieu, et la piteuse occision par lui faicte d'ommes et de fenmes sans mercy; et jamais n'obliez qu'en la paix d'Angleterre s'est tousjours trouvée contre vous aussi comme naturelle embusche de vostre destruction, et que toutes leurs promesses faictes aux François ont esté meslées de mensonges et empoisonnées du venyn mortel de trahyson, dont j'espere que ce present livret vous sera instrument et que vous ou voz enffans serez quelque foiz executeurs de la vengence divine sur lesdits Anglois. Et vous tenez pour tous fermez que jamais pour quelque traictiez ne vous devez en eulx fier, et que point d'autre remede n'y avez fors seulement que vous soiez tousjours bons crestiens et non divisez, amans et craingnans sur toutes choses Dieu tout puissant, et que continuelement excercitez vous et voz enffans en armes, parquoy soiez prestz a toute heure soit de vous deffendre d'eulx ou de les assaillir, quant vous y pourrez trouver vostre avantaige; car je ne croy pas qu'il se puisse faire traictié de vous a eulx qui tant vous soit seur, prouffitable et honnorable, comme d'avoir tousjours les pointes de voz espées bien acerées contre eulx par maniere que jamais ilz ne vous puissent surprendre en desarroy, comme ont fait voz peres es temps passez. Or escoutez doncques yci, loiaux François, et vous souviengne que poy de temps après ladite paix ainsi sollempnellement refformée et jurée comme dessus est dit, icellui Jehan, roy d'Angleterre, fut deuement requis comme homme lige dudit roy Phelippe a cause du duchié de Normendie et des contez d'Anjou et de Poictou qu'il tenoit de lui, qu'il venist et se comparust en la court de Parlement a Paris pour illecques respondre a ce que les officiers dudit roy Phelippe proposeroient contre lui. A quoy ledit roy Jehan se submist et promist y venir et obeyr a certain terme qui sur ce lui fut assigné et qu'il accepta. Et, lors que l'en esperoit les deux royaumes estre en disposicion de bonne transquilité, soudainement ledit roy Jehan froissa sa foy et viola sa promesse *, car il ne vint ne n'envoia aucunement a sondit terme, ne aucune response suffisant n'y daigna transmectre. Et pour celle cause, ledit roy Phelippes par le conseil des sages lui mena chaulde guerre en Normendie et y assiegea, print et brula le chasteau de Gournay qui moult estoit forte place, et puis assiegea le chasteau d'Arques, mais il ne le print pas. Et ce pendant, icellui Artus, devant nommé, fut fait par ledit roy Phelippe conte de Bretaigne et chevalier, et lui bailla ledit conté de Bretaigne qui lui appartenoit par droit heritaige **, et oultre lui adjousta les contez de Poictou et d'Anjou en les conquerant, et si lui bailla deux cens chevaliers a son aide avecques grant somme de peccune, et par ce le receut a perpetuité en son homme lige (1).

37. Mais le roy Jehan d'Angleterre souvant nommé se occuppa lors a ravyr et de fait ravit Ysabeau, femme de Hue le Brun, conte de la Marche et viconte de Touars, laquelle estoit fille du conte d'Angolesme, et l'espousa. Et de ce furent les nobles d'Acquittaine tant mal contans qu'ilz se departirent de la feauté dudit Jehan, roy d'Angleterre, et se joingnirent par foy et par hostages d'alliances qu'ilz baillerent audit roy Phelippe de France

---

* « Nota yci de la contumace dudit roy Jehan d'Angleterre et de la guerre qui s'en ensuy. »

** « Nota yci de l'ommage de Bretaigne deu a la couronne de France dès par àvant la conqueste de Normendie. »

(1) Ce fut à Gournay que Philippe reconnut ainsi les droits d'Artus; il lui promit en même temps sa fille Marie, encore en bas âge, qu'il avait eue d'Agnès de Méranie.

contre ledit roy Jehan (1). Et pour icelle injure faicte, ledit roy Phelippes invada le pays d'Acquitaine, et, o l'ayde des Poictevins et des Bretons, il subjuga moult de forteresses et de chasteaulx, et de la s'en vint en Normendie et y print l'isle d'Andely sur Saine et le Vau de Rueil et Ront Pont, et si subjuga o grant labour le chasteau Gaillart qui est treffort (2). Et lors fut le royaume de France moult molesté et troublé pour icellui debat. Maiz ledit Jehan, roy d'Angleterre, assembla moult grant compaignie de gens de guerre, et vint, qu'on ne s'en guetoit pas, devant Mirebeau, et y surprint et print son nepveu Artus, conte de Bretaigne, et plusieurs nobles qui y estoient avecques lui, et par temptacion dampnable tua secretement celui Artus*(3) qui alors estoit reputé la fleur des jeunes nobles

* « Nota yci comment ledit Jehan roy d'Angleterre tua son propre nepveu Artus, conte de Bretaigne. »

(1) Jean avait répudié, sous prétexte de parenté, sa femme Havise, fille du comte de Glocester, petit-fils du roi Henri Ier. Pendant que ses ambassadeurs allaient demander pour lui la main de la fille du roi de Portugal, il enleva Isabelle, fille d'Aymar, comte d'Angoulême et d'Alice de Courtenai, petite-fille de Louis VI le Gros, le jour même où elle allait épouser Hugues le Brun, comte de la Marche et sire de Lusignan. Sur la plainte des seigneurs de l'Aquitaine, et se rappelant que Jean ne lui avait pas encore prêté hommage, Philippe le somma, dans l'entrevue qu'il eut avec lui au château de Gaillon, vers le commencement de l'année 1202, de comparaître devant ses pairs quinze jours après Pâques de la même année. Jean promit, mais ne vint pas. C'est alors que Philippe lui fit la guerre dont Robert Blondel a raconté plus haut les principaux faits.

(2) Ces évènements n'eurent lieu qu'en 1203, après le meurtre d'Artus de Bretagne.

(3) Artus, fait prisonnier à Mirebeau, où il assiégeait sa grand-mère Aliénor de Guyenne, enfermée dans le donjon du château, fut transféré à Falaise, et de là au château de Rouen. Il y a sur sa

hommes, et des gentilz hommes qu'il y print furent par lui les aucuns relaschiez o pleges, les autres emprinsonnez et les autres murtris cruellement. Et puis s'en ala prendre la cité de Tours, laquelle, pource qu'elle estoit assez prouchaine de chascune desdictes parties, en fut tellement assaillie et tourmentée que a peu près elle fut evacuée de tous ses habitans; et par après fut elle de rechief assiegée et prinse dudit roy Phelippe qui y laissa messire Geoffroy des Roches, chevalier, pour la garder.

38. Et tantost après que icellui roy Phelippe s'en fut allé, y retourna ledit Jehan, roy d'Angleterre, comme forceur, qui o grant multitude de gens gasta la terre et donna merveilleux assaulx a ladite cité de Tours (1). Maiz les cotereaulx qui, soubz leur duc nommé Lisay entrerent ou chasteau neuf, y ravirent tous les biens ; ilz lierent les gens et emprinsonnerent et inhumainement les tormenterent, et les populaires hommes et fenmes de toutes condicions et de tous aages murerent leurs portes, garnirent leurs tours et se retirerent en l'eglise et a reffuge de monseigneur saint Martin. Et lors la terrible fureur de gens sacrileges y rompit les eglises de Dieu, en ravit les biens et y fist tant abhominable effusion de sangc humain que nul ne povoit dire qu'il y eust retraict de seureté ; et, qui plus est, y crachoient contre les faces des ymages, et le soir y fut brulé tout le cloistre et ledit chasteau neuf, et, depuis

mort des traditions diverses. Suivant la plus dramatique, Jean aurait poignardé lui-même son neveu, dans une barque, sur la Seine, soit à Rouen, soit près de Moulineaux, et le corps du malheureux prince aurait été précipité dans le fleuve.

(2) Après la prise de son neveu Artus à Mirabeau, Jean s'était dirigé vers Tours et y était entré sans coup férir. Philippe le lui reprit presque aussitôt. Jean y accourut de nouveau, s'en empara de vive force et le livra au pillage et aux flammes.

l'eglise de Saint Hilaire jusques a l'eglise de Notre Dame de la Riche, fut tout ars* et toutes manieres de gens tant esbahiz qu'il n'y avoit aucun qui osast saillir hors de l'eglise ne qu'il sceust qu'il avoit a faire. Et davantage le feu des maisons embrasées y fut lors tellement soufflé et affoué de tous vent, c'est assavoir puis d'amont, puis d'aval, et puis de bise, que chose impossible estoit de l'estaindre. O douloureuse douleur! O pitié piteuse! O lamentacion lamentable! O triste tristesse! De quelx yeulx povyez vous alors regarder l'ire cruelle de la forge de Vulcan et les aigres morsures de sa gloutonnie insaciable qui si grandes et si precieuses choses devoroit qu'il sembloit alors que le jour du grant jugement fust venu? Et le tiers jour ensuivant, fut ladite cité prinse de ceulx qui l'assiegeoient, et ceulx de dedens emprinsonnez moult durement.

CHAPPITRE XXIe

Parlant de la poursuite que firent les barons de Bretaigne pour la mort de leur conte Artus contre le roy Jehan d'Angleterre, et de la confiscacion de toutes les seigneuries d'icelui Jehan, et de la sentence qui fut contre lui donnée par les pers de France, et de la reddicion de Normendie faicte par le roy Phelippe.

39. Cestui Jehan, roy d'Angleterre, fut si crimineulx et coulpable de tant de maux qu'il ne devoit pas seulement estre privé par confiscacion juridicque de toutes ses seigneuries, maiz encores, pour sa desloiaulté et cruaulté excecrable, mesmement pour la mort de son propre nepveu

---

* « Nota yci comment la ville de Tours fut arse. »

Artus, conte de Bretaigne, qu'il tua, devoit il perdre la vie, et son corps estre dedans ung sacq gecté aux bestes cruelles. Et pourtant les barrons de Bretaigne, poursuivant scelon droit a avoir de lui vengence, le firent appeller a droit par devant le roy Phelippe, son souverain, en la court des pers de France, et, leur plainte declairée et leur accusacion et conclusion ylecques faictes, lui deuement appellé et par suffisans editz et intervales actendu et non comparant, fut fait son proces sollempnellement, et par icelle court des pers fut donnée contre lui sentence * diffinitive, par arrest de laquelle il fut dit et declairé que, pour sa desloiaulté et pour son crime de patricide (1) et de majesté leze, toutes et chascunes ses seigneuries qu'il tenoit du roy estoient et seroient confisquées a la couronne de France, et y furent unies.

40. Et lors ledit roy Phelippe, vaillant en armes, comme vertueux executeur d'icelle sentence, fist poursuite de fait contre ledit roy Jehan dont il n'avoit peu avoir l'obeissance qu'il lui devoit, et s'en entra dedans la Normendie ou il assiegea et conquist plusieurs chasteaux qui estoient reputez comme imprenables (2). Et lors les citez de

---

* « Nota yci la sentence donnée par les pers de France contre le roy Jehan d'Angleterre, par laquelle toutes les seigneuries qu'il tenoit en France furent declairées confisquées à la couronne de France. »

(1) Cette assertion de R. Blondel est combattue par M. Bémont dans un article de la *Revue historique*, 1886, t. XXXII, p. 33 et 290, où il établit que Jean-Sans-Terre ne fut pas condamné par la Cour des pairs pour le meurtre d'Artus de Bretagne.

(2) Philippe avait envahi l'Aquitaine aussitôt après l'assassinat d'Artus, avril 1203. Ayant appris que la Normandie était disposée à se révolter contre Jean, il courut dans cette province, délivra Alençon, prit Conches et le Vaudreuil, ainsi que Radepont (que le traducteur appelle Rond-Pont au chapitre XXe dans le récit fait prématurément de ces évènements), puis l'île d'Andeli et le Château-

Constances, de Baieux, d'Avrenches et de Lisieux, avecques leurs chasteaux et forteresses, de leur bon gré et propre mouvement, se rendirent audit roy Phelippe, lequel tellement guerroia lors la noble cité de Rouen que les habitans d'icelle la lui baillerent en son obeissance planiere. Et d'illecques alla assaillir et prendre le fort chasteau de Vernueil qui par plusieurs roys de France es temps precedans avoit esté assailli et non prins, et plusieurs autres chasteaux et forteresses de grant resistence qui jusques alors s'estoient deffendues, lui furent aussi bailliées, tant et tellement qu'il recouvra toute la Normendie * entièrement, laquelle, par la vertu de la sentence dessusdicte et de l'execucion qu'il en fist, il adjoingnit au patrimoine de sa couronne trois cens et quinze ans (1) ou environ après ce que son predecesseur Charles le Simple avoit donné ledit duchié de Normendie en douaire a sa fille qu'il avoit mariée a Rolo qui en fut le premier duc, après ce qu'il fut baptizé et nommé Robert. En iceulx jours, presque tout le pays d'Acquitaine avecques la cité de Poitiers se soubzmist audit roy Phelippe qui d'ileq en avant se trouva obey par tout ou il passoit.

* « Nota yci de la reducion legitimement faicte de Normendie par ledit roy Phelippe de France. »

Gaillard, défendu par Roger de Lacy, connétable de Chester (août 1203-6 mars 1204). V. sur ce siège la monographie de M. A. Deville, intitulée : *Histoire du Château-Gaillard, et du siège qu'il soutint contre Philippe-Auguste en 1203 et 1204*, in-4º. Rouen, Frère, 1829. Le roi de France s'empara ensuite de la Basse-Normandie, et vint enfin assiéger Rouen, qui, non secouru par Jean, ouvrit ses portes aux Français à la fin de juin 1204. La conquête de la Normandie était achevée.

(1) Le traité de Saint-Clair-sur-Epte ayant été conclu en 912, deux cent quatre-vingt-douze, et non trois cent quinze ans, s'étaient écoulés depuis que la Normandie avait été détachée du royaume de France.

CHAPPITRE XXIIe

Parlant de l'aliance que print ledit roy d'Angleterre avecques Octo, empereur d'Allemaigne, et de la conjuracion de lui avecques Ferrand, conte de Flandres, et Regnault, conte de Boulongne, et des victoires dudit roy Phelippes de France et de Louys son ainsné filz.

41. Après ce que le roi Phelippe ot recouvré et reddduit au domaine de sa couronne toute la Normendie et la plus grande partie d'Acquitaine, ledit roy Jehan d'Angleterre fist une alliance clandestine et farsie de trahyson avecques Octo l'empereur (1) et Ferrand, conte de Flandres (2), et Regnault, conte de Boulongne (3.), et plusieurs autres princes

---

(1) Othon de Brunswick, fils de Henri le Lion, duc de Bavière, et de Mathilde d'Angleterre, devint empereur d'Allemagne sous le nom d'Othon IV, grâce à l'appui que le pape Innocent III et le parti Guelfe lui donnèrent contre les Gibelins, représentés par Philippe de Souabe, après la mort de l'empereur Henri VI. Quand l'assassinat de son rival l'eut, en 1208, fait seul maître de l'Allemagne, il se déclara contre le pape qui l'excommunia et lui opposa Frédéric II. Il mourut en 1218, quatre ans après sa défaite à Bouvines.

(2) Ferrand (Ferdinand) était fils de Sanche, dit le Populaire, roi de Portugal, et de Douce, fille de Raymond Bérenger IV, comte de Barcelone; il était arrière-petit-fils de Henri de Bourgogne, qui conquit sur les Maures le comté de Portugal et fut la souche des rois de ce pays. Ferrand devint comte de Flandre par son mariage avec Jeanne, fille de Baudouin IX, comte de Flandre, qui devint empereur de Constantinople, et de Marie, fille de Henri Ier, comte de Champagne. Fait prisonnier à Bouvines, en 1214, et jeté en prison, il ne recouvra sa liberté qu'en 1227 et mourut en 1283.

(3) Renaud, comte de Dammartin, était devenu comte de Boulogne par son mariage avec Ide, fille de Matthieu de Flandre et de Marie, comtesse de Boulogne, fille d'Etienne de Blois qui fut roi

et barons du royaume, par laquelle conjuracion ils conspirerent de faire mourir ledit roy Phelippe et diviserent secretement son royaume par entre eulx, et promistrent l'um a l'autre de l'assaillir tous en ung temps en diverses parties de France. Toutesvoies, pour parvenir a leurs fins, ledit roy Jehan d'Angleterre, o grant ost garny de tous habillemens de guerre, se tira devers Acquictaine, et, en y alant, print et occuppa la cité d'Angiers et le conté d'Anjou et si assiegea le chasteau de la Roche au Moine sur Loire. Et Octo l'empereur et [le] duc de Breban (1), avecques le conte de Salcebery, anglois (2), et les contes de Flandres et de Bouloigne et plusieurs autres princes et nobles d'Alemaigne, assemblerent ostz terribles vers les parties de Flandres.

42. Et quant ledit roy Phelippe sceut que lui et son royaume estoient ainssi menassez et invadés cruelement, il ne fut pas pourtant esbahy ne espoventé, mais s'appareilla joieusement comme s'il deust aller a unes nopces *, et constitua deux ostz dont il commist l'un a Loys de France, son filz ainsné, pour aller contre ledit roy Jehan, et de l'autre il fut lui mesme chief et conduiseur contre

---

* « Nota yci la grant constance et magnanimité dudit roy Phelippe. »

d'Angleterre. La fille de Renaud et d'Ide, Mahaud, comtesse de Boulogne, épousa Philippe Hurepel, fils de Philippe-Auguste et d'Agnès de Méranie.

(1) Henri Ier, duc de Brabant, fils de Godefroi III et de Marguerite de Limbourg; il était devenu le beau-frère de Renaud de Dammartin, comte de Boulogne, en épousant la sœur d'Ide, Mahaud. Après la mort de cette princesse, il épousa, en 1213, Marie de France, fille de Philippe-Auguste et d'Agnès de Méranie.

(2) Guillaume, surnommé Longue-Épée, fils naturel du roi Henri II, mort en 1226.

ledit Octo et sa secte. Adoncques ledit Loys de France print son chemin vers Acquitaine et leva vaillamment le siege dudit roy Jehan, lequel s'en fouyt honteusement de devant la Roche au Moyne et y laissa son artillerie pour s'en aller a Angiers*; et ilecques le poursuy ledit Louys et l'en chassa hors, parquoy il reduisit ladite cité et le pays d'Anjou en l'obeissance dudit roy Phelippe, son pere. Maiz sondit pere, en icellui mesme moys, courut sus audit Octo et a sa secte près la ville de Tournay en ung lieu appellé Boulvigne (1) si asprement et par l'espace d'un jour ou près y fut combatu sans savoir qui en obtiendroit, si vaillamment que icellui noble roy de France, après ce qu'il ot appellé Dieu en son aide et recouvré son cheval dont il avoit esté rué par terre, (et) occist grant multitude de ses adversaires qui sa mort avoient conspirée, sans y perdre gueres des siens**. Et s'en fuyt honteusement ledit Octo, maiz lesdits Ferrand, conte de Flandres, Regnault, conte de Bouloigne, le conte de Salcebery et son frere, avecques deux autres contes d'Alemaigne et (2) ung appellé Bertrand de Hucemage, qui estoit principal conseillier dudit empereur, et plusieurs nobles et moult grant nombre d'autres, y furent prins prinsonniers et amenez en France, dont ledit conte de Boulongne mourut a Paris en prinson. Et n'y avoit pas ledit empereur moins de mil et v^{cs} chevaliers et de cent cinquante mille d'autres hommes bien montez et armez sans la pietaille.

* « Nota yci de la belle victoire que ot Louys, filz ainsné dudit roy Phelippe de France, contre ledit Jehan, roy d'Angleterre, qui s'en leva et s'en fouyt de devant la Roche au Moine et d'Angiers. »

** « Nota semblablement la belle victoire que ot ledit roy Phelippe de France contre Octo, empereur d'Alemaigne, et ses alliez. »

(1) Ms. *Bouloigne*. Bouvines, arr. de Lille (Nord). La bataille eut lieu le 27 août 1214.

(2) Othon de Teklembourg et Conrad de Dortmund.

CHAPPITRE XXIIIe

Faisant mencion que, après ladicte victoire dudit roy Phelippe de France et de Louys, son ainsné filz, ledit Jehan, roy d'Angleterre, s'en ala a reffuge au pape Ignocent tiers et fist son royaume anglois tributaire au siege appostolique; et comment icellui pape Innocent fist la paix entre lesdits deux roys.

43. Quant le roy Phelippe de France et Louys, son filz, eurent vaillamment gaigné les deux batailles dont parle le chappitre prouchain precedent, icellui roy Phelippe print et tint pocession paisible de toutes les seigneuries que ledit Jehan, roy d'Angleterre, avoit perdues en ce royaume de France, dont il estoit degecté pour sa desloiaulté. Et pource, ledit roy Jehan redoubta, plus que oncques mais il n'avoit fait, la magnanimité desdits roy Phelippe de France et son filz. Si s'en ala par neccessité a reffuge devers le pappe Innocent tiers; et, devant qu'il fust absoubz des sentences qu'il avoit par avant encourues comme sacrilege pour moult de grans biens qu'il avoit ostez et ravis aux eglises, il fut contraint a les restituer aux prelaz qu'il en avoit degectez, et fist lors le royaume* d'Angleterre et la seigneurie d'Ybernye tributaires de mille marcz d'argent par chascuns ans lors avenir au saint siege appostolique, et si en fist la foy au saint pere qui lors estoit(1). Et, quant il fut absolz par ledit saint pere, icellui

---

* « Nota yci comment les royaume d'Angleterre et seigneurie d'Ybernie furent faiz tributaires au saint siege appostolicque de mille marcz d'argent par an. »

(1) Ces faits sont antérieurs à la bataille de Bouvines. Jean-Sans-Terre était entré en lutte avec le clergé de son royaume à l'occasion

pere saint fist paix et appointement * entre lesdits deux roys de France et d'Angleterre, par lequel appointement ledit roy Phelippe bailla audit Jehan une petite partie d'Acquitaine en feage dont il se constitua homme lige de la couronne de France, et tout le surplus des principaultés, terres et seigneuries que icellui roy Phelippe avoit conquises par la vertu de la sentence des pers de France, dont devant est parlé, demourerent audit roy de France et a ses successeurs. Et partant fut ledit appointement juré a tenir de chascum desdictes parties et confermé par ledit saint pere (1).

* « Nota yci la vie refformacion de paix faicte entre ledit roy Phelippe de France et ledit Jehan, roy d'Angleterre, par le saint pere qui lors estoit. »

de l'élection d'Etienne Langton au siège archiépiscopal de Cantorbury. Innocent III jeta l'interdit sur l'Angleterre et autorisa Philippe-Auguste à en entreprendre la conquête. Pour échapper au danger qui le menaçait, Jean accepta les dures conditions que lui imposait le légat Pandolphe, et, le 13 mai 1213, dans l'église des Templiers de Douvres, fit hommage au pape des couronnes d'Angleterre et d'Irlande.

(1) Il s'agit ici de la trêve de cinq années que Philippe-Auguste accorda au roi Jean, après la bataille de Bouvines, sur les pressantes instances d'un légat du pape.

CHAPPITRE XXIIIIe

Contenant comment, entre ledit roy Jehan d'Angleterre et les nobles d'icellui royaume, sourdit discort pour aucunes coustumes; et comment les nobles dessusdits appellerent a leur ayde Louys de France, filz ainsné dudit roy Phelippe, et luy firent foy et hommage dudit royaume; et comment ledit roy Jehan mourut villainement. Et de la desloiaulté desdits nobles d'Angleterre contre icellui Louys.

44. Après les choses dessusdictes, sourdit tres aigre debat entre ledit roy Jehan et les nobles d'Angleterre pour aucunes coustumes qu'il ne vouloit pas garder, combien qu'il les eust jurées. Surquoy les populaires et la pluspart des citez d'Angleterre tindrent le party desdits nobles du pays ; et, pource qu'ilz doubterent qu'ilz ne peussent sur ce resister audit roy Jehan jusques a la fin, les nobles dessusdits appellerent en leur aide Loys de France, filz ainsné du roy Phelippe, lequel filz estoit vaillant entre tous les crestiens qui lors vivoient. Et fut ledit roy Jehan par eulx bouté hors dudit royaume d'Angleterre, duquel royaume ilz promistrent lors bailler la monarchie audit Louys*, lequel pour celle cause receut les enffans des barons en hostages; et, ce fait, il leur envoia grant force de gens d'armes. Et tantost après, il en sa personne passa la mer et descendit en Angleterre au port de Sanduor sans resistence y avoir, combien que ledit roy Jehan fust alors près dudit port sur la mer, acompaignié de grant navire

---

* « Nota ycy comment [par] les nobles et citoiens d'Angleterre fut icellui royaume d'Angleterre transporté es mains de Loys de France, filz ainsné dudit roy Phelippe. »

et de forte chevalerie qui s'en departirent sans coup ferir. Et tantost fut receu ledit Loys de France comme roy d'Angleterre des nobles d'icellui pays qui a leur ayde l'avoient appellé et desquieulx il receut les foy et hommages (1).

45. Et tantost après mourut soubdainement (2) ledit roy Jehan*, dont il advint merveilles. Car, quant son corps, qui tant avoit fait de maulx, fut enterré en une abbaie, une voix, la plus terrible qui oncques maiz y eust esté ouye, s'escria a l'eure de mynuyt, environ son sepulcre, a laquelle voix vindrent les gardes d'icelle eglise et plusieurs autres, lesquieulx y virent ung umbre tresespoventable. Et disoit icelle voix en criant horriblement que c'estoit Jehan, n'avoit gueres roy d'Angleterre, qui horriblement estoit tourmenté de divers tormens, et que jamaiz ne cesseroient tant comme il y demourroit leans ensevely. Et pource, le deterrerent d'ilecques l'abbé et les moynes d'icelle abbaye, et le porterent hors lieu saint, dont s'esvanouyrent

* « Nota de la mort soubdaine dudit roy Jehan d'Angleterre, et comment son corps fut deterré de terre saincte et mis en terre prophane. »

(1) Jean-Sans-Terre avait été contraint par ses barons de signer, 19 juin 1215, la Grande-Charte; il la viola presque aussitôt, et, sur sa demande, Innocent III l'annula par un bref du 24 août 1215 et jeta l'interdit sur la ville de Londres et l'excommunication sur les fauteurs de la ligue formée contre le roi. Les barons et une grande partie du clergé anglais ne tenant aucun compte des foudres du pape, firent appel à Louis, fils de Philippe-Auguste, et lui offrirent la couronne d'Angleterre. Louis accepta, et, malgré la défense que lui fit, au nom du pape, le cardinal-légat Gualo, alla aborder à Sandwich, 30 mai 1216, et entra, 3 juin, dans Londres, où il fut reconnu roi. Jean, qui campait avec une nombreuse armée dans les environs de Douvres, s'était enfui avant même que Louis eût débarqué à Sandwich.

(2) Au château de Newark, le 19 octobre 1216.

la voix et l'ombre dessusdictes, parquoy ledit Jehan recouvra son premier nom de Jehan Sans Terre qu'il avoit eu premierement qu'il fust roy d'Angleterre, car la terre saincte le reffusa comme indigne d'ÿ estre ensepvely.

46. Après la mort d'icellui mauvais Jehan, son filz Henry, lors aagié de dix ans, fut intrus et couronné roy d'Angleterre par ung nommé Galon qui estoit legat du pere saint (1). Pour laquelle chose, ledit Louys de France delessa son armée en Angleterre et s'en vint hastivement en France querir secours, et tost après Pasques y retourna et mena grant compagnie de gens d'armes tant a pié comme a cheval. Et ylecques fut il tresmal content de ce que aucuns des princes et des plus nobles d'Angleterre, en son absence et en rompant la foy qu'ilz lui devoient*, l'avaient laissié et s'en estoient tournez et renduz audit Henry qui, comme dit est, s'estoit intrus et fait couronner roy d'Angleterre après ledit Jehan son pere. En icellui

---

* « Nota yci de la desloiaulté des Anglois qui rompirent les feaultez et hommages qu'ilz avoient faiz audit Loys de France, et de la mort du conte du Perche. »

(1) Henri III, fils de Jean, né le 1er octobre 1216, énergiquement soutenu par le comte de Pembroke, Guillaume le Maréchal, d'origine normande, qui fut nommé régent d'Angleterre, et par le cardinal-légat Gualo, qui renouvelait tous les dimanches l'excommunication lancée contre Louis de France, vit peu à peu revenir à lui tous les barons qui s'étaient ligués contre son père. Une trêve avait été conclue vers les fêtes de Noël entre Henri et Louis, qui en profita pour aller chercher des secours en France. Quand il revint en Angleterre, il ne trouva que la ville de Londres qui lui fût restée fidèle. Après la surprise et la défaite à Lincoln, 19 mai 1217, de son armée commandée par le comte du Perche, et le désastre de sa flotte placée sous les ordres du célèbre pirate Eustache le Moine, il consentit, par le traité du 11 septembre, à renoncer à la couronne d'Angleterre et repassa en France.

temps, furent occis traytressement par les Anglois en une cité d'Angleterre nommée Luicerme (1) Thomas, conte du Perche, et plusieurs autres nobles de France. Et quant ledit Louys sceut la verité de celle trayson, il leva lui et son siege qui tenoit lors devant Douvre, et bouta soy et son ost dedans la cité de Londres; dont, quant la nouvelle fut sceue, lui fut envoiée de France grant navire par mer garny de gens d'armes et autres choses neccessaires pour lui secourir. Maiz ilz furent rencontrez des Anglois sur la mer et durement s'entrebatirent, tant qu'il y ot plusieurs des François occis et les autres se sauverent par fuite; pour laquelle trahyson ledit Louys fut fort ardant de s'en yssir de Londres pour courir sus aux traitres desloiaulx parjures qui s'estoient contre lui tournez. Maiz il trouva par conseil que, s'il yssoit hors d'icelle cité, il seroit en peril que l'en lui clouyst a son retour les portes de Londres, et que en icellui cas ledit navire de France, qui leans estoit, ne lui pourroit subvenir a son besoing extreme; et partant il se deporta de sondit propos; et tantost, pource que, pour la grant multitude des gens qui y estoient, se trouva ladite cité de Londres affamée de vivres, Gallon le legat, devant nommé, fist appointement entre ledit Louys de France d'une part, et lesdits princes d'Angleterre d'autre, par lequel appointement icellui Louys et ses chevaliers s'en retourneroient en France sans estre prinsonniers, moiennant qu'il jura et promist obeir aux mandemens de saincte esglise; et si y ot aucunes autres secretes promesses qui lors ne furent point revelées. Maiz, se la faulceté des barons d'Angleterre lui eust entretenu sa foy, comme promis et juré l'avoit, icellui Louys en eust glorieusement obtenu la victoire et le royaume ensemble.

(1) Lincoln, capitale du comté de ce nom.

CHAPPITRE XXVe

Faisant mencion de la constance en armes du roy Phelippe et de la dampnable pertinacité des roys d'Angleterre contre leur prince, et de l'augmentacion du patrimoine de la couronne de France, et de la particion des Gaulles, et du testament et de la mort dudit roy Phelippe.

47. La courageuse constance du roy Phelippe qu'il ot a deffendre les droiz de sa couronne chastia si bien la pertinacité des roys d'Angleterre que il les reduisyt par armes au joug de la feaulté qu'ilz lui devoient*; ne oncques icellui roy Phelippe ne mena guerre contre ses vraiz et obeissans vassaulx, ne ne voulut riens usurper de leurs droiz, maiz seulement contre les rebelle[s] et desobeissans fist il aspre guerre et batailla vertueusement pour les droiz et souveraineté de sa couronne conserver; et pour la felonnie de leur desloiaulté reprimer fist il tant de vaillances qu'il en retira les terres devolues a sa souveraineté; car l'orgueil d'Angleterre estoit si fiere qu'elle n'avoit pas fiance en justice divine dont procede toute victoire, maiz seulement se fioit en sa puissance humaine, soy voulant tousjours exempter du joug de subgection françoise, tout ainsi comme toreaux sauvages refusent le lien de servitude sans y espargner effusion de sang humain, ne considerer la fin de leurs mauvaises euvres. Et pource advint il que lesdits Anglois precipitez de leur fol desir amerent plus soubzmectre leurs corps aux mortelz perilz de guerre que daigner confesser de bouche ce a quoy leur

---

* « Nota yci la vaillance dudit roy Phelippe qui surmonta en ses jours l'orgueil des Anglois lors venuz en son royaume de France. »

propre foy et droicturiere justice les obligeoit*. Maiz aussi en eurent ilz le salaire que decepcion et grant orgueil ont acoustumé rendre aux orgueilleux pour retribucion de leur folie. Car ledit vaillant roy Phelippe, que Dieux absolle, les chassa par force d'armes tant vertueusement en ses jours que il leur osta d'entre les mains les duchiez de Normendie et d'Acquictaine, et les contez du Maine, de Thouraine, d'Anjou, de Poictou et d'Auvergne, et les adjoignit au patrimoine de sa couronne; et, d'autre part, y adjoingnit les contez de Vermendois, de Clermont, de Beaumont, de Pontieu, d'Alençon, de Lymosin, de Dammartin, de Mortaigne et d'Aulmalle.

48. Ainsi, Charles tresnoble Prince, vous povez yci veoir quans labours de corps vostredit progeniteur Phelippe soustint en son temps, et quelle constance de courage ** il ot pour amplier, deffendre et acroistre les droiz et souveraineté de la couronne que vous portez. Doncques, par icelle charité et par semblable constance de vertu, vous plaise maintenant embrácer la dignité et chose publicque de vostre royaume et tellement deffendre vostre souveraineré que vous n'y souffrez plus aucum possider ung pié de terre qui ne vous en recongnoisse son souverain. Car en ce est la souveraine felicité de tout, quant le prince garde bien la souveraineté de sa dignité et qu'il venge les injures publicques, et, sans opprimer ses subgitz, il les deffend et tient en bonne justice.

49. Quant je considere que, selon les croniques des hystoriographes, l'ancienne seigneurie de France fut si grande et si espartie qu'elle s'estendit de sa premiere insti-

---

* « Nota yci le grant orgueil et la pertinacité des Anglois. »

** « Nota yci comment ledit roy Phelippe augmenta vertueusement le patrimoine de sa couronne. »

tucion jusques a tresgrant partie de Europe, je ne me puis
assez esmerveiller que de present ses fins et metes soient
si restrains comment ilz sont, si nom que les anciens François, qui en force corporelle et en experience d'armes surmonterent les autres gens, dilaterent si grandement les
termes de leur nacion. Car, en supposant que les montaignes des Alpes fussent ou millieu, ilz firent deux parties
de la nacion de France dont l'une est dicte Transalpine,
c'est a dire oultre les montaignes, et l'autre est appellée
Cisalpine, c'est assavoir deça lesdictes montaignes des
Alpes, laquelle, scelon que baillent les notables acteurs,
a ses termes depuis occident et midi jusques aux Alpes de
septentrion et le cours de la mer Adriaticque procede
d'orient, et y chiet ung petit fleuve nommé en latin Ru-
bico*. Ceste France cisalpine est moult enrichie de riches
citez et de fleuves et se divise par le meillieu d'un tresbon
fleuve nommé le Pau (1), et de ceste region fut des pieça le
nom de France extaint et fut appellé partie d'Ytalie. Maiz
l'autre France ** appellée Transalpine dure de long
depuis les Alpes d'Ytalie jusques a la mer de Bretaigne et
jusques aux montaignes Piraynes qui separent France
des Espaignes, et de large s'estend depuis les fleuves du
Rin et du Rosne jusques a la mer double en quoy ilz
cheent. Et de la premiere institucion des Gaulles, toutes
les citez et les regions depuis midi au costé gauche deça
le Rin, c'est assavoir Brebant, Lorraine, Annonie (2),
Flandres et la noble cité de Coulongne, dont vindrent les

---

* « Nota fluvium Rubiconem. »

** « Nota yci comme les vaillans anciens François augmenterent
le royaume de France et quelles particions et nominations ilz en
firent. »

(1) Le Hainaut.
(2) Ms. : *Lespau.*

trois roys qui nostre seigneur Jhesucrist aourerent petit enffant, furent du corps et de la langue du royaume des Gaulles. Maiz, ainsi que labour continuel en armes rent le corps treffort a porter quelxconques labeurs et le courage prest et hardi a assaillir et a deffendre, et de petiz commencemenz fait la chose publicque devenir tresgrande, pareillement oisiveté et longue volupté, avecques mol nourrissement de corps humain, enervent la vertu corporelle, et rent l'esperit remis et affeibly quant a deffendre ce qui est sien. Et ne doubte point que, par ceste maladie et par la paresse de nos princes passez, a esté ceste Gaule poy deffendue, de laquelle duroit le terme jusques au Rin, qui alors distinguoit le royaume françois d'avecques l'empire. Maiz depuis, poy a poy, par desacoustumance, c'est convertie en nom de nacion de Germanie, tellement que les habitans, qui ores demeurent jouxte ladicte riviere du Rin, ne se dient, ne veulent plus estre nommez François, maiz sont indignez en leurs courages contre ceulx qui aucuneffoiz les y appellent. Or retournons cy a nostre propos dudit roy Phelippe qui tant fut vaillant prince et amoureux de toute justice.

50. Icellui tresnoble roy fut griefvement assailli d'une fievre [*]; et lors, sentant que sa mort approuchoit, donna pour Dieu moult largement de ses richesses, c'est assavoir au roy Jehan d'Acre, cent mille livres pour aider a conquerir la saincte cité de Jherusalem, et autant en laissa il aux Templiers et autant aux Hospitaliers pour icelle mesme cause. En oultre, il commenda que toutes ses robbes precieuses fussent distribuées aux eglises et autres lieux religieux, et mesmement son plus cher vestement,

---

[*] « Nota yci comment ledit vaillant roy Phelippe de France mourut glorieusement et quel testament il fist. »

et deffendit expressement que aucuns de ses vestemens ne fussent baillez ou donnez a heraulx, ne menestriers, ne a jongleurs. Et disoit cellui noble prince que, par son advis, c'estoit moult grand pechié que donner aumosnes a telles manieres de gens. Et, quant son esperit fut separé du corps et que l'on faisoit en France les execques de lui qui en sa jeunesse avoit esté de si louables meurs, et par sa virilité avoit esté si vertueux, et a sa fin s'estoit remonstré si bon catholicque, lors le pappe Honorius (1) fut adverty par ung bon ange du jour et heure de sondit trespas, et pource lui et le college de ses cardinaulx en firent des lors solempneement les exeques en court de Romme. Et ainsi fina ledit tresvaillant prince beneureement ses jours, duquel tres crestien roy, vous tresnobles princes françois, vueillez poursuivre la vie et les bonnes meurs en reverence de Dieu et de saincte eglise, en vaillance d'armes, en zele de justice et en chassement de toute tirannie hors du royaume, se vous desirez parvenir a hault honneur et a bonne fin, ou autrement sera vostre enterrement en deshonneur et a ruyne de vous mesmes et de la chose publicque.

CHAPPITRE XXVIe

Parlant des gestes du roy Louys de France après le trespas dudit roy Phelippe son pere.

51. Loys, filz dudit roy Phelippe de France, extrait de par sa mere de la lignée de Charles le Grant (2), ensuivant

(1) Honorius III, pape de 1216 à 1227, avait été élu en remplacement d'Innocent III, mort le 16 juillet 1216.

(2) Louis VIII, né le 3 septembre 1187, se rattachait à la dynastie des Carlovingiens par sa mère, Isabelle de Hainaut, qui descendait d'Ermengarde, comtesse de Namur, fille de Charles de

en toutes choses les bonnes meurs et les louables gestes dudit Phelippe, son pere, cui Dieu pardoint, fut couronné le roy de France et gouverna le royaume en souveraine equitté et force de courage; et, après sondit couronnement, invada le pays de Poictou et assiegea Chasteau Morant* qui moult estoit fort, et sans longue actente lui fut rendu par composicion d'un appellé Savari de Mauleon, lequel s'en ala o ses gens, et les habitans d'ilecques o l'abbé de Saint Jean d'Angely, en porterent hastivement les clefz audit roy Lois, lequel par après assiegea la Rochelle, ville moult forte dont il fit abatre les murs. Et, combien que ceulx de dedans icelle ville se deffendissent vertueusement, toutesvoies finablement les bourgeois et habitans d'ilecq, qui moult furent lassez et n'avoient aucune esperance d'avoir secours, ouvrirent leurs portes et y receurent ledit roy Louys moiennant qu'il leur conferma leurs privileges. Et ce fait, les Lymosins et ceulx de Pierregort et touz les principaux d'Aquitaine, exceptez les Gascons d'oultre la Garonne, firent serment de feaulté audit roy Louys (1).

52. Maiz le roy Henry d'Angleterre**, qui encor estoit enffant, et les nobles d'icellui royaume lors marriz de la perte dudit pays d'Aquitaine, envoierent a Bordeaulx

---

* « Nota castrum Morzium. »

** « Nota yci la vi^e guerre d'entre les François et les Anglois. »

Lorraine, dépossédé de ses droits à la couronne par Hugues-Capet. Voilà pourquoi il est dit ici que Louis était « extrait de par sa mère de la lignée de Charles le Grant ». Il fut sacré à Reims, le 8 août 1223, avec sa femme, Blanche de Castille.

(1) Henri III ayant refusé l'hommage à Louis VIII pour ses domaines de France, celui-ci entreprit la campagne, dont parle Blondel, dans le Poitou, la Saintonge et le Périgord, qui lui valut le serment de fidélité des seigneurs de ces provinces.

Richard (1), frere puisné dudit Henry, avecques trois cens naves garnies de gens et d'autres choses de guerre, et prindrent ung chastel appellé Macaire (2) et le demollirent, et si assiegerent et assaillirent la Riole (3) moult durement, maiz ceulx de dedans s'en deffendirent vaillamment; dont ledit roy Louys, aiant compassion de leur misere, y envoia tantost son mareschal avecques grant foison de gens d'armes, pour la venue desquieulx ledit Richart d'Angleterre en leva son siege sans avoir loisir d'y recueillir sa grosse artillerie. Et, comme lui et ses Anglois s'en aloient, les François les rencontrerent sur la Deurdeigne, maiz passer ne la porent. Touteffoiz, ilz assiegerent lors le chasteau qui en latin est appellé Lumoliun * (4), et si le prindrent, et ainsi les Anglois, qui en icelle quoue d'Aquitaine estoient encloz, demourerent excluz du royaume de France.

53. Et d'illecques print ledit roy Louys la croix et persequta les hereticques ** dont les pays de Toulouse et d'Albigeois estoient alors empoinsonnez (5), et en extirpa les heresies. Et depuis mena il si aspre guerre a la cité d'Avignon, qui par l'espace de sept ans avoit esté et fut entachiée

* « Nota castrum Lumolium. »
** « Nota comment ledit roy saint Loys de France persecuta les heresies et reduisyt la ville d'Avignon en l'obéissance du pere saint. »

(1) Richard, comte de Cornouaille et de Poitou, né en 1209. C'est lui qui fut élu roi des Romains en 1257, pendant le grand interrègne de l'empire d'Allemagne. Il mourut en 1271.

(2) Saint-Macaire, ch.-l. de canton de l'arr. de La Réole, sur la rive droite de la Garonne.

(3) La Réole, ch.-l. d'arr. de la Gironde, sur la rive droite de la Garonne.

(4) Limeuil, canton de Saint-Alvère, arr. de Bergerac (Dordogne).

(5) Ms. *emprinsonnez*.

de ladite pravité de heresie et dont les courages des habitans avoient obstineement soubstenu et mesprisé les fulminacions et censures de saincte Eglise, que, par force de siege qu'il y tint par eaue et par terre, il les retira et remist en la foy et en l'union de saincte Eglise soubz l'obeissance du pere saint qui lors estoit. Et semblablement toute Prouvence fut par lui et son armée tellement mise a subjection qu'il nectoia ledit pays d'icelle abhominable tache de heresie, et les contraignyt d'obeyr aux mandemens de saincte Eglise. Maiz helas! en icelles parties et oudit temps, par corrupcion de l'air, sourdit une pestilence mortelle dont plusieurs nobles p[r]elaz et princes moururent, et peu en eschappa. Adoncques s'en retourna ledit noble roy Loys vers les parties de France entechié d'icelle pestillence dont il mourut a Montpensier (1). Et tant estoit icellui noble roy chierement amé du clergié, des nobles et de tout le peuple de son royaume pour les vertuz et saincte vie dont il avoit vescu et chastement sans oncques toucher son corps charnellement a autre que a sa femme espouse, que ce fut chose moult piteuse des pleurs et lamentacions qui pour lui furent faiz en France.

(1) Amaury de Montfort, fils de Simon, et héritier de sa conquête, proposa à Louis VIII de lui céder ses droits sur le comté de Toulouse. Le roi accepta sur les conseils du cardinal de Saint-Ange et entreprit cette expédition qui débuta par le siège d'Avignon, dont la durée fut de trois mois (12 juin-10 septembre 1226), et se termina par la prise de possession de Béziers, Carcassonne, Pamiers, Lavaur et Albi. C'est au retour de cette expédition que Louis VIII tomba malade et mourut à Montpensier, en Auvergne, le 8 novembre 1226.

CHAPPITRE XXVII°

Parlant du couronnement du roy saint Loys et des tribulacions qu'il ot au commencement de son regne, et comment il combatit et chassa le roy d'Angleterre lequel avecques Hue, conte de la Marche, s'enfuyt; et comment paix fut reformée entre lesdits deux roys de France et d'Angleterre; et comment icellui roy saint Louys mourut.

54. Après le trespas dudit tres crestien roy Loys, que Dieu absole, Louys son filz fut roy de France couronné a Reins en la fin de l'an xiiij^e de son aage (1), lequel fut de si bonnes meurs et de si saincte vie que ce fut merveille. Maiz ne tarda gueres que plusieurs des princes et barons de tout le royaume françois firent contre lui conspiracion cruele, dont, partie par armes et partie par sa prudence, il rompit leurs entreprinses.

55. Et comme l'en cuidoit que icellui feu fust estaint, resourdi contre lui mesme plus grant debat que par avant. Car le roy Henry d'Angleterre (2), lors secretement alyé

---

(1) Louis IX, né le 25 avril 1215, n'avait que onze ans et demi à la mort de son père; il fut sacré à Reims le 29 novembre 1226. La conspiration des princes et barons, dont il est parlé ici, fut déjouée par l'habileté de sa mère, Blanche de Castille.

(2) Appelé en France par les princes et les barons coalisés contre le jeune roi Louis IX, et principalement par le duc de Bretagne, Pierre Mauclerc, qui se rendit en Angleterre pour solliciter son intervention, Henri III, après s'être fait longtemps attendre, vint débarquer à Saint-Malo, vers Pâques 1230. Il mena les opérations avec beaucoup de mollesse et d'incapacité, et après quelques courses en Bretagne et en Poitou, se rembarqua pour l'Angleterre au mois d'octobre, sans avoir rien fait d'utile pour le parti qui l'avait appelé.

d'aucuns princes de France, rompit sans cause la paix qui
de l'auctorité appostolicque avoit esté par avant faicte et
confermée entre les deux royaumes. Et de fait, fist icellui
roy Henry plusieurs passages en France et s'efforça par
moult de foiz d'y recouvrer les terres et seigneuries que
ses predecesseurs pour leurs desloiaultez et desobeissances
avoient perdues, et lesq lles par decret et ordonnance
du pape avoient esté adjoinctes a la couronne de France.
Maiz icellui roy saint Louys, sachant que son ancien
ennemy allié d'aucuns traystres françois le menassoit,
appella Dieu en son aide a ce qu'il voulsist lui donner
force et vertu de bien deffendre son bon droit. Et fist lors
sa conclusion de chastier premierement sesdits subgitz
qui conjurez estoient o ledit roy Henry, et puis après de
combatre sondit ennemy anglois. Et lors furent faictes et
mises sus deux grans armées l'une de François et l'autre
d'Anglois. Maiz ledit saint Louys s'avança d'assieger et
de fait print le chasteau de Belesme (1) dont l'um desdits
traystres estoit seigneur. Et lors ledit roy Henry d'Angleterre s'efforça d'y resister, maiz il ne pot, ainz en fut
chassé et s'en fouyt *, et retourna par plusieurs foiz en
son pays. Et depuis, pour la confiance qu'il ot avecques
aucuns desdits conjurez, icellui roy Henry et Richart
son frere, avecques Hugues, conte de la Marche, qui estoit
l'um de ses alliez devant nommé (2), entrerent ou pays de

---

* « Nota yci comment Henri, roy d'Angleterre, et Richart son frere
s'enfuyrent, et avecques eulx Huon, conte de la Marche. »

(1) La prise du château de Bellesme, ch.-l. de canton de l'arr.
de Mortagne (Orne), eut lieu en 1229, avant l'expédition de
Henri III en France. Ce n'est donc pas ce roi qui résista à
Louis IX.

(2) Hugues, comte de la Marche, avait, après la mort de Jean-
Sans-Terre, épousé Isabelle d'Angoulême que ce roi lui avait

Poictou. Maiz ledit sainct Louys les y combatit et vainquit vaillamment a grande effusion de leur sang. Et s'en fuyrent de rechief ledit roy Henry et les siens honteusement, et lors se print icellui saint Louys a chastier lesdits traistres par le menu; dont ledit Hugues, conte de la Marche, rendit soy, sa fenme, ses enffans et tout ledit pays de Poictou a la voulenté d'icellui tresnoble prince, lequel de sa grace pardonna le cas a d'aucuns et en punit des autres, ainsy qu'ilz l'avoient desservy.

56. Et, quant ledit roy Henry se vit ainsi desconfit en bataille et qu'il congnut par experience qu'il n'estoit mie si puissant ne si vaillant en armes comme estoit ledit saint Louys, qui pour la deffence de son royaume ne craingnoit labour corporel et desja l'avoit plusieurs foiz chassé hors de son royaume, et que, par force d'armes, il n'y povoit riens entamer, s'avisa et print conseil que s'il ne trouvoit maniere d'accord avecques ledit saint Louys, icellui saint Louys pourroit quelque foiz passer en Angleterre et ilecques prendre de lui vengence finale a la destrucion totale dudit royaume d'Angleterre, et pour ce procura de faire une paix fourrée telle comme il s'ensuit* : c'est assa-

* « Nota yci la viie refformacion de paix faicte entre le roy sainct Louys de France et ledit Henri, roi d'Angleterre, par laquelle ledit Henri ceda tout le droit qu'il pretendoit avoir ou duchié de Normendie et en toutes les autres seigneuries de France, excepté en aucuns eveschiez cy endroit declairez, moiennant certaine finance qu'il en receut. »

enlevée en 1200, le jour même où il allait la prendre pour femme. Il était ainsi devenu le beau-père de Henri III. La guerre de 1241-1242, qui n'est ici qu'indiquée, tourna à la confusion d'Hugues et de Henri III, qui furent battus au pont de Taillebourg et à Saintes. Hugues fit immédiatement sa soumission. Quant à Henri, il signa à Bordeaux, le 7 avril 1243, une trêve de cinq ans avec la France, par laquelle il laissait à Louis IX la possession du nord de l'Aquitaine jusqu'à la Gironde avec l'île de Ré.

voir que ledit Henry, du consentement dudit Richart, son frere germain qui s'appelloit roy des Rommains, et par le conseil des prelaz, des princes et des nobles, mesmement du conte de Clocestre et de plusieurs sages hommes d'Angleterre, s'en vint en France et fist avecques le roy saint Loys appointement et transaction parquoy il ceda, quicta et delessa perpetuellement audit saint Louys et a ses successeurs roys de France, touz et chascuns les droiz qu'il pretendoit avoir ou duchié de Normendie et es contez d'Anjou, du Maine, de Touraine et de Poictou et en tous leurs fiez sans aucune chose en retenir, sauf que, pour oster tout scrupule de conscience, ledit roy sainct Louys lui fist nombrer et paier, combien qu'il n'y fust en rien tenu, grant somme de finance pour cause du patrimoine que son ayeul le roy Phelippe et le roy Louys son pere avoient acquis par juste tiltre. Et oultre donna et assigna ledit roy saint Louys grandes et amples pocessions aux eveschiez de Limoges, de Pierrigort, de Xaintes et de Bordeaulx; maiz ce fut par telle condicion expressement apposée que icellui roy d'Angleterre tiendroit de lui en fié, comme son homme lige, c'est assavoir Bordeaulx et toute la Gascoigne (1). Et pour icelle cause ledit roy de Angleterre, comme duc d'Acquitaine et per de France, fut escript en la matricule des barons françois. Et delors en après, ledit roy saint Louys, jusques a son trespas, et Phelippe, son filz, gouvernerent après lui le royaume de France en paix et sans turbacion de guerre.

(1) Il s'agit ici du traité d'Abbeville, 20 mai 1259, par lequel Louis IX restituait à Henri III le Limousin, le Périgord, une partie de la Saintonge, avec la suzeraineté sur l'Angoumois et la reversibilité de l'Agénois et du Quercy, à condition que de son côté Henri renoncerait à ses prétentions sur la Normandie, l'Anjou, le Maine, la Touraine, le Poitou, le reste de la Saintonge, reconnaîtrait la

CHAPPITRE XXVIIIe

Parlant de Phelippe roy de France qui fut filz du roy saint Louys.

57. Après le trespas du roy saint Louys (1), Phelippe, son filz, qui moult fut vaillant et de noble courage, pour le droit du royaume de sondit pere, guerroia fort les hereticques d'Albigeois, et ceulx d'Arragon. Cestui Phelippe eut deux filz d'une noble dame qui fut nommée Ysabeau, dont l'ainsné fut nommé Phelippe le Bel, et l'autre fut appellé Charles, conte de Valois. Celui Phelippe posseda le royaume de France paisiblement et sans y avoir ennemis en son temps.

---

suzeraineté de Louis pour tout ce qu'il possédait en France, moyennant quoi il serait rétabli pair de France comme duc de Guyenne.

(1) Saint Louis mourut de la peste à Tunis, le 25 août 1270. Son fils et successeur, Philippe III le Hardi, né le 1er mai 1245, épousa, le 28 mai 1262, Isabelle d'Aragon, fille de Jacques Ier, roi d'Aragon, et d'Yolande de Hongrie, et mourut à Perpignan le 5 octobre 1285. Outre les deux fils qui lui survécurent, il en eut deux autres, Louis et Robert, qui moururent jeunes.

CHAPPITRE XXIXe

Parlant du roy Phelippe le Bel, comment le roy Edouart d'Angleterre lui fist hommage lige pour le duchié d'Acquitaine et renouvela la paix qui par avant avoit esté faicte entre le roy saint Louys de France et le roy Henry d'Angleterre; et comment icellui Eudouart rompit depuis ladite feaulté et gasta le pays de Normendie, et fut par après appellé a comparoir en la court de parlement sur les dommages qu'il(z) avoit faiz contre sa foy; et comment par son orgueil il ama plus renoncer aux seigneuries qu'il tenoit en France dudit roy Phelippe que soy rendre subgit a ladite court de parlement, et depuis fist guerre audit roy Phelippe.

58. Quant le roy Phelippe(1), filz du roy saint Louys, fut mort et son filz Phelippe le Bel fut couronné roy de France, Edouart(2), lors roy d'Angleterre, sur ce appellé par les editz fist la foy et hommage* audit Phelippe le Bel

---

* « Nota yci comment Edouart, roy d'Angleterre, fist foy et hommage lige au roy Phelippe le Bel de France pour le duchié de Guienne. »

(1) Philippe IV, dit le Bel, né en 1268, n'était âgé que de dix-sept ans lorsqu'il succéda à son père; il épousa, le 16 août 1284, Jeanne, fille et héritière de Henri Ier, roi de Navarre, comte de Champagne et de Brie, et de Blanche d'Artois, et mourut le 29 novembre 1314.

(2) Edouard Ier, né le 17 juin 1239, roi d'Angleterre après son père Henri III, 16 novembre 1272, mort le 7 juillet 1307, avait épousé en 1234 Eléonore de Castille, morte le 27 novembre 1290, et le 8 septembre 1299, Marguerite, fille de Philippe III le Hardi, et par conséquent sœur de Philippe le Bel, morte en 1319.

pour le duchié d'Acquitaine, et si fut confirmée entr'eulx la paix et l'aliance qui par avant avoient esté faictes entre le roy saint Louys, d'une part ; et le roy Henry d'Angleterre, d'autre ; et, en ce faisant, icellui roy Edouart promist et jura sollempnellement que pour les temps lors avenir, il seroit loial vassal aux roys et au royaume de France(1).

59. En celui temps, pour une trayson perpetrée par aucuns templiers, fut prinse et demolie la cité d'Acre par les ennemis de la foy, et y furent les crestiens de dedans piteusement occis(2). Laquelle chose venue a la notice du pape qui lors estoit, il escripsit lettres aux prelatz de France qu'il n'estoit riens plus utile, ne plus salutaire que d'aller secourir a la terre sainte. Et lors fut tenu grant conseil par la deliberacion et conclusion duquel fut dit que pour le salut de la terre sainte estoit expedient de labourer ad ce que paix universelle fust refformée entre tous les princes de la crestienté, affin que, toutes haines cessans, la chevalerie crestienne soubz l'ayde divin peust ladicte terre sainte delivrer des mains des mescreans. Et lors ledit roy Edouart, enyvré de la fraulde d'Angleterre, assembla grant navire et grant armée sur la mer, tant d'Anglois que de Gascons, faignant vouloir comme les autres princes crestiens aller sur les Sarrazins. Maiz il tourna * la peaulte de sa desloiaulté comme traytre contre Dieu et sa saincte foy et s'en vint descendre a la Hogue de Saint Vast en Costentin, et se print a mectre le pays de

---

* « Nota de la vııı^e ronpture de paix faicte par Edouart, roy d'Angleterre, et de la vııı^e guerre qui s'en ensuyt. »

(1) Cet hommage fut rendu par Edouard Ier le 5 juin 1286.
(2) La ville de Saint-Jean-d'Acre, seule possession que les chrétiens eussent conservée en Palestine, fut prise par le sultan d'Egypte le 18 mai 1291.

Normendie a gast(1), ravissant tous les biens, comme larron et depopulateur de la chose publicque, boutant le feu et brulant bonnes villes et pays champestres, et si en captiva et emprinsonna les pouvres laboureurs et autres gens armez et non armez dont il fit occire grant partie piteusement, et autant en fist il vers la Rochelle et en Poictou; et, quant il y ot assez pillié, si s'en retourna vers Angleterre soillié de sang humain et chargé de la praye des biens qu'il n'avoit pas gaingnez, et partant fut soubdainement muée la liesse et doulceur de paix devant traictiée en paour et en gemissemens piteux et inopinez sur lesdits pays, dont griefves plaintes furent portées et presentées audit roy de France Phelippe le Bel duquel il estoit homme lige et subgit.

60. Adoncques ledit bon roy Phelippe, desplaisant et triste de la desolacion de Normendie et de Poictou, manda tantost audit Edouart, qui estoit son homme lige, et a ses lieutenans en Gascoigne, qu'ilz rendissent en ses prinsons a Pierregort les ravisseurs, les boutefeuz et les murtriers qui felonnement avoient tourmenté son royaume et son peupple, affin qu'ilz en fussent puniz comme de crimes publicques selon droit. Maiz ledit Edouart * subgit desloial, sur ce deuement requis d'en venir a amendement, n'y daigna obeir. Et pour ce, ledit roy Phelippe le Bel y envoia messire Raoul de Nueilly, chevalier et mestre de sa chevalerie, lequel print et saisit en sa main, ainsi que de droit faire le devoit, toute la Gascoigne. Et neantmoins,

---

* « Nota ici comment ledit roy Edouart renomcia a toutes les seigneuries qu'il tenoit de la couronne de France. »

(1) Robert Blondel confond ici l'expédition d'Edouard Ier avec celle d'Edouard III, qui, en 1346, débarqua dans le Cotentin. La guerre dont il est ici question n'eut lieu qu'au sud de la Loire.

fut ledit Edouart par les editz de droit adjourné en parlement pour y respondre sur lesdits malefices ainsi par lui perpetrez contre son seigneur, comme dit est. Maiz icellui Edouart, perseverant comme obstiné en son orgueil, fut si presumptueux qu'il manda audit roy Phelippe le Bel qu'il lui renonçoit et lui quictoit entierement toutes et chascunes les seigneuries et droiz quelxconques qu'il tenoit de lui et de la couronne de France, et que son entencion estoit en brief de les reconquester par armes et aproprier toutes a soy, avec d'autres ou royaume de France, sans qu'il daignast riens tenir de luy. Et des lors lui fist signiffier deffiances non mie de juste guerre, maiz de depopuler son pays, de ravir tout ce qu'il pourroit, d'y bruler villes et champs, et d'y excercer toutes manieres de guerre a feu et a sang (1).

(1) Ce nouveau différent entre la France et l'Angleterre est très inexactement raconté. A la suite d'une querelle entre deux matelots des deux nations qui éclata à Bayonne, les Anglais, ouvrant les hostilités, avaient pris et pillé un grand nombre de navires français et surpris La Rochelle. Philippe-le-Bel cita les coupables à comparaître à Périgueux devant son sénéchal et ordonna le séquestre d'un certain nombre de places de la Guyenne. Les Anglais répondirent par des violences exercées sur les officiers du roi. Edouard cité à comparaître devant Philippe-le-Bel pour rendre compte de ces méfaits se fit représenter par son frère Edouard, comte de Lancastre. Un accord fut cependant ménagé par Blanche d'Artois, Jeanne de Navarre, sa fille, femme de Philippe-le-Bel, et Marie de Brabant. La *terre de Gascogne* devait par pure forme être remise à Philippe, qui, satisfait de cette soumission, la rendrait à Edouard. Mais Philippe fit occuper toute la Guyenne par ses troupes que commandait Raoul de Nesles, connétable de France, et refusa de la rendre. De là une guerre qui se prolongea jusqu'en 1297, date à laquelle une trêve fut conclue. La paix fut enfin signée à Montreuil-sur-Mer, juin 1299, d'après une sentence arbitrale du pape Boniface VIII. La Guyenne était rendue à Edouard qui épousait Marguerite, sœur de Philippe, et fiançait son fils, le futur Edouard II, à Isabelle, fille du roi de France.

61. O felonnie cruele*! O rebellion dampnable faicte de subgit a son seigneur en abhominacion horrible de Dieu et des hommes! que la desverie t'esmeut de plus vouloir par desobeissance te despoillier de si riches seigneuries, comme tu tenoies en paix et sans debat, pour les cuider recouvrer par fureur de glaive, en subversion piteuse de la chose publique! O presumpcion intollerable! aymes tu mieulx te soubzmectre aux dangereux dangiers de guerre, en perilleuse perdicion de ton ame et abandonnement de ton honneur, que de garder par vraye obeissance plaisant a Dieu la foy et loiaulté que tu as volumtairement jurée et promise a ton seigneur. O cruel tirant! a ceste foiz te despoilles tu de la belle robbe de justice, et bannis de ton cueur toute pitié, quant sans raison rompis l'aliance que tu devoies entretenir avecques ton souverain prince, et lui denyas rendre l'obeissance que jurée lui avoies. Et plus as choisy a toy exposer aux perilz de perdre corps et ame avecques tous les autres biens que d'acomplir le devoir de ton obligacion, par laquelle tu estoies tenu de deffendre la vie et honneur d'icellui, dont, sans le t'avoir desservy, tu t'es en trayson constitué persecuteur; et de ce ne se tairont pas les livres qui en parleront après tes jours en ignominieulx opprobre et reprouche perpetuel de toy et des tiens. Je te demande, Edouart, qui reparera les dommages que ta cruaulté a faiz en empeschant, rompant et retardant le recouvrement de la terre saincte et la redducion de peuple infini a la saincte foy de Jhesucrist? Certes il n'est pas a croire que Dieux souffrist longuement tant de maux, impugniz, et pource quiconques desormais se constituera adversaire de toy et des tiens pour pugnir soubz la puissance divine tes malefices,

---

* « Nota yci une invective contre la tirannie dudit Edouart. »

et afin que les pays que tu as opprimez puissent demourer en paix, sera digne de louyer souverain. Car il n'est rien plus salutaire aux hommes ne plus acceptable a Dieu * que de persecuter deuement ung tel tirant comme toy, Edouart, qui t'es constitué pirate de mer, gasteur de pays, ravisseur publicque, violateur d'eglises, depopulateur de champs, embraseur de villes et de chasteaulx, murtri[e]r cruel et captiveur de gens sans mercy. Que faiz tu en Normendie ** ? Que faiz tu vers la Rochelle ? Que faiz tu en l'isle prouchaine d'ilecques que tu brulas et en emportas tous les biens ? Que feis tu a Baionne et en plusieurs autres lieux dont les rapines et dommages que tu y perpetras furent innombrables, et que s'en est il ensuy (1) ? Certes ledit Phelippe le Bel affin de deffendre ses subgitz desdictes tirannies imposa certain tribut, c'est assavoir pour la premiere foiz le centiesme et puis apres le cinquantiesme de tous les biens tant de son clergié que de son peuple sans difference, dont le peuple pour si grant charge fut seduit, et de fait tua a Paris et a Rouen ceulx qui y

* « Nota que c'est grant sacrifice que de faire deuement mourir ung tirant. «

** « Nota ycï des invasions et dommages que fist ledit roy Edouart en diverses parties de France. »

(1) Nous avons dit qu'il n'y eut point d'invasion anglaise en Normandie ; mais une flotte de vaisseaux normands chargés de vin fut détruite par les Anglais, et de là vient sans doute la confusion de l'auteur. La Rochelle avait été surprise et pillée, 1293. « L'île prouchaine d'ilecques » est l'île de Ré que le texte latin nomme *insula Dura*, et dans laquelle les Anglais firent une descente en 1295. Quant à Bayonne, elle était restée la derniere place possédée par les Anglais ; les Français la leur enlevèrent, mais les Anglais la reprirent en 1296.

cueilloient ledit impost dont les aucuns furent capitalement pugniz (1).

52. Maiz le roy fut fort mal content de ce que le pappe Boniface ne lui voulut donner auctorité de lever ledit impost sur le clergié. Et pour ce fut icellui pape tenu en France pour suspect de heresie et de simmonye, et, en l'assemblée des prelaz et des nobles de France, fut il aussi reputé pour coulpable de la mort de ceulx qui en cueillant ledit impost avoient esté tuez, comme dit est. Et en icelle assemblée fut conclut que l'en n'obeyroit plus aux mandemens d'iceluy pappe, jusques a tant qu'il se fust purgié en consille general de l'eglise militant des crimes qui lui estoient imposez. Et avecques ce ledit roy Phelippe le Bel et les prelatz de son royaume, craignans vray semblablement que icellui pappe les voulsist grever par censures injustes et affin qu'il ne le fist, appellerent de luy au saint concile general lors prouchain avenir. Maiz ledit pappe Boniface, craignant l'impetuosité du cardinal de la Couloigne (2) et d'aucuns autres ses emulateurs et ennemis capitaulx, ne voulut pas convoquer ledit general concile; ains, quand il sceut que le roy et sesdits prelaz estoient indignez contre lui, il envoia en France ung legat, afin qu'il examinast les desobeissans a lui et qu'il mist l'interdit ecclesiastique ou royaume de France. Lequel legat venu a Treues en Cham-

---

(1) Sur l'émeute qui eut lieu à Rouen, en 1292, à l'occasion des aides mises sur les denrées, et principalement sur le sel, et qui fut suivie d'une dure répression et de la suspension de la Commune pendant deux ans, voir A. Chéruel : *Histoire de Rouen pendant l'époque communale*, t. I, p. 193-196.

(2) La puissante famille des Colonna était en lutte avec le pape Boniface VIII. Deux cardinaux appartenant à cette famille, Pierre et Jacques, s'étaient opposés à son élection ; il les déposa plus tard de la dignité de cardinaux.

paigne fut emprisonné durement par les officiers du roy Phelippe et tellement fut injurié qu'il en devint freneticque, dont icelui pape mourut de courroux ou chasteau de Saint Ange a Romme. Et fut Clement (1), son successeur ou papat, qui declaira par sentence ledit roy Phelippe et ses adherens n'estre point coulpables; maiz, en tant que mestier estoit, leur donna le benefice d'absolucion a l'umble requeste d'icellui roy, combien que j'aye leu par escript que ledit pappe Boniface fut deffendu par ung chevalier françois, ou nom d'icellui roy Phelippe le Bel, contre les invasions temeraires qui lui furent faictes de ceulx de Coulongne, et que, après ce que ledit chevalier l'en ot osté et remis en la chaire de monseigneur saint Pierre a Romme, il donna a ung cardinal, nommé Mathieu, commission et puissance de extirper toute matiere de discencion entre lui et ledit roy Phelippe le Bel (2).

63. Cestui Phelippe le Bel, au commencement de son regne, tint autres manieres de regner que n'avoit fait l'autre Phelippe, dont cy devant est parlé, qui tant fut vaillant et vertueux. Car icellui Phelippe, devant nommé, commença a regner par grande et forte execucion d'œuvres

(1) Bertrand de Goth, archevêque de Bordeaux, qui fut pape sous le nom de Clément V, de 1305 à 1314, et transféra le siège de la papauté à Avignon.

(2) Ce récit de la querelle qui éclata entre Boniface VIII, pape de 1294 à 1303, et Philippe-le-Bel, à l'occasion des impôts mis par ce dernier sur le clergé de France, est complètement étranger au but que Robert Blondel se propose dans son *Oratio historialis;* mais il saisit avec empressement cette occasion de défendre les immunités ecclésiastiques. Il aurait dû au moins présenter les faits d'une manière plus complète et plus exacte. Qu'il nous suffise de renvoyer, pour ce hors-d'œuvre, à Pierre Du Puy : *Histoire du différend entre le pape Boniface VIII et le roi de France Philippe-le-Bel,* et à Baillet : *Histoire des démêlés de Boniface VIII et de Philippe-le-Bel.*

dignes de louenges pardurables, en relevant et deffendant l'église des oppressions qu'elle souffroit lors, dont (1) il la rendit exempte et quicte. Et, quant il voulut passer oultre mer, il ordonna par testament que ce seroit aux despens du patrimoine de sa couronne bien dispencé, afin que son peuple ne fust par tailles aucunement angarié ne chargié. Et si ordonna que si sondit patrimoine n'y pouvoit suffire, son peuple en icellui cas pour la neccessité publicque y contribueroit par atrempée cueillecte, sans exaction excessive, dont les deniers seroient loiaument distribuez sans fraulde. Et aussi en ses menuz afferes se monstra Dieu a lui propice mesmement par miracle tout evident, dont a esté parlé cy devant ou quinziesme chappitre, ou il est dit que icellui roy Phelippe, voulant passer lui et ses gens a gué oultre la riviere de Loire pour aller devant Tours, gecta sa hache en l'eaue par ou n'avoit oncques homme passé, mais le cours d'icelle riviere si s'arresta tellement que lui le premier et ses gens après lui la passerent sans peril. Maiz par le contraire cestui roy Phelippe le Bel, au commencement de son regne, fist l'eglise tributaire et serve et si exigea de son peuple greves et importables tailliées dont il mena ses guerres et non pas de deniers venans de son patrimoine. Et pour ce est il a doubter que pour icelles offences la majesté divine ait souffert ou permis ce royaume françois estre depuis pugny par guerres, et que cedit Phelippe le Bel ait esté privé de g[e]neracion masculine de son corps issant, et qu'il ait été persecuté des enffans issuz de ses filles, comme fut le roy David par Absalon, son filz, pour le pechié que icellui David avoit commis en la mort de son chevalier Urie.

(1) Ms. *doncques*.

64. Maintenant, après ce que je me suis ung pou diverti de mon propoux, faiz ge ycy une telle persuasion aux princes : c'est assavoir que, si aucun desire obtenir victoire de ses ennemis, besoing lui est sur toutes choses d'obeir aux mandemens de nostre seigneur Jhesucrist et de ses vicaires, et bien se garde d'enfraindre les franchises et libertez de l'eglise, maiz a son povoir la deffende d'oppression. Car il est escript ou *Livre des Nombres* que Dieu commanda par exprès les gens d'eglise estre tenus francz; et, combien que le roy Pharao d'Egipte eust fait edit general que toutes manieres de gens fussent contrains de luy paier la quinte partie de tous leurs biens, toutesvoies en furent les prestres laissiez quictes et paisibles. Car qui touche aux prebstres touche la prunelle de l'ueil de Jhesucrist, dont il ne laisse jamais les transgresseurs longuement sans pugnicion. Et pourtant, qui vouldra mener guerre, si la face a juste tiltre et a ses propres coustz et despens, sans riens exiger de ses subgitz, si non en extreme neccessité. Et qui en ce point combat de bon cueur pour la chose publicque, il a communement Dieu a son ayde et lui en vient bien et honneur; maiz aussi, qui fait l'opposite, Dieu et fortune communement luy nuysent.

CHAPPITRE XXXe

Parlant du mariage d'entre Edouart le jeune, filz du vieil Edouart d'Angleterre, d'une part, et Ysabeau, fille du roy Phelippe le Bel de France, d'autre, et de la renonciacion qui lors fut faicte par le moien dudit mariage de la paix qui par avant avoit esté traictée entre le roy saint Louys de France et le roy Henry d'Angleterre, dont ci devant a esté parlé; et comment icellui Edouart le jeune par singuliere convencion ceda et quicta a Phelippe de France, filz dudit Phelippe le Bel et frere germain de la dicte Ysabeau, tout le droit qu'il pretendoit avoir ou duchié de Normendie, moiennant certaine grant somme de pecune que icelui Edouart en receut; et depuis parle de la mort dudit Phelippe.

65. Après la diverse praie et pillerie d'Acquitaine, dont dessus est parlé, l'orgueil dudit Edouart congnoissant par experience que sur l'immense convoitise qu'il avoit eue d'y dominer fortune lui estoit contraire, il refraingnit son fol courage, et lui lassé de la guerre desira fort d'estre marié avecques la seur de Phelippe le Bel, ce que finablement il obtint a ses grans prieres. Et, en faveur d'icellui mariage, ledit Phelippe lui restitua le duchié d'Acquitaine qu'il avoit par avant conquesté par deffaulte d'obeissance de son homme lige qui l'avoit perdu, et si lui bailla le conté de Pontieu pour le douaire de sadite seur (1).

* « Nota ici la vIII[me] refformacion de paix entre Philippe le Bel et l'ancien Edouart. »

(1) Traité de Montreuil-sur-Mer conclu en 1299. Marguerite de France, fille de Philippe III le Hardi et de Marie de Brabant, épousa Edouard Ier d'Angleterre le 8 septembre 1299 et mourut en 1317.

Et, en ce faisant, ledit Edouart eut aggreable la convencion et l'appointement*, dont dessus est parlé, qui par avant avoient esté faiz entre le roy saint Louys de France et le roy Henry d'Angleterre, et par ce moien recouvra il les seigneuries qui, par faulte d'en rendre le devoir de feaulté, avoient esté perdues, et en fist de rechief les seremens d'omme lige, et, voulsist ou nom, en recongnut ledit roy Phelippe en son seigneur souverain, et par serement sollempnel obligea soy et ses hoirs d'en rendre perpetuellement et loiaument les devoirs d'obeissance a lui et a ses successeurs roys de France. Et lors ledit jeune Edouart delessa les armes et la guerre, qui par mauvaistié de son dit pere avoient esté prinses contre raison en exterminacion des choses publicques. Et, vivant ledit vieil Edouart son pere, icellui jeune Edouart, yssu de la seur dudit Phelippe, fut roy d'Angleterre. Et afin que l'acord et appointement par avant fait avecques l'autre Edouart son pere demourassent a tousjours, l'autre moindre Edouart fut marié a dame Ysabeau de France, fille dudit Phelippe le Bel, auquel il fist lors foy et hommage lige des duchié d'Acquitaine et conté de Pontieu (1).

66. Et poy de temps après ce que la paix fut ainsi renouvellée et jurée par entreulx, comme dit est, ledit roy Phelippe eut trois beaux fils legitimes dont l'ainsné fut Louys qui fut roy de Navarre, le second fut Phelippe, conte de Poictou, et le tiers fut Charles, conte de la Marche, lesquieulx trois filz icellui Phelippe, leur pere, fist chevaliers

---

(1) Edouard II, fils d'Edouard Ier et d'Eléonore de Castille, naquit le 25 août 1284, succéda à son père le 7 juillet 1307, et fut mis à mort le 25 janvier 1327. Il avait épousé, le 22 janvier 1308, Isabelle de France, fille de Philippe le Bel et de Jeanne de Navarre, née en 1292, morte le 31 novembre 1357.

a ung jour de Penthecoste (1) en l'eglise de Notre Dame de Paris. Et, pour la grant sollempnité d'icelle feste, fut la ville de Paris tendue, et se fist ledit roy Phelippe plusieurs grans dons et ung convy merveilleux et plantureux, ouquel il fut acompagnié de sesdits trois filz et de sondit gendre, roy d'Angleterre, et de ladicte Ysabeau, sa fille, et de grant nombre de noble chevalerie et escuyerie, et d'autres moult sollempnelles personnes dont il fut grandement honoré et servy. Et, le mercredi ensuivant (2), ledit roy Phelippe et ses dits trois filz et son dit gendre roy Edouart, et les nobles hommes des deux royaumes de France et d'Angleterre, d'um commun assentiment jurerent de faire passage oultre mer pour delivrer la terre sainte et la cité de Jherusalem des mains des mescreans qui y habitent. Et, en icellui mesme jour, ung cardinal (3), lors legat du pere saint quant a ce, bailla la croix et donna benedicion appostolicque ausdits deux roys trespuissans, dont la force peust avoir fait biens merveilleux, se leur dicte aliance se fust loiaument et longuement entretenue. Et lors, sans remors de haines passées, conferoient amiablement ensemble les chevaliers, les vaillans hommes de France et d'Angleterre d'aller sur lesdits mescreans, et a ce faire exhortoient vertueusement et joieusement l'um l'autre sans y espargnier corps ne biens. Et, en ce faisant s'entre disoient ainssi : « N'est ce pas plus saincte chose a nous crestiens de mourir en voye de salut, en combatant contre (4) la saincte foy catholique et pour delivrer la

---

(1) Le 3 juin 1313.
(2) Le 6 juin 1313.
(3) Le continuateur de Guillaume de Nangis l'appelle le cardinal Nicolas.
(4) *Contre* est évidemment une inadvertance du traducteur.

terre saincte des mains de ses mastins mescreans qui la chevauchent, que par ambicion de dominer et convoitise d'avoir adventurer noz vies a combatre les ungs contre les autres en peril de pardurable dampnacion ? »

67. Et devant que ledit Edouart s'en partist pour s'en aller en Engleterre, il ceda et renomcia* franchement et purement audit Phelippe de France, son serourge, et a son prouffit, a tout et tel droit comme il pretendoit lors avoir ou duchié de Normendie et en toutes et chascunes ses deppendences, moiennent certaine somme d'or qu'il en receut dudit Phelippe, son serourge. Et, quant la reconciliacion d'iceulx deux roys fut publiée, furent les habitans de France moult esjouys et en rendirent graces a Dieu, esperans que, par le mariage de ladicte Ysabeau de France avecques ledit Edouart, il[z] deussent avoir paix qui a tousjours durast. Maiz il fut cause et matiere de nouveau debat et de guerre cruelle engendrant racine de tous maulx, dont lesdits deux royaumes s'entresont depuis tousjours guerroiez sans appaisement y avoir. En après, fist Phelippe le Bel grant armée contre les Flandrois, qui lui estoient rebelles, et vaillamment les subjuga trois foiz en grant effusion de leur sangc. Une autre guerre sourdit depuis entre lesdits Flandrois et le conte d'Artois qui en succunba par bataille (1); et a la poursuite

* « Nota yci comment Edouart, gendre du roy Phelippe le Bel, lui ceda et quicta tout le droit qu'il povoit pretendre en Normendie et y renomça sollempnement. »

(1) De 1297 à 1304, une première guerre avait eu lieu avec la Flandre, qui avait alors pour comte Guy de Dampierre. Elle fut marquée par la victoire de Furnes, 1297, la défaite de Courtray, 1302, où périt Robert d'Artois, et la victoire de Mons-en-Puelle. Le résultat fut la réunion à la France de la Flandre wallonne. En 1313, le comte Robert, prétendant que la Flandre wallonne n'avait été livrée qu'en

dudit Phelippe, furent tous les Templiers par l'auctorité de l'eglise brulez en ung mesme jour et leur ordre abolie pour cause de certaine et secrete heresie dont leur vie estoit soilliée ordousement (1). En cellui temps fut richement fait et ediffié le beau palais roial dudit Phelippe, dont la cité de Paris fut et encor est de moult plus grant magnifficence que par avant; et finablement, comme dit Jehan Bocace, ledit Phelippe fut tué d'um sanglier en chassant en ung bois. Et aucuns autres dient que ce fut par une merveilleuse cheoite qu'il souffrit en Gastinois, comme il s'esbatoit a chasser (2).

CHAPPITRE XXXIe

Parlant de la mort d'Enguerran de Marrigny, qui estoit principal conseiller dudit feu Phelippe.

68. En cellui temps pendant, fut accusé Enguerran de Marrigny d'avoir commis crime de trayson et de larrecin; car, pour son orgueil intollerable et desrobement de la chose publicque, Charles, conte de Vallois, frere germain

---

garantie des 200,000 livres d'indemnité de guerre stipulée par le traité de 1305, en réclama la restitution, se fondant sur ce que cette somme avait été payée. Philippe fit saisir les comtés de Nevers et de Rethel, qui appartenaient à Robert de Flandre et à son fils, et ceux-ci assiégèrent Lille. La guerre traîna sans événements notables jusqu'en l'année 1320, où un accord intervint entre le roi Philippe-le-Long et le comte Robert III.

(1) Les Templiers furent tous arrêtés le même jour, 13 octobre 1307, mais non « brulez en ung mesme jour ». Clément V fit prononcer l'abolition de l'ordre au concile de Vienne, 22 mars 1312; l'abolition fut publiée le 3 avril suivant.

(2) Philippe le Bel mourut à Fontainebleau le 29 novembre 1314.

du roy(1), l'avoit en indignacion, et, en la presence de ses trois nepveux, fist proposer contre lui qu'il avoit imposé sur le peuple tresgreves taillées et tribus dont il avoit extorqué or infini et converti pour la pluspart en ses propres et privez usages, et qu'il avoit en outre, fraudeusement et par voyes exquises, seduit et induit le roy a lui donner et conferer plusieurs fiefz et dommaines appartenans a la couronne, en traysant et desrobant par diverses fassons et fictions le roy et son royaume de France. Pour occasion desquelles choses, icellui Enguerran, lors eslevé en si hault honneur que la majesté roial se gouvernoit a son seul plaisir, fut tantost jugié et mené pendre au gibet de Paris ou son corps fut mengié des oyseaulx du ciel, qui des delices royaulx avoit esté nourry et de robbes de pourpre si chierement paré (2).

(1) Charles, comte de Valois, fils de Philippe le Hardi et d'Isabelle d'Aragon, né en 1270 et mort le 16 novembre 1325, fut la souche de la branche des Valois. Il eut de sa première femme, Marguerite de Sicile, qu'il avait épousée le 16 août 1290, Philippe VI de Valois, qui succéda, en 1328, à Charles IV le Bel.

(2) Après la mort de Philippe le Bel, une réaction féodale eut lieu contre le despotisme du feu roi et s'en prit à ceux qui en avaient été les instruments. Un des plus détestés était un chevalier normand, Enguerrand de Marigny, qui avait eu, comme favori de Philippe, la haute main dans les affaires publiques. Le peuple le détestait surtout parce qu'on lui attribuait les mesures fiscales dont on avait tant souffert sous le règne précédent. Mis en accusation et poursuivi par la haine de Charles de Valois, il fut condamné au supplice et pendu, le 30 avril 1315, au gibet de Montfaucon que lui-même avait fait construire.

CHAPPITRE XXXIIe

Parlant du regne de Loys Hutin, premier filz du roy Phelippe le Bel.

69. Loys Hutin, roi de Navarre (1), filz ainsné du roy Phelippe le Bel, après la mort de sondit pere fut roy de France par l'espace de neuf mois, et a son trespas delessa la royne nommée Clemence, sa femne, grosse d'un filz qui après sa naissance eut nom Jehan et ne vesquit que neuf jours, et par ce ne lui demoura aucun heritier de sa char si non seulement une fille, nommée Jehanne, qui estoit yssue d'une autre femme que ledit feu Louys Hutin, son pere, avoit espousée par avant ladite Clemence. Icelle Jehanne, après le trespas de sondit pere, lui succeda ou royaume de Navarre et fut mariée a Phelippe, conte d'Evreux (2), et d'elle yssit Charles, roy de Navarre (3), lequel, comme acteur et inventeur de division, conspira moult de maulx contre la couronne et troubla tout le

(1) Louis X, le Hutin, proclamé roi de Navarre en 1307, naquit le 4 octobre 1289, devint roi de France le 29 octobre 1314 et mourut au Bois de Vincennes le 5 juin 1316. Il eut de Marguerite de Bourgogne, enfermée au Château-Gaillard en 1314, et mise à mort en 1318, pour cause d'adultère, Jeanne, qui fut reine de Navarre, née 28 janvier 1311, mariée 27 mars 1316, avec Philippe, comte d'Evreux, et morte le 6 octobre 1349. De son second mariage, 19 août 1314, avec Clémence de Hongrie, Louis X eut un fils posthume, Jean, qui naquit le 15 novembre 1316 et mourut le 19.

(2) Philippe, comte d'Evreux, né en 1301, mort le 16 septembre 1343, était, par son père Louis, petit-fils de Philippe le Hardi.

(3) Charles le Mauvais, roi de Navarre et comte d'Evreux, fils de Philippe, comte d'Evreux et de Jeanne de France, reine de Navarre, naquit en 1332 et mourut en janvier 1386. Par son mariage, conclu en 1351, avec Jeanne de France, fille du roi Jean, il était devenu beau-frère du dauphin Charles, plus tard Charles V, dont il fut un des plus dangereux ennemis.

royaume. En son temps, ledit Louys Hutin fut homme hardi et de grant courage. Toutesvoies, fist il contre ung edit que fait avoit son pere, car il revoqua et receut les Juifz en son royaume de France que sondit pere en avoit mis dehors.

CHAPPITRE XXXIIIe

Parlant de Phelippe le Long, roy de France et de Navarre, qui fut second filz dudit Phelippe le Bel, et comme il regna.

70. De lors en après, Phelippe le Long (1), conte de Poictou, second filz dudit roy Phelippe le Bel, fut roy de France et de Navarre et y regna par cinq ans. Maiz, par avant qu'il fust roy, il avoit moult travaillié et labouré comme bon crestien durant le scisme qui lors estoit en l'eglise romaine, affin que le pappe, qui estoit et devoit estre vray successeur de monseigneur saint Pierre l'apostre, fut mis en sa chaire. Et, depuis qu'il fut enrichi de la noble couronne et du septre roial de France, vindrent a lui a reffuge la royne d'Angleterre et son filz Edouart le jeune, filz ainsné du grant Edouart, qui d'icellui grant Edouart, mari d'elle et pere dudit Edouart le jeune, estoient envoiez en exil (2). Et, aux prieres d'icelle dame,

(1) Philippe, comte de Poitou, du vivant de son père, fut régent de France jusqu'à la mort du petit prince Jean, puis roi sous le nom de Philippe V, dit le Long ; il mourut le 2 ou le 3 janvier 1322.

(2) Robert Blondel, qui n'est pas suivi en ceci par son traducteur, se trompe sur le degré de parenté qui existait entre la reine d'Angleterre Isabelle et Philippe le Long. Un des mss. dit qu'elle était *avita* (aïeule), les deux autres *amita* (tante) de ce roi ; mais Isabelle qui, révoltée contre son mari, Edouard II, vint en France avec son jeune fils, était fille de Philippe le Bel et par conséquent sœur de Philippe le Long.

ledit roy Phelippe le Long receut ledit jeune Edouart en son homme lige et vassal des duchiez d'Acquitaine et conté de Pontieu. Et, par le grant engin d'elle et par son sens, fut faicte secrecte alliance avecques les barons d'Angleterre, dont ledit vieil Edouart ne savoit riens; par quoy ledit jeune Edouart, son filz, fut fait roy d'Angleterre vivant sondit pere et maugré lui. Et lors, par sa sapience et par crainte, fut appaisiée une grant discorde qui s'estoit sourse entre les princes de France, et si roidement regna ledit Phelippe que aucun ne fut si hardi de ses officiers offendre. En iceulx jours, furent accusez les ladres d'avoir empoisonné les puis et les fontaines ; dont, quant ledit cas fut descouvert, ilz furent par sentence brulez et arz. Et se mourut ledit roy Phelippe le Long sans hoir masle de sa chair, delessiée une seule sienne fille nommée Marguerite, yssue de la royne Jehanne, qui estoit fille ainsnée du conte de Bourgoigne, laquelle Marguerite de France a cause de sadite mere fut contesse de Bourgoigne et d'Artois et mariée a Loys, lors conte de Flandres (1).

(1) Philippe V eut de sa femme Jeanne de Bourgogne, qu'il avait épousée en janvier 1306 et qui mourut le 21 janvier 1329, un fils Louis, né et mort en 1316, et quatre filles qui lui survécurent : Jeanne, comtesse de Bourgogne et d'Artois, qui épousa, en 1318, Eudes IV, duc de Bourgogne, et mourut en 1347; Marguerite qui épousa, en 1320, Louis II, comte de Flandre, et mourut le 9 mai 1382; Isabelle, qui épousa : 1° Guigues XII, dauphin de Viennois; 2° Jean de Faucongney, et qui vivait encore en 1348, et Blanche, morte religieuse de Longchamps, le 26 avril 1358.

CHAPPITRE XXXIIIIe

Parlant de Charles le Bel, qui fut tiers filz de Phelippe le Bel, et comme il regna.

71. Charles le Bel, conte de la Marche (1), tiers filz dudit Phelippe le Bel, fut couronné roy de France et de Navarre et y regna par l'espace de six ans ou environ, et puis deceda de ceste vie mortelle sans hoir masle de son corps, delessiée la royne sa femme grosse d'enfant. Et lors, par le decret et ordonnance des pers de France, Phelippe, qui estoit filz ainsné de Charles, conte de Valois, et cousin germain dudit Charles le Bel, en second degré de ligne collaterale, comme le plus prouchain lignager, print la garde du royaume et d'icelle royne qui lors estoit grosse d'enffant, comme dit est, et jusques après l'enfantement d'elle, s'acquita moult grandement d'icelle garde et en acquist bien grant honneur. Et puis, quand ladicte fille fust née et nourrie, elle fut duchesse d'Orléans et estoit nommée Blanche, comme dessus est dit.

(1) Charles le Bel, comte de la Marche, sous les règnes de son père et de ses deux frères, devint roi le 3 janvier 1322 sous le nom de Charles IV. Il mourut au bois de Vincennes le 1er février 1328. Des enfants qui naquirent de ses trois mariages avec Blanche de Bourgogne, Marie de Luxembourg et Jeanne d'Evreux, il ne resta après lui que Marie, morte sans alliance le 6 octobre 1341, et Blanche qui, née après la mort de son père, le 1er avril 1328, épousa, le 18 janvier 1344, Philippe de France, duc d'Orléans, et mourut sans postérité le 8 février 1492.

CHAPPITRE XXXVe

Comment après ce que la generacion masculine de Phelippe le Bel fut estainte, Phelippe, conte de Vallois, qui estoit prouchain cousin dudit feu roy Charles le Bel, scelon la premiere institucion du royaume et par droit legitime, succeda a la couronne de France, dont furent excluz ceulx qui par sexe femenin en estoient descenduz.

72. Après la mort des trois filz du roy Phelippe le Bel cy devant nommez, Phelippe, conte de Vallois (1), par l'ancienne institucion du royaume et par droit legitime, fut roy couronné et paisible possesseur de France, parce que la generacion masculine du roy Phelippe le Bel estoit estainte et que fenmes n'y devoient ne povoient succeder; maiz en furent excluses Jehanne, contesse d'Evreux, Marguerite, contesse d'Artois, Blanche, duchesse d'Orleans et Ysabeau royne d'Angleterre.

73. Car* quant Dieu, souverain empereur du ciel et de la terre, transmist en France les armes des fleurs de lis avecques l'auriflambe et la saincte ampoulle, il donna seulement au roy, qui lors estoit nommé Clovis, et aux autres hommes qui de lui descendroient par generacion masculine, telz benefices que ce royaume seroit a la sem-

---

* « Nota yci singulieres raisons par lesquelles est demonstré clerement que fenme ne homme descendu par fenme ne doit point succeder a la couronne de France. »

(1) Philippe VI de Valois naquit en 1293 de Charles de Valois, frère de Philippe le Bel, et de Marguerite de Sicile. Régent du royaume jusqu'à la naissance de Blanche, fille posthume de Charles IV, il ne commença à régner qu'à partir du 2 avril 1328 et mourut le 22 août 1350.

blance de la monarchie celestielle firmament de la foy
catholicque et gouverné continuellement par estable et
virile providence, et ne seroit point triboilié par inconstances de passions feminines dont la violence a tourné
mains royaumes en ruyne. Ainsi doncques a pleu a la
bonté divine que cedit royaume, qui, paravant sa conversion a la foy catholicque, estoit plain de heresies diabolicques, fust et soit par virilité vertueuse armé de religion si saincte que jamais n'y eust supersticion qui le
peust enerver, ne rage de division qui le peust effacer.
Et pource, dist monseigneur saint Geroisme que le seul
royaume de France a tousjours esté sans aucuns monstres
de heresie dont les princes tres crestiens, parfons clers et
vaillans chevaliers, ont tousjours suffoqué les germes. Si
n'est pas de merveille se si noble royaume est tant dignifié
de Dieu qu'il ne doie et ne vueille jamais avoir roy si
nom d'omme vertueux, et non point estre subgit a inconstance femenine dont les passions sont souventeffoiz
plus plaines de voulenté que de raison. Et ce nous voullons
bien enserchier les gestes des sains peres, nous ne trouverons point que les roiz sacrez de France aient favorizé
aucun intrus ou mauvaisement bouté en la chaire de
monseigneur saint Pierre, ne qu'ilz aient approuvé
aucum concile scismatique, maiz ainçois y ont remis et
restitué ceulx qui en estoient vraiz successeurs et sainctement esleuz, en reboutant et repellant leurs iniques
adversaires et leur fureur.

74. Et pourtant, ce noble royaume, qui est le patrimoine de notre seigneur Jhesucrist, reçoit homme pour
le gouverner vertueusement et non pas fenme ne homme
descendu a cause d'elle. Et bien est chose convenable que
le roy françois, qui sondit royaume ne tient si non de
Dieu et de l'espée, soit plus exellent que les autres, tant

en religion et justice comme en magnificence de courage vaillant. Et, se ainsi estoit que ce royaume n'eust aucune figure de monarchie universelle et qu'il n'eust aucun divin benefice plus que les aultres, encores selon les lois imperiales en seroit la succession forclose a ladicte Jehanne, qui fut contesse d'Evreux, et a Marguerite, contesse d'Artois, et a Blanche, duchesse d'Orleans, et a Ysabeau, royne d'Angleterre et a leurs enffans masles. Car en fié noble, si n'est maternel ou qu'il soit passé par contratt de mariage, ne succede point fenme ne son filz. Or ne peult ce royaume intervenir en instrument de douaire ne en contratt de regne avenir, car il n'est point royaume feminin, maiz est paternel. Ergo ledit Phelippe de Vallois, comme prouchain cousin en second degré (1) dudit feu roy Charles le Bel, exclut tous autres descendans de sexe feminin et mesmement ladicte Ysabeau, royne d'Angleterre, et toute sa generacion. Et par consequent ledit Edouart, son filz, ne pourroit p[r]etendre aucum droit. Et aussi en la succession de ce royaume representacion a lieu, de quoy s'ensuit que se fenme ou son filz y povoit succeder, ce que nom, encores en icellui cas, ledit Charles, roy de Navarre, l'autre Charles (2), conte de Flandre, quant a succeder a cedit royaume a cause de leurs dictes meres, precederoient ladicte Ysabeau d'Angleterre et tous ses enffans. Et pour ce oy ge mis cy après la figure de la genealogie qui y est, afin que chascun homme d'entendement puisse mieulx entendre le droit de la couronne de France.

(1) C'est-à-dire cousin-germain.
(2) Lisez Louis. Il n'y a pas à cette époque de Charles, comte de Flandre. Marguerite, fille de Philippe le Long, avait épousé Louis II ; de leur mariage naquit Louis III, dit de Male, dont la fille Marguerite porta par mariage le comté de Flandre à Philippe le Hardi, duc de Bourgogne, fils de Jean le Bon, roi de France.

CHAPPITRE XXXVIe

Declairant aucunement pourquoy la figure a esté faicte qui cy après s'ensuit (1).

75. Cy est premierement assavoir que, oudit royaume de France, ne succede point fenme et non fait aucun masle descendant par ligne feminine, dont la conclusion est telle que le roy Edouart d'Angleterre, filz de ladicte Ysabeau qui fut fille de Phelippe le Bel, roy de France, ne devoit ne povoit succeder en icellui royaume de France. Secondement, que en la succession dudit royaume, droit de representacion a son lieu, par lequel droit le nepveu, c'est a dire le filz du feu frere, en exclut le frere, de quoy s'ensuit que si aucum masle descendant par ligne de fenme y devoit succeder, en icellui cas Charles, roy de Navarre, eust succedé a Louys Hutin, son ayeul maternel, et non pas Phelippe le Long, frere d'icellui Louys, lequel Phelippe le Long toutesvoies y succeda. Car, combien que ledit Charles, roy de Navarre, feust nepveu (2) dudit roy Louys Hutin, toutesfoiz estoit il

---

(1) Au bas du folio 38 v° du ms. que nous suivons, on lit ces mots : « Hic debet esse genealogia regum Francorum depicta », mais ce tableau ne s'y trouve point. Le ms. fr. 17516 de la Bib. nat., qui contient une autre copie de cette traduction, renferme un tableau généalogique, semblable, sauf l'exécution, à celui du ms. latin 13838, si ce n'est qu'au dessous du cercle contenant le nom du roi Charles VII il s'en trouve deux autres avec cette désignation : *Le roi Loys, son fils, X^e de ce nom*, et *Charles de France, IIe fils dudit Charles et frère dudit Loys*, ce qui prouve que cette copie appartient au règne de Louis X.

(2) *Nepveu*, c'est-à-dire petit-fils. Ce mot avait alors les deux sens du latin *nepos*.

descendu par lignie feminine. Item, il representoit sadicte mere, et pour ce y succeda Phelippe le Long audit Louys Hutin son frere. Et ce mesmes peult on dire du conte de Flandres au regard de Charles le Bel. Et par ce droit succeda Phelippe de Vallois audit Charles le Bel duquel il estoit cousin en second degre descendu par ligne masculine, et non pas Edouart, roy d'Angleterre, qui ne lui estoit riens, si nom par ligne feminine.

76. Icelui roy Phelippe fut grant justicier et vaillant en armes, et pour la deffence de son royaume n'en refusa les paines et labours. Ou premier an de son regne, il commenda prendre et faire pendre Pierre Remy, lors grant tresorier de France, comme coulpable de larrecin oultrageux, car il s'estoit tant enrichy des biens de la chose publicque qu'il fut trouvé en son tresor cinq cens mille francz et autant en biens meubles et joiaulx precieux; et au jour de sa mort fut trouvé qu'il avoit acquis en fiefz nobles et chastellenies bien quinze mille livres de revenu. O convoitise insaciable et aveuglée! quant la commission t'est baillée de gouverner le publicque tresor, se le prince est negligent de examiner tes comptes et par sa negligence te seuffre excercer ta rapine, alors est ce que tu te enhardis folement a lever et avoir tribus publicques, dont quelxque monceaux que tu en ayes ne peuent suffire pour en assouvyr ton avarice. Et, quant tu as tant fait et refait que tu es comblé de richesses par toy iniquement amassées du bien publicque, et que tu es tant eslevé jusques au sommet de la roe de fortune que tu cuides par folle acoustumance y avoir establi siege seur, adoncques en tournant soubdainement sa main senestre, tu pers tout, dont tu demeures neantmoins chargié en conscience, et finis tes jours miserablement et a grant honte.

77. Celui roy Phelippe de courage ardant chastia si

bien les Flamens qui lui estoient rebelles qu'il en tua pour ung jour soubz le mont de Cassel (1), ainsi que on dit, ving huit mil et huit cens.

CHAPPITRE XXXVIIe

Faisant mencion comment le roy Edouart d'Angleterre fist audit roy Phelippe de France estant a Amiens foy et hommage lige pour le duchié d'Aquitaine et conté de Pontieu; et puis comment a la persuasion du conte d'Artois ledit Edouart rompit sa foy pour le droit de la couronne, lui esmeut guerre dont icellui roy Phelippe succomba a la bataille de Crecy.

78. En l'année d'après, le roy Edouart vint d'Angleterre a Amiens et illecques fist foy et hommage lige* au roy Phelippe (2), comme au vray et legitime heritier de la couronne de France, pour les duchié d'Acquitaine et conté de Pontieu. Et en ce faisant se submist et jura sollempnement qu'il en seroit delors en après loial subgit et vassal audit roy Phelippe. En iceulx jours la royne Jehanne en la court de parlement accusa Robert d'Artois (3) d'avoir

* « Nota yci l'ommage que fist ledit Edouart a Phelippe de Valois comme roy de France pour les duchié de Guienne et conté de Pontieu. »

(1) Le 23 août 1328. Robert Blondel a fort exagéré le nombre des Flamands tués dans cette journée ; il ne paraît pas s'être élevé à plus de treize mille.

(2) La cérémonie de l'hommage eut lieu le 6 juin 1329, dans le chœur de la cathédrale d'Amiens.

(3) Robert d'Artois, troisième du nom, descendait de Robert d'Artois, frère de saint Louis. Il était né en 1287 de Philippe d'Artois et de Blanche de Bretagne. Réfugié en Angleterre par suite des accusations portées contre lui, il excita Edouard III à la guerre,

empoisonné et fait mourir par venyn la contesse d'Artois (1), cousine prouchaine d'icelle royne, pour la convoitise qu'il avoit de lui succeder. Et, pource que ledit Robert, sur ce legitimement appellé par les editz, n'y daigna venir, il fut par ledit roy Phelippe, pour l'enormité d'icellui cas et a la poursuite de ladicte royne, banny du royaume de France en exil perpetuel, et si fist mectre ses fenme et enffans en assez doulce prinson. Pour laquelle chose ledit Robert desplaisant dudit bannissement passa en Engleterre devers ledit roy Edouart et occuppa tous ses esperis a machiner contre ledit roy Phelippe et sa noble couronne de France et audit Edouart parla ainsi en effect : « A toy le plus quouart de tous les roys je presente ce pouvre hairon avolé par espoventement de mort, tu qui n'as pas la char si hardie de advouer par armes la couronne de France a laquelle tu doiz succeder par droit. » Et lui persuada et fist acroire que par prouchaineté de lignage, la succession de la couronne de France competoit a icellui Edouart, qui estoit filz de la seur, et non pas audit Phelippe, son oncle, et tellement par persuasions

dirigea une attaque des Anglais dans le nord de la France et fut battu à Saint-Omer en 1340. Il mourut en 1343 des suites des blessures qu'il avait reçues au siège de Vannes. Il eut de Jeanne de Valois, sœur consanguine de Philippe VI, qu'il avait épousée en 1318, cinq fils et une fille.

(1) Mahaud, fille de Robert d'Artois, deuxième du nom, et d'Amicie de Courtenay, mariée en 1291 avec Othon IV, comte de Bourgogne, hérita du comté d'Artois après la mort de son père, tué à la bataille de Courtray, 11 juillet 1302. Son neveu Robert lui disputa cet héritage, mais il fut débouté de sa demande par deux arrêts du Parlement rendus en 1307 et en 1318. Quand elle mourut, le 27 octobre 1329, on accusa Robert de l'avoir fait empoisonner. Elle était cousine de la femme de Phillippe VI, Jeanne de Bourgogne, fille de Robert II, duc de Bourgogne.

iniques anima ledit Edouart a vouloir estre roy de France, qu'il rompit contre Dieu et raison le lien de sa foy. Et, combien que par sadicte feaulté sollempnement jurée, il eust approuvé ledit Phelippe en vray roy et heritier legitime de la couronne de France, et que plus il n'en peust par quelque droit impugner son tiltre, neantmoins lui qui estoit son vassal, en encourant crime de parjurement et de desloiaulté, s'efforça* de usurper le nom et les enseignes de France, et a soy atira plusieurs des princes d'Alemaigne qui contre ledit roy Phelippe s'estoient alliez ensemble. Si se monta sur la mer en moult grant nombre de navire pour devoir en France descendre, et, de l'autre part, fist ledit roy Phelippe garder et garnir les ports, afin qu'il n'y descendist, et si monterent les François pareillement sur mer et y assaillirent ledit Edouart si asprement qu'il y fut griefvement plaié et plusieurs des siens tuez du trait des nostres et ses navires naiez pour la pluspart; maiz finablement les François y furent succumbez et deux de noz princes penduz (1). Et en ce point s'en retourna ledit Edouart fort blessié et endommagié en Engleterre.

79/ En celles entrefaictes, fist ledit roy Edouart a d'aucuns des nobles de France de grans promesses et tellement les tempta que rapporté lui fut par aucuns que les

---

* « Nota de la viiie ronpture de paix faicte par ledit Edouart comme parjure, lequel fut le premier qui voulut a soy atribuer le nom et le tiltre de roy de France. »

(1) Il s'agit ici du grand désastre, un peu trop dissimulé par Blondel, des flottes française et génoise, à l'Ecluse, le 24 juin 1340. L'amiral Hugues Quiéret fut, dit-on, égorgé par les Anglais auxquels il s'était rendu. Quant au trésorier du roi Nicolas Béhuchet, que le roi Philippe VI avait eu l'étrange idée d'associer à l'amiral, il fut pendu au mât de son vaisseau.

sires de Cliçon, de Malestrait et de la Roche Tesson corrompuz par dons, avoient ensemble conjuré de bailler ledit roy Phelippe audit Edouart, et, quant ladite conjuracion fut descouverte, icellui Phelippe leur fist tranchier les testes (1), et, afin que ce fut exemple a tous, il les envoia a Nantes et sur les portes commenda les ficher dessus leurs haches mesmes. Et ce pendant, Jehan de France, premier filz dudit roy Phelippe, qui moult estoit vaillant en armes et amant justice, avoit mené grant ost en Acquitaine contre les ennemis. O trescruel tirant Edouart! en quelles escriptures as tu trouvé que pour couvoitise de regner en royaume qui point ne te compete, tu doyes presunptueusement porter armes et faire guerre mortelle contre ton seigneur souverain? Se ta cruaulté quiert foy ou loy qui le permecte, tu n'en trouveras point. Cuides tu que toutes choses qui plaisent a ton ambicion soient licites a entreprendre contre Dieu et raison? Donques, si en ton felon courage a quelxques relicques de pitié, tu en devroies revoquer et refraindre ta tirannie.

80. Au surplus Edouart, o grant multitude de navire chargié de pillars, remonta sur mer et vint descendre a la Hogue de Saint Vast* (2) et par ses satellites fist pillier et

---

* « Nota yci de la guerre que fist ledit Edouart en Normendie. »

(1) La guerre de succession de Bretagne avait commencé en 1341 ; elle fut suspendue par le traité du 19 janvier 1343. Edouard III, qui soutenait la maison de Montfort, avait, pendant son séjour en Bretagne, gagné à sa cause plusieurs seigneurs bretons du parti de Charles de Blois, et même quelques Normands. Philippe VI invita les chevaliers bretons à un tournoi à Paris, et en fit arrêter plusieurs parmi lesquels les sires de Clisson et de Malestroit qui furent décapités le 29 novembre 1343. L'année suivante, quelques Normands, et parmi eux le sire de la Roche-Tesson, subirent le même sort.

(2) Saint-Waast-la-Hougue, arr. de Valognes (Manche). Edouard III y débarqua le 12 juillet 1346.

bruler les cloz de Costentin et de Bessin qui moult estoient fertilles, et si en fist murtrir les habitans cruelement; et de la s'en vint assaillir, prendre et destruire la ville de Caen, qui pour lors estoit feiblement close, et en fist ravir et emporter les richesses, et les gens d'icelle mener prinsonniers en Angleterre, en excerçant sa fureur si aigrement que aucun remenant de pitié n'y eut lieu (1). Et puis s'en vint cellui tirant es vaulx d'Auge (2) dont il devoura toute la gresse. Et si fist il semblablement en la belle champaigne du Neufbourg. Et ce venu a la notice dudit roy Phelippe, il lui fist rompre les pas tant des chemins que des rivieres, et de toutes pars amassa des nobles et autres gens qui pour lors n'estoient pas moult acoustumez ou expers es armes. Maiz tant fist qu'il ot grant ost et le rendit devers Paris sur la riviere de Saine du costé de Vauquecin, prest a batailler pour empeschier que ledit Edouart ne passast ledit fleuve de Saine qu'il vouloit passer pour tirer vers Flandres a ses alliez. Et, quant icellui Edouart, qui estoit de l'autre part de Saine, sceut ledit empeschement, il faingnit fraudeusement de tirer vers Chartres afin que ledit roy Phelippe et son armée lui vuydassent son chemin, et lors lui fit offrir la bataille, laquelle il accepta, et fut assigné certain jour a

---

(1) Edouard III arriva le 26 juillet devant Caen, qui était défendu par le connétable de France, Raoul de Nesle, comte d'Eu, et par le comte de Tancarville. Malheureusement, leurs troupes, composées surtout de gens de communes, saisies de panique, lâchèrent pied et ces deux chefs furent obligés de se rendre. Caen fut pillé pendant trois jours.

(2) La vallée d'Auge est la partie orientale du département du Calvados comprise dans les petits bassins de la Dive et de la Touque.

combatre entre la ville d'Anthoigny et la ville Gerard (1). Maiz, quant ledit roy Phelippe se fut rendu avecques son ost au jour et lieu dessusdiz et y actendoit son adversaire, ledit Edouart, plain de malice*, contre sa foy qu'il avoit jurée de soy y trouver pareillement, fist reparer de nuyt secretement o des huys et des tables le pont de Poissi sur Saine qui avoit esté demolly, et s'en alla avecques son armée vers la cité d'Amiens dont il tua la communité qui lui gardoit le pas (2). Adonques le roy Phelippe, courroussé amerement d'avoir ainsi esté frustréde son actente, fist merveilleuse dilligence de poursuir sondit adversaire qui s'en alloit vers Picardie, et tant fist qu'il l'aconsuyt près Crecy. Et, quant icellui Edouart se vit destraint et serré, et que neccessité lui estoit de pourveoir a son fait, il retira soy et ses gens dedens ung jeune bois qui n'avoit gueres avoit esté couppé, par ou chevaulx ne peussent courir, et de ses charriotz et charretes se fist clorre telement que n'estoit cheval qui entrer y peust. Et lors le roy Phelippe**, voiant sondit adversaire ainsi encloz devant lui, n'ot pas pacience d'atendre ne refreschir son ost; mais de courage ardant et par avant que son trais fust arrivé, ne que ses chevaulx fussent refroidis de leur sueur, commanda aux Jennevois qu'il avoit qu'ilz

---

* « Nota yci la fraulde dudit Edouart qui faignit vouloir combatre et ne le fist pas. »

** « Nota yci les causes parquoy les François furent desconfiz a Crecy en Picardie. »

(1) Vaugirard, auprès des murs de Paris, Antony, au sud de Paris, dans l'arr. de Sceaux.

(2) Le gué de Blanque-Taque, près de Saint-Valery et presque en face le Crotoy. Edouard III força le passage malgré le capitaine normand Godemar du Fay, qui était accouru le défendre avec douze mille hommes, 24 août 1346.

tirassent de leurs arbalestres : ainssi le firent tant que leur traict fut tout failli, dont lesdits adversaires furent encor bien garniz, et telement y resisterent qu'il convint ausdits Jennevois reculer, parquoy les François furent troublez et leur imposerent lors crime de trayson et en tuerent plusieurs. Et n'est pas a merveille si en telle confusion furent lesdits François desconfiz (1). Mais tout prince* desirant avoir de son ennemy bonne victoire et briefve, doibt bien garder que entre ses gens ne sourde discension ne chose qui leur doye engendrer matiere de suspeçon les ungs des autres; car tout ost qui se divise et par deffiance l'um de l'autre se court sus, rent par ses mesmes glayves a son ennemy la victoire, ne ja homme de guerre, tant soit il vaillant, n'y combatra bien qui de ses propres compaignons se deffie, et tousjours se doibt chascun chief de guerre tenir pourveu contre les choses enquoy il peult savoir que son ennemy plus a de fiance. Or est il ainsi que la principale esperance des Anglois pour avoir victoire, si est le trait dont nosdits gens estoient alors petitement garniz. Et toutes voies ledit roy Phelippe estoit d'aussi vaillant et hardy courage comment homme de son royaume, et Jehan, son ainsné filz, ne le fut pas moins en justice et en armes. Maiz la vaillance et le hardement ne suffisent pas, se il n'y a gouvernement moderé pour querir et actaindre son avantage en temps et lieu et evader et dissimuler les perilz desquieulx, quant on y est cheu, trop difficille chose est de s'en resortir*. Et communement se fait une bataille en troys ou en quatre heures, dont la victoire acquiert a son vainqueur releve-

* « Nota yci quelles choses doit faire chascun prince quant il doit bataillier. »

(1) La bataille de Crécy eut lieu le 26 août 1346.

ment d'un royaume perdu et a subversion perpetuelle de seigneurie a celui qui succunbe. Et pource, doibt bien chascun sage chief de guerre prevoir et se pourveoir, avant que combatre, des choses qui lui sont neccessaires. Toutesvoies, le bois dessusdit fut tresgrant partie de la victoire dudit Edouart qui plus par subtilité que par force l'obtint. Et, d'autre part, le grant travail du chemin et la charge des armeures rendirent les corps des François lassez, parquoy ilz ne devoient pas combatre plus tost que s'estre rafreschiz et repeuz. En ceste piteuse assemblée fut tué le vaillant roy de Behayne* (1) qui s'i trouva. Et, combien qu'il fust aveugle et ancien, il commanda neantmoins a ses gens qu'il fust mis au plus fort endroit de ses adversaires qui le tuerent ; Dieu lui pardoint ! Semblablement y demourerent le duc de Lorraine, les contes d'Alençon, de Sansserre, de Flandres, de Blois, de Harrecourt et grant nombre des plus grans, avecques la communité d'Orléans.

Et d'ilecques s'en alla ledit Edouart mectre le siege, qu'il tint par l'espace d'un an (2), devant Calais dont les habitans mengerent ce pendant par rage de famine leurs chevaulx, leurs chiens, leurs raz et leurs souriz, et finablement se rendirent sauves leurs vies sans autres biens en apporter. Et furent tous lesdits habitans de Calais** envoiez dehors, et icelle ville peupplée d'autres nouveaux

* « Nota yci la grant vaillance d'um roy de Behaigne. »
** « Nota ycy la grant loiauté des François qui furent assiegez dedans Calais, quant il fut rendu aux Anglois. »

(1) Jean de Luxembourg, né 1295 de Marie de Luxembourg, qui fut plus tard empereur sous le nom de Henri VII. Jean devint roi de Bohême, en 1411, par son mariage avec Elisabeth, fille de Wenceslas III.

(2) Le siège de Calais dura du 8 septembre 1346 au 3 août 1347.

habitateurs. Et a ce furent aydans et aliez dudit Edouart ceulx de Henault ausquieulx pour icelle cause Jehan de France, filz ainsné dudit roy Phelippe, et de son congié mena guerre en depopulant les champs et brullant les bourgs et les villes, et si en tua les hommes et gasta le pays, dont les habitans se rebellerent et firent armée contre ledit Jehan de France auquel sondit pere le roy Phelippe vint a secours, et depuis sa venue lesdits de Henault ne lui oserent courir sus. En icelles entrefaictes, ledit roy Phelippe achecta de ses propres deniers le bon pays du Dalphiné*, lequel pays il donna a Charles (1), ainsné filz dudit Jehan de France, à la requeste d'icellui Jehan son pere.

CHAPPITRE XXXVIIIe

Parlant de la mort du roy Phelippe de Vallois; et comment Jehan son ainsné filz lui succeda a la couronne de France; et d'aucuns incidens, et de la guerre que fist en France Edouart prince de Galles; et comment ledit prince de Galles print ledit roy Jehan et Phelippe son filz puisné a la bataille de Poictiers.

82. Après le trespas dudit roy Phelippe de Vallois, Jehan, son filz, fut sacré et receu en roy de France (2). Et lors

---

* « Nota ycy comment et quant le païs du Dalphiné fut acquis. »

(1) Humbert II, dauphin du Viennois, avait cédé sa seigneurie par traité du 23 avril 1343, en stipulant qu'il la conserverait jusqu'à sa mort. Par un nouveau traité du 30 mars 1349, il l'abandonna immédiatement à Charles de France, petit-fils de Philippe VI, pour entrer dans l'ordre des Dominicains.

(2) Jean le Bon, fils de Philippe VI et de Jeanne de Bourgogne, né 26 avril 1319, duc de Normandie du vivant de son père, roi 22 août 1350, mort prisonnier à Londres, 8 avril 1364.

tindrent les François le siege devant Saint Jehan d'Angely (1) que les Anglois occuppoient, et finablement les habitans d'ilecques par neccessité firent composicion par laquelle ilz baillerent hostages de rendre ou deffendre ladicte place a certain jour lors prouchain venant, pour laquelle chose ledit roy Jehan, qui moult estoit vaillant en armes, se trouva aux jour et lieu sur ce assignez pour y combatre, et lui fut icelle place rendue sans autre effusion de sangc.

83. Maiz Charles, lors roy de Navarre, qui moult estoit beau parleur et poy loial*, ainsi qu'on dit, et qui en son courage desiroit fort a possider le royaume de France, fist secretement et en trayson embusches de gens armez et tua Charles d'Espaigne, connestable de France, qui lors estoit gisant en son lit en la ville de Laigle, pour lequel crime fut le roy Jehan moult courroussé, mais a la grant priere et requeste des autres princes françois, il lui pardonna ledit cas (2). Et, s'il en eust fait faire pugnicion telle que en cas appartenoit, il eust estaint le feu de plusieurs divisions et guerres cruelles qui en advindrent. Tantost après, icellui roy Jehan institua duc de Normendie

---

* « Nota yci la desloyauité de Charles, roy de Navarre, et comment Charles d'Espaigne, connestable de France, fut occis en trayson. »

(1) La trève avec l'Angleterre avait expiré le 1er août 1351. Jean assiégea aussitôt Saint-Jean-d'Angely et s'en empara.

(2) Jean le Bon avait fait décapiter sans jugement, le 19 novembre 1350, sous l'accusation peu prouvée de trahison, le connétable de France, Raoul de Nesle, comte d'Eu, qui, fait prisonnier à Caen en 1346, était venu en France chercher sa rançon. Il donna la dignité de connétable et une partie de ses biens à Charles d'Espaigne, descendant des infants de La Cerda, que Charles le Mauvais, roi de Navarre, fit assassiner à Laigle en janvier 1354. Le meurtrier fit amende honorable au roi qui lui pardonna le 4 mars suivant.

Charles son ainsné filz, qui deslors estoit dalphin de Viennois, duquel il receut en ce faisant le serement de feaulté lige a cause dudit duchié. Et en icellui temps fut denoncié audit roy Jehan que aucuns des plus grans barons de Normendie avoient machiné de trahir ledit Charles leur duc, son filz, et de le bailler a Edouart d'Angleterre, et lors s'en ala ledit roy Jehan tout d'une tire de Paris a Rouen et sans repaistre en chemin. Et, quant il fut entré ou chasteau de Rouen par la porte des champs, il les trouva a table beuvans et mangeans avecques sondit filz, et la fist tunber la table et les prendre en les accusant dudit cas. Maiz a la requeste dudit duc Charles, son filz, il donna la vie a Charles, roy de Navarre, qui dudit crime estoit principal acteur et le bailla a garder en prinson* estroicte a ung chevalier nommé messire Tristan Dubois, et les autres fist il soubdainement par le baillif de Rouen condempnez et par l'executeur de justice decapitez, et leurs corps equartelez commanda estre penduz au gibet, dequoy s'ensuyrent moult de maux (1).

84. Car ledit Edouart, prince de Galles**, filz de l'autre Edouart, roi d'Angleterre, son pere, lequel prince de Galles n'estoit pas moins cruel que sondit pere, passa o grant armée par les pays d'Acquitaine, d'Auvergne, de Berry, de Sauloygne et de Touraine jusques a Loire, et tant fist de gast et de dommages a feu, a sang et autre-

* « Nota yci comment le roy de Navarre fut emprinsonné. »

** « Nota yci comment le prince de Galles vint en ce royaume et y fist grand gast. »

(1) L'arrestation de Charles le Mauvais et de ses conseillers eut lieu la nuit qui précédait le dimanche des Rameaux, 16-17 avril 1356 ; le comte d'Harcourt, Jean de Graville, Maubué de Mainemare et l'écuyer Colinet Doublet furent décapités dans le Champ-du-Pardon, et leurs corps suspendus aux fourches patibulaires.

ment que onques Hannibal, duc de Cartaige, n'en fist ne desira tant faire en Ytalie quant il y fut. Et si ceulx ne m'en croient qui ce present livre liront ou orront, si tournent leurs yeux a regarder par ou il passa, et ilz y verront villes destruictes, pays depopulez et chasteaux abatus et eglises desolées. Et, quant icellui prince de Gales sceut la venue dudit roy Jehan et de son ost contre lui et que bonnement il ne s'en povoit garentir par fuite, alors crainte lui donna advisement en son fait, et fist ester son ost en place convenable qu'il choisit entre Poictiers et Chauvigny en ung champ nommé Maupertus (1). Et par avant qu'ilz combatissent, deux cardinaulx legatz du pere saint (2), qui la estoient, traicterent tant comme il porent pour faire accord entre lesdictes parties, et qu'ilz ne combatissent point. A laquelle chose ledit prince de Galles vouloit bien entendre, et a icelle fin fist il audit roy Jehan de grans offres* et honorables, qui, scelon que dient les anciens, ne devoient point estre refusées, c'est assavoir de rendre et restituer tout ce qu'il avoit prins et ravy, et oultre dedommager entierement le roy et son royaume de tous les dommages qu'il y avoit faiz, dont il offroit bailler hostages suffisans et solvables jusques a parfait acomplissement de sesdictes offres, lesquelles semblerent estre raisonnables et furent assez aggreables audit roy Jehan et aux autres princes de sa compaignie. Maiz l'um de ses mareschaulx en la male heure empescha que ledit

* « Nota yci les offres que fist le prince de Galles au roy Jehan avant qu'ilz combatissent près Poictiers. »

(1) La bataille de Poitiers eut lieu le 19 septembre 1356 au village de Maupertuis, à quinze kilomètres environ au nord de Poitiers.

(2) Les cardinaux de Périgord et de Saint-Vital, que le pape avait chargés de négocier la paix entre les rois de France, d'Angleterre et de Navarre.

traictié ne fust fait, dont ou conseil d'icelui roy Jehan sourdit grant discension entre ledit mareschal et son compaignon, pour laquelle chose le cardinal de Pierregort, doubtant que par ledit discord fust alors la desolacion de ce royaume prouchaine avenir, ploura grant habondance de lermes, et sur le champ deputé a faire la bataille, donna benedicion apostolicque. Et tantost lesdits deux mareschaulx, qui estoient chiefz de l'avant garde dudit roy Jehan, eurent grant estrif entreulx d'avoir honneur et preeminence l'um plus que l'autre, et en ce point assaillirent ceulx dudit prince de Galles qui fort furent garniz de traict, dont ledit mareschal fut navré en mort qui avoit empeschié la paix et le traicté dessusdit, et l'autre mareschal fut prins prisonnier et mené a Bordeaux (1). Et, quant ladicte avant garde fut desconfite, Charles, duc de Normendie, filz ainsné dudit roy Jehan, et les contes d'Anjou et de Berry qui estoient freres germains, s'en partirent par le conseil d'icelui roy Jehan leur pere, lequel et son filz puisné nommé Phelippe (2) furent prins en icelle bataille et menez prinsonniers audit lieu de Bordeaulx et tantost après en Angleterre. Et, combien que icellui roy Jehan feist euvre de grant saincteté et plaine

(1) Les deux maréchaux étaient Arnoul d'Audenehan et Jean de Clermont : le premier fut pris et l'autre tué dès le commencement de l'action.

(2) Jean le Bon eut de sa première femme, Bonne de Luxembourg, qu'il avait épousée en 1332 et qui mourut le 11 septembre 1349 : Charles, qui fut régent pendant la captivité de son père et devint roi sous le nom de Charles V; Louis, duc d'Anjou, né 23 juillet 1339, mort 20 septembre 1384 en Italie, dans l'expédition qu'il fit pour disputer à la maison d'Anjou le royaume de Naples, dont la reine Jeanne I l'avait déclaré héritier; Jean, duc de Berry, né 30 novembre 1340, mort 26 mai 1416 ; Philippe le Hardi, né 15 janvier 1341, duc de Bourgogne, 2 juin 1364, mort 27 avril 1404, et cinq filles.

de justice d'essaier a delivrer son pays desdits tirans estrangiers qui la chose publicque de son royaume avoient depopulée, et que la presence du souverain prince donnast auctorité legitime de les combatre, toutesvoies est il a doubter, et de cueur dolent je le dy, que l'entencion de noz combatans ne fust pas droicte, car ceulx qui follement raison refusent semblent plus appeter et querir vengence ou ambicion d'onneur mondain par armes qu'ilz ne font le bien commun et le salut universel. Et cette volenté desordonnée de batailler est si abhominable et detestable a Dieu tout puissant, lequel seul donne la victoire, qu'il seuffre ou permet aucunes foiz que ceulx qui ont bonne querelle en reçoivent confusion*; car qui plus ayme prendre le fer que raison recevoir, doibt estre pugni par effusion de son sangc en ce ou il a delinqué si aigrement.

* « Nota yci pour quelles desertes celui qui a bonne et juste querelle pert aucuneffoix la bataille. »

CHAPPITRE XXXIX.

Qui parle de la regence de Charles, duc de Normendie, durant la prinson du roy Jehan, son pere, et de la sedicion qui fut a Paris contre ledit Charles regent; et comment le roy de Navarre prescha contre ledit roy Jehan et fist conspiracion d'avoir et lui cuider oster la couronne de France; et comment les Jaques de Beauvoisin se esleverent contre les nobles; et comment Bertrand du Gueasquin fut fait mareschal de Normendie; et oultre comment le roy Edouart fist guerre en France et puis fut faicte paix entre ledit Charles, lors regent le royaume de France, et icellui Edouart; en laquelle paix faisant ledit Edouart renoncia au droit qu'il pretendoit avoir a la couronne de France et au nom de roy d'icelle; et de la redempcion dudit roy Jehan et de sa mort.

86. Poy de temps après la bataille de Poictiers dont est parlé cy devant, Charles, duc de Normendie, son pere le roy Jehan étant prisonnier en Angleterre, print la regence du royaume de France et fist faire monnoie nouvelle et de moindre valleur que celle qui pour lors avoit cours, pour laquelle mutacion les habitans de Paris murmurent tres aigrement contre lui et son gouvernement. Et tantost après fut audit lieu de Paris la sedicion* et comocion si grande que ilz s'armerent a grant puissance. Et [en]la presence dudit Charles regent et de Jehan, lors conte de Berry, son frere germain, ilz tuerent les mareschaulx

---

* « Nota yci la sedicion et murtrerie qui fut a Paris durant la prinson du roy Jehan. »

de Normendie et de Champaigne et en gecterent les corps morts du hault a bas par les degrez du palais de Paris, et si en firent une horrible monstre du spectacle sur la table de marbre dudit pallaix par deux jours, et puis les firent inhumainement charroier dehors et gecter en terre prophane comme charoigne de bestes (1). Maiz que firent ilz plus ? Ledit Charles regent fut par nécessité contraint de mectre a grant haste sur sa teste ung chapperon blanc, et fut pourforcé et contraint d'approuver la mort cruelle de ses mareschaulx. Et tant fut icelle sedicion excecrable que ceulx qui la firent machinerent de effacer du tout la noble court de parlement qui est souverain siege de justice en ce royaume, et qu'il seroit delors en après gouverné par la disposicion des trois estaz, et qu'ilz osteroient le cours a ladicte monnoie nouvelle d'icellui Charles regent. Et lors par le moien de deux bourgois maistres des sergens du roy et de son arche qui estoient comperes dudit Charles regent, icellui regent et sondit frere germain, pour esviter les mortelz perilz ou ilz se veoient, s'en eschapperent et rendirent a refuge ou marchié de Meaulx (2) qui moult estoit forte place et seure*, mais pour icelle cause lesdits deux bourgois qui estoient bien esprouvez en toute loiaulté furent prins du peuple de Paris et decapitez en la place de Saint Jehan en Greve.

87. En icellui mesme temps, par ledit peuple parisien

---

* « Nota yci comment ledit Charles regent et son frere s'en fuyrent de Paris a reffuge ou marchié de Meaulx. »

(1) Ce fut le 22 février 1358 que furent assassinés, par les partisans d'Etienne Marcel, Jean de Conflans, maréchal de Champagne, et Robert de Clermont, maréchal de Normandie.

(2) Le dauphin Charles, profitant d'une absence de Charles le Mauvais, se fit proclamer régent par le Parlement de Paris, et réussit à s'échapper de la capitale.

fut Charles, roy de Navarre, violentement mis hors des prinsons* ou il estoit, lequel prescha fort aux gens populaires de Paris, de Rouen, d'Amiens et autres en les seduisant, et soy griefvement complaignant que le roy Jehan lui avoit fait tresgrant injure de l'avoir fait emprinsonner et qu'il le vouloit a grant tort priver du bon droit qu'il se disoit avoir a la couronne de France, et si afferma devant les clercs et autres gens que les barons, qui par ledit roy Jehan avoient esté decapitez a Rouen, l'avoient esté injustement et les comparagea a vrais martirs, disant qu'ilz n'avoient aucum besoin que l'on priast pour eulx et fist sollempnement enterrer leurs corps en l'eglise cathedrale et matropolitaine de Rouen (1). Or est il ainsi que les gens populaires des villes**, qui voulentiers appetent mutacions et choses nouvelles et communement deviennent malades d'estre trop aises, se tournent de legier a hayr ce qu'ilz doivent amer et mesmement leurs

* « Nota yci comment le roy de Navarre fut délivré de sa prinson et comment il prescha aux gens populaires en les seduysant. »

** « Nota yci la inconstance du peuple et comment il appette nouvelle seigneurie. »

(1) Charles le Mauvais avait été enfermé en dernier lieu dans le château d'Arleux-en-Palluel (Cambraisis). Dans la nuit du 8 au 9 novembre 1357, Jean de Péquigni, secondé par une troupe de bourgeois d'Amiens, l'enleva par surprise. Le roi de Navarre se rendit d'abord à Amiens, puis à Paris, où il ne négligea rien pour exciter les passions populaires. Le dauphin Charles, obligé de souscrire à toutes les conditions qui lui furent imposées, ordonna la restitution de tous les châteaux et villes appartenant au roi de Navarre, et l'autorisa à faire des funérailles solennelles à ses conseillers décapités en 1336 et dont les corps étaient restés suspendus au gibet de Rouen. Ces funérailles eurent lieu le 10 janvier 1358, et les restes des victimes de Jean le Bon furent ensevelis dans la chapelle des Saints-Innocents de la cathédrale de Rouen.

propres et naturelz seigneurs quant ilz les taillent. Et par especial le peuple de Paris, lors seduit par les faulces persuasions dudit Charles de Navarre, lui aspirerent fort et moult pieusement le receurent et en firent leur capitaine pour ce qu'il promectoit les tenir en leurs libertez et que pour les y deffendre il vivroit et mourroit avecques eulx, dequoy les choses de France divines et humaines furent trop troublées et meslées dedans et dehors.

88. Et derechief se sourdit alors ung autre cruel monstre. Car le peupple de Beauvoisin*, par les venymeuses exhortacions dudit Charles de Navarre, s'esmeut et se vestit et arma de jaques et tua tous les nobles hommes d'icelui pays avecques leurs femmes et enffans et demolirent leurs manoirs et habitacions. Et puis s'en vint ledit peupple comme enragié jusques a Meaux et y assaillit le marchié tres aigrement ; contre lesquieulx firent les habitans de Meaux recueillir leurs biens et fermer leurs portes. Et la dedans estoit une tresnoble dame la duchesse de Normendie (1), qui, pour ladicte sedicion de Paris, s'en estoit fuye audit lieu de Meaulx. Et lors ung moult vaillant seigneur conte de Foyers, avecques les autres nobles qui y estoient, rebouterent lesdits populaires et en tuerent grant nombre (2). Maiz je

---

* « Nota yci comment le peuple de Beauvoisin s'esmeut contre les nobles. »

(1) Cette « tres noble dame » n'était autre que la femme du Dauphin, qui portait encore le titre de duc de Normandie, Jeanne de Bourbon, fille de Pierre de Bourbon et d'Isabelle de Valois. Elle avait épousé le dauphin Charles en 1349 et mourut le 6 février 1377.

(2) C'est la terrible insurrection connue sous le nom de Jacquerie. Elle prit naissance, vers la fin de mai 1558, dans le Beauvaisis. Après

demendasse volentiers a toy, Charles de Navarre, se tu fusses encores en vie, se pour lors que tu sermonnoies aux populaires, comme dit est, tu queroies paix ou guerre, car pour icellui temps n'y avoit que Dieu et toy qui le sceust. Et quoy qu'il en fust alors, toutesvoies tu as tousjours depuis, tant en secret comme en appert, tres cruellement et villainement troublé et tourmenté ce noble royaume. Et, se tu ou autre demendoies comme l'en scet, la responce en est bien aisiée a faire : parce que tu logeas et boutas les ennemis du royaume dedans les chasteaulx et si semas tant par les villes que par les champs divisions mortelles et intestines avecques furieuses rebellions contre celui et ceulx a qui tu deusses plus avoir donné confort, aide et secours que nuysance. Je me tais ycy des alliances par toy autreffoix jurées et promises audit Charles, dalphin de Viennois et duc de Normendie, que tu as depuis faulcement rompues. Et si me deporte de reciter comment le bon homme Jehan Maillart (1) et autres bons citoiens, quant la conjuracion fut par grace divine descouverte, tuerent les Anglois* mortelx ennemis

---

* « Nota ycy comment les Anglois furent tuez a Paris et le roy de Navarre mis hors et ledit Charles regent recueily et obey. »

avoir commis d'affreuses violences dans la Picardie, le Beauvaisis, la Brie, les Jacques vinrent attaquer le marché de Meaux, situé en dehors de la ville même, dans une île formée par la Marne, et entouré de fortes murailles. Ils ne purent s'en emparer du premier coup, et la résistance de la garnison donna le temps à Gaston Phœbus, comte de Foix (appelé ici le *conte de Foyers*) d'accourir avec des renforts. Les Jacques furent exterminés, et la ville de Meaux presque détruite.

(1) C'est au moment où Etienne Marcel allait ouvrir les portes de Paris à Charles le Mauvais, allié des Anglais, que Jean Maillard, un des capitaines quarteniers de la milice bourgeoise, et le chevalier Pépin des Essarts, le tuèrent à la porte Saint-Antoine dans la nuit du 31 juillet au 1er août 1358.

de France que tu avoies secretement boutez dedans Paris, et emprinsonnerent tes officiers et si t'en bouterent ignominieusement dehors. Parquoy ledit Charles, regent et duc de Normendie, quand ladicte sedicion fut sopie, s'en retourna en sadicte cité (1), et tellement et par tant de manieres fut la noble couronne de France tempestée et affligée, qui par tout le monde estoit tant honnorée et louée, que se la souveraine providence divine ne l'eust gardée comme jusques cy l'a tousjours fait, elle eust esté en tresgrant dangier de periller. Car ledit roy Jehan, qui par avant fut son deffenseur, estoit alors prinsonnier entre les mains de ses ennemis publicques dont la puissance le persecutoit par dehors tres aigrement, et la division cruelle d'entre ses subgitz s'efforçoit par forcenerie de lacerer les entrailles par le dedans.

89. Toutesvoies il pleut a la majesté divine tellement encliner la personne dudit Charles de France, qui lors estoit prouchain heritier presumptif de la couronne, que, dès le temps de sa jeunesse, il fut tresamoureux tant de science de lettres, comme de belles et louables vertus en grant gravité de meurs et de vie avecques prudence et vaillance en armes et zele merveilleux en justice et en pollice, dont il fut exemplaire et patron exellent a ses successeurs. Et bien laboura de soy sans estre oyseux et tant ama et honnora les sages clercs et les vaillans hommes en armée dont il s'ayda et moult richement les recongnut et premia que chascun en son temps estrivoit a qui plus de bien pourroit savoir et valloir. Icellui tresnoble prince, dont Dieu veuille recevoir l'ame, ne mist pas en oubly le roy Jehan, son pere, ne son jeune

---

(1) Le régent rentra dans Paris, aussitôt après le massacre d'Etienne Marcel et de ses partisans, dans la soirée du 2 août.

frere, maiz en toute dilligence possible les racheta de leur prinson, et plus par sa sapience que par glayves abolist entierement et accoisa les discensions civiles et intestines, dont devant est parlé, qui lors estoient en ce royaume françois, et sans grant effroy subjuga glorieusement ses adversaires publicques et les deschassa hors du pais. Et si fist en oultre moult d'autres biens, et, entre les autres, il debouta ung appellé Pierre l'Apostat, et si institua Henry son allié roy des Espaignes (1).

90. En cellui temps, le duc de Lencastre vaillant en armes assiegea la cité de Rennes. Et lors Bertrand du Gueasquin*, qui estoit jeune escuier et plus par vaillance de couraige que par puissance corporelle et mesmement plus par grace divine que par industrie humaine, fist autant d'armes pour le secours de sa cité, comme aucuns dient que fist Hector en son temps pour la cité de Troie (2). Et pour sa grant vertu le duc Phelippe d'Orleans le fist son chambellam et cappitaine du chasteau de Pontorson** (3). Et, quant ledit Charles regent fut bien acertené

---

* « Nota de la prouesse de Bertran du Gueasquin. »

** « Nota comment Bertran du Gueasquin fut fait capitaine de Pontorson et depuis mareschal de Normendie. »

(1) Il s'agit ici de l'expédition de du Guesclin en Castille, contre Pierre le Cruel, qui fut tué, et eut pour successeur son frère Henri de Transtamare.

(2) Le siège de Rennes est un épisode de la guerre de Bretagne. Il eut lieu en 1357-1358. V. M. Siméon Luce, *Histoire de du Guesclin et de son époque. La jeunesse de Bertrand* (1320-1364), Paris, 1876. Le récit des prouesses accomplies par du Guesclin pendant le siège de Rennes se trouve dans le ch. VII de cet ouvrage : *Du Guesclin au siège de Rennes*.

(3) C'est en 1357 que Bertrand du Guesclin fut institué capitaine général des châteaux de Pontorson et du Mont-Saint-Michel, ainsi que des manoirs de Montagu et de Sacey. V. M. S. Luce, *op. cit.*, p. 248.

comment il avoit vaillamment debouté les pillars et
ennemis hors des terres dudit Phelippe et des regions
voisines, il fist tant par ses prieres que ledit duc Phelippe,
qui estoit son oncle (1), le lui bailla, et lors le fist il et
ordonna mareschal de toute Normendie, et si lui commist
en oultre la deffence de tout le royaume, ou il se gouverna tellement, tant contre lesdits ennemis publicques,
comme contre les sedicieux hommes, que tout le royaume
de France en fut resjouy et le reputa plus lui avoir
esté donné de Dieu que de homme pour son singulier
aide et secours.

91. Adoncques le roy Edouart d'Angleterre* amena
grant ost et grant armée et mit le siege devant la cité de
Reims, mais il ne l'ot pas pourtant, ains par ennuy s'en
departit et tira vers Chartres en pillant, tuant, emprinson-
nant et affligeant moult durement les gens et les pays de
Champaigne, de France, de Brie, de Gastinois et de la
Beaulce. Maiz par disposicion divine se sourdit en l'air
une tempeste si horrible que la gresle grosse comme
chailloux avecques merveilleuse pluye cheut sur son ost
et sur ses charrois, et les fouldroia tellement que lui et
ses gens qui en porent eschapper congnurent clerement
que pugnicion divine les avoit ainsi subjuguez, aggraventez et humiliez pour le pechié d'icellui Edouart qui

* « Nota yci une autre guerre que fist Edouart en France et
comment lui et ses gens furent par miracle divin tempestez et
desconfiz. »

qui, en vertu du traité de Brétigny, devaient être livrés à l'Angleterre, en remplacement du roi Jean, il avait désigné du Guesclin
comme son lieutenant en Normandie pendant son absence.

(1) Philippe, duc d'Orléans et de Touraine, né 1er juillet 1336,
était fils de Philippe VI de Valois et de Jeanne de Bourgogne. Il
mourut le 1er septembre 1375. Désigné pour faire partie des otages

detenoit ledit roy Jehan et son filz en ses prinsons et neantmoins estoit venu en son royaume le persecuter. Et pour ceste merveille fut ledit Edouart moult espoventé ; si envoia tantost ses ambaxadeurs devers ledit Charles regent en lui offrant* que, s'il voulait faire avecques lui traicté tant de délivrer sesdits pere et frere, comme de muer la guerre d'entre eulx en paix, il y entendroit volentiers. Et lors icellui Charles regent, d'une part, et ledit Edouart convindrent en ung lieu nommé Bretigny, qui est environ a deux mille de Chartres (1), et illecques firent traictié de paix et d'alliance perpetuelle, c'est assavoir que pour la raençon desdits roy Jehan et Phelippe, son filz, seroit paiée la somme de trois millions d'escuz d'or dont les deux devoient valloir ung noble d'Angleterre, laquelle somme ledit Charles regent promist de paier par certains termes qui sur ce furent presis. Et oultre, par la sentence dudit roy Jehan son pere, ceda et delessa audit Edouart et a ses successeurs le duchié d'Acquitaine avecques hommage et souveraineté d'icellui. Et par icelle convencion ledit Edouart et son filz ainsné, pour eulx et pour leurs heritiers lors avenir, renoncerent** expressement autiltre et au nom de roy de France et a tout ce qu'ilz avoient prétendu et preténdoient par avant cest fait, tant oudit royaume et en la couronne d'icellui, comme es duchié de Normendie et contez d'Anjou et du Maine, et generale-

---

* « Nota yci comme paix fut refformée, a la requeste dudit Edouart, roy d'Angleterre, avecques ledit Charles regent le royaume de France. »

** « Nota comment le roy Edouart renomça au nom et au tiltre de roy de France et a tout le droit qu'il avoit pretendu en Normendie et en Anjou et ou Maine. »

(1) Le traité de Brétigny, arr. de Chartres, à 9 kil. de cette ville, (Eure-et-Loir), fut signé le 8 mai 1360.

ment a la propriété et souveraineté de toutes les autres seigneuries du royaume de France. Et oultre renoncerent, et chascun d'eulx purement et absoluement, a l'ommage de Bretaigne et si jurerent, et chascun d'eulx sollempnement, que jamais par eulx ne par les leurs ne seroit aucune chose faicte ne machinée au contraire.

92. Ainsi fut ceste paix d'entre les deux royaumes criée et divulguée publicquement esdits lieux de Chartres et de Bretigny, maiz elle ne fut pas du tout gardée des vassaulx de Guienne, pource que pas ne leur fut aggreable en icelle forme. Car ilz disoient que leur seigneur souverain, sans l'assentement singulier de chascun d'iceulx vassaulx, ne les povoit pas transporter es mains de son ennemy ne resjoindre du corps politicque de ce royaume ledit duchié de Guyenne qui estoit l'um des principaulx menbres de la court des pers de France et l'um des plus fors pilliers de la majesté roialle, et que, scelon droit naturel et civil faire ne se devoit, et que c'estoit contre l'utilité publicque et contre l'onneur universel de France et dudit pays. Et demendoient lesdits vassaulx ainsi en effect : « N'est ce pas debiliter le corps du royaume des nerfs de sa chevalerie et de sa force que en aliener la souveraineté et en perdre l'ommage, parquoy il estoit rendu difforme de la beaulté et composicion de la court des pers ? » Et disoient oultre qu'il n'estoit point de doubte que, par icellui traictié, s'il se tenoit, et par ladicte alienacion de souverain[e]té et de hommage, seroit osté ausdits sugiez en cas de grief le remede neccessaire d'appeller a leur souverain prince, que de per a per ne peult proceder appellacion juridicque. Disoient aussi que la cruaulté des Anglois estoit si acoustumée de ravir autruy biens et despendre sanc humain, et mesmement de ses sugiez, que jamais elle ne s'en vouldroit abstenir, et

que, si aucun d'iceulx vassaulx, pour avoir droit et reparacion de ses dommages, faisoit convenir ung Anglois coulpable devant ung juge estrangier, icellui juge, sans faveur ne hayne, administreroit au François complaignant bonne justice et de son povoir la lui mectroit a execucion deue. Si faisoient ainsi leur conclusion que alienacion de souveraineté et de hommage ne se peult soustenir par quelque droit, puisque elle enerve la force, puis qu'elle difforme le corps de la court des pers, puis qu'elle oste aux bleciez le suffrage de justice et qu'elle navre le corps politicque de plaie mortelle. Maiz finablement, par appointement de la court souveraine de parlement, aucuns barons dudit pays d'Acquitaine firent foy et hommage a la roialle majesté de France qui les y receut, tant pour la ronpture de ladicte paix jurée par ledit Edouart, comme par la sentence de ladite court de parlement.

93. Et d'ilecques en après, s'en revint d'Angleterre ledit roy Jehan et s'en alla en Avignon devers le saint pere, qui pour lors y estoit, pour obtenir sa benedicion, et afin qu'il delivrast ses hostages s'en retourna en Angleterre et y mourut. Dieu lui vueille fere pardon (1) !

---

(1) A la suite de deux voyages dans le duché de Bourgogne, dont il avait pris possession après la mort de Philippe de Rouvre et qu'il devait bientôt donner à son fils Philippe le Hardi, Jean passa l'hiver de 1362-63 à Villeneuve-lès-Avignon, et eut de fréquentes conférences avec le pape Urbain V. Puis, ayant appris qu'un des ôtages livré aux Anglais, le duc d'Anjou, son frère, s'était enfui de Calais, il alla se remettre prisonnier entre les mains d'Edouard III, et mourut à Londres le 8 avril 1364.

CHAPPITRE XL.ᵉ

Parlant de la victoire que ot Bertran du Gueasquin contre le roy de Navarre et les Anglois, et comment icellui Bertran fut fait conte de Longueville; et de la largesse dudit Charles, et comment il recongnut ceulx qui en estoient dignes; et comment ledit Bertran ala en Espaigne et y mena grant compagnie de gens de cueillecte; et comment la paix dont cy devant est parlé fut rompue par Robert Canole du commandement de Edouart; et comment ledit Bertran fut fait revenir d'Espaigne en France et comment il en fut fait connestable; et du mariage de Ysabeau, fille ainsnée de France, avecques le roy Richart d'Angleterre; et comment Henry, duc de Lencastre, fut exillié d'Angleterre; et de là conjuracion par laquelle fut tué ledit roy Richart et privé du royaume d'Angleterre.

94. En celles entrefaictes, Bertran du Gueasquin, qui estoit nobles homs de hault courage et vaillant en armes, obtint une riche victoire sur la montaigne de Cocherel (1) assez près de la riviere de Saine, contre les Anglais et les Gascons qui lors estoient souldoiers du roy de Navarre. Et lors, comme ledit Charles fust allé recevoir son sacre comme vray filz et successeur du roy Jehan, son pere, au royaume de France, ung appellé Enguerran Audin em-

---

(1) La bataille de Cocherel, dans laquelle du Guesclin vainquit les troupes de Charles le Mauvais, commandées par Jean de Grailly, captal de Buch, eut lieu le jeudi 16 mai 1364. — Cocherel est un hameau de la commune de Houlboc-Cocherel, canton de Vernon, arr. d'Évreux (Eure); il est situé sur la rive droite de l'Eure.

porta les nouvelles audit Charles et aux autres princes de sa compagnie, et en y allant passa par deux fois sur son cheval la riviere de Saine devant Vernon (1). Et ce fut audit Charles et a ses princes presage de prosperité avenir qui n'estoit pas seulement deputé a succeder ou royaume, mais avecques ce devoit bien en estre roy couronné par victoire vertueusement acquise. Et, quant icellui Charles quint de ce nom fut sacré, il s'en ala a Rouen (2), dont ledit vaillant Bertran vint a l'encontre de lui et lui dist : « Sire, je vous presente les prinsonniers a vous conquis par la victoire que vous en avez. » Et lors il receut lesdits prinsonniers et en disposa a son plaisir, et de ce s'esjouyt atrempeement et recongnut la prouesse de sondit mareschal et le service qu'il avoit fait a lui et a la chose publicque, car il le esleva entre les plus grans de son royaume et lui

---

(1) Le roi Charles V apprit cette victoire le 18 mai, au moment où il allait entrer dans Reims, où il fut sacré le lendemain. La nouvelle lui en fut portée par deux messagers que lui envoya du Guesclin, Thibaud de la Rivière, homme d'armes breton de sa compagnie, et Thomas Lallemant, huissier d'armes du roi. V. M. Siméon Luce : *Histoire de Bertrand du Guesclin et de son époque. La jeunesse de Bertrand* (1320-1364), p. 453. Robert Blondel est, à notre connaissance, le seul qui parle du messager Enguerran Audin.

(2) Le roi Charles V fit, à cette époque, un assez long séjour dans la ville de Rouen. Il y était déjà en 1365, ainsi que l'atteste un extrait des Registres capitulaires de la cathédrale de Rouen, publié par A. Chéruel, *Histoire de Rouen pendant l'époque communale*, t. II, p. 298-299 ; il y était encore à la Toussaint de l'année 1366, car ce fut « à cette époque que, pour récompenser une troupe de baladins et de jongleurs qui avaient joué devant lui un mystère au château de Rouen, il leur fit donner 200 fr. d'or. » A. Chéruel, *Ibid.*, p. 301, d'après les Leçons de Magnin sur les origines du théâtre, *Journal général de l'Instruction publique*, novembre 1835. Selon Secousse, *Histoire de Charles le Mauvais*, ce fut à Rouen que Charles nomma du Guesclin maréchal de Normandie.

donna par heritage le conté de Longueville*(1), et en oultre donna a lui et a ses autres combatans, qu'il sceut avoir esté vaillans, moult riches dons et honnorables, et tant en fist que homme qui peust savoir en estre digne ne s'en alloit mal contant de devant lui ne sans remuneracion. Et tant fut sa liberalité grande, et si amplement et sagement fist distribucion de ses deniers a ceulx qui vaillamment s'estoient combatus pour lui, qu'il anima leurs courages a y perseverer et les autres a devenir vaillans. Et se il exigea en son temps de ses subgiez aucuns tribus, aussi les convertit il sagement en l'utilité publicque de son royaume, maiz il se garda bien de rien en donner ou departir ** a flateurs ne autres gens inutiles et questueux. Et, pource qu'il se tenoit tousjours garny de deniers qu'il n'espargnoit point, maiz sagement et largement les despendoit a ses besoings, il trouvoit tousjours tant de gens prestz et vaillans, comme il vouloit.

95. Icellui tres noble roy par sa sapience et moiennant la vaillance dudit Bertran fut en ses jours renommé de toute exellence en bien entre tous les princes du monde. Orendroit, ce que je oublioie vueil reciter, c'est assavoir que, quant par le moien de ladicte bataille de Cocherel ce royaume fut mis en paix, pour nettoier et delivrer ce royaume d'un tresgrant nombre de gens de cueillete que l'en appelloit les compagnies, desquelx l'en s'estoit aidé

---

* « Nota yci la grant largesse du roy Charles quint de ce nom qui donna le conté de Longueville a messire Bertran du Guesquin. »

** « Nota a qui l'en doit donner. »

(1) Du Guesclin fut investi à Saint-Denis, le 27 mai, du comté de Longueville, qui avait appartenu en dernier lieu au frère de Charles le Mauvais, Philippe de Navarre, et avait été confisqué après sa mort.

a la dicte bataille de Cocherel, et lesquelles gens de compaignes contre le gré d'icelui roy Charles gastoient et destruisoient ses pays et populaires, icellui Bertran les fist absouldre du pere saint et les souldoia et tira hors de cedit royaume pour les devoir mener sur les Sarrasins. Et lors soubdainement, par le commandement du roy, il les mena en Espaigne pour le roy Henry contre le roy Pietre, lequel Pietre par icellui Bertran en fut bouté dehors, maiz il y fut par après restitué par le prince de Galles qui y print ledit Bertran prinsonnier. Et par après ledit Bertran de hault courage restitua sondit Henry audit royaume d'Espaigne et fist trancher la teste audit Pietre (1).

96. Or viens je maintenant a parler de la paix et de l'alliance d'entre les deux royaumes de France et d'Angleterre, dont darrainement a esté par ci devant parlé ou prouchain chappitre, comment elle fut rompue * (2). Car

* « Nota yci la ix⁹ ronpture de paix faicte par ledit Edouart et de la ix⁹ guerre qui s'ensuy. »

(1) L'expédition de du Guesclin contre la Castille fut ordonnée par Charles V, non seulement pour débarrasser la France des grandes campagnes qui, la guerre terminée, la dévastaient, comme si elles se fussent trouvées en pays ennemi, mais encore pour venger sa belle-sœur, Blanche de Bourbon, que Pierre le Cruel, roi de Castille, avait fait empoisonner pour épouser sa maîtresse, Marie de Padilla. Du Guesclin, vaincu d'abord et fait prisonnier par le prince Noir à Najarra ou Navarrette, 3 avril 1367, prit sa revanche à Montiel, 14 mars 1369, sur Pierre le Cruel, qui, fait prisonnier, fut poignardé par son frère, Henri de Transtamare.

(2) Mécontents des taxes que le prince Noir faisait peser sur eux, les Gascons en appelèrent au roi de France, qui saisit avec empressement cette occasion et somma le prince Noir de comparaître devant la cour des pairs. Le prince Noir fit jeter en prison les envoyés du roi qui envoya alors un valet de cuisine porter des lettres de défi au roi d'Angleterre, 29 avril 1369. C'est ainsi que la guerre recom-

ledit Edouart, corrumpu de la fraudeuse malice d'Angleterre, comme faulx et desloial parjure, envoia Robert Canole en France avecques tresgrant multitude de gens d'armes et de traict qui jusques aux portes de Paris gasterent, pillerent et brullerent pays, tuerent et raençonnerent inhumainement les Françoys qu'ilz porent atrapper, et si planterent leurs tentes et leur ost assez pres d'icelle ville de Paris, en actendant que l'en les y combatist. Et, combien que la noblesse de France, qui lors estoit en ladicte ville de Paris, eust ardant desir de le combatre, toutesvoies icelluy roy Charles pour ce faire voulut actendre le retour dudit Bertran qui lors estoit en Espaigne, et sans faire grant effroy ne empeschier homme d'issir les portes de Paris, il escripsyt lettres incontinant a icellui Bertran qu'il s'en retournast hastivement en France et y ramenast son ost. Et ce pendant ledit Robert Canole et ses pillars gasterent et depopulerent les pays du Maine et de la Touraine jusques en Anjou, et y prindrent et destruyrent plusieurs villes et chasteaux qui de lui ne se guetoient. Et lors fut tresaspre guerre tant en Acquitaine comme en Normendie, dont ce royaume de France fut moult durement endommagié. Maiz, quant le bon Bertran * dessus nommé ot receu les lettres dudit roy Charles,

* « Nota yci la prouesse et bonne obeissance dudit messire Bertran du Gueasquin. »

mença. Robert Blondel se contente de parler de la rupture de la paix et de l'expédition de Robert Knolles, qui eut lieu en 1370, et il est permis de le trouver bien incomplet sur cette partie de la lutte avec les Anglais, puisqu'il ne parle même pas du sac de Limoges, ordonné par le prince de Galles, ce qui lui eût permis d'exhaler son indignation plus à propos que dans d'autres circonstances. C'est qu'il était pressé d'arriver au terme de son œuvre, dont le but était de pousser Charles VII à une guerre sans trêve contre les Anglais. Les circonstances ne permettaient aucun retard.

incontinant il recueillit ses gens de guerre et les ramena en France, et, en son chemin faisant, recouvra moult de chasteaulx et de forteresses que les Anglois occuppoient et les remist en l'obeissance du roy. Et, quant il fut venu et joieusement receu, icellui roy Charles le fist et institua maistre de sa chevalerie et connestable de France (1), et, en lui baillant l'espée, receut de lui le serement acoustumé. Je me deporte de inserer cy endroit les grans vaillances et louables victoires dont par la grant sapience dudit tres noble roy Charles et par la prouesse dudit Bertran a esté ce royaume de France honnouré, loué, craint et redoubté et finablement demouré riche de biens et d'onneur et seur et vuyde de la punaisie de sesdits ennemis. Et si me passe de cy escripre comment son filz, le roy Charles VIe (2) de ce nom qui moult fut vaillant en armes, lui estant encores jeunes homs et sans barbe, guerroia et subjuga les Flamens dont il fut tué par diverses foiz jusques a cinquante mil hommes (3).

(1) Du Guesclin fut élevé aux fonctions de connétable en remplacement de Moreau de Fiennes, qui se démit de sa charge à cause de son grand âge. Il prêta serment à Charles V le 20 octobre 1370.

(2) Charles VI, né le 3 décembre 1368, avait épousé, le 17 juillet 1385, Isabelle de Bavière, qui lui donna douze enfants, parmi lesquels nous citerons Charles VII qui lui succéda, Isabelle, née le 9 novembre 1389 et mariée à Richard II, roi d'Angleterre, le 1er novembre 1396; Jeanne, née le 24 janvier 1391, mariée le 30 juillet 1397 avec Jean VI, duc de Bretagne; Michelle, née 11 janvier 1394, mariée juin 1409, avec Philippe le Bon, duc de Bourgogne; Catherine, née 27 octobre 1401, mariée le 2 juin 1420 avec Henri V, roi d'Angleterre.

(3) Charles VI vainquit à Roosebeke, 27 novembre 1382, les Flamands révoltés contre leur comte Louis de Male, beau-père de Philippe le Hardi, qui poussa son neveu à entreprendre cette expédition.

97. Et viens a raconter ung cas extreme et tresmauvais qui depuis advint, c'est assavoir que icellui roy Charles VIe de ce nom, desirant mectre fin aux choses lors mal disposées en son royaume, maria dame Ysabeau de France, sa fille ainsnée, avec le roy Richart d'Angleterre * qui estoit homme de paix (1). Et par l'aliance d'icellui mariage a tousjours durer, lesdits deux princes toutes haynes cessans effecterent souverainement estre appaisiez et alliez. Et a icelle fin tendre, furent prinses longues treves entre eulx du consentement mutuel des ditz deux royaumes dont les habitans et singulierement marchans furent moult esjouys. Et pour y parvenir de bon pié, ledit roy Richart, qui estoit homme de bonne foy, restitua les chasteaulx de Chierbourg et de Brest qui par avant lui avoient esté bailliez en gaige de certaines sommes de finances qui lui fut rendue, ainsi que raison le vouloit et qu'il y estoit obligé par contrat sollempnel sur ce fait et passé. Et pour icelle cause qui estoit tres juste, la desloiaulté d'Angleterre, qui oncques n'ot cure d'obeyr a droit, murmura tres aigrement contre sondit roy Richart, et par voies secretes machina en sa mort. Et, combien que le regne d'icellui roy Richart fust juste, debonnaire et amy de paix

---

* « Nota yci le mariage qui fut fait de dame Ysabeau de France avecques le bon roy Richart d'Angleterre, et des longues treves qui lors furent données entre les deux royaumes de France et d'Angleterre. »

(1) Une trêve de quatre ans avait été négociée en 1394 entre la France et l'Angleterre. En 1395, Richard II demanda la main d'Isabelle, fille de Charles VI, alors âgée de sept ans; le traité de mariage fut signé le 9 mars 1396, et l'on stipula une nouvelle trêve qui devait durer vingt-huit ans, à partir du mois de septembre 1398. C'est alors que Richard II rendit Cherbourg au roi de Navarre et Brest au duc de Bretagne.

qui est contre la nature de la tirannie d'Angleterre, neantmoins icelle generacion mauldicte le print en hayne mortelle.

98. Et lors Henry de Lencastre (1), qui avoit esté exillié et banny d'Angleterre pour ce qu'il avoit par avant conspiré contre la vie dudit roy Richart, s'en vint d'Angleterre a Paris devers le roy ou il fut honnorablement receu, et, tant comme il fut en France, il persevera secretement en la conspiracion de la mort de sondit prince le roy Richart*. Et pour ce faire, trouva des gens d'Angleterre a sa poste qui semerent oudit pays parolles venymeuses et sedicieuses, disans en effect que icellui roy Richart estoit ennemy capital de la couronne et du royaume d'Angleterre et qu'il les vouloit rendre perpetuellement subgiz au royaume de France et s'efforçoient de le monstrer parce qu'il avoit, comme dit est desja, rendu Chierebourg au roy françois et Brest au duc de Bretaigne; et ne disoient pas que ainsi fere le devoit par contract sollempnel en recevant les deniers sur ce prestez qui lui avoient esté renduz. Et par ce jugeoient qu'il n'estoit pas digne d'estre leur roy et qu'il devoit estre degradé de la couronne et du septre roial d'Angleterre, et procura ledit duc de Lencastre qu'il en seroit roy. Et ne tarda gueres de temps que icellui Henry de Lancastre s'en retourna en Angleterre et par ses satellites fist prendre et emprinsonner en trayson sondit roy Richart, et puis le fist cruelement occire en sa prinson, et ainsi se fist couronner tiranniquement roy d'Angleterre, parquoy icellui Henry et sa pos-

* « Nota yci que pour occasion de la loiaulté et bonne foy dudit roy Richart fut sa mort conspirée. »

(1) Voir, sur l'usurpation du duc de Lancastre et la triste fin de Richard II, la note de la page 130.

terité* ont depuis tiranniquement occuppé ledit royaume d'Angleterre. Je ne sçay pas que Dieu qui est souverain juge en avoit decreté ou secret de sa divinité, mais je suis bien certain que, se les droiz publicques et les sainctes loix avoient vigour et estoient bien gardez, ledit Henry ne sa lignée, pour la grant horreur d'icellui crime, n'eust peu ne pourroient pretendre aucum droit ou tiltre, non pas seulement es royaume de France et d'Angleterre, maiz ne en quelxconque fié, tant soit il petit. Car le crime de lese majesté et de patricide est si excecrable que celui ou ceulx qui en sont coulpables n'en doivent pas perdre seulement le fié ou la terre, maiz aussi la vie, et leur posterité et lignée estre privée de toute majesté et seigneurie. Et n'est point de doubte que toute l'isle d'Angleterre qui approuva cellui meffait, se rendit infecté et coulpable de si grant crime que non pas seulement le roy françois ne ses parens, affins et alliez, maiz aussi tous chevalliers vaillans ** qui comme zelateurs de justice, de tous crimes publicques mesmement qui sont perpetrez contre la roial majesté, doibvent desirer la vengence, ont tiltre de juste querelle pour vengier la mort dudit bon roy Richard contre ceulx qui la conspirerent et contre les habitans de l'isle d'Angleterre qui tant iniquement l'approuverent. Et pour ce faiz je question et demande ainsi se tous les princes terriens et puissans se baigneront tousjours en leurs delices et seront de si lasche courage et tant amou-

---

* « Nota que par la mort du roy Richart, le roy Henri, qui a usurpé son royaume, ne toute sa posterité, ne peult pretendre aucun droit oudit royaume d'Angleterre ne en quelxconques autres fiefs, tant soit il petit. »

** « Nota que chascun vaillant crestien a juste querelle contre ledit roy Henri et sa posterité et contre l'isle d'Angleterre pour cause de la mort dudit roy Richart. »

reux de long repoux que ilz delaissent ainsi la chose publicque perir par faulte de vengier quelquefoiz crimes tant enormes et si publicque[s] comme est cestuy, et croy quant a moy que nenny, mais que encores viendra aucum prince de hault courage qui sera si amoureux de justice et de la chose publicque qu'il entreprendra par armes a pugnir soubz la main de Dieu si horrible cas, et que, ainssi que Scipion l'Auffricain pugnit jadis Cartaige, il repetera les despoilles dont les pillars d'Angleterre ont a grant tort et par trop de foiz despoillié le royaume françois.

CHAPPITRE XLIe

Parlant comment le roy Henry d'Angleterre, filz dudit Henry de Lencastre, descendit en Normendie en l'an que on disoit mil iiij^{ct} et quinze, et de la bataille qu'il gaigna en Picardie; et comment il s'en retourna et puis revint en l'an mil iiij^{ct} xvii et occuppa le duchié de Normendie et si usurpa grant pays du royaume et cuida estre roy de France.

99. De la racine d'icelle tache dont le prouchain chappitre precedent fait mencion, s'est eslevée une verge de pugnicion contre les François qui par division mortele, s'entretuoient si cruellement que la femme en tenoit parti contre son mari, le filz contre son pere, l'un frere contre l'autre frere et l'un voisin contre son prouchain. Car Henry *, lors roy d'Angleterre, filz dudit Henry de Lencastre, nourry de la poison venymeuse de sondit pere, fist et assembla moult grant ost et descendit ou pays de Caux

---

* « Nota yci la xe guerre du roi Henri et comment il print Harefleu. »

et assiegea Harefleu (1) et tant le fist batre de gros engins de guerre horribles a ouyr, comme est le tonnerre du ciel, que ceulx de dedens qui point n'y peurent avoir de secours, furent par force contrains d'eulx rendre a lui a sa voulenté, dont il fist mener les hommes et leurs filz prinsonniers et en bouta dehors les fenmes, et si en ravît tous les biens qu'il envoia en Angleterre. Et, pource que hiver s'aprouchoit fort, il disposa de s'en retourner en sondit pais. Si laissa dedans Harefleu grosse garnison de gens, de vivres et de habillemens de guerre, et s'en tira avecques son ost droit a Calais, contre lequel se fist moult grant armée des gens de France, comme princes, ducz, barons, nobles et autres gens, qui tellement les poursuirent que ilz lui traverserent et empescherent son chemin. Et, quant il se vit ainsi encloz et empeschié de son passage, il fist a nosdits gens de France les offres * de leur rendre Harefleu et tout ce qu'il en avoit eu avecques tous et chascuns les dommages qu'il avoit faiz et fait faire en ce royaume, et que en le laissast passer et s'en aller. Maiz on dit que lesdictes offres qu'il fist lors cautement furent follement reffusées des François qui plus amerrent eulx avanturer et exposer a peril mortel que recevoir lesdictes offres en seureté, et firent leur conclusion d'avoir par force d'armes ce qu'ilz refusoient par traictié. Et si furent les nobles hommes tant presumptueux qu'ilz ordonnerent de combatre par eulx mesmes lesdits Anglois sans ce que leurs gros varletz de guerre y meissent les mains. Et ceste

---

* « Nota yci les offres que fist ledit roy Henri aux François avant la bataille d'Agincourt. »

(1) Henri V, roi d'Angleterre depuis l'année 1413, débarqua, le 14 août 1415, dans l'embouchure de la Seine, à l'endroit même où François Ier devait créer, un siècle plus tard, la ville du Havre.

responce ouye, ledit roy d'Angleterre prescha lui mesme a ses gens en telle somme que puis qu'ilz ne povoient avoir ouverture de chemin pour eulx en aller, ilz vendroient leur vie si chierement qu'il en seroit longue memoire par après. Et lors ne furent pas les nobles d'Angleterre comme noz François *, car ilz ordonnerent les hurons et gros varletz de leur pays avecques leur traict faire par devant eulx la haye, parquoy le fez de leurs adversaires ne peust cheoir sur leur noblesse. Et si vaillanment combatirent tous scelon l'ordonnance de leurdit roy Henry qui moult estoit cault, subtil et cruel en armes, que icelle rusticité d'Angleterre bersauda par son trait les entrailles de notre noblesse, et les rendit partie mors dessus le champ, l'autre partie prinsonniers et les autres fuyans a qui mieulx se povoit sauver par bien courir ; maiz noz seigneurs du sang roial, qui point ne se saoullerent de la villaine tache d'eulx enfouyr, furent illecques, les ungs piteusement tuez comme pourceaulx, et les autres levez hors de la fange ou ils estoient abatuz entre les morts, et en ce piteux point menez comme esclaves es dures prinsons d'Angleterre en si grant opprobre, ravalement et dommage de ce royaume françois qui n'est pas possible a mon petit entendement de savoir assez suffisamment le descripre (1).

100. O povre noblesse françoise gouvernée d'orgueil, conseillere de folle jeunesse, et seduicte par presumpcion ! Tu y mesprisas l'ayde de tes gros varlets, et les villains d'Angleterre te suffocquerent. Tu convoitas avoir toute seule la gloire et l'onneur d'estre victorieuse, et tu en fuz

---

* Nota ici comment les François perdirent la bataille d'Agincourt en Picardie par leur desaroy. »

(1) La bataille d'Azincourt fut livrée le 25 octobre 1415.

frustrée par gens semblables a ceulx que tu y mesprisas. Helas! pourquoy feiz tu a tes ennemis l'ouverture sur toy de ce de quoy toy mesmes les enforças? Pourquoy ont acoustumé les saiges batailleurs mener avecques eulx gens fors et robustes, si nom pour frapper les gros coups et faire haye entre eulx et leurs adversaires a la conservacion de leur estat? Estiez vous si despourveuz de doctrine et d'experience que vous ne congnoissiez que prosperité mondaine et longue paix dont alors estiez nourriz en grans accumulations de vices, desordonnance de meurs, mesprisement d'autruy force, ingratitude et descongnoissance de benefices de Dieu, trespassement de sa loy et oubliance de l'exercice des armes vous avoient distraiz et renduz pour la pluspart moins habiles aux usages et faiz de guerre? Et neantmoins refusastes lesdictes belles offres qui eussent esté a vostre grant honneur et prouffit, sans effusion de vostre sang et sans en encourir reprouche. Mais puis que ainsi est advenu, icelle faulte sera, se Dieu plaist, exemple a voz successeurs et matiere de plus sagement se gouverner es temps avenir, et congnoistront que ceulx qui plus actribuent victoire aux hommes que a Dieu tout puissant * et plus se fient en grant multitude de combatans que en l'ayde divin **; tresbuschent communement en desaroy vituperable et en confusion mortelle en lieu du triumphe qu'ils appetent avoir. Et par le contraire communement advient que le moindre nombre de batailleurs, quant ilz ont bonne querelle avecques entencion droicte et principaument se confient en Dieu duquel procede toute puissance et qui donne les victoires a qui lui

---

* « Nota que toute bonne victoire vient de Dieu. ».

** « Nota contre ceulx qui presument d'eulx mesmes et desprisent leurs adversaires. »

plaist, viennent voulentiers au dessus de leurs adversaires dont ilz reportent honneur et biens inestimables. Et ceulx qui bataillier veullent se doibvent par avant pourveoir de toutes choses neccessaires a fait de guerre, et leurs neccessitez a venir doibvent premediter et considerer comme c'elles estoient presentes, et ainsi le doit faire tout sage chef de guerre. Et si ne doibt jamais enclorre * ses ennemis qu'il ne leur laisse aucun chemin ouvert pour eulx en fuyr. Car, qui tant les enclost qu'ilz ne puissent fuyr, est communement cause de les faire vaillans et par desesperée bataille devenir victorieux.

101. Et après ce que Henry dessusdit et ses gens s'estoient veuz encloz et que leurs offres faictes ne leur avoient rien prouffité, et d'aultre part orent congneu que noz gens de guerre se monstroient fiers et orgueilleux et plus presumans de leur force que de l'aide d'en hault et aussi qu'ilz ne faisoient pas contenance de gens expers en armes, il espera d'en avoir le dessus, comme si ot il, et puis s'en alla lui et son ost sain et entier en Angleterre(1). Et puis, ou second an après que l'en disoit mil iiij^{ct} dixsept, il revint o grant ost et descendit en Normendie environ Touque (2) et y trouva les biens cueilliz et amassez, maiz aucune resistence ne lui fut alors faicte qu'il n'y descendist, ainçois s'enfermerent moult de gens en villes closes et les autres en grosses tourbes s'en allerent demourer les ungs en regions diverses et grant partie hors ce royaume,

---

* « Nota de non tant enclorre ses ennemis prestz a combatre qu'on ne leur laisse ung pertuys ouvert a s'en fouyr. »

(1) C'est le 11 novembre 1415 que Henri V s'embarqua à Calais pour retourner en Angleterre.

(2) Voir, sur cette seconde invasion de Henri V, la note de la page 91.

Dieu scet en quielx miseres et meschiefz, dont les maisons demourerent vuydes qui depuis sont cheoistes en ruine piteuse et depopulacion la plus difformée que oncques mais y eust esté par quelque guerre et dont jamais n'y sera faicte reparacion a l'estat que devant estoit. Et lors icellui Henry le cruel mist son siege devant une ville nommée Caen * (1) qui moult estoit alors riche de biens mondains, maiz plus riches de bonne foy envers la couronne de France. Et moult durement jour et nuyt la fist batre d'engins de guerre tant que grant partie des murs en furent ruez jus sans que homme si osast tenir. Et tant comme les loiaulx habitans d'icelle ville couroient au secours les ungs des autres, ou la neccessité estoit, pour resister aux durs assaulx que on leur faisoit, et que de tout leur povoir ilz y gectoient pierres de resistence, tunboient du hault en bas les eschielles chargées d'Anglois assaillans, versoient eaues boullans avecques gresses et souffre meslé parmy, lors furent ilz assailliz par autre lieu despourveu de deffence dont ilz ne se donnoient garde. Et comme il les cuiderent rebouter, furent piteusement tuez devant et derriere et ladicte ville prinse et habandonnée a praye, et les habitans qui n'y moururent, tous prinsonniers sans misericorde. Et de la s'en vint ledit Henry mectre le siege devant Rouen ** en subjugant tout a orne villes et chasteaux qui estoient en son chemin. Et, si les habitans d'icelle tresnoble cité de Rouen qui moult

---

* « Nota yci le retour dudit roy Henri d'Angleterre, et comment il print la ville de Caen. »

** « Nota yci le siege mis devant Rouen et comment il fut rendu audit roy Henri. »

(1) La ville de Caen, assiégée pendant trois semaines, se rendit à Henri V le 28 septembre 1417. Voir l'ouvrage de M. L. Puiseux, *Siège et prise de Caen par les Anglais en 1417*.

y estoient en grand nombre n'y eussent eu faulte de vivres, ledit Henry et toute sa puissance y eussent peu leur vie user et y mourir sans y entrer, maiz tant y fut la famine grande que plus de trante mille personnes y perirent de fain. Et finablement, après ce qu'il y ot musé par l'espace de neuf ou dix mois, lesdits habitans, qui aucun secours n'y peurent avoir, furent par neccessité contrains d'eulz rendre avecques leurdicte ville par composicion (1).

102. Et tellement espoventa lors ledit tirant les courages françois qu'il n'estoit homme qui s'appareillast de secourir au pays desolé, maiz plus queroit chascun se sauver par fuite que par glaive. Et d'ileq en après, furent audit Henry villes ouvertes, chasteaulx baillez et forteresses offertes, les unes sans resistence ne deffence, et les autres dont on lui portoit les clefz avant sa venue. Et tant en avant proceda qu'il cuida * finablement estre roy de France seul et pour le tout. Et de fait espousa dame Katherine de France, fille dudit roy Charles VIe de ce nom, lequel il tint aussi comme en curatelle par aucun temps, en desheritant fraudeusement, s'il eust peu, Charles lors son seul filz, daulphin de Viennois, lors absent, lequel a grant haste s'en estoit paravant fuy dudit lieu de Paris pour soy oster du peril de la commocion horrible qui y estoit (2). Maiz la clemence divine l'en preserva aussi comme par miracle, et le long repos de trente cinq ans ** que nos

* « Nota comment ledit roy Henry cuida estre roy de France et comment Dieu l'en garda. »

** « Nota pourquoy les François ne furent pas alors bons combateurs. »

(1) V. sur le siège de Rouen les notes des pages 98 et 99.

(2) Le traité de Troyes, qui déshéritait le dauphin Charles, nommait régent de France le roi d'Angleterre Henri V et le mariait avec Catherine, fille de Charles VI, avait été signé le 21 mai 1420; le mariage eut lieu le 2 juin suivant.

François avoient eu sans estre excercitez es armes, dont ilz estoient effeminez et inexpers aux faiz de guerre, fina ilecques, et par les grans durtez qu'ilz ont souffertes et tant de gens mors et de pays gastez, se sont ilz acoustumez au harnois et experimentez es armes tellement que par grace divine et vertu millitaire, ilz ont osté des mains de nosdits adversaires l'industrie qu'ilz avoient par avant de bien batailler, dont maintenant ilz se sentent moult affeibliz et nosdits François enforcez. Et pour ces causes ont ilz fraudeusement machiné de requerir treves, tendans afin que sous la fiance d'icelles nous nous endormons * ou lit de paresse couvert de nonchalance, tendu de lascheté et encourtiné de delacions, et que ce pendant ilz se disposent a nous tromper, ainsi que par moult de foiz est advenu. Et bien l'ont monstré de fait, quant, non obstans lesdictes treves qu'ilz avoient requises et jurées garder, ilz ont prins par nuyt et d'emblée la ville et chasteau de Fougieres. Ces choses doncques ainsi faictes, et les grands meschiefz advenuz par quoy et par faulte de gens excercitez aux armes ce noble royaume de France a esté en grans perilz d'estre perdu, affin qu'elles soient desormais perpetuel exemple aux François avenir que par temps de paix les enffans des nobles et les autres gros varletz des villes et des platz pays soient faiz excerciter et instruire ** tellement en armes que, quant neccessité sera, nous en soions plus a reprendre ne a recommencer de nouvel, maiz soions tousjours prestz et appareillez de recevoir et rebouter noz adversaires de noz fumiers, et que selon raison crainte leur doie oster le hardement de plus nous assaillir,

---

* « Nota hic colorem rethoricum qui dicitur translacio. »

** « Nota que par temps de paix doibt on fere instruire et excerciter les nobles et leurs enffans aux armes. »

et que besoing ne nous soit d'aller querir Escossois ne autres estrangiers pour venir deffendre les pays de France, ainsi que fait l'avons a grant neccessité et despence infinie de noz richesses.

CHAPPITRE XLIIe

Par lequel est inféré que jamais ne doibvent les François renouveller treves avecques les Anglois, puis qu'ainsi est que leurs predecesseurs et eulx mesmes les ont tousjours rompues pour nous tromper et sourprendre, non obstans quelxque seremens sollempnelz qu'ilz ayent jurez de les garder.

103. Puis que par les gestes cy devant remenbrées nous appert clerement que toutes et chascunes les alliances et ralliances des roys de France et des roys d'Angleterre (qui) depuis la premiere guerre d'entre les deux royaumes de France et d'Angleterre jusques a ore ont esté tousjours par eulx rompues et nostre chose publicque de France destruicte, qui sera desormaiz homme françois si simple de croire que la posterité de si desloiaulx tirans nous tiengne promesse ne foy plus ferme que leurs peres ont fait? Certes je ne croy pas que jamais homme de sain entendement s'y fiast, car aussi les enffans yssuz de mauvaise semence sont communement pires que leurs parens. Qui sera donc si aveugle François de oser conseillier que les treves et alliances, nagueres par les Anglois requises et par eulx mesmes sans deffier rompues, soient reiterées de plus belle? Pour certain je n'avise point de si perilleuse embusche pour achever de perdre nostre chose publicque de France comme par les ronptures des treves que les Anglois, qui tousjours ont acoustumé veillier et s'apa-

reillier cependant en grant dilligence pour cuider nous destruire tant comme nous y endormons. Et n'est point encores apparu a noz predecesseurs ne a nous François que lesdictes ronptures de paix ne aucune d'icelles aient oncques esté faictes pour cause raisonnable, mais tousjours par la malice exquise [et] mauldicte convoitise desdiz Anglois. Et pour ce ne se doit aucum ahurter a croire que l'ambicion des Anglois de dominer sur nous François pour y temporiser longuement, se diminue ou appetice, car pour certain la lecherie qu'ilz ont trouvée et trouvent en possidant noz biens qu'ilz ont ravis, et joyssent des delices de ce royaume dont ilz sont devenuz gras comme porceaulx, les enflameroit plus ardenment a vouloir transglouter le surplus qui nous veoient encor avoir, que delessier de leur gré ce qu'ilz en tiennent.

CHAPPITRE XLIIIe

Faisant exhortation au roy qu'il [ensuive] les louables vertus et vaillance de ses tresnobles progeniteurs, confortant ung erreur commune d'aucuns et parlant de la confirmacion du tiltre du roy, mesmement en Normendie et de la infirmacion du tiltre du roy d'Angleterre et du desheritement de Charles de France, VIIe de ce nom.

184. Par les escrips des gestes de voz progeniteurs, Charles, tresnoble Roy françois, povez vous et devez assez estre persuadé que la vaillance de vostre ayeul le roy Phelippe, dont cy devant est premier parlé, vainquit par dilligence exquise la tirannie et felonnie des Anglois et augmenta moult richement le patrimoine de la couronne que vous portez, et que par pareille industrie le deffendit

le bon roy saint Louys, lesquelles choses ilz n'eussent pas faictes ne peu faire, s'ilz eussent esté paresseux et ignorans l'excercice des armes. Prouvez doncques la vaillance et dilligence pareille de vosdits parens ou autrement la fierté de voz adversaires, qui maintenant s'est descouverte sur la prinse de Fougieres, s'efforceroit de vous navrer a mort. Regardez comme fortune favorize communement les gens vaillans et ravale les paresseux, et considerez que, se vosdits predecesseurs aquistrent l'onneur de vous avoir conquis et delessié la gloire de posseder aprés eulx si noble empire, par le contraire vous seroit ce grant honte de le perdre ou laissier aller en mains estranges d'ennemis par faulte de le deffendre vertueusement. Reste doncques a conclurre cy endroit que mieulx vous vault prendre labour et soustenir l'aspresse de juste guerre que, par trop amer aise et repoux, perdre honteusement ce que vous tenez de Dieu et de l'espée seulement.

105. Or viens je ycy a confuter l'erreur d'aucuns qui ont voulu dire que vous, Charles tresnoble Roy, n'avez point de tiltre en Normendie, dont le contraire est bien monstré, tant es escrips de Vincent* en son *Mirouer historial,* comme de maistre Richard de Saint Victor (1) et des Croniques papales et françoises parlans des princes de

---

* « Nota que les gestes contenues en ce livret sont extraictes des escripz de Vincent en son *Mirouer hystorial* et de maistre Richard de Saint Victor et des Croniques papales et de celles de France. »

(1) Robert Blondel s'est déjà appuyé précédemment sur l'autorité de Richard de Saint-Victor. Mais M. Bémont fait observer, dans l'article publié par lui sur la condamnation de Jean-sans-Terre dans le t. XXXII de la *Revue historique*, p. 38 et 290, que le chanoine du XIIe siècle connu sous ce nom n'a point laissé d'œuvres historiques. Quant aux chroniques papales, il les identifie avec la *Chronique martinienne* des pontifes romains et les chroniques françaises avec les *Grandes Chroniques de Saint-Denis.*

Vallois et de France, dont ceulx qui tel erreur maintiennent forment leur argument ainsi : « Le roy d'Angleterre nommé Guillaume estoit duc de Normendie; ergo la posterité d'icelui Guillaume doit legitimement succeder audit duchié »; et dudit argument concluent les arguans que vous, tresnoble roy Charles, n'avez aucum tiltre oudit duchié de Normendie; et de ce s'efforcent de faire persuasion, qui est faulce, que pour le scrupule de conscience que vous en avez n'y devez ne n'osez invader lesdits Anglois pour doubte d'en estre vaincu scelon raison. A quoy l'en respond cy endroit ainsi : O fol erreur, afin que contre deçoite tu ne parles ou prejudice de ton souverain, clo ta bouche et entens bien ce qui s'ensuit. Le roy de France par raison de sa couronne a tousjours esté et est seigneur direct et souverain de Normendie, et de sa souveraine seigneurie proceda jadis la premiere institucion oudit duchié a ce qu'il fust et soit le propre fié et membre descendant de la couronne*, de la feaulté de laquelle il a prins sa naissance, dont, quant le devoir lui a esté denyé, et, qui pis est, quant le vassal a esté coutumax et desloial et s'est injustement armé contre son seigneur, la proprieté, selon que la nature equitable de fié le veult et commande, s'en retourne et doibt revenir es mains de son souverain, actendu mesmement que, la cause sur ce ja pieca congneue et bien examinée par la court des pers de France, fut dit par sentence definitive que dudit duchié de Normendie seroient les Anglois perpetuelement privez et qu'il reviendroit a ladicte couronne de France dont il estoit parti, afin que le roy et ses successeurs fussent justement vengiez de leur injure, et lesdits Anglois pugniz de leur

---

* « Nota que le duchié de Normendie est le fié de la couronne de France. »

delit. Puis doncques que le successeur d'icellui duc Guillaume estoit homme lige et vassal du roy et de la couronne de France a cause et par raison de Normendie et de toutes les autres principaultez et seigneuries qu'il en tenoit, il s'ensuit bien de droit et par raison que Jehan, qui fut roy d'Angleterre, pour le crime de patricide qu'il commist en faisant par trayson mourir son propre nepveu Artur*, lors conte de Bretaigne, dont devant est parlé, et pour plus de cent autres cas commis et perpetrez contre son souverain, fut par la court desdits pers de France justement privé dudit duchié de Normendie et de toutes les autres seigneuries qu'il tenoit en et de ce royaume de France; et si fut icelle privation depuis fermée par decret perpetuel du pappe Ignocent tiers, en faisant la paix d'entre les roys des deux royaumes de France et d'Angleterre. Et par ce fut icellui acquest de confiscacion plus legitimement fait au roy Phelippe de France, dont devant est parlé, que s'il l'eust acquis et acheté par ses deniers. O herreur intollerable qui de toute raison t'esloignes, tu ne pourroies nyer que tout contrait d'achat ne soit inutile et restituable selon droit especial, quant il a esté fait par fraulde, dol ou violence, ou quand le vendeur y a esté deceu d'oultre moitié de juste pris, mais loial acquest, ou il n'a eu aucum dol, faulceté ne barat faiz, seulement pure doctrine de justice, atribue a son acquereur tresferme tiltre en icellui acquest.

106. Doncques Charles, tresnoble Roy, appert il clerement que Normendie est mieulx vostre que se vous l'aviez achetée par finance d'or ou d'argent, et qu'elle appartient plus proprement à vostre roial majesté que s'elle vous

---

* « Nota comment Jehan roy d'Angleterre, pour la mort de son nepveu Artus, conte de Bretaigne, et pour sa desloiaulté, fut privé du duchié de Normendie par la court des pers de France. »

estoit advenue de succession paternelle, car c'est sentence de loy escripte que les choses que avons acquises par proesse d'armes et soubz juste tiltre sont mieulx nostres que celles a quoy nous succedons par hoirrerie. Vous devez doncques plus priser et amer le pays de Normendie que la prouesse du vaillant roy Phelippe, vostre predecesseur, acquist a vostre roiale majesté que vous ne devez les autres choses non acquises par sa vertu. Et par consequent, devez vous a toute puissance la recouvrer par armes et reunir a vostre patrimoine, en acomplissant le serement* que vous feistes a vostre sacre de revoquer les choses alienées et garder sans distraire celles que vous possidez a vostre povoir. Et, combien que par l'aquest legitime que ledit vaillant roy Phelippe fist par droit d'armes en la proprieté de la seigneurie d'icellui duchié de Normendie, en ait esté atribué tiltre tres equitable a lui mesmes et pareillement aux autres vrays roys de France ses successeurs, encores d'abondant les convencions de paix et traictié en ostent toutes doubtes qui par si grandes et meures deliberacions d'avis et de conseil ont depuis esté faictes, c'est assavoir entre le roy saint Loys de France, d'une part, et le roy Henry et ses autres princes d'Angleterre, d'autre, n'en oste pas toute doubte la nominacion de traictié du roy Phelippe le Bel avecques l'ancien Edouart et celle qui aussi fut renouvellée pour Normendie, especialement avecques l'autre jeune Edouart, gendre dudit roy Phelippe, item l'autre paction du roy Charles le Sage, vostre ayeul, avecques ung autre Edouart, filz de dame Ysabeau de France, toutes lesquelles convencions

---

* « Nota que le roy estoit tenu par serement de restaurer a sa couronne le duchié de Normendie qui, au temps que ce livre fut fait en latin, estoit occuppé des Anglois. »

et pactions furent faictes si sollempnement, et par icelles expressement payées ausdits Anglois tant grosses sommes de finance que c'est merveille, moiennant lesquelles iceulx Anglois y ont par serement renoncé perpetuellement pour eulx et pour tous leurs successeurs. Ce ne sont donc pas ycy choses que l'en doie ainsi rompre ne revoquer a chascun bout de champ et a voulenté, car equité naturelle, que foy humaine doibt souverainement garder, conferme et fait valider sans quelque doubte tout tiltre qui est acquis par le droit des contratz. Puis donques que les roys d'Angleterre, de leur franche voulenté sans aucune contraincte ou violence, ont par tant de foiz et par traictié de paix renoncé par foy et par serement le droit qu'ilz pretendoient avoir en Normendie, et ledit Edouart au nom de roy et a la couronne de France, toute sanction delors leur deffend et denye qu'ilz n'aient jamaiz retour a choses quelxconques a quoy ilz aient ainsi renoncié. Bien s'ensuit doncques que, en quelque lieu ou lieux que les roys d'Angleterre ont invadé par guerre le royaume de France, ilz l'ont fait et font iniquement contre Dieu et justice, comme trescruelz tirans et faulx parjures et sans y avoir aucum tiltre ne vray ne coulouré.

107. Ainsi, Charles, tres noble Roy, vous povez bien par la loy d'armes advouer les choses qui depuis la premiere guerre d'entre lesdits deux royaumes ont esté ravies et les dommages faire amender, qui en vostre royaume de France ont esté et sont faiz par la desordonnée rapine et couvoitise insaciable d'iceulx Anglois qui oncques n'ont voulu ester ne obeir a droit ne tenir foy par eulx jurée. Car l'isle d'Angleterre, dont la generacion mauldicte est de tous temps coustumiere de rapiner sur ces voisins, a faiz en vostre royaume dommages non reparables et si a cruellement espendu le sang innocent de voz subgitz et vuydé

les villes et les champs de leurs despoilles dont la praie a iniquement enrichy l'isle dessusdicte, pour lesquelles choses reppeter et vengier les injures publicques qui par lesdits Anglois vous ont esté faictes par tant de foiz, les droiz escrips vous donnent juste tiltre en icelle isle ensanglantée du sang des vostres. Quans ans a y que ceste rapacité barbaricque a occuppé Normendie par tirannie, et quans millions d'or et de finance a elle extorquez de vostre royaume contre raison, dont voz nobles progeniteurs ont par trois foiz fait les paiemens, et jusques a douze foiz l'une après l'autre fait traictiez de paix et d'alliance jurez et faulsement rompuz par les Anglois qui sans nouvelles deffiances nous ont tousjours soubdainement rassailliz et persecutez de mortel guerre? Les institucions de justice veulent par exprès que l'en puisse licitement batailler contre ceulx qui contre leurs seremens sont violateurs de paix, et que l'en puisse repeter finance paiée, quant la cause cesse pour laquelle le paiement a esté fait. O Angleterre qui tant est tachiée du reprouche de parjurement, la ronpture dont par tant de foiz tu as violé la refformacion de paix ne sent elle pas crime de heresie? certes si fait. Se les Sarrazins et autres ennemis de la foy catholicque ont abhominacion et horreur du crime de foy mentie, que peult on dire de toy et de tes seremens des jadis continuellement rompuz et violez de pere en filz, en mesprisant le createur et ses sainctes euvangilles par toy touchiées sans rien en tenir? Que reste il donques a faire, si non te coupper et separer hors du corps politicque comme membre infect et pourry, turbatif de paix et de foy, qui n'as juré d'avoir roy s'il n'est tirant et qui feiz mourir cruellement ton bon roy Richart pour ce sans plus qu'il estoit amoureux de paix et vray executeur de sa foy jurée? Tu n'es pas digne d'avoir roy, ne la posterité de tes autres roys soilliée de la tache de parjurement n'a pas deservy de gouverner royaumes ne autres principaultez. Car, comme nature a procreé ses parties a la salvacion de tout ung corps, aussi le droit des gens a divinement institué touz les royaumes au prouffit et utilité de toute la crestienté et de toute compaignie humaine ; et, quant aucum membre infect corrompt la santé de tout son corps, c'est chose salutaire de le coupper par le glaive de medicine. Et puis qu'un royaume, comme membre de la foy et de la société humaine, abuse de la puissance qu'il a de Dieu en troublant la foy de nostre seigneur Jhesucrist et violant la paix de la communité civile, c'est chose tressainte pour la tranquilité universelle de coupper et amputer par scelerité de guerre la majesté royalle qui les choses divines et humaines trouble et tourmente, afin que, icellui membre separé et couppé comme pourry, puisse son corps demourer en paix.

108. Aussi a propos l'ardeur que tu, mauldit royaume d'Angleterre, as eu de dominer non pas seulement es principaultez devant nommées, mais en la couronne ou tu as pretendu avoir droit a cause de dame Ysabeau de France, qui aultreffois fut mariée avecques ton roy, t'a donné le presumptueux hardement et la haulte folie de t'en atribuer le nom de roy. Et toutesvoies*, se tu y vieulx droit regarder comme cy devant a esté dit, femme ne sa lignée yssant d'elle, par la loy roialle de ce royaume, n'y peu[t] et ne doit succeder pour la grant exellence de sa majesté a laquelle bien appartient avoir chief, non pas fenme qui communement a courage muable, mais doibt

---

* « Nota yci raisons tres evidentes par lesquelles les roys d'Angleterre ne peuvent pretendre aucun droit en la couronne ne ou royaume de France. »

avoir homme qui soit vertueux et courageux de deffendre et par moult de foiz a deffendu non mie seulement cedit tresnoble royaume françois, maiz toute la crestienté, de laquelle chose fenme ne ses enffans ne sont point capables. L'en peut doncques conclurre, scelon tout droit publicque et par la roialle institucion prescripte de cedit royaume de France, que Edouart, qui fut filz de ladicte Ysabeau, n'a oncques eu ne avoir ne peult aucun droit d'y succeder ; maiz la faulceté et malice du roy Henry d'Angleterre derrain mort, luy tenant captif et en sa subjection le roy Charles de France, VIe de ce nom, fist en tant qu'il povoit exhereder * vous, tresnoble roy Charles, VIIe de ce nom, qui d'icellui roy Charles VIe estiez vray et seul filz et successeur ; et se fist icellui Henry instituer heritier de la couronne, par ainsi que vostredit pere en seroit et demourroit roy sa vie durant. Et pour icelle cause, ledit Henry delors en après ne s'en appella plus roy, maiz publicquement se fist appeler regent le royaume **.

109. Or enten bien, Anglois qui te monstres doubteux du droit de la couronne, et retien sainement ceste leçon. Je te dy pourvray que, si ung filz est legitime, ergo, scelon droit divin et humain, il est heritier presumptif de son pere, c'est a dire seigneur habituellement de ses choses paternelles dont il ne peult estre desherité, si nom de par son dit pere estant de sain entendement, en sa franche liberté, de sain conseil et pour juste cause. Par quel droit doncques povoit Charles, dalphin de Viennois, heritier

---

* « Nota comment le roy Henri s'efforça de faire exhereder le seul filz du roy et comment il cuida estre roy de France. »

** « Nota comment le roy Henry mua ce nom par quoy il s'appelloit roy de France en cest autre nom de regent ledit royaume. »

presunptif, estre desherité * de son pere estant malade et aliené de son bon sens et soubz la subjection et captivité de son ennemy dont il fut seduit? rien. Item, icellui filz doit il estre accusé du crime d'ingratitude pour avoir vigoreusement deffendu le royaume et le sceptre roial de son pere captif contre ledit Henry, ancien ennemy de la couronne, et contre la desloiaulté de ses adherens et complices? riens. Helas! ledit filz, qui en son jeune aage de adolescence porta seul la principale charge de ses guerres, se combatoit vertueusement pour le droit de la couronne de sondit pere contre le tres cruel adversaire du royaume et ses complices, tant comme ilz labouroient et s'amusoient a l'en cuider desheriter, et en ainsi combatant faisoit icellui filz l'office que sondit pere estoit tenu par serement de faire, s'il n'eust esté malade et captivé, comme dit est. Se donques le filz dessusdit a commis bataille juste pour sondit pere, n'a ce pas esté sacrilege mauvaiz de lui courir sus a celle cause? Certes ce mauldit fait, dont oncques ne fut ouy le pareil, ne telle exheredacion ne se peult dire legitime, maiz conspiracion tres inique machinée contre la couronne et chose publicque de France par gens traytres et desloiaulx, et laquelle doit estre retorquée contre ledit Henry. Et ce mot que l'en dit heredacion ne pressuppose il pas le droit de la couronne estre de fait en la personne dudit roy Charles le pere exheredant son filz? Et cest autre mot, que l'en appelle exheredacion, c'est a dire desheretement, ne presuppose il pas le droit d'icelle mesme couronne estre habituelement en la personne d'icellui filz ainsi faulsement desherité, duquel droit habituel ledit

---

* « Nota aussi les raisons pour lesquelles la exheredacion qui s'efforça de faire faire du seul filz du vray roy de France ne fut ne n'est de valeur. »

filz eust esté privé si pour cause de son ingratitude deuement escripte et prouvée ladicte exheredacion eust esté de valeur? De rechief, n'est il pas tout notoire en droit escript, puisque ledit Henry ainsi faulsement institué heritier de la couronne, comme dit est, a approuvé par son fait mesme ladicte exheredacion et qu'il a de son bon gré prinse et acceptée la regence de France, que en ce faisant il a confessé et approuvé icellui Charles le pere estre vray roy de France et sondit filz Charles estre heritier legitime d'icellui royaume? Et que par la nature d'icelle regence il s'est manifestement monstré et declairé de fait et par soy mesmes traicteur des negoces d'autruy et habituellement celles de lui mesmes, se ladicte exheredacion eust esté de valeur? Et de ce s'ensuit clerement qu'il renonça par ses moiens a l'ancien tiltre qu'il y pretendoit par avant avoir, et par ainsi ne peult il plus avoir de droit en cedit royaume de France ne en aucune partie d'icellui par quelque tiltre soit ancien ou nouvel ainsi exquis, comme dit est.

110. Maiz encores sans plus arguer cy endroit de vostre dicte exheredacion inique et detestable, Charles, tresnoble Roy, vostre couronnement miraculeux, consideré le bas estat ou vous estiez, oste tous argumens qui peuent cheoir es entendemens des sages. Car puissance des roys ne aide de princes ne vous y administrerent pas les armes et autres choses qui vous y estoient neccessaires, maiz ce fut une pucelle * simple et innocente, extraicte de gens de basse condicion, laquelle, ainsi qu'il est debonnairement a croire, fut de par Dieu du ciel envoiée a vous aider, et, maugré les cruelz ennemis de vous et de la couronne, vous fist passer

---

* « Nota yci de la pucelle que Dieu envoia et du couronnement miraculeux du roy Charles VIIe de ce nom, lequel couronnement fut a Reims en l'an qu'on disoit mil iiij [et] xxix. »

glorieusement jusques a Reins et rapasser par my eulx, ce que n'estoit pas alors reputé possible de faire scelon les oppinions des gens vivans. Et la fustez vous oing de l'uille de la saincte ampoulle jadis envoiée de par Dieu des cieulx, laquelle, qui par avant estoit vuyde, se trouva plaine, et illecques receustes vous par miracle divin les enseignes roialles dont vous estes merchié.

111. Et pour ce, Charles tresnoble et trescrestien Roy, tres cordialement je vous exhorte par la misericorde de nostre seigneur et sauveur Jhesucrist, duquel a cause de vostre dit royaume de France vous estes singulier vassal*, que par affection de bonne charité et par souverain zele de la foy catholicque vous plaise vostre pitié emploier a relever vostre povre et desolé royaume, lequel est le patrimoine de Jhesucrist, et le purgier et nectoier de l'ordure punaise dont voz ennemis l'ont infect. Et ne vueillez pas oublier le tresdigne mistere de vostredit couronnement ouquel vous jurastes et promeistes donner franchise a vostre peupple, et que vostredit serement soit de vous acompli par effect salutaire ; ou autrement est a doubter que icellui souverain, empereur du ciel et de la terre, en la main duquel sont tous royaumes et mesmement le vostre, en tourne par vengement soubdain le glaive de sa severité sur vous mesmes, se vous estes ingrat de si haulx benefices comme il vous a faiz. Helas ! Sire, ne vueillez oublier la pitié que c'est de veoir l'orreur de ydolatrie regner par les ennemis de la foy ** et en derision de Jhesucrist, vostre souverain seigneur, en la terre saincte en laquelle il nasquit et fut nourry de la glorieuse vierge

---

* « Nota que le roy de France a cause de sondit royaume est singulier vassal de nostre seigneur Jhesucrist. »

** « Nota ycy exhortacion de secourir a la terre saincte. »

Marie sa mere, en laquelle il voulut estre baptizé de monseigneur saint Jehan, en laquelle il souffrit mort et passion cruelle pour la redempcion humaine, en laquelle il resourdit de mort a vie entre les chevaliers qui le gardoient mort ou sepulcre, de laquelle terre son ame descendit es enfers, de laquelle il monta glorieusement triumphant es cieulx et a laquelle il viendra comme juge souverain jugier les bons et les mauvais. Pourquoy doncques, tresnoble Roy, qui estes tres singulier champion de la foy, pourquoy tardez vous a rendre vostre royaume net et seur de ces tirans anglois*, voz ennemis inhumains, qui tant de foy[z] l'ont troublé et qui vous empeschent de secourir aux neccessitez de voz parens, comme en Secile (1) et en Lombardie et de vos alliez, comme en Ecosse (2), ne au saint patrimoine de nostre sauveur Jhesucrist qui sur tous les autres est affligié et tourmenté? Maintenant avez vous partout matiere de vous excerciter a vertu, et si avez, graces a Dieu, sens et aage et gens propres a ce faire, dont pour vostre louyer vous pro-

---

* « Nota que les guerres des Anglois ont empesché et empeschent le secours de la terre saincte. »

(1) La Sicile, ou plutôt le royaume de Naples, était alors revendiqué par René d'Anjou, en vertu des droits qu'il tenait du testament par lequel Jeanne II, reine de Naples, l'avait déclaré son héritier. Charles d'Orléans réclamait la Lombardie en vertu des droits de sa mère, Valentine Visconti. Les efforts tentés par René d'Anjou, 1438-1442, et par du Dresnay, lieutenant du duc d'Orléans, qui commandait dans Asti, 1447, pour disputer ces états à Alphonse d'Aragon et à François Sforza, demeurèrent stériles. René d'Anjou et Charles d'Orléans avaient besoin de l'appui de la France pour renouveler la tentative.

(2) L'Ecosse, qui avait tout à craindre de sa puissante voisine, l'Angleterre, était unie à la France par la communauté d'intérêts, et les Stuarts furent ses fidèles alliés pendant toute la guerre de Cent ans.

met nostre seigneur Dieu tout puissant, non pas tant seulement gloire mondaine qui est caducque et mortelle, maiz aussi celle de paradis qui est immortelle.

112. Mectez vous doncques, Sire, mectez vous en avant et monstrez a ces Anglois que la magnanimité de voz tres nobles et vertueux progeniteurs n'est pas estainte en vous, et de ce viendra, se Dieu plaist, seureté en vostre royaume et delivrance fructueuse de la saincte terre d'oultre mer, avecques glorieuse renommée de vous par toutes terres, et finablement en arez, comme j'espere, gloire eternelle la sus es cieulx. Et ne croions pas que oncques prince, tant fust hardi, ait eu plus grant cause de desirer en soy acquerir victoire soubz Dieu que vous et les vostres devez a present avoir contre voz ennemis. Se de fort courage vous prenez les armes et travaillez vostre corps a bouter hors les adversaires de vostre royaume en quoy, scelon tout droit divin et humain, ilz n'ont aucum droit, il est a croire que pareillement delivrerez les seigneuries de vos parens et puis la terre saincte de leurs adversaires. Et seroit grant merveille, se, par pusillanimité ou lacheté de courage, vous seuffrez plus a l'ancien ennemi de vostre couronne usurper le nom de roy et les armes de France. Et par telle nonchalance pourroit sembler que vous approuveriez le desheritement excecrable qui, contre tout droit divin et humain, vous a cuidé priver de vostre royaume et en actribuer nouveau droit a vostre adversaire. Ja Dieu ne plaise que si grant faulte vous puisse estre jamaiz reprouchiée en vostre vie ne après vostre mort! Et si aucum me demandoit * se je vous oseroie bien exhorter a guerroier vostre propre nepveu (1), je respondroie que, quel que lignage ou

* « Nota. »

(1) Le roi d'Angleterre, Henri VI, né le 6 décembre 1421 du ma-

affinité qu'il y ait, vous avez a faire en ceste presente et tresjuste querelle contre vostre ancien ennemi qui s'efforce de usurper vostre royaume et vous en tollir le nom et les armes contre raison.

CHAPPITRE XLIIIIe

Exhortant le roy et autres princes de France a ensuyr la promesse du vaillant roy Phelippe Auguste dont devant est parlé.

113. Se le roy Phelippe Auguste vivoit encores, que pourroit il dire a vous ses treschiers nepveuz, princes de la maison de France? Je croy que s'il povoit parler, il vous diroit teles parolles ou semblables, comme il s'ensuit : « A l'issue de mon adolescence que encores n'avoie point de barbe, je entreprins et fis o l'aide de Dieu fortes batailles tant pour la liberté de l'esglise, comme pour amplier et acroistre les fins du royaume françois, tellement que je contraigny les tirans mauvais d'icellui temps a fere satiffacion a l'eglise qu'ilz avoient blecée, et si boutay mes ennemis hors de mon royaume, dont je remis mon peupple a sa franchise. Et vous, qui estes homme[s] d'aage, barbus et robustes de corps, passez vos jours en repos sans labourer pour la delivrance de la terre saincte ne pour amplier ou recouvrer le bien de la chose publicque, maiz souffrez par pusillanimité de courage les clercs et le peuple estre opprimez, que j'ay en mes jours delivrez de captivité miserable; souffrez aussi ou tollerez que les

riage de Henri V avec Catherine de France, fille de Charles VI, était neveu du roi Charles VII.

tirans occuppent voz biens mesmes devant voz yeulx. Et, quant pres que toute la noblesse et le peuple de mon royaume s'eleva de corps et de courages encontre moy, je, de desir ardent et par force d'armes, recouvray et delivray le tresfertille pays de Normendie et vous laissé a possider franchement o la charge de le deffendre. Et vous, de lasche courage, ne le povez vous garder? Et, combien que tous les nobles soient prestz et appareillez de porter armes avecques vous, et que le peupple, qui est es citez et villes closes dudit pays soubz la tirannie des ennemis, se soit offert et offre * a vous en faire ouvertures et a combatre avecques vous lesdits ennemis, en faisant sur eulx mesmes adveu de leur franchise, neantmoins vous contempnez et negligiez a faire le recouvrement de si beau patrimoine. Helas! je n'ai pas seulement acreu l'eritage de la couronne de France, des duchiez de Normendie et Guienne, mais, a grant travail de mon corps et par souveraine dilligence, l'ay emply des contés de Vermendois, de Clermont, de Beaumont, de Pontieu, d'Alençon, du Maine, de Vendosme, de Touraine, d'Anjou et de Poictou **. Et si ay par ma proesse reddruit en mon obeissance le pays de Flandres et plusieurs autres principaultez et seigneuries que par vostre nonchalance vous souffrez en voz jours occupper par voz adversaires et follement les laissiez separer de la couronne. Et, quant la pluspart des princes du royaume avec leurs alliez machinerent contre ma roial majesté de me faire mourir, cuidans ensemble butiner et departir par entr'eulx les principaulx membres dudit

---

* « Nota yci la grant loiaulté des Normans envers le roy de France leur naturel et souverain prince. »

** « Nota comment le roy Phelippe Auguste deffendit vaillamment son royaume de France et comment il en acreut le patrimoine. »

royaume, je n'euz pas a faire seulement aux Anglois, maiz me fut neccessaire de combatre contre plusieurs et divers adversaires dont o la grace divine je subjugay les deux en ung mois. Car je, vostre pere, combati Octo, le roy des Romains, qui trespuissant estoit, avecques Ferrand, le conte de Flandres, et Regnault, conte de Boulongne, et plusieurs autres qui estoient leurs complices, et de leur ligue contre moy, dont je fis grande desconfiture, tant que je chassay hors de mon royaume ledit Octo avecques grant nombre d'Alemans et d'autres ses aliez dont partie furent tuez et les autres mes prinsonniers. Et lors mon trescher et premier filz Loys de France, estant environ de tel aage comme de present peult estre l'autre vaillant Loys, filz ainsné de toy, qui es mon heritier principal, en icellui mesme mois combatit et vainquit vaillamment le roy Jehan d'Angleterre et le chassa dehors, dont il reduisy a ma couronne tout le pays d'Anjou ; et tant feismes que en ung mesme temps gaingnasmes deux tresgrosses batailles dont toute France fut moult honnorée et son nom glorieusement renommé par tout le monde.

114. « Et tu, Charles VIIe de ce nom, mon treschier nepveu, qui es maintenant successeur unique de tous mes biens et auquel toute la puissance du royaume est obeissant sans division ne conjuracion aucune, et si as ton ainsné filz Louys souverainement vaillant en armes et desireux d'avoir honneur, et, qui plus est, n'as aucum prince capital adversaire, fors ung tout seul, lequel n'est point homme de fait ne de vaillance, et toy, tondit filz Loys, assembleement avecques si grant et si puissant chevalerie comme vous avez, n'oserez vous bataille contre vostredit seul adversaire, en continuant l'onneur de mes victoires, qui, tant comme j'ay regné, me suis dilligemment emploié a reprimer tresaigrement la desloiaulté des An-

glois desquieulx j'ay vengié la couronne, quant ilz avoient rompu les treves et assailli mes subgiez? Tu as maintenant pareille matiere de question envers la tirannie d'Angleterre, qui, en ensuivant la mauvaistié dont elle est nourrie, a par traison et tiranniquement rompu les treves en la prinse de Fougieres dessus ton homme lige le duc des Bretons. Seras tu doncques si negligent que tu ne requeuvres ton patrimoine de Normendie et que tu ne venges l'injure horrible de ton vassal? Quant le cas pareil m'est advenu, j'ay osté de la main de mes ennemis ce qu'ilz m'avoient osté, et par vaillance d'armes l'ay fait mien justement. Et ce qui est tien et aux tiens le souffreras tu, par paresse de faire guerre, perpetuelement posseder a tes ennemis, et, s'ilz ont violé la treve, doiz tu craindre a les assaillir? Et, puis qu'ilz ont soubz la seureté des treves destruit une ville de tous ses biens rez pié et les corps des gens d'icelle cruellement captivez, n'est ce pas ronpture vraye desdictes treves, qui jamaiz ne doibt estre dissimulée sans vengement? Tu ne doiz faire conscience de guerroier pour les choses dont la sanction des lois concede faire pugnicion. Or est ainsi que scelon droit fraction de treves doit estre vengiée contre les violateurs d'icelle *. Vieulx tu doncques leur donner de rechief les treves par lesquelles ilz te pourroient encores surprendre? Garde bien, chier filz, garde bien que tu ne soies plus deceu par croire trop de legier, et me croy fermement qui suis expert de leur malice, car je te dy pour verité que, quant la faulse cautelle des Anglois te rira ou visage, adoncques sera il temps de toy garder que, soubz umbre d'icelle

---

* « Nota que ronpture de treves doibt estre faicte contre ceulx qui desja les ont violées et rompues. »

risée*, tu ne soies mors de trayson mortelle, comme ilz firent moy en mon temps, quant en faignant traictier de paix avecques moy, ilz bastissoient secretement les moiens de ma mort et destruccion totale de mon royaume. »

CHAPPITRE XLVᵉ

Faisant dissuasion que treves ne soient plus données aux Anglois et persuasion de leur faire guerre.

115. La sentence des maistres qui par experience ont bien parlé des guerres et des batailles est telle que jamaiz ung chief de guerre ne doit donner treves**, especialement a la requeste de ses ennemis, si non bien briefves, affin qu'il se puisse eschapper de peril quant il y est, ou pour le bien de paix, ou durant le temps d'iver, a ce que la victoire qu'il quiert obtenir par bataille n'en soit retardée. Car quiconque est desireux d'avoir fin de guerre, c'est assavoir paix, il se doibt dilligemment efforcer de plus la querir par bataille que par novacion de treves, se par traictié ne la peult avoir. Or avez vous maintenant, tresnoble Prince, plus grant faculté de suffocquer vos adversaires que vous ne pourriez avoir en la fin des treves se de rechief les donniez. Car, la Dieu grace, vous avez a present moult plus grant nombre de bons et vaillans batailleurs que n'ont nosdits adversaires, et, d'aultre part, le pouvre peuple de Normendie***, qui soubz leur tirannie languit, les het de haine mortelle et souverainement desire

---

* « Nota yci la fraulde et la faulceté des Anglois. »
** « Nota. »
*** « Nota de rechief la grant loiaulté des Normans envers le roy de France, qui est leur prince et seigneur souverain terrien. »

qu'il soit redduit soubz la doulceur de vostre seigneurie;
et par le contraire sont a present vosdits ennemis tellement estourdis que, s'ilz sont aigrement assaillis de vous,
ilz n'y pourroient resister, car ilz n'ont dequoy fournir a
leur deffence comme vous avez a les invader. Et pource
foiz je question lequel seroit le plus prouffitable a vous
et a la chose publicque de vostre royaume, ou nuysible a
vosdits ennemis, de leur donner maintenant nouvelles
treves ou de leur tenir et garder celles qu'ilz ont desja
faulcement rompues sur l'um de vos principaulx vassaulx
qui par exprés y estoit comprins et nommé. Et, pour
mieulx jugier de ceste question, je treuve que, durans les
treves, vosdits ennemis exigeront a cause du patrimoine
de Normendie plus de cent mille francz*, et, a cause des
heritages d'entre nous pouvres fuytifz, plus de trois cens
mille francs par chascun an. Or visons donc maintenant,
si par le moien de si grant finance, quant ilz l'aroient
extorqué, de despoilles de vous et de vos subgiez, iceulx
voz adversaires aroient bien de quoy relever la pouvreté
en quoy ilz sont, et soy premunir ce pendant encontre
vous en la desolacion ou anichilement de la belle armée
que vous avez. Chascun scet et n'est point de doubte que
tous tirans menans guerre ne treuvent que trop de gens
tres convoiteux d'acquerir praie et d'eulz enrichir par la
guerre, quant ilz ont foison de finances et les veullent
exposer en soulde; et puis, a la fin de la treve, quant ilz
vous seroient eschappez et se seroient refaiz et remis sus,
se monstreroient contre vous et les vostres plus aigres que
par avant, et de present vous est trop aisié de les ruer jus
qu'il ne seroit alors. Car adoncques, comme loups enragiez,
ilz assauldroient voz chasteaux, destruiroient voz citez,

---

* « Nota de la valeur du revenu de Normendie. »

gasteroient voz champs, en meneroient voz bestiaux, raviroient les biens champestres, demoliroient voz forteresses et si tourmenteroient cruellement les pouvres laboureurs qui durant la treve se seroient de toutes pars retraiz a leurs maisons. Doncques s'ensuit il clerement que par treves ne pourriez jamaiz faire le prouffit de vous et de la chose publicque de vostre royaume tout emsemble.

116. Si vous suppli, tresnoble Prince, que les droiz de vostre couronne et vostre peuple françois vueillez songneusement deffendre jouxte et scelon les saintes lois et louables coustumes du bon roy saint Loys, vostre aïeul, et vous souviengne des seremens garder loiaulment que vous feistes a vostre sacre, mesmement de bien gouverner curieusement le prouffit publicque de vostre couronne et de voz subgiez ; et ne veuillez plus donner treves, maiz ainçois vous seroit expedient de les rompre * quant vous congnoistriez qu'ilz vous seroient nuysibles à vous et a vostre royaume. Car, quant ung prince a fait aucun serement particulier qu'il scet par après estre contraire a la chose publicque et a la liberté de son peupple, il lui est plus licite de l'enfraindre que de le tenir, puis que garder ne le pourroit sans fraction du general serement qu'il doit a la chose publicque **. Je concluz donques maintenant qu'il n'est plus temps de donner treves ne d'en demender conseil, maiz il est saison et besoing de mectre la main a l'espée sans espargnier aux ennemis, tant comme ilz sont si affoibliz a la fin qu'ilz ne se renforcent, et, tant comme bonne fortune vous en euvre le chemin, exploicter o grant dilligence vostre armée a l'exemple de vostre bon ayeul

* « Nota bene. »

** « Nota qu'il est plus licite de rompre serement fait particulier, qu'il n'est de le tenir, quant il est contre le bien de la chose publicque. »

le roi Phelippe Auguste, et nectoiez vostredit royaume de ceste pestillence mortelle d'Angleterre qui tant vous a faiz de dommages, afin que, scelon les lois et la doctrine du bon roy saint Louys, vos subgiez puissent vivre en paix soubz vous.

CHAPPITRE XLVIe

Faisant autre conformacion de saint Louys au roy, en lui demonstrant par quelles vertuz le royaume a esté institué.

117. Roy de France tres excellent, se le glorieux saint Loys, votre predecesseur, estoit a present vivant, je croy qu'il vous feroit moult voulentiers ung tel sermon comme il s'ensuit : « Treschier nepveu, je te pry chierement que jamais tu n'oublies la dignité du royaume françois qui jadis me fut commis de Dieu, et maintenant est a toy a gouverner; et sache que c'est ung royaume et un corps exellent entre toutes les polices mondaines, lequel par singulier benefice est animé de religion crestienne *, lequel est fait royaume par ordonnance divine, lequel est gouverné par moderacion d'équité souveraine, lequel a neccessité d'estre victorieusement deffendu par armes de ses regens, et ouquel la foy de Jhesucrist et vraie religion doivent souverainement dominer, ainsi que l'ame fait en corps humain. Et congnois, treschier nepveu, que tu, qui maintenant presides a si noble corps, n'es pas né pour y estre oyseux ne pour vivre en delices mondaines ne pour toy mesmes, maiz pour le salut et protection de ton royaume et pour la foy catholicque. Et pour ce, doiz

---

* « Nota que vraie religion est l'ame du royaume de France. »

tu despoillier ta privée personne et vestir la publicque, affin que tu soies par effect homme universel enflammé de si grant charité que tu embraces l'utilité de ton royaume et de la crestienté et que, pour le bien divin et commun, tu soies desireux de constantement exposer ta vie a peril, se besoing en est. Et te souviengne bien que ce tresnoble royaume entre tous les autres est especialement fait et gouverné par ordonnance divine * et non pas par dispocion humaine. Et, quant il plaist a Dieu pour aucune cause latente, il en puet transporter le gouvernement de l'un, quant il n'y est ydoyne, a ung autre qui plus y est prouffitable. Car grant crainte doivent avoir les roys d'offenser la majesté divine et continuellement desirer de soy conformer aux lois d'un souverain legi[s]lateur et a sa justice, se ilz desirent que eulx mesmes et leur posterité y regnent en paix et longuement; ou autrement est à doubter que, pour deffault de justice et pour mesprisement de Dieu et pour negligence de bien excercer leur office, Dieu transporte la monarchie de ce royaume de l'une generacion en l'autre qui puisse et vueille y excercer euvres vertueuses et honnourer le nom divim et faire fruit salutaire a la crestienté et chose publicque. Et, combien que plusieurs aient désiré d'y regenter, toutesvoies la providence divine n'a point encores souffert, ne, s'il lui plaist, ne souffrera ja que aucum tirant** intrus y ait esté oing de la saincte huylle du ciel, ne qu'il y ait peu et puisse par force occupper si noble couronne.

118. « Se doncques, treschier nepveu, tu desires, comme

* « Nota que le royaume de France est especialement gouverné par disposicion divine et que Dieu le met en telle main comme il lui plaist. »

** « Nota que Dieu n'a point permis que la dignité de ce royaume soit meue en main de homme tirant. »

roy trescrestien doibt faire, ton royaume estre animé divinement par bonne vie et religion crestienne et qu'il soit gouverné par la disposicion divine, si garde bien que sur toutes choses tu aymes et craingnes tousjours nostre seigneur Dieu tout puissant, et que tu ayes son eglise et ses ministres en tresgrant reverence, en leur gardant leurs libertez *. Et, se tu vieulx estre imitateur de tes parens et ton royaume sainctement gouverner, soies vray zelateur de justice et fay qu'elle soit administrée a ung chascun et que ton peuple soit vigoreusement deffendu de toute iniquité, et le relieve des dures exactions dont il est oppressé, en lui donnant loial franchise. Et, se tu convoites, comme successeur de tes vaillans peres, glorieusement subjuguer tes adversaires, si pren de courage fervent et amoureux du bien publicque et de l'eglise de Dieu la vertu de magnanimité contre les adversaires de toy et de ton royaume, dont quant tu aras eu victoire, si rens a ton peuple la transquilité qui par tes dits ennemis lui a esté tollue trop longuement.

119. « Et ne t'avvise pas a croire que le sexe masculin ne l'aage ne le lignage ** facent aucum digne d'avoir empire si n'a courage vertueux. Mon aieul et le tien, qu'on nomme Phelippe Auguste, fut si vaillant et charitable que, dès l'an xiiij^e de son aage, il combatit et subjuga les tirans qui lors saincte eglise opprimoient, et pareillement le feroit une fenme si elle avoit courage d'omme. Semiramis ***, jadis royne des Assiriens, ne fut elle pas après la

* « Nota que le roy de France sur tous autres princes doit amer et reverer Dieu et saincte eglise et en deffendre les libertez. »

** « Nota que le sexe ne l'aage ne le lignage pas seulement ne fait pas aucun digne d'avoir royaume, s'il n'a courage vertueux. »

*** « Nota yci la vaillance d'une dame nommée Semiramis, qui fut jadis royne des Assiriens. »

mort de son mary si courageuse qu'elle deffendit o l'espée et soubz habillement d'omme le pays d'Aise que sondit mary avoit conquis? Et davantage conquist elle par force d'armes les pays d'Inde et d'Ethiopie, et si fist clourre sa cité de Babiloine de murs de terre cuite, lesquieulx ung appelé Nambroth avoit jadis encommencez, et finablement fut contente que chascun sceust qu'elle estoit fenme, en demonstrant que le sexe masculin ne suffist pas a fere aucum digne d'avoir empire, se il n'y a courage vertueux. Encores fist icelle dame ung autre fait digne de grant memoire. Car une foiz, comme elle peignoit son chief, ung messagier lui apporta nouvelle que les habitans de sadicte cité de Babilone s'estoient contre elle rebellez; elle laissa incontinant son chief demy a point et demy desordonné sans autrement l'appareiller, jusques a tant que par force d'armes et par beau siege fut sadicte cité remise a sa subjection. Et pour ce doncques, treschier nepveu, si en toy a point de vertu, si laisse toutes autres cures jusques a ce que par bonne guerre tu aies ramené en ton obeissance non pas seulement Normendie, maiz aussi Gascoigne et generalement tout le royaume de France.

120. « Car naturellement les François on[t] toujours eu telle naturelle vertu * par laquelle leur grant renom a tousjours esté en crainte aux Romains, nonobstant que jadis le monde leur fut subjet. Et dit Justin (1) que les roys

* « Nota que vertu est naturellement née es courages des François. »

(1) Voici le passage de Justin auquel Robert Blondel fait allusion : « Denique neque reges Orientis sine mercenario militum exercitu ulla bella gesserunt; neque pulsi regno ad alios, quam ad Gallos, confugerunt. Tantus terror Gallici nominis, et armorum invicta felicitas erat, ut aliter neque majestatem suam tutari, neque amissam

d'Orient n'osoient anciènnement batailler sans avoir ayde des François, et, quant ilz estoient assaillíz, ne queroient d'autres que des François avoir secours. Et tant fut exaulcée la félicité des armes et la crainte des François que lesdits Rommains ne autres ne creoient point que sans leur aide ilz peussent deffendre leur majesté Rommaine ne la recouvrer, quant elle estoit perdue. Et, quant ilz furent appellez a l'aide d'un prince appellé Eumenides (1), roi de Bythaynne, et qu'ilz y eurent obtenu la victoire de ses adversaires, ilz diviserent avecques lui ce qu'ilz lui avoient acquis, et de ce se appelle encores la porcion qu'ilz en eurent Gallogrecie, et si fut la puissance Rommaine desconfite toutes les foiz que les François les guerroi[oi]ent. Et dit Jullius Celsus (2) que les François sont moult plus appers que desireux d'assaillir, et dit oultre qu'ilz ont acoustumé de combatre par leur vertu et nom point par tromperie ou fallace. Et ceste noble vertu de courage que noz peres nous laisserent, avons nous aussi laissiée en nostre derreniere voulenté a vous nos nepveuz comme vostre tresriche et paternel heritage. Retien

reciperare se posse sine Gallica virtute arbitrarentur. Itaque in auxilium a Bithyniæ rege vocati, regnum cum eo parta victoria diviserunt ; eamque regionem Gallo-Græciam cognominaverunt. » Lib. XXV, c. II.

(1) Il y a eu en Bithynie des rois appelés Eumène, et non Eumenide. D'ailleurs c'est Nicomède Ier, roi de cette contrée de 278 à 249 av. J.-C., qui appela les Gaulois à son secours pour repousser les prétentions au trône de son frère Zibœas. Les Gaulois reçurent en récompense un territoire qu'ils agrandirent par de nouvelles conquêtes, et fondèrent en Asie-Mineure, dans le nord de la Grande-Phrygie, le royaume qui, de leur nom, fut appelé Galatie ou Gallo-Grèce.

(2) Julius Celsus est un écrivain latin qui a laissé sur la vie de César des commentaires publiés en 1473.

doncques ceste vertu, treschier nepveu, et je t'en prie, car c'est celle parquoy nous avons chastié et subjugué les grans tirans et ennemis du royaume et de la foy, et tien pour certain que, tant comme icelle vertu sera bien enracinée en la noblesse françoise, le royaume de France ne sera subjugué, maiz sera de glorieuses victoires enluminé. Et aussi, si ceste vertu de courage s'esvanouyt de leurs pensées, leur empire decherra par leur paresse et viendra a declin. Et dient les Ytaliens * que les François sont plus terribles que fors de corps, et plus impetueux que labourieux. Et pour ce, treschier nepveu, garde toy bien que tu ne soies saoullié de la tache de quoardie ne de paresse, maiz ce que tu as vertueusement entreprins poursui et parfaiz joieusement et constamment contre les ennemis de toy et de ton pays. Et retien de Jullius Cesar ceste doctrine que tu ne cuides avoir riens fait tant comme tu saches que tu ayes encore quelque chose a faire de ton office publicque ** qui est de nectoier entierement ton royaume de tes tirans ennemis. Car, si en recouvrant partie de ta seigneurie, tu en delesses aucunes places entre leurs mains, ilz s'en sortiront quelque foiz comme lyons enragiez de faim pour courir sus comme devant a ravir les biens de tes subgiez, a bruler tes villes, tes eglises et tes pays, et a si cruellement occire et captiver tes subgiz que toute ta pocession voisine d'iceulx ennemis sera courue et destruicte d'eulz. Et si sera mengiée de tes gens mesmes, si tu en y as aucuns pour la deffendre, et par consequant sera reduicte a gast et demourra inhabitée. Et, se tu seuffres tes champs gaster, tes citez et forte-

---

* « Nota que les Ytaliens dient que les François sont en guerre plus terribles que fors de corps, et plus impetueux que labourieux. »

** « Nota que une chose ne doit pas estre dicte ou repputée pour faicte tant comme aucune partie en soit encore a faire. »

resses demollir et tes peupples ainsi destruire, tu seras trop oublieux s'il ne t'en souvient par après, et trop aveugle se n'aperçois clerement la pestillence mortelle que la tirannie d'Angleterre fera de rechief a ton royaume, se du tout en tout elle n'en [est] mise dehors; car il ne suffist pas de commencer impetueusement la guerre, maiz en la continuant et parfaisant constantement est la vertu * par laquelle la fin est par force beneureeument joincte a son commencement; et lors en ton royaume seras tu prince unicque et y sera une seule monarchie, parquoy la tirannie de tes adversaires sera vuydée du surplus de Normendie et de Bourdelois et de Calais, ce qui ne se feroit pas quant partie en demourroit entre leurs mains. Et pour ce, doit estre tout bon prince plus enclin a faire muer sa guerre en paix par constance de bien batailler qu'il ne doibt a la commencer. Car bonne perseverance ** fait les ennemis supprimer, et a cellui qui les en chasse fait avoir renom glorieux et regner en prosperité, pource que, quant toutes les vertus sont bien louées, celle qui est dicte perseverance est souverainement couronnée par dessus les autres, qui sans elle ne suffisent pas.

121. « Doncques, treschier nepveu, maintenant est temps que tu preignes les armes, puisque tu le peux bien faire et que tu as bonne fortune. Tant comme le temps est serin, doivent les marronniers nager a port affin que tempeste contraire ne les surpreigne. Fortune est de telle nature qu'elle ayde a ceulx qui sont vaillans et mesprise ceulx qu'elle voit estre

---

* « Nota que ce n'est mie grant vertu de chaudement commencier guerre, mais c'est vertu de force que la continuer et parfaire constantement. »

** « Nota yci de la vertu de perseverance, jusques a la fin de l'oraison. »

craintifz de bien continuer leurs eureuses entreprinses, et si fait en icellui cas des vainqueurs vaincuz. Ce que tu as doncques bien commencé pour ta justice et pour la liberté de ton peupple et pour le bon droit de ta couronne, ne veuilles pas meschantement entrelessier. Et, en ce faisant, remectras paix en ton royaume, resusciteras droiz mors et si institueras bonnes meurs dont tu aras louyer perpetuel de Dieu et glorieuse renommée après ta mort. »

CHAPPITRE XLVIIe

Faisant exhortacion aux princes des tresnobles maisons d'Orleans et d'Anjou.

122. A vous, tresnobles princes des maisons d'Orléans et d'Anjou*(1), se convertit ceste oroison, car vous avez tresgrant interest que les treves ne soient plus renouvelées, lesquelles pourroient donner grant empeschement, afin que France, qui jusques cy a trop esté grevée de ses enne-

* « Nota yci exhortacion aux princes de France. »

(1) Les chefs des deux maisons d'Orléans et d'Anjou étaient alors Charles d'Orléans et René d'Anjou. Charles d'Orléans était né en 1391 de Louis d'Orléans, frère de Charles VI, et de Valentine Visconti. Fait prisonnier à Azincourt en 1415 et emmené prisonnier en Angleterre, il ne recouvra sa liberté qu'en 1440. Il mourut en 1464. — René d'Anjou, ou, comme on a coutume de l'appeler, le bon roi René, né le 16 janvier 1408, de Louis II d'Anjou et d'Yolande d'Aragon, mourut le 10 juillet 1480.

Charles d'Orléans et René d'Anjou tiennent une bonne place parmi les esprits les plus distingués de leur temps, le premier par les poésies qu'il composa pour charmer les ennuis de sa captivité en Angleterre et dont deux éditions ont été publiées par Champollion-Figeac et par Guichard, le second par des œuvres diverses qui témoignent de ses goûts littéraires et artistiques et qui ont été éditées, 1844-1845; par M. de Quatrebarbes.

mis et maintenant, la Dieu grace, est bien garnie de vaillans batailleurs, leur face vertueuse guerre, tant pour vengier ses bons amis et pour la chose publique refformer, comme pour la foy de Jhesucrist soustenir et deffendre. Et mesmement pourroient icelles treves empeschier que ayde et secours ne fust donné a vous qui estes après le Roy deux des principaulx princes du royaume, c'est assavoir au regard du royaume de Secille qui par droit heritage compete a vous, d'Anjou, et semblablement au regard du riche duchié de Millan appartenant a vous, d'Orleans, lesquelles deux treshaultes principaultez sont a present et de longtemps tiranniquement occuppées par gens qui n'y ont aucum droit, et depuis ladicte occupacion ont esté ennemies de cedit royaume françois, ce qu'elles ne seroient pas, si elles estoient, ainsi comme estre deussent, en voz mains; maiz, se toute l'armée des François, en l'estat que les choses sont a present, passoit oultre les montaignes des Alpes pour vous y aller servir, comme bien faire le devroit, alors ne fauldroit pas l'avarice acoustumée d'Angleterre de rompre treves et tous seremens par eulx jurez pour revenir de plus belle nous courir sus, tant comment ilz nous sentiroient destituez et degarniz de la noble chevalerie et compagnie que nous avons, lesquielx ou cas dessusdit seroit grant besoing de ramener de si loing, sans y pou(r)veoir achever voz entreprinses, affin que plus grant inconvenient ne nous en venyst, ainsi comme ci devant a esté dit et remonstré, que onques les Anglois ne tindrent aux François foy ne serement qu'ilz leur feissent. Car le climat des dits Anglois est si contraire a nous François et leur inimitié envieillie, que leurs courages ne se veulent contenter de raison, ne point avoir de charité de leurs voisins. Et, d'aultre part, sont les courages françois tant nobles de leur propre nature que, pour quelques pertes et dommages qu'ilz aient souffers par lesdits Anglois, ilz ne se daigneront oncques au long aller souffrir gouverner par si mauldicte generacion, mais par moult de foiz en ont vengié la mort de noz peres et freres, et feront encor, se Dieu plaist. Il fault doncques dire que, tant comme nous ferons de traictiez soit de paix ou de treves avecques eulx, tant en rompront sans dire gare, quant ilz y penseront trouver leur avantaige; et par ainsi ne serons pour tous leurs traictiez de rien plus asseurez ne en moindre dangier de leurs assaulx, et si ne feront les François ce pendant quelque entreprinse d'onneur. Reste doncques a conclurre que trop mieulx nous vault maintenant les chastier a bon escient, tant comme Dieu nous a donné dequoy le faire, que soubz l'amusement de traictié nous endormir et souffrir coupper soubdainement nos gorges, comme ilz ont fait a ceulx de Fougieres devant nos yeulx. Et puis après tout a loisir pourroient vosdictes tresnobles seigneuries avoir de France le secours desiré a voz besoings.

CHAPPITRE XLVIIIe

Faisant exhortacion au Roy a ce que, s'il plaist a Dieu lui donner grace de debouter ses ennemis, il se dispose, comme vassal de Jhesucrist et portant la banniere de la terre saincte, a icelle terre d'oultre mer delivrer de la servitude tirannique des mescreans, qui, par l'espace de plus de deux cens soixante deux ans, l'ont occupée, a l'occasion de ce que les Anglois ont tousjours empeschié les François d'y povoir besongner.

123. Charles, Roy tres crestien*, après ce que soubz la main de Dieu vous avez vuydé vostre royaume de voz ennemis les Anglois, vous plaise disposer ad ce que, par perseverance en armes et pour l'amour de Jhesucrist, vous puissiez delivrer la saincte cité de Jhesusalem et le lieu ou nostredit sauveur souffrit mort et passion, et le sepulcre ou son precieux corps fut ensepveli avecques la terre de promission qui ja pieça furent reduiz en servirute miserable par Salhadin, roy des Assiriens, et ses Sarrazins ennemis de la foy de Dieu, en l'année qui fut il y a plus de deux cens soixante deux ans que la premiere guerre sourdit entre le roy Phelippes Auguste, vostre aieul, d'une part, et Henry, lors roi d'Angleterre, et Richart son filz, qui estoient ses vassaulx desloiaulx, pour cause de l'ommage du conté de Poictou et pour le douaire de Marguerite de France que l'en leur demendoit. Et suis d'oppinion que l'ennemy d'enfer, qui est

---

* « Nota yci exhortacion au Roy de bouter hors ses ennemis de son royaume et puis de secourir a la terre saincte par lui et sa chevalerie. »

perc de mensonge et seminateur de discencion, esmut
des lors lesdits roy Henry d'Angleterre et Richart, son
filz, a faire premierement injuste guerre contre ledit roy
Phelippes Auguste de France, et depuis les forseneries
d'enfer, iceulx Henry et Richart, son filz, engendré en
une fenme tres deshonneste, nommée Alienor, dont
devant a esté parlé, et leur posterité mauldicte tellement
ont continué leur guerre inique contre les roys de
France, qui tousjours ont esté de leur povoir vraiz pro-
tecteurs de la foy crestienne et de la terre sainte, que
ledit vaillant roi Phelippe ne ses successeurs roys de
France n'ont depuis peu resister au roy Salhadin, ennemy de la foy dessus nommée, duquel icelle Alienor
s'acointa par fole amour, comme l'en dit, ne aussi aux
autres mescreans que la cité de Jherusalem et ladicte
terre saincte occuppent si longuement, dont c'est pitié.

124. Et pour ce, tresnoble Roy, en icellui temps vindrent devers ledit roi Phelippe le prieur de l'Ospital et le
maistre du Temple de Jherusalem et autres messages
d'oultre mer, et lui apporterent les clefs d'icelle saincte
cité et du saint sepulcre, affin que lui pleust les secourir,
et moult piteusement lui distrent que Salhadin, le plus
parvers de tous les Sarrazins, avecques merveilleuse puissance estoit entré dedens la terre de promission et la
gastoit si aigrement que oncques n'avoit esté oye perse-
cution pareille a celle qu'il y faisoit, et que des lors y
avoit il fait mourir cruellement aussi comme nombre
infini de crestiens et prins moult de prinsonniers qu'il
tourmentoit inhumainement et tellement que oultre mer
n'y avoit prince qui lui peust resister ; et que, se de brief
icellui vaillant roy Phelippes ne les secouroit, ladicte
cité de Jherusalem estoit en peril de prouchaine subversion. Et ce fait, après le baisier de paix qui leur donna

et les receut moult honnorablement, icellui tresnoble roy Phelippes, toutes autres choses laissées, fist savoir et preschier par tout le royaume la cause de l'advenue des dits messagiers venuz d'oultremer et fist songneusement exhorter ses nobles et autres vaillans hommes d'y aller. Et de fait, par le conseil des princes de son royaume, y envoia moult belle compaigne de vaillans chevaliers bien montez et armez, et grant multitude de gens a pié souldoiez de ses propres rentes. Et, combien qu'il eust ardant desir d'y aller en sa propre personne, toutesvoies il ne le pot faire, pource qu'il estoit alors moult enbesongnié en la guerre qu'il menoit contre son desloial vassal le conte de Flandres, qui a tort lui contretenoit et occuppoit le conté de Vermandois. Et puis, quant il ot recouvré ledit conté, lui sourdit autre nouvelle guerre contre Henry, roy d'Angleterre, et Richart, son filz, devant nommez, qui lui denyoient la feaulté qu'ilz lui devoient a cause du conté de Poictou, et si ne lui vouloit rendre le douaire de Marguerite de France qui paravant avoit esté mariée en Angleterre, comme cy devant a esté dit.

125. Et ce pendant, vindrent devers lui certains messagiers d'oultre mer qui en plorant piteusement lui rapporterent pour verité que le devantdit roy Salhadin avoit prins la vraye croix et le saint sepulcre nostre seigneur Jhesucrist avec la saincte cité et le roy de Jherusalem. Et finablement fut faicte paix entre ledit roy Phelippes et lesdits Henry d'Angleterre et Richart, son filz, lesquieulx tout d'un accord, comme chevaliers de nostredit sauveur Jhesucrist, prindrent la croix et les armes pour devoir aller d'une commune puissance et voulenté a recouvrer ladicte saincte cité de Jherusalem et la terre de promission. Maiz, helas! ledit Richart, en venant contre son serement, esmut de rechief en l'an dessusdit nouvelle

guerre ou tres grant prejudice et dommage de ladicte croix et terre saincte d'oultremer. Et, quant ledit Henry, son pere, fut mort et que icelle nouvelle guerre fut de rechief acoisée, ledit Richart fist veu et serement sollempnel d'aller oultre mer avecques ledit roy Phelippe de France. Et de fait procederent ensemble a y aller; maiz, quant leur siege fut mis devant la cité d'Acre et que ledit vaillant roy Phelippe y travailloit son corps, icelui Richard, comme faulx et desloial vassal, retira a soy ses gens et osta audit bon roy Phelippe l'aide qu'il lui devoit et avoit juré faire contre les ennemis de la foy, et, qui pis est, s'acointa tant dudit Salhadin, roy mescreant et ennemy de Dieu, qu'il receut de lui grans dons, moiennant lesquieulx il eut tres grant familiarité avecques lui. Parquoy ledit roy Phelippe congnut que icellui Richart le vouloit trayr et livrer audit ennemy de Dieu; dequoy sourdit entre eulx si grant discort que ledit roy Phelippe, incontinant qu'il ot prinse et subjuguée ladicte cité d'Acre, s'en retourna moult tristement sans parfaire ledit voiage d'oultre mer. Et depuis lors jusques a present, quant ledit roy Phelippe et la posterité des roys de France ont cuidé par divers traictiez appaiser les debas d'entre eulx et les Anglais, en esperance de parfaire oultre mer le saint voiage dessusdit, la tirannie d'Angleterre a tousjours fraudeusement rompu leurs alliances et resuscitez nouveaulx debas, pour lesquieulx reprimer, les François ont tousjours esté neccessairement contrains a eulx en deffendre, tellement que depuis deux cens soixante deux ans acomplis au temps que le latin de ce present extrait fut fait, qui fut en l'an mil iiij^{c} quarante neuf, iceulx François, sans laissier la couronne de France en peril de perdicion, n'ont onques peu aller combatre pour la foy, pour la crestienté, pour la croix, ne pour le saint sepulcre de nostre seigneur Jhesucrit remectre en liberté.

126. Vous povez doncques veoir clerement, Roy trescrestien, comment les injustes guerres des Anglois ont par si longtemps desloiaument empeschié les François d'aller contre les ennemis de nostre dit sauveur Jhesucrist et de nostre foy crestienne. O trescruelle cruaulté d'Angleterre! * regarde maintenant combien peu te ont prouffité tes injustes guerres et considere que, pour ta felonnie par tant de foiz et si iniquement par toy perpetrée et recommencée contre ton souverain, et pour les horribles parjuremens que tu as faiz, la naturelle institution des fiefs et des benefices que tu as receuz de France, dont l'execrabilité de ton ingratitude t'a si soilliée, te privent de toutes tes principaultez et seigneuries, et si te rendent indigne de tout honneur et des biens que par faulse guerre tu as accumulez et consumez. Je te demande se tu as point bataillié contre ton seigneur naturel, procuré sa mort, ravy les biens de ses subgitz et destruit son pays. Ta cruaulté tresinhumaine n'a elle pas fait et consommé le gast des biens, tuez et emprinsonnez sans merci les hommes non armés, destruictes villes, chasteaulx et sainctes places, et ravies toutes les richesses que ce royaume françois souloit avoir, duquel en mentant faulsement tu te dis devoir avoir la seigneurie? Ta guerre tresinjuste et inique n'a elle pas donné empeschement, parquoy la chevalerie de France a tellement esté occuppée qu'elle n'a pu par armes delivrer la terre de promission de la tirannie ou elle est? Si tu estoies si deshontée de mentir que tu respondisses nenny, chascune personne vivant, qui par experience des faiz advenuz sauroit bien que tu mentiroies,

---

* « Nota yci exclamacion entre la desloiaulté d'Angleterre. »

pourroit faire conclusion contre toy que tu as obstineement exercé armes illicites contre la foy de Dieu, contre la terre saincte, contre le patrimoine de Jhesucrist et en faveur de ses ennemis.

127. Et pour ce, Charles, tresnoble et trescrestien Roy de France, finablement de tout mon cueur je vous faiz exhortacion que ces mauldictes guerres d'Anglois adversaires de nostre foy vous mectez a fin par vaillance d'armes, et que celle que vostre vaillant ayeul le roy Phelippe par la mauvaistié dudit Richart ne pot achever, vous puissez franchement parfaire et finablement remectre la terre saincte d'oultre mer hors de la tirannie ou elle est, en descombrant les chemins, par quoy la croix de nostre sauveur Jhesucrist et son sepulcre y puissent estre desormaiz adourez et honnorez des crestiens a l'onneur et gloire de Dieu, qui vous en vueille donner la grace et finablement vous couronner en sa gloire de paradis.

Amen.

GLOSSAIRE

(Les chiffres indiquent les pages).

Absconsée 77, *cachée.*
Absole 297, *absolve.*
Accoise 121, *apaise;* accoisa 427, *apaisa;* accoisée 484, *apaisée.*
Acertené 427, *certain.*
Aconsuyt 412, *atteignit.*
Acourer 125, *percer le cœur, tuer.*
Acteur 50, *auteur.*
Ad 341, 383, 481, *à.*
Adnichilé 59, *annihilé, anéanti.*
Adoncques 406, *alors.*
Adreça 336, *dirigea.*
Adurez 313, 314, 323, *endurcis.*
Advenes 94, *étrangers.*
Affiert 65, 118, *il importe, il convient.*
Affin 76, *allié par parenté.*
Affonde 128, *enfonce, abaisse.*
Affoué 357, *allumé.*
Aggraventez 428, *accablés.*
Aggrevement 146, *aggravation.*
Ahurter (s') 450, *s'obstiner.*
Ainçois 56, 308, etc., *au contraire;* 127, 330, *auparavant.*
Ains 90, *mais, au contraire;* 97, *avant.*
Amenes 87, 94, *agréables.*
Amort 117, *engage.*
Amplier 370, 484, *amplifier, agrandir.*
Angarié 390, *accablé.*
Aourer 323, *adorer.*
Apetitez 313, *diminués.*
Appectent 320, *recherchent, désirent.*
Appensée 66, *réfléchie.*
Appert (en) 425, *ouvertement.*
Appert 100, *apparaît, est évident.*
Appeter 420, *désirer.*
Appetice 450, *rapetisse.*
Appetit 52, *désir.*
Applaude 143, *applaudit.*
Appointement 319, *convention;* 431, *assignation.*
Aprime (s') 117, *s'approche.*
Aquistrent 450, *acquirent.*

Ara 315, *aura ;* aroit 65, *etc., aurait.*
Arcien 112, *étudiant ès arts.*
Arroy 83, 135, *disposition.*
Arrudist (s') 132, *s'endurcit.*
Art 93, *brûlé ;* arz 400, *brûlés.*
Artillerie 375, *machines de guerre.*
Aspresse 451, *rigueur.*
Asproie 107, *tourmente.*
Assauldraient 469, *assailliraient.*
Asseur 315, *sûr.*
Atrempée 390, *modérée.*
Atrempeement 433, *convenablement.*
Atroque 105, *rassemble, amasse.*
Aucum 317, *quelqu'un.*
Aucuneffoiz 306, *quelquefois.*
Aule 69, *cour.*
Auriflambe 402, *oriflamme.*
Autel 132, *même.*
Avienge 64, 115, *arrive.*
Avoie 92, 124, *dirige.*
Avolé 408, *envolé.*

Baille 80, *donne.*
Barat 453, *tromperie.*
Batailliez 93, *attaquez.*
Baude 143, *joyeuse.*
Béant 49, *désireux.*
Bées 131, *aspires.*
Bel 144, *s. m., beauté.*
Benefice 404, *bienfait, avantage.*
Beneuré 307, *bienheureux ;* beneureement 307, *bienheureusement.*
Benoict 54, *béni.*
Bers 137, *berceau.*

Bersauda 443, *frappa à coups de flèches.*
Besterie 319, *bêtise.*
Biens 455, *récoltes.*
Bonne 144, *volonté, caprice.*
Bonnement 418, *vraiment.*
Bouter 318, *mettre ;* boutez 92, *mis, etc.*

Capcion 314, *prise.*
Captivez 316, *faits captifs.*
Carent 115, *privé, manquant.*
Catir 50, *se blottir.*
Cault 349, 443, *rusé, habile.*
Cautelle 297, 467, *ruse, prudence.*
Cautement 442, *avec ruse.*
Cepz 92, *chaînes, fers.*
Chalere 74, *chaire.*
Chailloux 428, *cailloux.*
Champaigne 411, *campagne.*
Char 398, 408, *chair.*
Chief 474, *tête.*
Chiennez 50, *petits chiens.*
Chier 136, *cher.*
Chiere 107, 141, *mine, visage.*
Cheoir 314, 325, cheir 133, *tomber ;* chiet 47, 371, *tombe ;* chiée 63, *tombe ;* cheent 371, chieent 131, *tombent ;* cheu 60, *tombé ;* cheoistes 446, *tombées ;* cheussent 60, *tombassent ;* chut, 132, *tomba.*
Cheoite 396, *chute.*
Chevance 109, *bien, possession.*
Cheviras 139, *viendras à bout.*
Cieux 86, *chez.*
Clamée 59, *appelée ;* clayme 95, *appelle.*

Clouyst 368, *fermât*.
Coiz 55, *tranquille*.
Com 131, 135, *comme*.
Combien que 328, etc., *bien que*.
Comment 75, 413, *comme*.
Commiserative 306, *qui prend en commisération*.
Commises 340, *confisquées*.
Communité 412, 414, *gens de commune*.
Compaigne 435, 483, *compagnie*.
Compaignent 105, *accompagnent*.
Compete 410, *appartient*; competoit 408.
Complaint 129, *plaint*.
Conculquer 94, *fouler aux pieds*.
Conduiseur 361, *conducteur*.
Confidence 145, *confiance*.
Conquesté 392, *conquis*.
Consonance 146, *accord*.
Consonez 65, *accordez*; consonerent 97, *s'accordèrent*.
Contempt 331, *mépris*.
Contens 114, 141, *lutte, combat*.
Contraict 139, *réuni, formé*.
Contraicte 145, *contrefaite*.
Contraire 148, *contretemps*.
Contredisoit 329, *s'opposait*.
Contumace 352, *rebellion*.
Convers 76, *changé, converti*.
Convertit 478, *tourne*; convertirent 313, *tournèrent*; convertis 309, *tournés*.
Convindrent 429, *se rencontrèrent*.
Convoiteur 329, *avide*.
Convy 394, *festin*.
Couardie 315, *lâcheté*.
Coulouré 301, 455, *spécieux*.

Couvent 63, *accorde*.
Couvint 134, *convint, fallut*.
Credence 58, *croyance*.
Cremour 48, 147, *crainte*.
Cresme 73, *baptême*.
Crudelité 141, *cruauté*.
Crueuses, 142, *cruelles*.
Cueillant 388, *percevant*; cueilloient 388, *percevaient*.
Cueillecte 390, *perception*.
Cueillete (gens de) 434, *aventuriers*.
Cuider 319, 386, cuidier 114, *croire*; cuider 406, 410, *crois*; cuidans 96, *croyant*.
Cuitifz 127, ? p. ê. *tranquilles*.
Cure 69, etc. *soin*.
Cute 74, *cache*.
Cuvert 95, *perfide, misérable*.

Dampne 104, *condamne*.
Debeller 97, 313, *vaincre*; debella, 137.
Debouté 48, etc., *écarté, chassé*.
Deceptifz 95, *trompés*.
Decevables 83, 146, *trompeur*.
Decherra 476, *déchoira*.
Deffaulcte 102, *faute, manque*.
Defoule 94, *foule*.
Degecté 363, *chassé*.
Deglutir 124, *dévorer*.
Delinqué 420, *péché*.
Delors 380, *dès lors*.
Demerie 125, *méritée*.
Demeure 57, *retard*.
Demoure 314, *durée*.
Denyer 329, *refuser*.
Departie 337, *séparation*.
Departir 434, *distribuer*.
Depile 94, *pile*.

Depopulant 415, *ravageant;* depopulé 330, *ravagé.*

Deporta (se) 368, *se départit;* deporte (me) 425, *m'abstiens.*

Deporter 49, *satisfaire.*

Deporterent (se) 337, *se séparèrent.*

Deportirent 354, *séparèrent.*

Deppopuleresse 68, *qui ravage, qui dépeuple.*

Deppredans 75, *pillant.*

Deputaire 81, *mauvais, pervers.*

Derroy 71, 112, 133, *désordre, égarement.*

Desconfite 419, 475, *battue;* desconfiz 413, *battus.*

Desconforte 59, *décourage.*

Desconnaissance 444, *méconnaissance, ingratitude.*

Desers 316, *privés.*

Deserte 140, *mérite.*

Deservy 107, *mérité;* deservie 60, *méritée.*

Desheretement 459, *action de deshériter.*

Despenduz 321, *dépensés.*

Despisant 68, 78, *méprisant.*

Despit 49, despis 126, *mépris.*

Desplaisant 408, *mécontent.*

Desrompit 335, 339, *força.*

Dessavouré 144, *désagréable au goût.*

Desservy 329, *mérité.*

Destraint 412, *pressé.*

Destruyrent 436, *détruisirent.*

Desvée 132, *folle.*

Desverie 319, 386, *folie.*

Detirans, 68, *ôtant.*

Deult (se) 70, 76, *se plaint, gémit.*

Devée 132, 141, *défend.*

Dextre 108, *droite.*

Diffame 317, *déshonneur.*

Difformé 329, *rendu difforme, abîmé.*

Discord 330, *désaccord, querelle.*

Dissimuloit 333, *se refusait.*

Distrent 482, *dirent.*

Diverti 391, *écarté.*

Doctrinables 58, *qui peut être instruit.*

Doint 129, 147, 148, *subj. donne.*

Dont 79, 82, *etc., donc.*

Doubter 390, *craindre;* doubtent 323; doubtant 100, 419; doubterent 365.

Dourroit 149, *donnerait.*

Duicte 148, *travaillée.*

Duisent 81, *conduisent.*

Effroy 436, *bruit.*

Embesongnié 483, *occupé.*

Emmy 143, *au milieu de.*

Emparée 300, *fortifiée.*

Emperiere 325, *impératrice.*

Empeschié 321, *occupé, gardé.*

Encliner 426, *disposer.*

Encourtiné 448, *entouré de rideaux.*

Engin 52, 315, 400, *esprit.*

Engins 444, *machines de guerre;* pierres d'engin 344, *pierres lancées par des machines.*

Enhorte 137, *exhorte.*

Enquis 321, *questionné.*

Ensuyr 92, 297, 317, *suivre;* ensuez 118, *suivez;* ensuis 60, 130, *suis;* ensuirent 417, *sui-*

virent; ensuyvant 61, *suivant;* ensuy 387, *suivi.*
Entalentez 127, *désireux.*
Entechié 376, *entaché;* entechiez, 85, *coupables.*
Entrelessier 478, *abandonner.*
Er 73, 114, *héritier.*
Erraches 81, *arraches.*
Errachiez 141, *arrachés.*
Erraga 122, *enragea.*
Erragié 129, *enragé.*
Erres (avoir) 132, *avoir le temps?*
Escandres 100, *injures.*
Eschelerent 339, *escaladèrent.*
Eschient 52, *tombent, arrivent.*
Eschiver, 60, 318, *éviter;* eschive 119; eschivant 65.
Escouffles 62, *oiseau de proie.*
Escouvint 133, *convint, fallut.*
Escripsit 383, 436, *écrivit.*
Escu 74, *bouclier.*
Escuyerie 394, *réunion d'écuyers.*
Eslievent (s') 96, *se soulèvent.*
Eslis 124, *choisi, distingué.*
Eslisent 319, *préfèrent.*
Esmaris 67, 113, *chagrin.*
Esmeu 61, *excité.*
Esmut 483, *souleva.*
Espartie 370, *étendue.*
Espartir 347, *répandre.*
Espendu 455, *répandu.*
Esperne 118, *épargne.*
Espilliée 126, *dégarnie.*
Espoir 66, 72, 79, 88, *peut-être.*
Esprins 318, *pris.*
Estable 341, 403, *stable.*
Ester 64, 418, 455, *se tenir debout, rester, s'arrêter.*
Estourbeillon 63, *tourbillon.*
Estouppées 128, *bouchées.*

Estours 129, *attaques, assauts.*
Estranges 329, *étrangères.*
Estrif 419, *débat.*
Estrive 79, *s'efforce de.*
Estrivoit 426, *disputait.*
Estuet 64, *il faut.*
Euvre 470, *ouvre.*
Evader 413, *v. éviter.*
Execrabilité 485, *nature exécrable.*
Excluses 102, *exclues.*
Exercitez 353, *exercez.*
Exeques 102, 375, *funérailles.*
Exheredacion 459, *action de déshériter.*
Exhereder 458, *déshériter.*
Expandre 69, *v. répandre.*
Exploicter 315, *employer.*
Exquise 397, 450, *raffinée, recherchée.*
Ez 76, 95, 143, *dans les.*

Faicture 145, *forme.*
Faille 518, *tombe.*
Faintise 49, *feinte.*
Faisait pour 338, *était favorable à.*
Fait (non) 405, *non pas.*
Faiz 308, 331, *charge, poids.*
Falaces 323, 475, *tromperies*
Fault 124, *manque.*
Feaulté 302, etc., *foi du vassal au suzerain*
Feignent (se) 105, *hésitent.*
Fere 74, etc., *bête sauvage.*
Ferir 56, etc., *frapper.*
Fermée 453, *confirmée.*
Fermez 353, *assurés.*
Fez 49, 88, *poids, charge.*
Fiance 303, *confiance.*

Fié 404, *fief.*
Fiens 145, *fumier.*
Fin 100, 149, *vrai, sincère.*
Finablement 328, *finalement.*
Finer, 99, *financer.*
Fins 371, *limites.*
Flael 135, *fléau, fouet.*
Fleume 104, *flegme.*
Fleusta 109, *joua de la flûte.*
Folour 60, 144, *folie.*
Forbannissement, 145, *bannissement.*
Forbenny 131, *expulsé de (dépouillé d'un bien).*
Forçant 145, *violent.*
Forcenerie 426, *fureur.*
Forclose 404, *interdite.*
Forsenée 73, 140, *furieuse.*
Forsener 84, *être furieux.*
Forsenerie 48, 71, *fureur.*
Fortuneux 133, *accidentels.*
Fraelle 123, *fragile, frêle.*
Fragrant 129, *embaumé.*
Fraincte 60, *brisée.*
Fraudeusement 302, *perfidement.*
Fuitif 296, fuytifs 74 etc.. *fugitif.*
Furtz 60, *vols.*

Gale 145, *réjouissance.*
Garniz 413, *munis.*
Gart 139, *garde.*
Gast 384, *ravage.*
Gaster, *ravager;* gasta 347; gasterent 335; gastans 138.
Gasteur 387, *ravageur.*
Gemme 82, *pierre précieuse.*
Geniteur, 48, *père.*
Germain 74, 396, *frère.*

Gesoit 49, *était placé.*
Glatir 50, *crier.*
Goule 121, *gueule.*
Gourt 346, *court.*
Gravelle 127, 339, *sable, gravier.*
Greignieur 47, etc., *plus grand.*
Grevable 72, *pesant.*
Grevance 109, etc., *dommage, tort.*
Grevée 478, *accablée.*
Grever 388, *charger, accabler.*
Greves 390, *lourdes.*
Greveuse 67, *accablante.*
Grief 58, *pesant.*
Griefvement 307, *gravement, pesamment.*
Guetoit (se) 355, *était sur ses gardes, se méfiait.*
Guile 130, *tromperie.*
Guilé 59, *trompé.*
Guise 120, *volonté, caprice.*

Habillements 361, *équipages.*
Habitateurs 415, *habitants.*
Hait 146, *bon état.*
Hallé 310, *tiré.*
Hardement 70, 413, 457, *hardiesse.*
Haulcier 146, *v. pris subs., élévation.*
Havissent 84, *désirent avidement.*
Hémy, 65, *hélas !*
Her 75, 114, *héritier.*
Het 468, *hait.*
Hide 78, *laideur, horreur.*
Hoir 324, etc., *héritier.*
Hoirrerie 454, *héritage.*
Hom 62, *homme.*

Honnie 139, *maltraitée*.
Harons 309, 443, *goujats, valets d'écurie*.
Huys 412, *portes*.

Iert 97, *sera*.
Ilecques 317, 416, *là*.
Ileq (d') en avant 359, *dorénavant*.
Impetrer 308, *obtenir*.
Importables 390, *insupportables*.
Imposerent 413, *imputèrent*.
Impugner 409, *attaquer*.
Increable 305, *incroyable*.
Infect 461, *infecté*.
Insaciée 70, *non rassasiée, inassouvie*.
Introduis 58, *conduits, élevés*.
Invader 321, *attaquer, envahir;* invada 334, 355; invadés 361.
Invasions 389, *attaques (contre les personnes)*.
Ire 89, *etc., colère*.
Issir 436, *sortir;* issant 390; issu 57, 390.

Jaques 424, *habillements courts et serrés*.
Jenne 119, *etc., jeune*.
Jennesce 137, *jeunesse*.
Jouchié 96, *juché*.
Jouvegneurs 319, *puînés*.
Jus 71, *en bas*.

Labeure 104, *travaille*.
Lacrimable 143, *qui fait pleurer*.
Ladres 400, *lépreux*.
Laidure 91, *affront, tort;* 145, *laideur*.
Lecherie 450, *vie voluptueuse*.

Lée 128, *large*.
Leesce 87, 92, *joie*.
Legier (de) 322, *facilement*.
Legierement 320, *facilement*.
Leopartie 128, *adj. de léopard*.
Lesquieulx 305, *lesquels*.
Lez 105, *côtés*.
Liesse 384, *joie*.
Lignage 326, 473, *parenté*.
Lignager 401, *parent en ligne collatérale*.
Lignie 406, *ligne*.
Limeuse 59, *fangeuse*.
Lo 60, *conseille*.
Loist 64, *est permis*.
Long (au) 480, *longtemps*.
Losengier, iere 91, 109, 117, *flatteur, trompeur*.
Louyer 135, *etc., récompense*.
Lupine 101, *adj. de loup*.

Maces 96, *masses, massues*.
Maigresse 322, *maigreur*.
Mail 70, *maillet, marteau*.
Main 50, 146, *matin*.
Mains 138, 143, *moins*.
Maint 83, *maine*.
Maintienge 64, *maintienne*.
Maistrie 61, *force*.
Maiz (a toujours) 307, *pour toujours*.
Malefaçons 78, *méfaits*.
Malheureté 306, *mauvaise fortune*.
Mansion 68, *demeure*.
Marronniers 477, *mariniers*.
Marry 348, *affligé;* marrie 79, 88.
Matropolitaine 425, *métropolitaine*.

Mauffé 85, *diable.*
Mehaignié 110, *maltraité.*
Mendres 91, *moindre.*
Merchié 461, *marqué.*
Mercy 353, *miséricorde.*
Merra 63, *mènera.*
Merrien 53, *matière, sujet.*
Meschief 83, *etc., malheur.*
Meschut 132, *arriva malheureusement.*
Mesteil 73, *mauvais grain.*
Mestier 98, 389, *besoin.*
Metes 371, *bornes.*
Meu 49, *etc., excité, porté à;* meue 73, 325.
Mez que 83, *quand.*
Mie 379, *pas.*
Mire 72, *médecin.*
Mist sus 335 *leva (une armée);* mises sus 378, *levées.*
Moindre 393, *plus jeune.*
Moleste 124, *ennui.*
Mors 129, *morsure.*
Mors 317, *mordu.*
Mort, mors 69, 70, *etc., tués.*
Moult 56, *etc., beaucoup;* moult a 106, *il y a longtemps.*
Muance 146, *changement.*
Muces 58, *caches.*
Mue 114, *muette.*
Muer 76, 114, 318, *etc., changer;* mua 107, 109; mué 65; muée 384.
Munde 58, 124, *pure.*
Murtrerie 70, *meurtre.*
Murtrir 125, 411, *tuer;* murtris 356, *tués.*
Muse, 139, *réfléchit.*
Musé 447, *perdu son temps.*
Mute 63, *muet.*

Muyrent 104, 105, 125, *meurent.*

Naie 77, *noyé;* naiés 409, *coulés.*
Nais 93, *de naissance.*
Naves 375, *vaisseaux.*
Navie 91, *navire.*
Navire 368, *flotte.*
Navré 37, *blessé;* navré en mort 419, *blessé à mort.*
Nef 90, 311, *navire.*
Nicement 312, *simplement, sottement.*
Nices 79, *sots.*
Noiant 55, *néant.*
Noier 104, *nier.*
Noise 144, *bruit.*
Nourrie 401, *élevée.*
Nublesse 147, *obscurité.*
Nuncupée 139, *appelée.*
Nyez 55, *refusé.*

O 61, *etc., avec.*
Occir 69, occire 384, *tuer;* occit 78, *tua;* occis 78, *etc., tué, tués;* occians 68, *tuant.*
Occision 84, 353, *meurtre.*
Occurrent 49, *présent.*
Odourez 82, *sentez.*
Offendre 316, *offenser.*
Oignement 146, *ce qui sert à oindre.*
Oncques mez 89; onq mez 61, *jamais.*
Onnis 69, *égaux.*
Oppreint 59, *opprimé.*
Orde 93, *sale.*
Ordousement 596, *salement.*
Ore 58; ores 308, *maintenant.*
Orendroit 89, *maintenant.*

Orfenté 55, *misère.*
Orine 315, ? *(p. ê. sentine).*
Orne (a) 446, *successivement.*
Orront 418, *entendront.*
Os 60, *ose.*
Ost 91, *etc., armée.*
Ostel 116, *maison.*
Ot 79, *etc., eut.*
Ou 52, *etc., au.*
Ouailles 50, *brebis.*
Oultrage 133, *excès.*
Oultrageux 145, *démesuré.*
Ouoit 331, *entendait.*
Ouquel 299, *auquel.*
Out 122, *eut.*
Ouy 49, *entendu.*
Oyle 113, *huile.*

Paître 86, *manger.*
Par 93, 100, 121, *particule augmentative.*
Pardoint 414, *pardonne.*
Pardurables 307, 390, *éternels.*
Parfonde 339, *profonde.*
Parfons 403, *profonds.*
Partit 338, *sépara.*
Party 112, *pris part.*
Pas 411, *passage.*
Pascues 90, *pâtures.*
Patricide 358, *meurtre d'un parent.*
Peaulte 383, *gouvernail.*
Peccune 354, pecune 392, *argent.*
Pension 71, *paiement.*
Perilliez 55, *périssez.*
Perpetras 387, *commis (tu);* perpetré 316, *commis.*
Perturbans 345, *troublant.*

Perturbé 128, *troublé.*
Pesme 115, 122, *très mauvais.*
Peut 330; peust 392, 403, *pût.*
Pis 95, *poitrine.*
Piteusement 383, *douloureusement.*
Plaié 409, *blessé.*
Planté 145, *abondance.*
Pleges 356, *cautions.*
Plout 335, *plut.*
Poignans 76, 322, *piquant.*
Poincture 146, *piqûre.*
Poindra 81, *piquera.*
Poise 49, *pèse.*
Possider 307, 416, *etc., posséder.*
Pource 139, *etc., pour cela.*
Pourchace 49, *poursuit, cherche.*
Pourchassé 102, *cherché, poursuivi.*
Pourchaz 130, *profit.*
Pourforcé 422, *forcé.*
Pourquoy 126, *c'est pourquoi.*
Pourseu 51, *poursuivi, suivi.*
Poursuirent 442, *poursuivirent.*
Pouyet 109, *eût pu.*
Poy 78, *etc., peu.*
Praie 311, 348, *proie.*
Pramist 327, *promit.*
Pravité 376, *corruption.*
Premia 426, *récompensa.*
Preudons 109, *homme sage.*
Preuve 134, *prouve.*
Preux 57, 61, *vaillant.*
Procura 439, *fit en sorte.*
Prodicieux 113, 117, *traître.*
Progeniteurs 297, 309, *ancêtres.*
Promistrent 361, *promirent.*
Propos 52, *propose.*
Propoux 391, *s. m. propos.*

Prouchaineté 408, *proximité.*
Punaise 361, *infecte.*
Punaisie 437, *infection.*

Quassent 87, *endommagent.*
Que 107, *afin que.*
Querir 130, etc., *chercher;* quiers 80, *cherches;* quiert, 116, *cherche.*
Querre 57, *chercher.*
Questueux 434, *quémandeurs.*
Qui 450, *qu'ils.*
Quinte 391, *cinquième.*
Quoardie 476, *lâcheté.*
Quouardie 64, *lâcheté.*
Quouart 408, *lâche.*
Quoue 121, 122, *queue.*
Quoué 349. V. Godefroy sur cette épithète injurieuse appliquée aux Anglais.

Rafreschiz 414, *reposés.*
Ramage 96, *sauvage.*
Rappeaulx 145, *rappels.*
Rapteur 87, 133, *ravisseur.*
Ravalement 315, 442, *abaissement.*
Ravissables 58, 81, 83, *ravisseurs.*
Rebouterent 424, *repoussèrent.*
Recolloquée 141, *replacée.*
Reconquester 385, *reconquérir.*
Recors 139, *rappelle.*
Redole 118, *embaume.*
Redolent 82, redolens 111, *suave.*
Redonder 297, *revenir à;* redonde, 125.
Refraindre 105, 410, *réprimer;* refraint 89, *réprime;* refraingnit 392, *réprima.*
Refreschir 412, *reposer.*
Regale 140, *droit souverain.*
Remaint 129, *reste.*
Remenant 411, *reste.*
Remenbrer (se) 57, *se souvenir.*
Repaire 57, *habite.*
Repeller 122, *repousser;* repellé, 403.
Repentable 103, *repentant.*
Repetera 442, *reprendra.*
Requeuvres 467, *recouvres.*
Rescourre 50, 51, *reprendre.*
Resjoindre 430, *séparer.*
Resourdent 147, *relèvent.*
Resourdi 377, *se releva.*
Respitié, 93, *empêché.*
Resument 137, *reprennent.*
Retorques 76, *attribues.*
Retrait 146, *retire.*
Reume 118, *fluxion.*
Revire 127, *retourne.*
Revoquer 454, *rappeler, reprendre;* revoqua 399, *rappela;* revoqué 89; revoquée, 141.
Rez pié 467, *rez terre.*
Rien 67, *chose.*
Riote 345, *querelle.*
Roe 406, *roue.*
Roigne 110, *gale.*
Rommancier 53, *traduire en langue romane.*
Rompit 356, *força.*
Rompture, ronpture 340, *rupture.*
Rudité 117, *grossièreté.*
Rué 362, *jeté.*
Ruez jus 446, *abattus.*

Sacier 84, *apaiser*.
Sacre 105, *personnages sacrés*. *(L'auteur a en vue les personnages qui furent tués dans le massacre du 12 juin 1418.)*
Saillir hors 337, *sortir*.
Sains 97, *cloches*.
Saoullerent 433, *souillèrent*; saoullié 476, *souillé*.
Saroient 297, *sauraient*.
Seigniourir 117, *gouverner*; seignieurissans 132.
Semant 86, *semence*.
Semilleux 90, *agité*.
Senestre 108, 406, *gauche*.
Sente 48, 127, *sentier*.
Sequelle 149, *suite*.
Serourge 395, *le sens bien connu de ce mot est « beau-frère »; ici il est pris au sens de « beau-père »*.
Serte 140, *service*.
Serve 59, *esclave*.
Servitute 305, 323, *servitude*.
Sery 147, *serein*.
Seule 67; *ce mot a signifié en Normandie « cellier, magasin »; le peut-on prendre ici au sens plus général de « demeure, siège »?*
Seult 62, etc., *a coutume*; seulent 84, *ont coutume*.
Sevrée 66, *séparée*.
Si 61, etc., *particule affirmative*.
Simplesse 319, *sottise*.
Sist 129, *siégea*.
Soillié 384, *souillé*; soilliez, 308.
Sollicitans 144, *tourmentant*.
Solu 333, *rompu*.

Sopie 426, *apaisée*.
Souffrete 336, *souffrance par privation*.
Soulde 311, *solde*.
Souldoiers 432, *soldats*.
[Souloir, *avoir coutume*]: souloies 59; souloit 85, 485; soulions 310; souloient, 128.
Souppe (faire) 68, *faire profit*.
[Sourdre, *jaillir, s'élever*], sourt 86; sourde 413; sourdi 132; sourdit 327, 336; sourdist 341, 365; sourse 400.
Sourent 99, *surent*.
Soustrayt 342, *ôta*.
Souventeffoix 403, *souvent*.
Spacier 84, *étendre*.
Stillant 77, *laissant dégoutter*.
Subget, subgit 306, etc., *sujet*; subgites 344, *sujettes*.
Subgitif 47, *soumis*.
Subvertir 69, *renverser*.
Succumbé (estoit) a 347, *avait été vaincu par*; succunbez 409, *vaincus*.
Suer 109, *sœur*.
Suppes 131, *humes, avales*.
Sus 53, *haut*.
Suspeçon 413, *soupçon*.

Tailliées 390, 397, *tailles*.
Taillent 424, *imposent*.
Tantost 135, 318, *aussitôt, bientôt*.
Tant que 134, *jusqu'à ce que*.
Tatin 52, *propos tracassant, potin*.
Tençons 60, *querelles*.
Tendroient 334, *tiendraient*.
Tenist 328, *tint*.

Tenre 142, *tendre.*
Tert 76, *assurée.*
Tirans 141, 411, *tendant.*
Tollir 115, 464, *enlever;* tost 64, toult 118, *enlève;* tollu 126, tollue 473, *enlevé, enlevés.*
Tourbes 445, *foules, troupes.*
Tout (du) 122, *entièrement.*
Toutesvoies 307, 391, *toutefois.*
Trais 412, *machines de guerre.*
Trait 147, *tire;* traiz 102, *tirés.*
Transglouter 450, *dévorer;* transgloutans 84.
Transquilité 354, *tranquillité.*
Trespassement 444, *transgression.*
Trestous 134, *tous.*
Treuve 49, 135, *trouve.*
Triboillié 403, *troublé.*
Tricherresse 61, 76, *perfide, traîtresse.*
Tristour 58, 144, *tristesse.*
Trop 332, *beaucoup.*
Tropel 81, *troupeau.*
Truis 121, *trouve;* truisse 127.
Tunboient 446, *faisaient tomber.*
Turbatif 456, *perturbateur.*

Urtique 111, *ortie.*

Vendiqua 343, *revendiqua.*
Vendra 66, 148, *viendra.*
Venist 353, *vînt.*
Ver 148, *printemps.*
Vergoigne 307, *honte.*
Vertueusement 433, *courageusement.*
Viandes 132, 313, *aliments.*
Victeur 146, *vainqueur.*
Victorien 347, *victorieux.*
Viduée 126, *dénuée.*
Vilté 311, *bassesse.*
Vindrent a reffuge 399, *se réfugièrent, recoururent.*
Vis 62, *visage.*
Vitoille 322, *vivres, victuailles.*
Vitupere 97, 316, *blâme, honte.*
Voir (de) 134, *vraiment.*
Voir 78, *vrai.*
Voisent 90, *aillent.*
Volpine 101, *de renard.*
Voulsist 123, 320, 393, *voulût;* voulsissent 319, *voulussent.*
Vroy 98, *vrai.*
Vueil 138, *veux.*
Vuit 127, *vide.*

Ydoyne 472, *propre, capable.*
[Yssir, *sortir*] : yssit 399; yssirent 330; yssue 398, 400.
Yvernage 148, *hivernal.*
Yvernes 83, *hivernales.*

TABLE

	Pages
Complanctus bonorum Gallicorum	1
Gloses du manuscrit 6195.	43
La Complaincte des bons François	47
Oratio historialis.	155
Des Droiz de la Couronne de France	295
Glossaire.	487

www.ingramcontent.com/pod-product-compliance
Lightning Source LLC
Chambersburg PA
CBHW070824230426
43667CB00011B/1690